Agathe Lasch

Geschichte der Schriftsprache in Berlin

Verlag
der
Wissenschaften

Agathe Lasch

Geschichte der Schriftsprache in Berlin

ISBN/EAN: 9783957007599

Auflage: 1

Erscheinungsjahr: 2016

Erscheinungsort: Norderstedt, Deutschland

Hergestellt in Europa, USA, Kanada, Australien, Japan
Verlag der Wissenschaften in Hansebooks GmbH, Norderstedt

GESCHICHTE

DER

SCHRIFTSPRACHE IN BERLIN

BIS ZUR MITTE DES 16. JAHRHUNDERTS

VON

DR. AGATHE LASCH

DORTMUND

DRUCK UND VERLAG VON FR. WILH. RUHFUS

1910

Herrn Geh. Hofrat

Professor Dr. Wilhelm Braune

zum 20. Februar 1910

als Zeichen des Dankes und der Verehrung

Inhaltsverzeichnis.

Verzeichnis der Abkürzungen.

A. D. B. = Allgemeine deutsche Biographie.

Bb. = Bürgerbuch (Bürgermatrikel). 1) von Berlin seit 1453, 2) von Köln seit
1508. Beide ungedruckt im Stadtarchiv in Berlin, nur ein sehr
knapper Auszug des Berliner Bb. bei Fid. III; die chronikartigen
Aufzeichnungen des Kölner Bb. aus späterer Zeit in Schr. d. V. f.
d. G. B. Heft I.

B. Ub. = Voigt-Fidicin, Urkundenbuch zur berlinischen Chronik. Herausgegeben vom Verein für die Geschichte Berlins Berlin 1880.

Fid. = E. Fidicin, Historisch-diplomatische Beiträge zur Geschichte der Stadt
Berlin. 5 Bände. Berlin 1837 ff.

Franck = J. Franck, Mittelniederländische Grammatik. Leipzig 1883.

F. z. b. u. p. G. = Forschungen zur brandenburgischen und preußischen
Geschichte. (Neue Folge der „Märk. Forsch." d. Vereins f. Gesch.
d. Mark Brandenburg). Leipzig, seit 1888.

G. St. A. = Königliches Geheimes Staatsarchiv in Berlin [1]).

Holthausen = F. Holthausen, Altsächsisches Elementarbuch. Heidelberg
1900.

Lübben = A. Lübben, Mittelniederdeutsche Grammatik. Leipzig 1882.

M. d. V. f. d. G. B. = Mitteilungen des Vereins für die Geschichte Berlins.

M. F. Märkische Forschungen. Herausgegeben vom Verein für Geschichte
der Mark Brandenburg. Bd. 1—20. Berlin 1841—1887.

M. Z. = Monumenta Zollerana. Urkundenbuch zur Geschichte des Hauses
Hohenzollern. Herausgegeben von R. Freiherrn von Stillfried und
Tr. Maercker.

Nd. Jb. = Jahrbuch des Vereins für niederdeutsche Sprachforschung. Norden und Leipzig.

PBB. = Beiträge zur Geschichte der deutschen Sprache und Literatur.
Halle 1874 ff.

Priebatsch, P. C. = Die politische Korrespondenz des Kurfürsten Albrecht
Achilles. 3 Bände. (= Publikationen aus den Kgl. Preuß. Staats-
archiven. Bd. 59, 67, 71.)

Raumer = Raumer, Codex diplomaticus brandenburgensis Continuatus.
Berlin, Stettin, Elbing 1831. 1833.

---

[1]) Bei der Abfassung dieser Arbeit bin ich durch eine grosse Anzahl
von Archivverwaltungen in entgegenkommendster Weise unterstützt worden.
Es ist mir nicht möglich, hier die einzelnen aufzuzählen. Nur Herrn Stadt-
archivar Dr. Clauswitz in Berlin möchte ich auch an dieser Stelle noch einmal
für seine unermüdliche Freundlichkeit danken, durch die er mir die Beschaffung
eines wichtigen Teils des Materials möglich gemacht hat.

R. = Riedel, Codex diplomaticus brandenburgensis. 41 Bände. Berlin 1838 ff. Die einzelnen Abteilungen werden als A B C D aufgeführt. R.S = Supplementband.

Schb. = Schöffenbuch. Ein vom Schöffengericht geführtes Verzeichnis der in freiwilliger Gerichtsbarkeit geschlossenen Verträge. Ungedruckt im Stadtarchiv in Berlin.

B. Schb. = Berliner Schöffenbuch.

K. Schb. = Kölner Schöffenbuch.

Die Seiten sind — in neuer Zeit — falsch gezählt. Ich zitiere nach dieser Zählung, füge aber die richtige Seitenzahl in Klammern hinzu.

Schr. d. V. f. d. G. B. = Schriften des Vereins für die Geschichte Berlins.

St. A. = Stadtarchiv; dahinter der Name des Ortes, dem das Archiv angehört.

St. A. B. = Stadtarchiv in Berlin.

Stb. = Berliner Stadtbuch im St. A. B. Gedruckt = Fid. I. und (Clauswitz) Berlin 1883. Das Kölner Stb. seit 1443 ist z. T. in Fid. I enthalten.

Z. f. d. A. = Zeitschrift für deutsches Altertum. Berlin 1841 ff.

Den Anzeiger zitiere ich unter dem Jahrgang der dazu gehörigen Zeitschrift: Z. f. d. A.   Anz.

Wo es auf besondere Unterscheidung nicht ankommt, beziehe ich unter der allgemeinen Bezeichnung „Berlin" auch Köln mit ein. — Unter „berlinisch" verstehe ich, soweit nicht heutige Verhältnisse in Frage stehen, den niederdeutschen Dialekt, dem die im Mittelalter in Berlin gesprochene Sprache angehörte.

I.

Die Rezeption der hochdeutschen Sprache in Berlin.

A. Das Kanzleiwesen in Berlin bis zum Beginn des 16. Jahrhunderts.

„Ad eandem vero nationem pertinet omnis Marchia Brandenburgensis ex eodem Wandalico solo capta ac versa in linguam Saxonum et mores: quę utique lingua si ad lucem veritatis res inspiciatur, sola servat synceritatem suę vocalitatis, ut verba omnia puro sono denunciet: non inversa stridoribus, non contorta diphthongis, quomodo Francorum (Germanos non Gallos dico) Suevorum Bavarorum Australium in quorum stridoribus Hunos Avares et reliquos barbaros, qui illis diu incubuere provincijs, audire mihi videor, cum frendent potius quam eloquantur, eadem quidem quae et nos verba sed Tartareo sono contorta, stridoribus immixta, et multis diphthongis dissonantia, proloquuntur: Et iam, si dijs placet etiam nostri student stridores superiorum imitari Germanorum... Sed nostris in Marchia ea ratio est ut studeant suis iam principibus Franci generis, qui avorum memoria Marchiam sunt cum dignitate electurę consequuuti: Et in superiori Saxonia Misnensibus veri Saxones linguam coaptant: quod alienigenę principes veris Saxonibus exclusis, nacti sunt memoratos principatus.“

Mit diesen Worten beklagt Albertus Krantz in seiner „Saxonia“[1]) das Vordringen des Hochdeutschen in der Mark. Es war mithin schon vor 1517, Krantz' Todesjahre[2]), auch für einen ferner Stehenden erkennbar, daß das ererbte Niederdeutsch in brandenburgischen Landen im Zurückweichen war. Doch ist die Klage über den Untergang der geliebten Muttersprache für jene Zeit mit bezug auf die g a n z e Mark wohl zu weit gefaßt. Der Hamburger Domherr verallgemeinert eine Bemerkung, die damals erst für einen Teil des Gebietes zutraf. Hier aber hatte er die Verdrängung des Niederdeutschen als Amtssprache gerade an der Residenzstadt des Landes-Köln, und ihrer bedeutenderen Schwesterstadt Berlin selbst beobachten können, die diesen Übergang zu seinen Lebzeiten voll-

---

1) Saxonia Alberti Krantz. Coloniae impressa. 1520. lib. I. cap. I.
2) A. D. B. 1743. Herzog-Hauck. Realencyklop. f. prot. Theologie[3] 1179.

zogen: Denn während des ersten Jahrzehnts des 16. Jahrhunderts hatte in Berlin-Köln die Bewegung eingesetzt, die mit dem Siege des Hochdeutschen endete. Wohl hatte in der Kanzlei der „principum Franci generis" die hochdeutsche Schriftsprache von jeher die Herrschaft inne gehabt: um diese Zeit aber wurde die offizielle Geschäftssprache auch bei den städtischen Behörden hochdeutsch.

Zu Beginn dieser Übergangsperiode gab es in den Schwesterstädten mehrere amtliche Kanzleien:

Die kurfürstliche Kanzlei in Köln, mit der auch die des Hof- und Kammergerichts in engstem Zusammenhang stand,

 die Berliner und

 die Kölner Stadtkanzlei,

 die Berliner Stadtgerichtskanzlei, die nicht ohne Verbindung mit den beiden Stadtkanzleien war.

Von geringerer Wichtigkeit für die Sprachgeschichte Berlin-Kölns ist die Kanzlei des Bischofs von Brandenburg in Berlin, zu dessen Diözese beide Städte gehörten, und dessen Berliner Kommissar das geistliche Gericht für diesen Bezirk zu verwalten hatte.

Noch weniger tritt die Propstei hervor.

Daneben gab es natürlich — abgesehen von privaten Schreibstuben — noch eine Anzahl anderer Stätten, von denen Briefe und Urkunden ausgingen: die Bischöfe von Lebus und Havelberg, der Abt von Zinna u. a. hatten Häuser in Berlin, und manches Schreiben ist während eines Berliner Aufenthaltes dort gegeben. Vom Dominikanerkloster in Köln und vom Franziskanerkloster in Berlin, von dem Kaland und anderen kirchlichen Gemeinschaften in beiden Städten liegen Schriftstücke vor. Aber diese Schreibstätten sind entweder nur gelegentlich oder, wo sie dauernd bestanden haben, ohne größere Bedeutung im Berliner Kanzleiwesen.

I. Das Kanzleiwesen der brandenburgischen Herrscher bis zum Regierungsantritt der Hohenzollern. — Die städtische Kanzlei.

Eine ständige kurfürstliche Kanzlei gab es in Berlin-Köln erst seit der Mitte des 15. Jahrhunderts, seit die Hohenzollern ihre Residenz in die Burg an der Spree verlegt hatten. Aber bei der Bedeutung, die die Schwesterstädte schon früh unter den brandenburgischen

Städten erlangten, war selbstverständlich das kurfürstliche und vorher das markgräfliche Hoflager auch früher schon häufig zu längerem Aufenthalt in Berlin anwesend.

Schon die Askanier, die ohne festen Sitz im Land umherziehen, urkunden seit 1280[1]) einige Male aus Berlin. Ihre Geschäftssprache ist weit überwiegend noch das Lateinische. Seit 1290[2]) beginnen dann besonders in Angelegenheiten der äußeren Politik[3]) vereinzelt deutsche, und natürlich vorwiegend niederdeutsche, Schreiben aufzutauchen. Im Verkehr mit den mittelmärkischen Städten sind deutsche Schriftstücke sehr selten, wie 1318[4]) eine Urkunde Waldemars für Frankfurt. Andere bei Riedel abgedruckte deutsche Briefe, wie R.A XI 228, IX 15,17, die auf Abschriften zurückgehen, sind unsicher, weil solche Wiedergaben in späterer Zeit meist Übertragungen in die übliche Schriftsprache waren[5]), so daß die Grundlage nicht immer zu erkennen ist.

Speziell für Berlin-Köln kennen wir nur lateinische Schreiben. Die verschiedenfach veröffentlichten deutschen Urkunden[6]) sind Übersetzungen, die später zu verschiedenen Zwecken, besonders bei Anlegung des Berliner Stadtbuches, angefertigt wurden.

Im Jahre 1323 treten die Bayern mit Ludwig dem Älteren an die Stelle der Askanier. Aus Süddeutschland kommend und in ständigen Beziehungen zur Heimat verharrend, sind sie vorwiegend mit nicht-märkischem Adel umgeben, aus dessen Reihen wie die Vormünder und Vertreter, so auch vielfach die Räte[7]) stammen.

---

1) z. B. R.C I 9 (1280), R.A XI 9 (1286), R.S 221 (1285), R.B I 213 (1295) usw.

2) R.B I 193, 253, 272, 281 usw.

3) z. B. im Verkehr mit den Pfalzgrafen v. Sachsen (R.B I 193), den meißnischen Fürsten (R.B I 282, 399), den braunschweigischen (R.B I 284). Die Meißner selbst schreiben hd., wie R.B I 396 zeigt.

4) R.A XXIII 16.

5) vgl. z. B. R.A XI 229, ein hd. (!) Schreiben von 1315.

6) Z. B. Fid. I 56 (= B. Ub. S. 29), I 58 (= B. Ub. S. 19), I 67 (= B. Ub. S. 81 Abdruck des lateinischen Textes) usw. Zum Teil sind die lateinischen Originale erhalten; andere Urkunden werden durch Anführung des lateinischen Eingangs vor dem deutschen Text im Stadtbuch als Übersetzungen gekennzeichnet.

7) Vgl. Spangenberg, Hof- und Centralverwaltung der Mark Brandenburg im Mittelalter (Veröffentlichungen des Vereins f. d. Gesch. d. Mark Brandenburg). Leipzig 1908, S. 96.

Doch fehlen auch einheimische Beamte nicht, und gerade an der
Spitze der Kanzlei lassen sich solche nachweisen. Als „oberster
Schreiber" bleibt zunächst Hermann von Lüchow, der schon unter
Waldemar dies Amt bekleidet hat, noch unter den Wittelsbachern
tätig, und während einer langen Reihe von Jahren, von 1349 bis
1360[1]), ist der Neumärker Dietrich Mörner aus Bärwalde[2]) — um
nur den bedeutendsten zu nennen — als Leiter des Kanzleiwesens
bezeugt.

Denn unter Ludwig dem Älteren entsteht in der Tat schon eine
organisierte Kanzlei in Brandenburg[3]), deren Geschäfte bald so
umfangreich und so bedeutend werden, daß es zweckmäßig erscheint[4]), die Registerführung, die Ludwig der Bayer für das Reich
festgesetzt hatte, auch in Brandenburg einzuführen. Das Personal
wird zahlreicher und untersteht der Leitung eines juristisch gebildeten
Mannes. Wenigstens für den schon erwähnten Dietrich Mörner, den
Propst von Bärwalde, später Soldin, zuletzt Bernau, bezeugen die
„Acta Nationis Germanicae Universitatis Bononiensis"[5]) den Besuch
der italienischen Universität.

Ob allerdings Mörner an der Abfassung aller Urkunden beteiligt
war, bei denen er als Zeuge genannt wird, scheint zweifelhaft;
denn wenn auch seine umfassende Bildung ihn befähigte, so gut wie
in seiner Muttersprache auch lateinisch und hochdeutsch zu schreiben,
so zeigen doch mehrere hochdeutsche Briefe, bei denen sein Name in
der Zeugenreihe erscheint, so ausgesprochen dialektische Verschiedenheiten, daß sie nicht von derselben Hand herrühren können. So
muß man hier schon wie in späteren Zeiten annehmen, daß der
Protonotar die Ausstellung der Urkunde seinen Untergebenen

—— ———

1) 1349 R.A XVIII 461 „nostri dilecti protonotarii domini T. Morner".
1360 R.A XVI 16 „Diderik morner probst tu Bernowe vnfe ouerfte feriuer".
Gelegentlich führt er den Titel Kanzler, z. B. 1356 R.A X 127 (= B. Ub. S. 131.)
Bis 1364 wird er noch oft als Zeuge genannt, doch stets nur als Propst aufgeführt.

2) A. Stölzel, Brandenburg-Preußens Rechtsverwaltung und Rechtsverfassung, Berlin 1888. I S. 52. Vgl. auch R.A XIX 23 ff.

3) H. Bier, Das Urkundenwesen und die Kanzlei der Markgrafen von
Brandenburg aus dem Hause Wittelsbach 1323—1373. Berl. Diss. 1907.

4) Priebatsch, Archival. Zeitschr. N. F. IX 9.

5) 1335. „Item dominus Dietricus dietus Mörner de Bernwalt de Saxonia Caminensis dyocesis XII solidos". Acta Nationis Germanicae Universitatis Bononiensis edd. E. Friedländer et C. Malagola, Berlin 1887, S. 97.

überließ. Das ist erklärlich in Anbetracht der vielfachen Geschäfte, zu denen Mörner außerhalb der Schreibstube von seinen Fürsten herangezogen wurde.

Im Jahre 1350 wird ihm und seinen Brüdern[1]) ein Haus in Berlin geschenkt. Damit ist zum ersten Male eine Beziehung zwischen dem landesherrlichen Kanzler und der Stadt Berlin gegeben, wenn diese auch zunächst nur an die Person, nicht an das Amt geknüpft ist.

Unter Mörner und nach ihm sind mehrfach märkische Geistliche im Kanzleidienst tätig, z. B. „Hildebrandus plebanus frankenvordenfis"[2]), und besonders tritt Dietrichs Nachfolger hervor, der Kanonikus der Nikolaikirche in Stendal und Propst von Seehausen Johann von Schepelitz[3]), der wohl bis ans Ende der bayrischen Herrschaft in der Mark im Dienste der Wittelsbacher geblieben ist[4]).

Hatten die Askanier nur selten in Berlin geurkundet, so werden wittelsbachische Schreiben öfter dort gegeben. Zudem erhält seit etwa 1340[5]) die zur Rechnungslegung und Aufsicht über die Finanzverwaltung bestimmte Behörde einen ziemlich festen Mittelpunkt im benachbarten Spandau.

In den letzten Jahrzehnten der vorigen Periode hatte die deutsche Urkundensprache begonnen, sich neben die lateinische zu stellen. Doch war zunächst die Muttersprache hauptsächlich im Verkehr mit andern Fürsten neben der traditionellen Geschäftssprache gebraucht worden. Auch Ludwig der Ältere wendet im Verkehr mit den mittelmärkischen Städten fast ausschließlich die lateinische Kanzleisprache an. Dagegen finden sich im ausländischen Schreibverkehr dieses ersten märkischen Wittelsbachers zwar anfänglich selten, erst später häufiger, aber doch jedenfalls schon seit seinem ersten Erscheinen in der Mark auch deutsche Schriftstücke. Diese zeigen zunächst noch keine einheitliche hochdeutsche oder niederdeutsche Schriftsprache, sondern scheinen abhängig von der Sprache des Empfängers oder der anderen Vertragspartei, so daß wohl unter dem

---

1) Fid. IV 38. (B. Ub. S. 113).

2) Fid. II 53.

3) R. A II 216. 217. V 118 usw.

4) Noch 1372. R. A VIII 301 „Johanne de Scepelitz nostro protonotario". Später (er ist zwischen 1380 und 1385 gestorben) wird er nur noch als Kanonikus von Stendal genannt.

5) Spangenberg, a. a. O. S. 419.

ersten Ludwig noch vielfach Verwendung fremder Schriftstücke oder Konzepte anzunehmen ist[1]). Sobald der Markgraf außerhalb Brandenburgs ist, tritt das bayrische Element stark hervor.

Vielleicht steht es mit dieser Abhängigkeit von der Sprache des Adressaten in Zusammenhang, wenn Ludwig im Gegensatz zum ausländischen Verkehr in den Schreiben für die mittelmärkischen Städte, die selbst damals noch vorzugsweise lateinisch schreiben, die altüberlieferte Kanzleisprache fast ausnahmslos beibehält.

Um ein Bild der Entwicklung, des Vordringens der d e u t - s c h e n Sprache und des Sieges der h o c h d e u t s c h e n in der brandenburgischen Landeskanzlei zu geben, stelle ich im folgenden die Briefe und Beurkundungen der drei bayrischen Fürsten in der Mark für die bedeutendsten mittelmärkischen Städte, Frankfurt, die beiden Brandenburg und Berlin-Köln[2]), zusammen. Es sind Schreiben für die städtischen oder geistlichen Behörden oder einzelne Bürger, Privilegienbestätigungen, Belehnungen, Schenkungen u. dgl. Von Ludwig dem Älteren (allein, ohne einen seiner Brüder) kommen für Frankfurt dreiundzwanzig Schriftstücke in Frage. Von diesen sind zweiundzwanzig lateinisch. Nur im Jahre 1352 zeigt der Fürst die Teilung mit seinen Brüdern in einem hochdeutschen Schreiben an. — Unter neunzehn Urkunden für Brandenburg sind achtzehn lateinisch. Das einzige deutsche Schreiben von 1337 hat Riedel nicht nach dem Original gegeben, so daß auch dies nicht einmal ganz sicher ist: Die Mischsprache ist doch wohl dem Kopisten zuzuschreiben. — Für Berlin-Köln zähle ich unter dreiundzwanzig Briefen oder Urkunden drei niederdeutsche neben zwanzig lateinischen:

---

1) Nur einmal finde ich eine nd. Urkunde, für die der Grund möglicherweise nicht die Rücksicht auf die empfangende Partei ist, 1328 (R.B II 61) für Rudolf v. Sachsen, der selbst hd. schreibt, und zwar nicht nur an Ludwig und dessen Vater (a. a. O. S. 52, 53, 114), sondern auch an den Bischof von Brandenburg R.A VIII 253. Vielleicht ist diese auf die Tätigkeit des aus dem Dienste der Askanier übernommenen Hermann von Lüchow zurückzuführen. Vgl. S. 15 Anm. 1 und S. 18 Anm. 1.

Die Verwendung fremder Schriftstücke scheint auch aus den dialektischen Unterschieden in den hd. Briefen hervorzugehen. Genaue Bestimmungen zu treffen ist kaum möglich, weil die bei Riedel wiedergegebenen Briefe des auswärtigen Verkehrs zum großen Teil aus Register- und Kopialbüchern stammen.

2) Für Frankfurt ist R.A XXIII, für Brandenburg R.A IX, für Berlin-Köln das B. Ub. zu grunde gelegt.

1328[1]) bestätigt der Markgraf durch „*Herman hant von Luchow*" den Städten ihre Privilegien. Die Möglichkeit, daß dies Schreiben auf ein eingereichtes Konzept zurückgeht, ist durch den Inhalt naheliegend. Nur ist in Betracht zu ziehen, daß Berlin und Köln damals noch häufiger lateinisch als deutsch schreiben. Die Abweichungen vom Berlinischen in dieser Urkunde entsprechen dem Dialekte des ausfertigenden Schreibers. Aber wenn Ludwig 1351 den Waffenstillstand[2]) und später die Versöhnung[3]) mit beiden Städten nach der Episode des falschen Waldemars niederdeutsch beurkundet, so wäre in diesem Falle wohl schon ohne die bei ihm meist beobachtete Abhängigkeit von der Sprache der Gegenpartei der Grund für die Wahl dieser Kanzleisprache leicht verständlich im Verkehr mit d e n Städten, die bisher zu seinen wichtigsten Gegnern gezählt hatten. Sprachlich steht nichts im Wege, beide Urkunden als berlinisch zu bezeichnen[4]).

Etwas anders stellt sich das Verhältnis dar unter Ludwig dem Römer. Schon die Urkunden, die er mit seinem Bruder Ludwig zusammen gibt, z. B. für Berlin 1349[5]), für Frankfurter Bürger 1350[6]),

---

1) B. Ub. S. 53, Fid. II 28. (In Fidicins Ausgabe des Stadtbuchs mit der falschen Jahreszahl 1338 verzeichnet.) Auch hier mag H. v. Lüchows Vorliebe für das Nd. die Veranlassung gewesen sein. (Vgl. S. 14 Anm. 1 u. S. 18 Anm. 1.)

2) R.B II 332 (B. Ub. S. 115). Vgl. aber zu dieser Annahme die Einschränkung Anm. 4.

3) R.B II 333 (B. Ub. S. 116). Niederdeutsch ist auch die Bestätigung einer Vereinigung der Angehörigen der Vogtei Spandau 1342 (R.A XI 35 = B. Ub. S. 79).

4) Völlig anders als Ludwig, bei dem das Lateinische so stark vorherrscht, verhält sich der falsche Waldemar. Aus den Jahren 1348 und 1349 sind von ihm vier Briefe für Berlin-Köln vorhanden, von denen zwei in Spandau, zwei in Berlin gegeben sind. Alle vier sind deutsch, und zwar niederdeutsch, wie Waldemar überhaupt den mittelmärkischen Städten meist in ihrer Sprache schreibt. Bei der Annahme, daß der Prätendent den Städten durch Anwendung des Nd. entgegenkommen wollte, ist allerdings darauf hinzuweisen, daß diese selbst damals noch mindestens ebenso häufig lateinisch wie deutsch schreiben. Vielleicht bestärkt ihn in dem Gebrauch der Landessprache anstatt des Lateinischen das Beispiel seines Beschützers Karls IV., der aber selbst gerade nd. niemals schreibt.

5) Abdruck nach einer sehr fehlerhaften Kopie (vgl. darüber S. 24), der aber zweifellos ein hd. Schreiben zugrunde liegt, Fid. IV 34, (R.B II 258, B. Ub. S. 105.)

6) R.A XXIII 43. Auch in den folgenden Jahren z. B. 1351 ebenda S. 49.

sind trotz dessen Vorliebe für die lateinische Urkundensprache hochdeutsch. Und sichtlich tritt unter Ludwig dem Römer die heimische
Sprache stärker hervor. Von vierundfünfzig Urkunden für Frankfurt,
die Ludwig der Römer zum Teil mit einem seiner Brüder, meist aber
allein ausgestellt hat, sind vierundzwanzig deutsch, davon einund-
zwanzig hochdeutsch[1]). — Unter acht Brandenburger Schreiben sind
drei deutsch, davon zwei (Privilegienbestätigung und ein Versprechen,
die Städte nicht zu verpfänden) niederdeutsch. — Und schließlich
zähle ich einunddreißig Urkunden für Berlin-Köln, von denen sech-
zehn lateinisch, elf hochdeutsch und nur vier niederdeutsch sind.

Unter Otto dem Faulen endlich bleibt die lateinische Urkunde
im wesentlichen auf den Verkehr mit der Geistlichkeit beschränkt.
Sonst sind lateinische Schreiben[2]) Ausnahmen. Unter Ottos deutschen Schriftstücken fehlen auch die niederdeutschen nicht. Für
Frankfurt natürlich sind alle hochdeutsch, aber die drei Brandenburger deutschen Schreiben (von denen zwei Privilegien bestätigen)
sind niederdeutsch, während von fünf deutschen Urkunden für Berlin-Köln doch drei hochdeutsch sind[3]).

1) Darunter ein gerichtlicher Entscheid zwischen Frankfurt und Straußberg. Frankfurt schreibt damals schon oft hochdeutsch.

2) Für Berlin 1370 B. Ub. S. 173.

3) Vergleicht man mit dieser Zusammenstellung für diese mittelmärkischen
Städte die Verhältnisse in zwei bedeutenden altmärkischen, Stendal und
Salzwedel, so zeigt sich hier ein stärkeres Hervortreten des Niederdeutschen.
Gewiß ist auch hier die regelmäßige Urkundensprache Ludwigs des Älteren
das Lateinische. Aber niederdeutsche Schreiben treten daneben viel
häufiger auf als in der Mittelmark. Da sie sich auf Privilegienbestätigung,
Anerkennung einer Schuld u. dgl. beziehen, so wird man sie bei Ludwigs
Kanzleigebrauch, zumal diese Städte früher die heimische Schriftsprache
durchführen als z. B. Berlin, dem Einfluß der Empfänger zuschreiben müssen.
Hd. ist e i n e Urkunde. Von 16 Urkunden Ludwigs des Römers für Stendal
sind 10 nd., 3 hd. (Berlin 11 hd., 4 nd.!), für Salzwedel 17 nd., 1 hd. Unter
Otto dem Faulen lassen sich für Stendal 3 hd., 5 nd., für Salzwedel 7 nd., 5 hd.
Urkunden nachweisen. — Inhaltlich ist, wie oben bemerkt, kein Unterschied
zwischen diesen und den Berliner Schreiben. — Es zeigt sich also auch hier die
Tatsache, daß seit Ludwig dem Römer das Deutsche stark vordringt. Wenn hier
das Nd. mehr hervortritt als in den Schreiben für Berlin, so ist die Beobachtung,
daß im Verkehr mit der Altmark, die tief im nd. Gebiet liegt im Gegensatz
zur Mittelmark, mehr nd. geschrieben wird, nicht vereinzelt. Sie ist auch später
bei den Hohenzollern zu machen (ganz abgesehen von der zeitweilig dort bestehenden nd. Kanzlei Friedrichs des Jüngeren).

In dem stärkeren Vordringen der deutschen Kanzleisprache seit der Mitte des Jahrhunderts haben wir wohl in erster Reihe den Einfluß der Zeit zu sehen, in der unter dem Schutze und nach dem Muster der böhmischen Kanzlei, die die Bestrebungen Ludwigs des Bayern fortsetzt, die deutsche Schriftsprache in den Kanzleien durchdringt. Zieht man in Betracht, daß der Gebrauch der Landessprache in Brandenburg zur selben Zeit (seit 1349) stärker einsetzt, in der zuerst Dietrich Mörner an der Spitze der Kanzlei bezeugt ist, so wird vielleicht auch daran zu denken sein, daß seine Bestrebungen dazu beitragen, den Sieg des Deutschen zugleich mit größerer Unabhängigkeit von der Sprache der empfangenden Partei zu beschleunigen. Zweifelhaft erscheint es, ob etwa die Tatsache, daß der erfolgreiche, von den Märkern begünstigte Gegner der Wittelsbacher, der falsche Waldemar, vorwiegend deutsch schreibt, nicht ganz ohne Einfluß geblieben ist.

Eine Entscheidung, wovon im einzelnen Falle die Wahl der Sprache, lateinisch oder deutsch, hochdeutsch oder niederdeutsch, abhängig ist, wird sich kaum immer treffen lassen. Die Bestimmung, daß Urkunden für einzelne Bürger öfter deutsch sind als für Behörden, zu der die Frankfurter Verhältnisse vielleicht verleiten könnten, ist im Hinblick auf andere Städte nicht aufrecht zu erhalten. Vielfach scheint Willkür zu walten. So verpfändet z. B. 1356[1]) Ludwig der Römer dem Berliner Münzmeister Thile Brügge, der selbst niederdeutsch[2]) schreibt, in Gemeinschaft mit seinem Sohn und einem andern Berliner Bürger gewisse Hebungen in einer hochdeutschen Urkunde. Zahlungsanweisungen für dieselben Bürger an den Berliner Rat vom gleichen Tage[3]) sind lateinisch. Im selben Jahre noch werden diesem Thile Brügge märkische Vogteien durch eine niederdeutsche Urkunde[4]) überwiesen.

Aber trotz der Zugeständnisse, die die Kanzlei der bayrischen Fürsten der Bevölkerung in späterer Zeit machte, muß sie doch als eine hochdeutsche Kanzlei bezeichnet werden. Das geht hervor aus der Tatsache, daß das Niederdeutsche nur im Verkehr mit Städten dieser Sprache angewandt wird und auch da nur n e b e n dem Hoch-

---

1) R.A XI51 (B. Ub. S. 133).
2) G. St. A. Urk. Berlin-Cöln 36. (B. Ub. S. 180, Fid. II 68.)
3) R.A XI52 f. (B. Ub. S. 133 f.)
4) R.A VII422 (B. Ub. S. 135.)

deutschen (vgl. das Verhältnis der Urkunden Ludwigs des Römers
für Berlin) und ferner daraus, daß unter Protonotaren niederdeutscher
Abkunft die Hauptmasse der ausgehenden deutschen Briefe hochdeutsch ist, daß diese Männer also die eigene Sprache den Forderungen
der Kanzlei unterordnen[1]), und daß — wie sich aus sprachlichen Beobachtungen ergibt — neben den einheimischen Beamten Schreiber
aus hochdeutschem Sprachgebiet hierher berufen werden.

Zur Beantwortung der Frage nach dem Charakter der hochdeutschen Schriftsprache bei den märkischen Wittelsbachern scheidet
zunächst die Periode Ludwigs des Älteren fast völlig aus, nicht nur
weil die lateinische Sprache damals noch das Übergewicht hatte,
sondern auch weil unter den deutschen Schreiben dieses Fürsten
die wenigsten hierfür entscheidend sein können. Es ist abzusehen
von allen denen, bei denen die Empfängerkanzlei als beeinflussend
zu erkennen ist, ferner von allen Schreiben Ludwigs, die außerhalb
der Mark gegeben sind, und die[2]) (ganz ungerechnet die in Bayern
gegebenen Urkunden wie R.B II 178, 209 usw.), seien es Bündnisse
und Verträge mit seinen Brüdern aus Süddeutschland[3]), oder seien
es die Schreiben vom Reichstage in Frankfurt a. M. 1338, bei deren
Ausfertigung die Reichskanzlei tätig ist, fast ausnahmslos bayrische
Dialekteigentümlichkeiten aufweisen.

Wie weit die bayrischen Spuren in Brandenburg selbst reichen,
ist aus Mangel an eindeutigem Material nicht zu beantworten. Außer
den oben in anderer Weise erklärten Urkunden finde ich nur eine
Verschreibung für den Markgrafen von Meißen in Straußberg[4]) 1350,
und ferner ist bayrische Schriftsprache in der Mark zu beobachten
während der Hauptmannschaft des Burggrafen Johann von Nürn-

---

1) Das ist sicher z. B. für Dietrich Mörner und Johann von Schepelitz.
Nur für den aus der askanischen Kanzlei übernommenen Hermann von Lüchow
scheint es noch nicht der Fall zu sein. Soweit ich seine — in der Minderzahl
stehenden — deutschen Briefe übersehe, sind sie wie in askanischen Zeiten
niederdeutsch. Doch scheint (vgl. Bier a. a. O. S. 18) während seiner Tätigkeit
überhaupt noch keine organisierte Kanzlei wie später vorhanden zu sein.

2) Dies trifft selbst für die Urkunden zu, die Ludwig als „Lusacie
marchio" in Beeskow und Luckau gegeben hat.

3) Hierber ist wohl auch R.B II 325 zu rechnen (Ludwig beurkundet 1350
in Frankfurt die Ordnung, die sein Vetter Ruprecht, der Pfalzgraf bei Rhein
und Herzog in Bayern, zwischen ihm und seinem Bruder aufgestellt hat.)

4) R.B II 319.

berg sowohl in dessen eigenem Schreiben 1346 aus Tangermünde[1]) wie auch in einer Urkunde Ludwigs zu seinen Gunsten 1345 aus Berlin[2]). Beide Schriftstücke stammen natürlich aus der gleichen Kanzlei.

Später, d. h. also unter Ludwig dem Römer und Otto dem Faulen, sind bayrische Eigentümlichkeiten nie mehr zu bemerken, sondern allein mitteldeutsche Formen treten charakteristisch hervor. Die bayrisch länger erhaltenen Diphthonge *uo* und *ie* erscheinen als Monophthonge: für *uo* steht stets *u* und durch vielfach umgekehrte Schreibung (*ſiebenczig, zciet: ghemitet*) wird *ie* als Monophthong gekennzeichnet. *ou* ist bewahrt (*ouch, gelouben, ſrowen*). *ai* ist sehr selten, dagegen findet sich mehrmals für *ei* auch *e* (*egentum, en*). Die neuen Diphthonge sind nur sehr vereinzelt zu bemerken; die regelmäßigen Formen sind *czíten, glichen, bliben*. Der unbestimmte Vokal der Endung erscheint, besonders vor *r*, vielfach als *i*: *ſelbir, odir*, wofür auch die Form *adir* häufig zu belegen ist. Als Umlaut des *a* wird stets *e* geschrieben. Der gutturale Verschlußlaut wird allein durch *k* oder *c*, nicht durch *kh* oder *ch* wiedergegeben. Inlautendes *h* fällt z. B. in *czien*. *cz, zc*, im Inlaut auch *tz* dient zur Bezeichnung der Affrikata. Mitteldeutsch ist auch das Pronomen *her* wie die Verbalform *ſal*. Die 3. Pers. Pluralis geht auf —*en* aus; das Participium Präteriti von *haben* hat die Nebenform *gehat. vor* findet sich neben Dativ und Akkusativ. Auch das Präfix lautet *vor*— neben *ver*—. Man bildet die Diminutivform *Stetichin*. Zwischen 1355 und 1364 ist ein Schreiber tätig, der das südwestmitteldeutsche *briebe, hoberichter*[3]) einführt.

In den sechziger Jahren werden die Ausweichungen des *i* > *e*, *u* > *o*, die schon früher eingesetzt hatten, häufig (*dorg, obir, geſchreben, wedir, dese, nederſte, ſeben*).

Hiernach ist die Wittelsbachische Kanzlei in der Mark als eine mitteldeutsche zu betrachten, nicht — wie die Abkunft der Herrscher nahelegen könnte — als eine oberdeutsche.

Das gleiche Resultat ergibt sich auch, sobald man die äußere Form der Urkunde nach dieser Richtung hin ins Auge faßt. Ich hebe

---

1) R. B II 184.
2) R. B II 176.
3) Weinhold, Mhd. Grm. § 162.

nur einen Punkt, die Publikation, an dieser Stelle hervor. Für Ludwig den Bayern ist die übliche Form derselben *veriehen offenlichen an difem brief Daz* für seine Söhne in der Mark *bekennen offentlich* (oder *offenbar*) *mit diefem briefe Das*

Mit wenigen Worten sei an dieser Stelle noch die Sprache des Hofgerichts in dieser Periode gestreift, die, wie ja die Gerichtssprache sich stets den Bedürfnissen des Volkes stärker anpaßt, mit der Volkssprache identisch gewesen zu sein scheint, soweit man nach den spärlichen Zeugnissen einen Schluß wagen kann.

Daß der Hofrichter Johann von Buch, der niederdeutsche Glossator des Sachsenspiegels und Verfasser des „Richtsteig Landrechts" seine Rechtsurkunden in der heimischen Mundart gab, scheint wenigstens ein von ihm[1]) ausgestellter niederdeutscher Vergleich zwischen dem Bischof von Brandenburg und Berlin-Köln aus dem Jahre 1335 zu beweisen, und eine niederdeutsche Urkunde des Hofrichters 1334[2]) kann vielleicht dazu dienen, diese Annahme zu stützen.

Nicht anders wird es unter seinem — nicht direkten — Nachfolger Otto Mörner gewesen sein, der ein Neumärker war und der Familie des Protonotars angehörte. Einen niederdeutschen Entscheid, bei dem der Hofrichter Hans von Rochow Zeuge ist, überliefert Riedel A XXIII S. 86 und niederdeutsch schreiben auch die Hofrichter Henning Feldberg und Gercke Wulf[3]).

Im Jahre 1373 war die Herrschaft über die Mark von den Wittelsbachern auf die Luxemburger übergegangen. Daß von dieser Seite Versuche nicht gemacht wurden, durch sprachliches Entgegenkommen das Verständnis mit der Bevölkerung zu fördern, sondern daß die böhmische Kanzleisprache so gut während eines Aufenthaltes in der Mark wie in Prag angewandt wurde, ist bei dem Verhältnis dieses Herrscherhauses zu Brandenburg selbstverständlich. Nie stand — von der kurzen segensreichen Regierungszeit Karls IV. abgesehen — ein Fürstengeschlecht dem Lande und seinen Bestrebungen so fern wie die Nach-

---

1) In Gemeinschaft mit dem markgräflichen Hofmeister und dem Kammermeister R.A XII 489. (B. Ub. S. 65.)
2) R.B II 95.
3) R.A VII 324, A V 94.

folger Karls, die in ihm nur ein Pfandobjekt und eine Erwerbsquelle sahen[1]). Die Fürsten oder Regenten lebten nicht in der Mark, sondern erschienen nur in langen Fristen vorübergehend einmal in Brandenburg. In allen Fragen der inneren Politik und der Selbsterhaltung waren die Städte auf sich angewiesen. Wenn Jobst in das Land kam, so hatte er die Mitglieder der heimischen Kanzlei[2]), sicher den Kanzler, bei sich, schrieb also genau wie in Böhmen und Mähren.

Allerdings fehlte es nicht ganz an landesherrlichen Behörden in Brandenburg. An der Spitze der Mittelmark zumal finden wir mit kurzer Unterbrechung seit 1383 oder 1384 den lange Zeit populärsten Märker Lippold von Bredow. Als Landschreiber[3]) stand ihm

1) Vgl. die Schilderung des Verhältnisses Jobsts zur Mark bei dem zeitgenössischen Wusterwitz in Engelbert Wusterwitz, Märkische Chronik nach Angelus und Hafftitz herausgeg. v. Jul. Heidemann. Berlin 1878. S 23. 38, 46 f., 70 (wohl Hafftitz zugehörig), 80.

2) Spangenbergs Ansicht (Hof- und Centralverwaltung S. 122), der in Ratzke von Schönanger Matern, Johann von Czast, Dietrich von Prag, Johann Jagal Ausländer im Kanzleidienst der Mark zu sehen scheint, ist abzulehnen, da alle diese nicht nur in der Mark, sondern auch in Böhmen und Mähren zeichnen und in der Mark nur mit Jobst zugleich erscheinen. Ratzke und Johann v. Czast werden bei Riedel nur je einmal genannt. Ratzke überhaupt nur in einer in Wien gegebenen Urkunde; Johann unterschreibt nicht einmal selbst den allerdings in Eberswalde gegebenen Brief, sondern „per Dominum Pocham (!) de Czast Henricus de Spilner". Spilner, der Jobsts Briefe im 14. Jahrhundert am häufigsten unterzeichnet, sowohl die aus Böhmen und Mähren wie aus der Mark, beweist gerade dafür, daß Jobst seine Beamten mitbrachte. Das gleiche gilt für Johannes Jagal. Wenn dieser z. B. auch ein in Dresden gegebenes Schreiben 1400 unterzeichnet, so zeigt das deutlich genug, daß Jobst die Kanzleiverhältnisse in der Mark nicht genügten und er darum auf der Reise die nötigen Beamten stets mit sich führte. Auch Johann von Waldow, der spätere Berliner Propst, ist — entgegen anderen Angaben ebenda — ebenfalls aus der Kanzlei hervorgegangen. Mit Jobst ist er 1403 (R.A XI 71 V 157 usw.) und 1409 (A V 167 ff.) in der Mark. Aber 1404 (R.A XVII 205), 1407 (XVI 34), 1410 (XV 208) schreibt er aus Prag und kommt, obwohl er schon 1409 (R.A XVI 38) als Landschreiber genannt wird, erst in diesem Jahre als Nachfolger Ortwins als Propst und Landschreiber endgültig in die Mark. Auch Ortwin braucht man nicht, weil er Berliner Propst war, als „Eingeborenen der Mark" (Spangenberg S. 122) anzusehen. Bis ans Ende des 15. Jahrhunderts sind die Pröpste n i e Norddeutsche. Auch Ortwins Schriftsprache (s. S. 22) läßt vermuten, daß er der luxemburgischen Kanzlei nicht fern stand.

3) Sigismund nannte ihn schon (R.A XXIV 388) 1382 „terre Marchie nostre Brandemburgensis generalis Notarius". R.A XXI 217 (1386) werden die

Ortwin zur Seite, der Propst von Berlin. Damit waren die Regierungs-behörden allerdings mit Berlin verknüpft. Doch scheint Ortwin in seinem Amt als Landschreiber allein die hochdeutsche Sprache seiner Fürsten angewandt zu haben[1]). Ortwins Schreibweise läßt vermuten, daß er wie sein Nachfolger Johann von Waldow[2]) aus der luxemburgischen Kanzlei hervorgegangen ist: In Jobsts Briefen sind zwei Richtungen zu unterscheiden, eine spätere, seit etwa 1398, in der die neuen Diphthonge fast völlig durchgeführt sind, in der als Vokal der Endung —e—, selten —i— geschrieben wird, freies *i* und *ü* erhalten ist, neben *ou* auch *aw* gebraucht wird, und eine frühere, in der die alten Monophthonge meist bewahrt sind, in Endsilben —i— vorwiegt, besonders vor *r*, die Vorsilbe *vor*—, nicht *ver* — lautet, freies *ĭ* und *ŭ* zu *e* und *o* geworden ist, und *adir, fal, hot* die üblichen Formen sind[3]). Mit dieser früheren Richtung in der Kanzlei Jobsts, die auch mit Sigismunds älteren Briefen durchaus übereinstimmt, ist Ortwins Schreibweise identisch.

Hierzu kommt, daß sich auch in der Form der Urkunde „eine starke Anpassung an luxemburgische Kanzleigebräuche"[4]) feststellen läßt. Es wird z. B. jetzt nach luxemburgischer Art der Name dessen, der den Beurkundungsbefehl gibt, wie desjenigen, der die Ausführung überwacht, angegeben: *ad mandatum domini capitanei Ortwinus*[5]).

Wo dagegen der P r o p s t Ortwin als geistlicher Schiedsrichter uns entgegentritt[6]), liegen die Vergleiche in niederdeutscher Mund-art vor. Ob Ortwin sich danach in seiner priesterlichen Tätigkeit der Landessprache angepaßt hat, oder ob hier nur mit der Tatsache zu rechnen ist, daß in gerichtlichen Entscheiden die Volkssprache stets bevorzugt war, läßt sich nach dem geringen Material, das hierfür erhalten ist, nicht feststellen. Jedenfalls aber schreibt er hochdeutsch, sobald er als Luxemburgischer Landschreiber auf-

drei Aussteller der Urkunde, der Bischof v. Havelberg, der Graf von Lindow und Ortwin als „Ratgevern vnde Gewaldigen" zusammengefaßt. Über Ortwins Abkunft vgl. S. 21, Anm. 2.

1) Vgl. R. A VII 133 (B. Ub. S. 206). R.A V 356. Fid. II 90 (= B. Ub. S. 209.)
2) Vgl. S. 21, Anm. 2.
3) Selten kommen solche Formen in späteren Schriftstücken vor.
4) Priebatsch, Archival. Zeitschr. N. F. IX, S. 11.
5) Priebatsch, a. a. O.
6) 1399 R.A VII 348, 1408 R.S 256.

tritt, wie unabhängig von dem Landesherren auch die Stellung des Landschreibers allmählich wurde.

Und auch der Landeshauptmann Lippold von Bredow, ein Märker, der seiner Gesinnung nach fest in der Heimat wurzelte, der in persönlichen Angelegenheiten natürlich nur die eigene Sprache benutzt, schreibt in seinem Amt als Regent der Mittelmark nicht nur niederdeutsch wie R.A XXIII 131, sondern auch hochdeutsch, z. B. R.A XII 167 in Angelegenheiten von Bernau oder mit Ortwin gemeinsam eine hd. Quittung für Berlin-Köln 1384[1]).

Ergibt sich so als offizielle Amtssprache der luxemburgischen Herrscher und ihrer Stellvertreter in der Mark die hochdeutsche Kanzleisprache, so liegen doch andrerseits sowohl von Ludwig dem Römer wie von Karl IV., seinen Söhnen, Jobst von Mähren und anderen Fürsten aus der zweiten Häfte des 14. Jahrhunderts eine Anzahl Briefe und Urkunden vor, die in den hochdeutschen Text niederdeutsche Formen mischen, zuweilen nur einzelne Worte, zuweilen ganze Formeln und Sätze. Meist handelt es sich um Ersetzung des hochdeutschen Konsonanten durch den unverschobenen in einem einzelnen Worte mitten in hochdeutscher Umgebung: *Saken, sick, fliszlicken; tied, groten, mutten, gesetten; hopen, plichtich, by deme dorpe; gelouet;* sehr oft in der Datumsformel *gegeuen na godes geburt.* Leicht werden auch die kleinen Partikeln, Pronomina, Präpositionen, durch niederdeutsche ersetzt, besonders gern *dat, to;* neben *wir* steht *wy.* Geläufige Urkundenformeln wie *bidde wy met gantzem fliete* oder das Datum finden sich niederdeutsch; zuweilen auch sind ganze Partien eines Schreibens stärker durchsetzt *wir bidden Iw ernstlicken met ganzem fliete dat Ir to freden vnd gnaden im lande helpet vnde ratet   wenn wir   kortlick to Iw komen wollen oder to Iw vnser redelcke botschafft senden   tut in allen saken Ewern fleiß als wir ůch des wol getrewen vnde gelowen. Geven czu Brunne des dinsdages na des hylgen crutztage Exaltationis*[2]).

Der Gedanke liegt nahe, in solchen Schreiben Versuche zu sehen, den Berlinern entgegenzukommen. Aber man darf in diesem Falle begründete Zweifel hegen, daß diese Veröffentlichungen, die sämt-

---

1) R.A VII 133. (B. Ub. S. 206), auch R.A IX 66.
2) Fid. IV 56.

lich nicht auf Originalen beruhen[1]), die Sprache des ursprünglichen Schriftstückes wiedergeben. In keiner bei Riedel oder Fidicin nach dem Original gedruckten Urkunde, in keinem mir bekannten Original jener Zeit findet sich solche Mischsprache. Nun scheinen aber alle diese Briefe[2]) einer später angefertigten Briefsammlung, Kopialbüchern[3]) der Berliner Kanzlei anzugehören, wie solche, im 16. und 17. Jahrhundert angefertigt, im Cop. II und III des Berliner Stadtarchivs erhalten sind. Nur daß wir im Gegensatz zu den bewahrten Kopialbüchern, die durch hochdeutsche Schreiber entstanden sind, für die verlorenen mit einem niederdeutschen Abschreiber zu rechnen haben, der bei ungenauer, nicht buchstabenmäßiger Kopie manche niederdeutsche Form oder geläufige Formel hineingebracht hat. Man wird die niederdeutschen Spuren um so eher einem Berliner Kopisten zusprechen, als sich unter den mischsprachlichen Schreiben auch solche Jobsts an seinen Schwager Wilhelm von Meißen finden. Überliefert sind alle in Betracht kommenden Schreiben nur in einer Abschrift des 18. Jahrhunderts, durch die wohl noch manche Mißverständnisse hineingetragen sind[4]).

---

1) Sie sind zuerst von Fid. in Band IV, danach von Riedel und im B. Ub. veröffentlicht.

2) Vgl. Fid. IV, S. IV, V, VI, 22. Fid. I, S. X. Siehe auch die Bemerkungen Fidicins in Bd. III (Regesten) zu Nr. 100 (= IV 32), 110 (= IV 34), 234 (= IV 95). Alle Briefe sind auf Berlin-Köln bezüglich.

3) Deren Vorhandensein (Fid. I, S. X) noch im 18. Jahrhundert bezeugt ist. Fidicin setzt IV 22 die Abschriften in die erste Hälfte des 15. Jahrhunderts. Zu dieser Zeit kann der Berliner Schreiber nur ein Niederdeutscher sein.

4) Ein einziges Schreiben in der langen Reihe luxemburgischer Urkunden läßt seine Mischsprache nicht in dieser Weise verstehen, eine Urkunde von 1404, in der Jobst dem Pfarrer von Rudow angesichts seiner Armut gewisse Zugeständnisse macht (Fid. IV 108). Sie findet sich in einem Register Albrecht Achills (G. St. A. Rep. 78 15 fol. 225 v.) zwischen zwei Briefen von 1479 und 1482. Die niederdeutschen Einschiebungen können auf den Kopisten nicht zurückgehen, der — wie sich aus selbständigen Registraturvermerken ergibt — hochdeutscher Abkunft ist; sie können auch nicht Überreste einer niederdeutschen Urkunde sein, die er etwa in seine Muttersprache umschrieb, da er (abgesehen davon, daß eine niederdeutsche Urkunde Jobsts unwahrscheinlich ist), wie er mehrfach beweist, niederdeutsche Schreiben fehlerfrei zu kopieren versteht. Diese 75 Jahre nach der Entstehung allein überlieferte Urkunde würde als einzige den Typus der Mischsprache vertreten. Ein Konzept in märkischer Mundart könnte allerdings hier eher angenommen werden, als dies bei den vorher behandelten Briefen — denn es handelt sich dabei vielfach um Briefe,

So wird man also trotz dieser Schriftstücke in hochdeutsch-
niederdeutscher Mischsprache daran festhalten müssen, daß die
Sprache der Regierung in luxemburgischer Zeit rein hochdeutsch ist.

Inzwischen hatten auch die Kanzleien von Berlin und Köln
den Schritt von der lateinischen zur deutschen Geschäftssprache
gemacht. Die Überlieferung setzt im dritten Viertel des 13. Jahrhunderts (zwischen 1253 und 1260?) mit der Mitteilung des Berliner
Rechtes an die neugestiftete Stadt Frankfurt natürlich lateinisch
ein[1]). Und das Lateinische bleibt zunächst die alleinige Kanzleisprache im Verkehr des Rates mit seinen Bürgern, in Gilde- und
Statutenbestätigungen[2]) und in der auswärtigen Korrespondenz.
Nur ein Statut der Bäckerinnung von 1272[3]) ist im Stadtbuch nur
deutsch überliefert und deutet auch nicht durch die sonst übliche
Wiedergabe der lateinischen Anfangsworte vor dem deutschen Text
die Übersetzung an. Ist es an sich schon unwahrscheinlich, daß
in ganz lateinischer Zeit, sechzig Jahre vor der nächsten deutschen
Urkunde in i n n e r b e r l i n i s c h e n Angelegenheiten[4]) diese
Innungsordnung deutsch gegeben sei, so wird der Zweifel verstärkt
angesichts der charakteristischen Sprachformen des ersten Schreibers des Stadtbuches[5]), die sich in dieser Urkunde wiederfinden.
Ich bin daher geneigt, den deutschen Text des Stadtbuches wie
so viele andere für eine Übertragung des genannten Schreibers zu
halten, bei der die lateinischen Eingangsworte aus irgendwelcher
Nachlässigkeit fortgefallen sind. Andernfalls müßte man das erste

---

nicht um Urkunden — möglich ist. Aber man wird vielleicht dieser Urkunde
für den Pfarrer von Rudow überhaupt skeptisch gegenüberstehen müssen, da
wir abgesehen von diesem aus Berlin datierten Schriftstück Jobsts nichts
von einem Aufenthalt des Markgrafen zu dieser Zeit in Brandenburg wissen.
Vgl. Heidemann, Die Mark Brandenburg unter Jobst v. Mähren, S. 138, Anm.

1) (St. A. B.) Photolit. Abdruck in der Beilage z. Berlin. Chronik. Gedruckt R.A XXIII 3, B. Ub. S. 8.

2) Dieselben sind bei Anlegung des Stadtbuches zu Ende des 14. Jahrhunderts übersetzt worden.

3) B. Ub. S. 11.

4) 1331 Schlächterstatut F. IV 12, B. Ub. S. 54.

5) Vgl. über seine Sprache S. 230. S. auch die Bemerkung Clauswitz'
in seiner Ausgabe des Stadtbuchs S. XIX, der von dem „allerdings mehrfach
verdächtigen Bäckerprivileg von 1272" spricht. Auffallend ist nur die fließende
Sprache gegenüber den übrigen, teilweise recht ungeschickten Übersetzungen.

deutsche Schreiben in Berlin schon 1272 (d. h. noch ehe die brandenburgischen Fürsten das Lateinische mit der Landessprache vertauschten!) ansetzen, das nächste freilich erst nach einer Pause von einem halben Jahrhundert.

Denn mit Sicherheit läßt sich deutsche — und natürlich niederdeutsche — Geschäftssprache in Berlin erst zur gleichen Zeit feststellen, zu der die norddeutschen Städte aller Orten beginnen, das Latein durch die Muttersprache zu ersetzen: Im Jahre 1321 schließen 23 bedeutende märkische Städte ein Bündnis in Berlin und beurkunden dies in niederdeutscher Sprache[1]), und niederdeutsch ist auch ein Münzvertrag der beiden Brandenburg mit den beiden Spreestädten, der im folgenden Jahre in Berlin gegeben wird[2]). Eine Verschreibung des Rats von Berlin-Köln für eine Anzahl märkischer Städte[3]) ist 1338 deutsch, ebenso 1349 eine von 36 märkischen Städten, unter ihnen Berlin und Köln, in Spandau gegebene Urkunde[4]).

Denn in einer Zeit, in der die einzelnen Städte im inneren Verkehr wie in der Korrespondenz meist noch die lateinische Sprache bevorzugen, tritt die Landessprache z u e r s t konsequent auf, sobald m e h r e r e Städte zusammen einen Vertrag beurkunden[5]). Lateinische Schreiben, wie die Mitteilung an Stendal 1323[6]), sind in solchen Fällen Ausnahmen.

Man wird annehmen müssen, daß hier die Städte ausschlaggebend sind, in denen das Deutsche früher als in Berlin zwar nicht durchgedrungen, aber doch dem Lateinischen etwa gleichgestellt war, eine Erklärung, die allerdings nicht alle Fälle, z. B. nicht den Berlin-Brandenburger Münzvertrag von 1322, beleuchtet. —

In Berlin-Köln hat die Landessprache nach 1370 den Sieg errungen. Unter 13 Schriftstücken beider Städte zwischen 1326 und 1370, die meist innerberlinische Angelegenheiten, Statutenbestätigungen u. dergl., betreffen, aber auch eine Vollmacht[7]) sowie Briefe für Otto von Buck und die Stadt Jüterbock umschließen, sind

1) Fid. II 21, B. Ub. S. 38, R. B I 467.
2) G. St. A. Urkunden Brandenburg 1 = R. A IX 20, B. Ub. S. 39.
3) R. B II 140, B. Ub. S. 74.
4) R. B II 244, B. Ub. S. 102.
5) Über hochdeutsche Verträge vgl. S. 29 ff.
6) B. Ub. S. 41.
7) 1343. Fid. IV 22. B. Ub. S. 80.

erst vier (1331 ein Wurstmacherstatut, 1334 Polizeiordnung, 1343 Vollmacht[1]), 1352 Beurkundung eines Vergleichs) deutsch. Nach 1370 hingegen bleiben nur noch Verschreibungen für die Kirche lateinisch. Das Niederdeutsche ist als Geschäftssprache durchgedrungen.

Aber die besonderen Verhältnisse in der Regierung dieses Landes, an dessen Spitze seit 1323 ständig hochdeutsche Fürsten standen, deren hochdeutsche Umgebung im Besitze weiter Ländereien im Lande Fuß gefaßt hatte, brachten es mit sich, daß der Märker häufig bei hochdeutschen Urkunden beteiligt war, sei es als Zeuge oder als Vertragspartei[2]).

Aus dem direkten Verkehr Berlins mit den Luxemburgern ist nur sehr wenig erhalten. Dies wenige aber ist hochdeutsch. So der einzige überlieferte Brief Berlins und Kölns an Jobst[3]), der das Unglück des Landes schildert. Die Mischsprache eines Fid. IV 94 mitgeteilten Schreibens der märkischen Städte an Wilhelm von Meißen, das aus der oben S. 23 f. charakterisierten Sammlung stammt, läßt bei der Art des Kopisten, der niederdeutsche Schriftstücke stets unangetastet wiedergibt, auf ein hochdeutsches Original schließen. Hochdeutsch ist auch die Huldigung der Städte an Wilhelm[4]), wobei allerdings in Betracht zu ziehen ist, daß dieser eine Vorschrift aus Wilhelms Kanzlei zu grunde gelegen haben könnte[5]). Von den wörtlich gleichlautenden Gesuchen märkischer Städte an Karl IV., sie bei den anhaltischen Fürsten zu lassen, sind nur das von Rathenow (R.A VII 415) und das dem Wortlaut nach genau übereinstimmende, lautlich durch junge Kopie veränderte Schreiben von Brandenburg (R.A IX 45) erhalten. Wir dürfen wohl voraussetzen, daß

---

1) Alle drei nur in späterer Abschrift überliefert.
2) Vgl. z. B. Fid. II 56, andererseits auch die hd. Urkunden der Fürsten.
3) St. A. B. 1182. R.S 266. Der Gedanke, daß etwa Ortwin, der gegebene Vermittler, diesen Brief für Berlin an Jobst schrieb, ist abzuweisen angesichts der Spuren, die vielleicht auf einen Schreiber niederdeutscher Abkunft weisen: *tzwintzig* (= nd. *twintig*), *drÿ Duſent*, Ind. Prät: *Sie weren*. Mit falscher Umsetzung möglicherweise des $v > b$: *Habel* (= *Havel*), *grebin* neben *greven*; des nd. $o > ou$: *tzŏug*; die Umschreibung *haben gewest*. Zum mindesten Ortwin kennt solche Formen nicht.
4) R.B III 125.
5) Dies ist z. B. bei den Huldigungen für die Hohenzollern stets der Fall.

der Berlin-Kölner Brief gleichen Wortlauts ebenfalls wie diese beiden hochdeutsch war.

Diese Überreste, die allerdings ausnahmslos auf hochdeutsche Schriftsprache deuten, sind so gering, daß sie an sich die Vermutung nicht rechtfertigen könnten, daß Berlin im Verkehr mit den Herrschern oder ihren Stellvertretern n u r oder v o r w i e g e n d hochdeutsch geschrieben hätte, etwa um besseres Verständnis[1]) oder größeres Entgegenkommen zu finden, wenn nicht ein anderes Moment hinzukäme, das diese Meinung stützt.

Dem Landesherrn besondere Ergebenheit durch Schreiben in s e i n e r Sprache auszudrücken, dafür war in Berlin damals kaum die Zeit[2]). Das 14. Jahrhundert, die Periode, in der das Städtetum allerorten sich zu machtvoller Entwicklung aufschwang, war auch für die märkischen Städte bedeutungsvoll[3]).

Gerade die Vernachlässigung Brandenburgs durch seine Fürsten hatte die Städte zur Selbsthilfe veranlaßt. (Das 14. Jahrhundert ist ganz besonders die Zeit der Städtebündnisse in der Mark.) Ihre Selbständigkeit hatte sich entwickelt, ihr Selbstgefühl sich gestärkt, und indem sie sich die Zeitumstände klug zu Nutze machten, gelang es ihnen, ein Privileg nach dem andern zu erwerben. In dieser Zeit gewann Berlin seine führende Stellung unter den märkischen Städten und wurde zum politischen Vorort des Landes[4]). Hier fanden meist die Städte- und Ständetage statt, zu denen Berlin die Mitglieder berief[5]). Damals erwarb die Stadt auch die Gerichtsbarkeit über Berlin-Köln. Möglicherweise im Anschluß hieran[6]) wurde das hier geltende Recht zwar vielleicht nicht erst jetzt zusammengestellt[7]),

---

1) Denn daß sich aus dem Gebrauch der verschiedenen Mundarten manche Unzuträglichkeit herausstellen mußte, ist klar. Vgl. auch die Äußerung aus dem 15. Jahrhundert S. 37 Anm. 5, wo allerdings gerade der umgekehrte Fall, mangelhaftes Verständnis des Hochdeutschen, vorliegt.

2) Siehe hierzu J. Heidemann, Jobst von Mähren, S. 88 ff. und Priebatsch, Die Hohenzollern und die Städte der Mark, S. 43.

3) Priebatsch, a. a. O.

4) Heidemann, a. a. O. S. 96 ff.

5) Fid. II 108, IV 69.

6) Holtze, Geschichte Berlins. Tübinger Studien f. schwäb. u. deutsche Rechtsgeschichte. H. III. S. 12.

7) M. F. XVI 18, 36, 44. Vgl. auch M. F. XVII 38.

aber doch nun im Zusammenhang aufgezeichnet als ein Teil des Berliner Stadtbuchs, das Ende des 14. Jahrhunderts angelegt wurde, und dessen letzte vereinzelte Eintragungen bis 1497 reichen. Der Hauptmann der Priegnitz[1]) braucht die Hilfe Berlins ebensogut wie der Herzog von Mecklenburg[2]). Oft genug ist auch Jobst der Bittende[3]). Und so werden denn die hochdeutschen Briefe kaum der Ausfluß untertäniger Ergebenheit sein, sondern vielmehr hervorgerufen einmal vielleicht durch die Furcht, sonst nicht verstanden zu werden, dann aber kommt als zweites die traditionelle Autorität des Hochdeutschen in der frühen mittelniederdeutschen Periode in Betracht, wie sie sich fraglos auch in einer Gruppe von Urkunden verbündeter Städte deutlich zeigt, deren Besprechung vorher bei Gelegenheit der Städtebündnisse noch unterblieben war.

Denn es ist auffallend, daß da, wo mehrere märkische Städte das Ergebnis eines Städtetags, ein Bündnis oder dergl. beurkunden, trotz weit überwiegender Zahl niederdeutscher Städte mehrfach im 14. Jahrhundert in ganz intern märkischen Angelegenheiten hochdeutsche Urkunden ausgestellt werden.

Schon 1321 ist ein Vergleich zwischen beiden Brandenburg[4]), den Berlin, Köln, Frankfurt neben andern märkischen Städten bezeugen, hochdeutsch, und nur wenige Spuren und Überreste weisen darauf hin, daß Städte niederdeutschen Gebietes hier urkunden. — 1369 bekunden Straußberg, Bernau, Eberswalde, Landsberg, Mittenwalde, Fürstenwalde, Drossen, Wriezen, Freienwalde in Berlin[5]) den Städten Frankfurt, Berlin, Köln, Spandau ein Zahlungsversprechen in hochdeutscher Sprache. — Hochdeutsch ist auch ein Vertrag märkischer Städte 1399, der in Brandenburg ausgestellt ist. Aber in diesem Falle deutet eine neben dem hochdeutschen Original[6]) erhaltene niederdeutsche Kopie[7]) darauf hin, daß wohl je nach Bedürfnis für die einzelnen Kontrahenten die Duplikate

---

1) Fid. IV 72, B. Ub. S. 270.

2) Fid. IV 67.

3) Etwa Fid. IV 65. 66. 57. 64. 81 usw.

4) R. A IX 18 nach dem Original.

5) R. B II 495, B. Ub. S. 164.

6) Fid. II 123.

7) R. A XXIV 393; doch ist es mir nicht gelungen, diese nach Riedels Angabe im G. St. A. zu finden.

hochdeutsch oder niederdeutsch gefertigt wurden. Auch ein 1411 abgesandtes Schreiben der Ratsherren märkischer Städte an Berlin und Köln[1] „*vnder der von Frankenforde Ingefigel*" ist hochdeutsch.

Es zeigt sich, daß bei allen diesen Urkunden Frankfurt beteiligt ist, wo tatsächlich seit der Mitte des 14. Jahrhunderts vorwiegend hochdeutsche Urkundensprache nachzuweisen ist, ohne daß doch das Niederdeutsche damals ganz restlos verdrängt wäre. Noch am Anfang des 15. Jahrhunderts schreibt Frankfurt einmal niederdeutsch an Berlin[2], ebenso noch 1427[3] und der Frankfurter Richter nach R.A XXIII 191 sogar noch 1429. Aber die Magdeburger Schöppen schreiben doch schon damals hochdeutsch an Frankfurt wie an jede hochdeutsche Stadt[4]. Nur ein einziger Vertrag, bei dem Frankfurt beteiligt ist, ist in jener Zeit niederdeutsch (1393 in Berlin. Fid. IV 95).

Trotz der niederdeutschen Ausstellungsorte Berlin und Brandenburg, trotz der erheblichen Überzahl niederdeutscher Städte, trägt also die hochdeutsche Sprache den Sieg davon in diesen Urkunden über rein innermärkische Angelegenheiten. Daß etwa der Frankfurter Schreiber jedesmal zu den Schluß-Protokollen und Urkunden hinzugezogen wäre, ist nicht nur sachlich unwahrscheinlich, sondern auch sprachlich nicht möglich, da die Schreibweise in einigen Urkunden der gleichzeitigen Frankfurter Kanzleisprache nicht genau entspricht. Berlin und Brandenburg bereiteten die Tagungen vor, leiteten die Verhandlungen, die in der Sprache Frankfurts und Fürstenwaldes beurkundet wurden. Die politische Lage Frankfurts — und noch weniger Fürstenwaldes — kann dies sprachliche Übergewicht über Berlin-Köln und Brandenburg nicht rechtfertigen[5].

---

1) Fid. II 97.

2) St. A. B. 354. (R. S 254).

3) Fid. II 145.

4) Außer Frankfurt sind damals von den in den Verträgen genannten Städten hd. nur Müncheberg (? 1. hd. Urkd. R.A XX 157 1440 überliefert. Eine hd. Urfehde 1355 R.A XX 147) und Fürstenwalde, von dem mir eine hd. Urkd. von 1368 (St.A. Fürstenwalde) bekannt ist. Aber beide Städte kommen weniger als Frankfurt in Betracht, weil sie nicht so regelmäßig wie Frankfurt bei hochdeutschen Urkunden beteiligt sind; auch stehen sie — trotz der bischöflichen Residenz — politisch weit hinter Fr. zurück. Doch wird natürlich bei größerer Zahl hochdeutscher Städte das Schwergewicht des Hd. erhöht.

5) Eine von nd. Städten 1336 gegebene hd. Urkunde erwähnt Behaghel, Grundriß 1² S. 671.

Mir scheint die Erklärung dieser Erscheinung darin zu liegen, daß die Autorität des Hochdeutschen, die im 12. und 13. Jahrhundert für Norddeutschland bewiesen ist, deren Nachklänge auch in der Literatursprache des 14. Jahrhunderts im alten Sachsenlande noch nicht geschwunden sind [1]), sich auch in unserm Gebiete in der Urkundensprache im Laufe des 14. Jahrhunderts geltend macht, sobald der geringste Anstoß gegeben wird, sobald an die Landesherren zu schreiben ist oder eine hochdeutsche Stadt unter den urkunden- den Orten vertreten ist, ob auch die niederdeutschen an Zahl und an Bedeutung überlegen sind. Gerade in der Mark mochte sich diese Autorität besonders lebendig erhalten haben, da hier die Literatur- sprache auch zugleich die Sprache der übergeordneten Stände, der Regierung und des Adels, war. So hatte auch hier die Kenntnis der Sprache nicht abreißen können, und ein Niederdeutscher konnte den S. 27 erwähnten Brief an Jobst schreiben. Dem Ansehen des Hoch- deutschen aber stand — wie die Übersetzung des Vertrages von 1399 beweist — das Bedürfnis nach einer niederdeutschen Urkundensprache entgegen, das im Verein mit dem gerade zu Ende dieser Epoche immer stärker werdenden Selbstgefühl, das sich dem Fremden gegen- über in Abgeschlossenheit und Stolz auf das eigene, ererbte Gut der Väter zeigte, der niederdeutschen Urkundensprache zum unbestrit- tenen Siege verhalf.

In diesem Zusammenhange aber erklärt sich auch die sonst unverständliche Erscheinung, daß gerade Urkunden des 14. Jahrhun- derts einige, allerdings nicht sehr bedeutende, Spuren hochdeutschen Einflusses aufzuweisen scheinen, die, so gering sie sein mögen, jeden- falls den Schreiben des 15. Jahrhunderts [2]) fehlen, eine Beobachtung, für die sich gerade im Berliner Stadtbuch, dem ältesten großen Denk- mal, das in Berlin geschaffen ist, Belege finden.

II. Die Kanzlei der Hohenzollern.

Als Friedrich, der erste Hohenzollern, sein schwieriges Amt in der schwer darniederliegenden Mark zunächst als Verweser, danach als Markgraf und Kurfürst antrat, übernahm er von der alten Regierung

---

1) Vgl. Roethe, Die Reimvorreden des Sachsenspiegels (Abhdlg. d. kgl. Ges. d. Wissensch. zu Göttingen. N. F. II 8. 1899) S. 66 f.

2) Die näheren Ausführungen und Belege S. 229 ff.

den Propst und Landschreiber Johann von Waldow. Sonst aber wurden fast alle Ämter, die bedeutenden wie die unbedeutenden, durch Franken besetzt[1]). Die Verhältnisse im Norden waren dem süddeutschen Fürsten fremd; die Bewohner, selbstbewußt und an selbständige Vertretung ihrer Interessen gewöhnt, standen ihm vielfach zurückhaltend, teilweise sogar feindlich gegenüber. So war Friedrich bei seinen Bestrebungen, sich bei Rittern und Städten Geltung zu verschaffen auf sich und die Seinen angewiesen. Zudem brauchte er während seiner häufigen langen Abwesenheit zuverlässige Beamte, die er in seinem Dienst erprobt hatte. Zu märkischer Tüchtigkeit aber hatte der Franke noch zu Albrecht Achilles' Zeiten[2]) wenig Vertrauen.

Daher bildeten in der Mehrzahl Franken, seltener neben ihnen Männer aus andern hochdeutschen Gebieten, z. B. der Lausitz, die Umgebung des Fürsten[3]). Aus ihnen setzte sich die Landesverwaltung zusammen; sie nahmen auch die kirchlichen Stellen ein, besonders im Bistum Lebus[4]). Der fränkische Adel aber, der aus dem norddeutschen Exil möglichst schnell in die Heimat zurückdrängte[5]), konnte in der Mark nicht heimisch, mit ihren Bewohnern nicht vertraut werden; die Fortziehenden wurden nicht durch einheimische Kräfte, sondern durch ihre Landsleute ersetzt. Deshalb war das Gepräge des Hofes, auch nachdem die Hohenzollern schon längere Zeit

1) Vgl. dazu Zwanziger, Die fränk. Elemente in der Mark Brandenburg im 15. Jahrhundert. Archiv f. Gesch.- u. Altertumskunde in Oberfranken XX. Heft III, S. 69 ff.

2) Vgl. S. 44 Anm. 4.

3) Spangenberg, Hof- und Centralverwaltung der Mark Brandenburg S. 99. Siehe bes. die Liste fränkischer Beamter ibid. S. 100 und bei Zwanziger. a. a. O.

4) Z. B. Zschr. f. Kirchengeschichte 1899 S. 403: Christoph v. Rotenhan. Im Domstift sind mehrere Mitglieder der Familie Sesselmann, Joh. Berc, Joh. Sommer und andere.

5) Charakteristisch hierfür ist eine Stelle in Eberhard von Windeckes (er ist übrigens kein Franke, sondern ein Mainzer) Leben König Sigmunds (Geschichtsschreiber d. d. Vorzeit 87) S. 12 ... und zog von da . nach Berlin in der Mark Brandenburg. Da kam ich zum Markgrafen, und dieser machte mich zum Mühlenmeister zu Berlin. Hier blieb ich von Johanni bis zur künftigen Fastnacht 1412 (muß nach einer Bemerkung des Herausgebers 1415 heißen). Da mochte ich kein Bier mehr trinken, verabschiedete mich und zog an den Rhein nach Mainz." Eberhard hat es also nur acht Monate in Berlin ausgehalten. Vgl. auch Priebatsch, Hohenzollern u. d. Städte S. 50.

an der Spitze Brandenburgs gestanden hatten, noch durchaus fränkisch, und nach fränkischem Muster wurde auch die Kanzlei eingerichtet[1]) in bezug auf die Aufbewahrung der eingelaufenen Schreiben, Geschäftsgang und Anlage der Register. Wie in Franken[2]) wurden Abschriften der Dokumente, sowohl älterer wichtiger, wie neu eingegangener Schreiben auf losen Blättern genommen, die dann zusammengebunden wurden. Die Kanzleibeamten waren alle Hochdeutsche; die brandenburgische Kanzlei ging zunächst ganz in den Bahnen der fränkischen.

Denn wenige Jahre nach Friedrichs Einzug in die Mark gab Johann von Waldow sein Amt an Ortel von Zehmen ab, der zwar selbst dem meißnischem Adel angehörte, aber schon früher in fränkischen Diensten, vermutlich im Kanzleidienst[3]), tätig war. Aus der fränkischen Kanzlei scheint auch sein Nachfolger Nikolaus Amman zu stammen, der sich mit Friedrichs J. endgültiger Rückkehr in die Heimat ebenfalls dorthin zurück begab. Und dort hatte auch Johann Sommer, der Protonotar des Markgrafen Johann und spätere Propst von Berlin, seine Vorbildung empfangen[4]).

Eine direkte Verbindung der kurfürstlichen Kanzlei mit Berlin-Köln bestand zunächst nicht, da die Regierung sich vielfach in anderen Gegenden der Mark aufhielt, zumal Markgraf Johann während der letzten Jahre seines brandenburgischen Aufenthaltes Berlin geflissentlich mied[5]).

Unter Friedrich II. aber erhielt 1451 der kurfürstliche Hof, und damit die Verwaltungsbehörde, die feste Residenz in Köln. Dadurch war die kurfürstliche Kanzlei lokal in den Bereich der beiden Städte getreten.

---

1) Lewinski. Die brandenburgische Kanzlei und das Urkundenwesen während der Regierung der beiden ersten Hohenzollernschen Markgrafen. Straßburger Diss. 1893. S. 27 und bes. S. 38. Nur in dem häufigeren Auftreten des Unterfertigungsvermerks in der brandenburgischen Kanzlei als in der fränkischen hebt Lewinski a. a. O. S. 38 einen Unterschied hervor, der in Brandenburg auf den luxemburgischen Traditionen (s. oben S. 22), wie sie durch Ortwin und Johann von Waldow überliefert waren, beruhen mag.

2) Wagner, Archival. Ztschr. X 46.

3) Lewinski S. 42.

4) Lewinski S. 44. 47.

5) Priebatsch. Die Hohenzollern u. d. Städte d. Mk. im 15. Jahrhundert. S. 65 ff.

Solange Friedrich I. die Regierung in fränkischen und brandenburgischen Landen geführt hatte, ob er selbst auch seit 1426 der Mark fern in Süddeutschland lebte, hatte er es vollkommen in der Hand gehabt, den Beamtenmangel bei den märkischen Behörden durch die in den Stammlanden erprobten Männer auszufüllen. Nach seinem Tode lag das fränkische Gebiet in anderer Hand als das Kurfürstentum, und wenn auch die Verbindung stets sehr eng und fest war, wenn auch Friedrich II. seiner Heimat auch im Norden so zugetan blieb, daß er nach seinem Rücktritt 1470 die Plassenburg zum Aufenthalt wählte, so mußte doch das Verhältnis in der Verwaltung beider Hohenzollerngebiete[1]) ein anderes sein als zu der Zeit, als derselbe Mann beide Länder beherrschte, als mit dem Übergang aus einer Kanzlei in die andere kein Wechsel in der Persönlichkeit des Herrn verbunden war. Zudem versuchte die Politik Friedrichs II., die Märker nicht ganz aus der Verwaltung auszuschalten[2]). Die oberen Stellen allerdings sind mit wenigen Ausnahmen nach wie vor mit Franken besetzt; das fränkische Element verliert keineswegs an Bedeutung; fränkische Einrichtungen, fränkische Kanzleisprache[3]) bleiben in Köln ausschließlich in Gebrauch, aber es läßt sich doch beobachten, daß unter Friedrich Eisenzahn die niederdeutsche Bevölkerung von der Anstellung in der Verwaltung und — was hier besonders in Frage kommt — im Kanzleidienst nicht ganz ausgeschlossen war.

An der Spitze der Kanzlei stehen freilich noch über ein Jahrhundert Fremde. Unter Friedrich II. hat zunächst der Lausitzer Heinz Kracht[4]), der schon seit 1433 dem Markgrafen Johann zur Seite gestanden hatte, die Kanzleileitung inne, ein Amt, das jetzt an Bedeutung gewinnt, was auch schon äußerlich dadurch gekennzeichnet ist, daß der früher nur gelegentlich angewandte Titel „Kanzler" jetzt feste Bezeichnung für diesen Beamten wird[5]). Bald aber geht

1) Zwanziger, a. a. O. S. 76 f. S. daselbst noch weitere Gründe, wodurch der fränkische Adel damals fester in der Heimat gehalten wurde.

2) Um den märkischen Adel an sich zu ziehen, hatte er den Schwanenorden gegründet. Dessen Statuten und niederdeutsches Gesellschaftsgebet für Brandenburg s. bei R. C I 238 ff.

3) Vgl. S. 61 ff.

4) Über ihn ist gehandelt M. d. V. f. d. G. B. IX 3 ff, F. z. b. u. p. G. VII 482 ff.

5) Lewinski S. 50 f.

diese Würde auf den Kulmbacher Friedrich Sesselmann über, den späteren Bischof von Lebus, der bis zu seinem Tode 1483 der tatsächliche Leiter der brandenburgischen Geschäfte war. Zum ersten Male ist dieses Amt in den Händen eines Mannes von bürgerlicher Abkunft. Gelehrte juristische Vorbildung, nicht adlige Abstammung ist von nun an das Entscheidende, bei der Besetzung dieser Stellung[1]). Als Landschreiber auf der Plassenburg war Sesselmann[2]) zwar nicht nominell, aber in der Tat doch der Leiter der fränkischen Kanzlei gewesen, so daß auch während seiner Amtsführung die fränkischen Traditionen in der Mark nicht abreißen konnten. Er hatte in Bologna[3]) den Grad eines Doktors beider Rechte erworben. Seine Tätigkeit in der Mark war umfassender als je vorher oder lange nachher die eines Kanzlers. Die gesamte Verwaltung war ihm unterstellt, während er zugleich die Pflichten eines Bischofs von Lebus zu erfüllen hatte. Als solcher aber gehörte er zu den vornehmsten ständischen Vertretern und führte in dieser Würde häufig den Vorsitz im Kammergericht.

Bei einer so bedeutenden Arbeitslast mußte natürlich der Bischof und Kanzler einen großen Teil seiner Kanzleitätigkeit den Sekretären, d. i. die oberste Klasse der Kanzleibeamten nach dem Kanzler, überlassen, deren Stellung hierdurch selbständiger und wichtiger wurde: Sie fertigten nun wie bisher allein der Kanzler Urkunden aus[4]), sie gehörten zu den kurfürstlichen Räten und wurden — so besonders Albert Klitzing unter Friedrich, noch mehr aber unter Albrecht Achilles — mit diplomatischen Aufträgen betraut. Auch für dieses Amt wird nun Universitätsstudium Vorbedingung. In dem Verzeichnis des Hofpersonals von 1473 (R.C II₁₂₆) werden den drei Kanzleisekretären gerade so gut je zwei Pferde zugesprochen wie dem kurfürstlichen Rate Dr. Stocker.

---

1) Spangenberg, a. a. O. S. 124.

2) Lewinski, a. a. O. S. 54. Die Biographie Sesselmanns s. z. B. F. b. u. p. G. VII 486.

3) Acta Nationis Germanicae Universitatis Bononiensis S. 186. 187.

4) Zum ersten Male — übrigens noch unter Kracht — 1444 der Sekretär Johannes Bere R. A X 532, der aber wohl nur eintritt, weil der Inhalt der Urkunde Kracht selbst betrifft.

Neben den Sekretären[1]) beschäftigte die Kanzlei noch die Kanzleischreiber und den Kanzleiknecht.

Innerhalb der Kanzlei scheint unter Friedrich II. wie auch noch unter seinem Nachfolger (vom Kanzler abgesehen) der Sekretär Heinz Howeck aus Kulmbach die wichtigste Stelle gehabt zu haben, der als Sekretär („oberster Schreiber") seit 1456 nachzuweisen ist. Ihm lag die Unterbringung der Urkunden, die Sorge für das Archiv ob[2]). Der Kurfürst berief ihn mit wichtigen Schriftstücken zu sich[3]), er und Klitzing hatten bei Reisen des Herrschers die Rechnungen für die Zehrung mit den Räten und dem Küchenmeister zu prüfen[4]).

Kürzere Zeit waren Heinrich Faber, Johannes Bere und der Magister Sigmund Rotenburg in der Kanzlei tätig.

Aber die oben[5]) geschilderten Verhältnisse erklären es, wenn nun auch in die Reihe der Sekretäre Männer niederdeutscher Abkunft treten, Männer, die durch die erworbene Bildung im stande sind, die Kluft, die sie von den Süddeutschen trennt, in Sprache und Art zu überbrücken, und die auch g e w i l l t sind, sich der hochdeutschen Kultur zu unterwerfen. Es sind Johann Heinrich aus Havelberg, daher meist Johannes Havelberg[6]) genannt, Arnold Gorlin, der wohl einer Prenzlauer Familie angehört[7]), und der weitaus bedeutendste von ihnen, den selbst Albrecht Achilles schätzte und zu diplomatischen Sendungen benutzte, Albert Klitzing, der seit 1460[8]) in der Kanzlei

---

1) Die Pflichten des Kanzleileiters, der Sekretäre und der Schreiber gehen klar aus deren Eidesformeln hervor, wie sie Jahresberichte d. histor. Vereins f. Mittelfranken 43 69 ff. abgedruckt sind. Zwar enthält die Sammlung die von den Angestellten der fränkischen Kanzlei geschworenen Eide, doch darf man annehmen, daß in der Mark die gleichen Einrichtungen bestanden, da man sich hier kaum von der fränkischen Grundlage entfernte. Vgl. noch für die Zeit Joachims I. 1499 die Angaben S. 48.

2) Zahlreiche diesbezügliche Vermerke in den Registerbänden der Zeit im G. St. A. Vgl. außerdem Lewinski S. 161.

3) R.C II 37.

4) R.C II 125.

5) S. 34.

6) Seit 1449 in kurfürstlichem Dienste nachzuweisen (Fid. II 217).

7) Wagner, Älteste Geschichte des Domes. Hohenzollern-Jahrb. 1904 S. 46.

8) R. S 313. Vgl. über Klitzing F. z. b. u. p. G. V 571, ferner Matrikel von Rostock I (herausgegeben v. Hofmeister. Rostock 1889), wo Klitzing Dezember 1450 eingeschrieben ist.

bezeugt ist. In späterer Zeit kann er sich seiner staatsmännischen Missionen wegen dem Kanzleidienst wenig widmen.

Naturgemäß treten die Persönlichkeiten der unteren Angestellten weniger hervor, so daß Angaben über diese in den meisten Fällen nicht auf direkten Zeugnissen beruhen können. Dennoch sind wir in der Lage, einen von Friedrichs Kanzleischreibern genauer bestimmen zu können. Und auch dieser beweist wieder für den Unterschied in der Zusammensetzung des Kanzleipersonals unter Friedrich I. und II.; denn auch er ist niederdeutscher Abkunft.

In den fünfziger Jahren war als Kanzleischreiber Nikolaus Krull[1] tätig, ein Geistlicher[2] aus Zerbst, der auf der Universität Erfurt[3] vorgebildet war, und später den Kanzleidienst wieder ganz mit der Tätigkeit des Geistlichen vertauscht zu haben scheint. Im privaten Verkehr mit Zerbst in persönlicher Angelegenheit schreibt er niederdeutsch[4]; in der kurfürstlichen Kanzlei hat er sich völlig der herrschenden Schriftsprache angepaßt.

Vielleicht waren solche zweisprachigen Schreiber erwünscht für den Verkehr mit dem Publikum und wichtig als Vermittler mit den hochdeutschen Beamten, denn die Kenntnis nur einer Sprache mag in einem Lande, wo die Sprache der Regierung von der der Bevölkerung abwich, manches Mißverständnis hervorgerufen haben[5].

1) Oder ist das überlieferte *Crull (Krull)* als *Krüll* aufzufassen? (Das B. Schb. gibt denselben Namen einmal in der Form *Crŏl.*) Als Zerbster kennzeichnet ihn seine Korrespondenz St. A. Zerbst II 13. Er besitzt den Margaretenaltar in Zerbst.

2) St. A. Zerbst II 13 Briefe Friedrichs II. und Sesselmanns von 1459. Er ist Kaplan des Kurfürsten.

3) Akten der Erfurter Universität. Herausgeg. v. d. Histor. Kommission d. Prov. Sachsen = Geschichtsquellen der Prov. Sachsen VIII 1. 2. 3. 1442 ist „Nycolaus Crul de Cervest" eingetragen.

4) St. A. Zerbst II 13 (s. o. Anm. 1).

5) Bezeichnend hierfür ist eine Stelle aus einem Briefe Krulls an den Rat von Zerbst 1459 (St. A. Zerbst II 13) . . *Up die feluige tydt danne myn gnediger Herre Graue Adolff tu my fprack vnnde fede, wu dat ick ok folde geret vnnde gefproken hebbe vp den Brieff, den danne myn gnediger Herre von Magdburg tufchen mynen gnedigen Herren von annhalt vnnde der gantzen gemeyne vnnde Inwonern der Stat Czerwest anlangen gefchreuen vnnde gegeuen heft laten. Dar Inne danne Juwe fchriuer Geuert cloth vor eynen artikill des briues „etcetera" gelefin folde hebben etc. In deme dun trât Juwe fchriuer vor die Herren vnnde vorluth vthfprack, Ick hedde gefethl, hie hedde den brieff alfe eyn kraden*

An untergeordneter Stelle, als Kanzleiknecht, war auch ein Kölner Bürger, Thomas Mews[1]), tätig, der aber mit schriftlichen Arbeiten nichts zu tun hatte. —

Die Urkundensprache der kurfürstlichen Kanzlei ist, wie es nach ihrer Tradition und Organisation selbstverständlich ist, hochdeutsch, und nur in wenigen Fällen, z. B. stets im Verkehr mit den pommerschen und mecklenburgischen Fürsten bediente der Kurfürst sich des Niederdeutschen. Selten kommt es als Geschäftssprache den märkischen Städten gegenüber in Betracht, wie an Brandenburg[2]), Perleberg[3]) usw., besonders aber an die Altmark[4]), wo ja eine Zeitlang unter Friedrich dem Jüngeren bis zu dessen Tode 1463 eine eigene Hohenzollernkanzlei bestand, die vorwiegend in der Landessprache arbeitete. Dagegen sind alle urkundlichen Verleihungen und Bestätigungen von Privilegien, Schenkungen usw. für die Stadtgemeinden Berlin und Köln und für einzelne Bürger hochdeutsch[5]), ebenso

---

ſchallick geleſin vnnde toch ſick des an mynem Herren Grauen Johann, die dat danne vonn my gehort ſall hebben, des danne Mauritz grochewitz ſick darvmme die danne yewerlde my to na geweſin is, etzliken priſternn nameliken Ern Johann garthouwen, die danne ok ein ſolkes (!) von my gehort ſall hebben, geſraget vnndec (!) doch yn der warheit nye heſſt mogen hinder my komen. Darup ick danne de antwerde, Ick hedde ſo nicht geſetht, ſundern ick hedde vornomen, Juwe ſchriuer die hedde den brieſſ, na deme alze hie na der Miſſenſchen ſprake geſchreuen wer, nicht wol hadde kunt leſen vnnde vor einen artikill „etcetera" geleſin ſolde hebben .. So ist beiläufig schon hier „meißnisch" für den Niederdeutschen so viel wie hochdeutsch.

1) R. S 301 nach G. St. A. R. 78 9 fol. 126.

2) R. A IX 197. Übrigens eine Verpfändung, bei der für das Original möglicherweise Brandenburg als Aussteller in Betracht kommen könnte.

3) R. A I 193, 194 (geschehen in Tangermünde!).

4) R. A XVI 94 ff. Im Verkehr mit der Altmark (vgl. S. 16) finden sich bei allen Fürsten nicht selten niederdeutsche Schreiben. Ich sehe im folgenden von den altmärkischen Beziehungen ab und fasse nur die Mittelmark ins Auge.

5) Vgl. bes. G. St. A. R 78 15. 16. Nur eine nd. Verpfändung für einen Kölner Bürger ist mir bekannt R. S 275. Dagegen sind die nd. Elemente des Schreibens Fid. IV 183 wohl wieder dem Kopisten der mehrfach erwähnten Briefsammlung zuzuschreiben. Eine zweite Urkunde Friedrichs vom gleichen Tage in Angelegenheiten des Berliner Propstes R. S 301 (B. Ub. S. 416) ist rein hochdeutsch. Auch Fid. II 106, ein fast ganz nd. Schriftstück, entstammt dieser Sammlung, deren Wiedergabe zu unzuverlässig ist, um bindende Schlüsse über das Original zu gestatten.

wie die Urfehden der aufständigen Patrizier beider Städte nach 1448[1]), die wohl auf Vorlagen der kurfürstlichen Kanzlei zurückgehen, soweit sie mir bekannt sind, außer einer einzigen hochdeutsch sind.

Die ständige Anwendung der offiziellen Schriftsprache in allen für Berlin und Köln bestimmten Schriftstücken ohne Ausnahmen, wie sie doch für andere Städte zuweilen vorkommen, wird damit zusammenhängen, daß der Herrscher im Verkehr mit beiden Städten seine Kanzlei stets zur Verfügung hatte. Geringeren Anteil nur wird die Tatsache haben, daß Friedrich bei der besonders strengen Behandlung, die die störrischen Städte vor andern märkischen Orten von ihm erfuhren, nicht gewillt war, ihnen Rücksichten zu erweisen.

Nur die Unterwerfungsschreiben des Rats, der Gewerke und Gemeinheit von Berlin und Köln 1442[2]) sind niederdeutsch, obwohl sie, wie ich glaube, nicht in den städtischen Kanzleien, sondern in der des Landesherren entstanden sind. Zu dieser Annahme zwingt weniger die Tatsache, daß die erste dieser Urkunden wörtlich mit der hochdeutschen Gegenverschreibung Friedrichs[3]) übereinstimmt, als vielmehr die Beobachtung, daß die Sprache nicht völlig mit der in Berlin üblichen Geschäftssprache identisch ist[4]). Einige hochdeutsche Spuren *(Irleuchten furften, verfucht, vnfere, diffes briefs, meher, fundern, dat alles)* wie die hochdeutschen Aufschriften auf den Presseln, den Pergamentstreifen, an denen die Siegel hängen *(wullenweber zu Berlin, knochenhower zu Berlin* usw.), bestätigen diese Annahme nur.

---

1) G. St. A. R. 789 fol. 116 v., G. St. A. Urkd. Berlin-Cöln 60, 61, 62.

2) I: Fid. II 180, B. Ub. S. 378. II: B. Ub. S. 381, G. St. A. Urkd. Berlin-Cöln 54.

Die Abschriften im Registerband R. 78 9 fol. 253 v. ff. weichen von den Originalen orthographisch etwas ab.

3) R. S 287.

4) Nicht berlinisch sind (die berlinischen Formen stehen in der Klammer) *fehn (fin), kefen (kiefen), don (dun), hefft (het), erfte (irfte), on, one, ŏm* (B. um diese Zeit *em, en), wiren (weren), greue (graue* fast ausnahmslos), *gegenwardigen (jegenwordigen), gewefen* (Üblich ist in B. *gewelt), Sente Johanns (Sunte)* usw. Alle diese in B. nicht gebräuchlichen Formen sind aus den nd. Vermerken in den Registerbänden der kurf. Kanzlei wohlbekannt. Die Belege, die Siewert (Die niederdeutsche Sprache Berlins von 1300—1500 Würzburg. Diss. 1903) aus den bei ihm 1442 I u. II bezeichneten Schriftstücken für die Berliner Kanzleisprache finden will, sind daher hinfällig.

Die Unterwerfung von 1448 wird zudem überhaupt hochdeutsch beurkundet[1]).

Zeigt sich aus Briefen und Urkunden der äußere Betrieb der Kanzlei, der, rein hochdeutsch, nur in wenigen Ausnahmen die Sprache des Empfängers berücksichtigt, so gewähren die Registerbücher einigermaßen einen Einblick in die innere Kanzleitätigkeit, in denen neben den Abschriften der Urkunden und Briefe in der offiziellen Sprache Registraturvermerke, Überschriften und dgl. über die dem Schreiber bequemste Mundart aufklären. Naturgemäß treten in diesen Bänden hauptsächlich die unteren Beamten hervor, die Kanzleischreiber, die mit den einfacheren Kanzleiarbeiten betraut waren. Aber auch Spuren der Tätigkeit der Sekretäre, z. B. Howecks, fehlen nicht.

Die überwiegende Menge der Vermerke weist auf hochdeutsche Schreiber. Besonders die zahlreichen Bemerkungen über die Aufbewahrung der älteren Dokumente, die auf Heinz Howeck zurückgehen, sind alle in dessen heimischer Sprache[2]). Aber wichtiger als die Aufschlüsse über die Sekretäre, die wir auch aus anderen Quellen kennen, sind die Beobachtungen, die wir hier über die Schreiber sowie über den Verkehr mit dem niederdeutschen Publikum machen können.

Es ergibt sich, daß unter Friedrich II. der einige Jahre in der Kanzlei tätige Krull nicht der einzige niederdeutsche Schreiber ist. Denn wenn z. B. die Kopie einer hochdeutschen Verkaufsbestätigung durch den Kurfürsten[3]) die Überschrift erhält „*Confirmacio der*

---

1) B. Ub. S. 402.

2) In G. St. A. R 78 3 enthalten.

3) G. St. A. R 78 9 fol. 122 v. Indem ich hier und im folgenden, um überhaupt das Vorhandensein niederdeutscher Schreiber zu beweisen, deren Tätigkeit in der Muttersprache hervorhebe, entsteht die Gefahr, daß sich die Übersicht über das Verhältnis beider Schriftsprachen zu einander verschiebt. Ich betone daher nochmals, daß der Gebrauch des Niederdeutschen in freien Eintragungen, Überschriften, Vermerken so verschwindend ist, daß die Register wie die Erzeugnisse des äußeren Kanzleibetriebes nie auch nur den geringsten Zweifel lassen, daß die Kanzleisprache allein hochdeutsch ist, in der das Niederdeutsche nur als ein Zugeständnis erscheint. Wenn die Landessprache in den Lehnsvermerken (s. unten) öfter erscheint, so ergibt sich dies aus der unten geschilderten Sachlage, und es ist in solchem Falle erklärlich, daß der Schreiber neben einem Konzept in der Muttersprache eher geneigt ist, die zuzufügenden Bestimmungen in derselben Sprache zu machen.

*uon Coln auer den tygelberg, den fie von Hans vnd Curde den Sliwenern to
wuftermarke gekoff hebben, gelegen by den winbergen darfelbs gelegen"*,
so kann diese nur auf einen Schreiber zurückgeführt werden, der,
wo er frei schreibt, die niederdeutsche Sprache vorzieht. (Daß er
nicht mit Krull identisch ist, beweist die Handschrift.) Aber der
Schluß des Vermerks zeigt zugleich, daß er seine Mundart nicht
mehr rein zu schreiben versteht. Und das ist erklärlich; denn der
gleiche Schreiber trägt Briefe in einer oder der andern Schriftsprache
ein ohne Rücksicht auf sein heimatliches Idiom. Wie die Norddeutschen hochdeutsche Briefe einschreiben, so kopiert andrerseits z. B.
G. St. A. R 78² fol. 88 ein zweifellos hochdeutscher Schreiber einen
niederdeutschen Schuldvertrag zwischen Berlin, Frankfurt und den
pommerschen Herzögen und durchsetzt ihn dabei mit den ihm geläufigen Formen.

Niederdeutsche Kanzleischreiber sind also aus den Registern
deutlich nachweisbar. Aber sie sind den Fremden gegenüber in der
Minderzahl, und auch für sie ist die offizielle Kanzleisprache hochdeutsch. Und nur in den für den internen Gebrauch bestimmten
Bänden kommt die Muttersprache vereinzelt zum Durchbruch. Daß
man vielleicht heimische Schreiber wegen des leichteren Umgangs
mit dem Publikum heranzog, war schon oben erwähnt. Ebenso
war darauf hingewiesen, daß nur in seltenen Fällen der Dialekt sich
als berlinisch erweist. Die Mehrzahl der niederdeutschen Schreiber
— ich habe hier nicht nur die Periode Friedrichs II., sondern auch
die Kanzlei unter seinem Nachfolger im Auge — besitzt die Formen *hie
hefft* (er hat), *don* (tun), *on* neben *en* (ihnen), *fehen* usw. Dafür hat Berlin
he het, dun (sehr selten *don*), *en, fihn* und entsprechend überall *u* und
i für sonstiges mittelniederdeutsches *ô* und *ê*, das nicht aus urgerm.
au oder *ai* entstanden ist. Die berlinischen Formen fehlen nicht ganz,
sind aber seltener vertreten als die übrigen. In Nikolaus Krull
fanden wir einen Zerbster Schreiber, und so mögen auch die
übrigen niederdeutschen Schreiber aus einem andern Gebiete als dem
berlinischen stammen, zumal ja auch die niederdeutschen Sekretäre
alle anderen Gegenden angehörten.

Eine Art Mischsprache zeigt sich in den Belehnungsbestätigungen
neben rein hochdeutschen und rein niederdeutschen Urkunden dieser

Art[1]). Die gemischtsprachigen und meist auch die niederdeutschen Eintragungen erklären sich daraus, daß den in der Kanzlei angefertigten Schreiben eine von der beteiligten Partei eingerichte Angabe der Güter zu grunde liegt. Ein Zettel, der den Vorgang bei der Herstellung einer solchen Bestätigung klar zeigt, ist in R 78 16 durch Zufall noch erhalten. Auf demselben haben die Brüder Barfuß nd. ihre Güter aufgezählt als Grundlage für einen neuen erweiterten Lehensbrief. Als Konzept für diesen dient neben dem Zettel der frühere Lehensbrief. Einer der Sekretäre bessert hochdeutsch in Zettel und Brief hinein, um hieraus die Unterlage für die neue h o c h d e u t s c h e Belehnungsurkunde zu gewinnen. So wird z. B. schon die Namensangabe auf dem Zettel *hans barfft, hennigk, kune, jacob, brüder* verhochdeutscht *gnant dy Barfuß*.

Anders liegt es in den Fällen, wo die belehnte Partei keine Urkunde verlangt, und die Angelegenheit nur in die Kanzleiregister vom Schreiber an der Hand solches eingerichten Verzeichnisses eingetragen wird. Die Anlehnung an ein solches ergibt sich meist sehr deutlich durch Überspringen aus der 3. Person in die 1., z. B. R 78 9 fol. 29 v. *Item Peter Brand wonaftich to Bornam hebben von mynen gnedigen heren den marggraven to lehne am Irsten Im dorpe to Bornam hebbe ick vii¹/₂ ſtucke geldes* .[2]) In solchem Falle läßt der niederdeutsche Schreiber die Aufzählung unangetastet und schreibt sogar wie im vorliegenden Beispiel einen Eingang in derselben Sprache. Häufig aber setzt er wie sein hochdeutscher Kollege diese Verzeichnisse in die offizielle Schriftsprache um, und nur wenige Reste weisen dann auf die ursprüngliche Form *(Item die ſtechowen haben entpfangin Im dorff thu koczcum xlj stucke geldes Im selben dorff hogſt vnd ſideſt, Im dorff czu ſtechow jx ſtucken geldes Im ſulluen dorfſe den dritteil hogſt vnd ſideſt vp einer wuſten veltmarcke czu der licze dat drudden deil vff der wuſten veltmarcke ..[3])),* während wieder in niederdeutschen Eintragungen Formen wie *halbe, hatt, das,* die geläufige Sprache des Schreibers verraten.

Auf diese Weise erklärt sich das bunte Bild, das die Lehnseintragungen liefern.

---

1) Das im folgenden geschilderte Verhältnis besteht auch noch unter Friedrichs Nachfolger für die Lehenseintragungen.

2) Gedruckt R. C I 249.

3) ebenda S. 248 nach R. 789 fol. 29.

Daß man jedenfalls in der kurfürstlichen Kanzlei mit dem Niederdeutschen rechnete und, obwohl selbst die Schreiber, wie das Leben Krulls beweist, geistliche Bildung und Universitätsschulung hatten, v o r dem Latein als Schriftsprache gelten ließ, beweist die Tatsache, daß bei Transsumpten das einzufügende ursprünglich lateinische Schriftstück übersetzt wird, wie R 78 9 fol. 23 in der Bestätigung eines lateinischen Briefes des Markgrafen Johann „*der von worte zcu worte hir nach zcu dŭczſchs geſchreben vnd begriſſen ſtet*", oder Friedrich II. bestätigt eine Festsetzung der Askanier, Ottos I. u. II. [1] „*In eynen latiniſchen brieſſ der denn vmb beſſerer nachwiſunge vnde eins iglichen redelicher vernemunge willen In deuczſche hirnach geſaczt wurden iſt.*" Dagegen werden niederdeutsche Schreiben [2] in der Ursprache übernommen. —

So bleibt die brandenburgische Kanzlei unter Friedrich II. bei Sesselmanns Leitung hochdeutsch. Aber sie bietet doch ein anderes Bild als unter dem ersten Hohenzollern. Die Beamtenschaft setzt sich nicht mehr allein aus Fremden zusammen, auch Norddeutsche mit hochdeutscher Bildung werden angestellt, die sich allerdings der herrschenden Schriftsprache anpassen, und nur verschwindend in den für den internen Dienst bestimmten Büchern drängt sich die Muttersprache ein. So wäre bei gleicher stetiger Fortentwicklung vielleicht allmählich eine brandenburgische Kanzlei entstanden, unabhängig von den fränkischen Stammlanden. Mit dem Regierungsantritt Albrecht Achilles' wird diese Möglichkeit fürs erste wieder in weitere Ferne gerückt.

Wie sein Vater Friedrich I. so vereinigte auch Albrecht wieder die süddeutschen und die norddeutschen Besitzungen der Hohenzollern in einer Hand. Und wie damals, so konnten auch jetzt wieder fränkische Beamte im Dienste des gleichen Herrn im Norden wie im Süden tätig sein. Planmäßig [3] unternahm es der Kurfürst, durch fränkische Einrichtungen die brandenburgische Verwaltung zu fördern. Seine tüchtigsten Beamten [4], die seit Generationen im Dienste der Hohenzollern erprobt waren, Männer von umfassender Bildung,

---

1) St. A. Fürstenwalde I 3. 4.

2) Mit Ausnahme des Anstellungsdekrets für den Berliner Stadtapotheker in einer kurfürstlichen Bestätigung von 1481 (R 78 16 fol. 339). Doch fällt dies schon in eine spätere Periode.

3) Zwanziger, a. a. O. S. 89.

4) F. z. b. u. p. G. XII 337 ff.

an denen Ansbach damals vor andern reich war, sandte er zu dauerndem oder vorübergehendem Aufenthalt in die Mark. Die ersten
Stellen waren auch fernerhin mit Franken besetzt, und diese wurden,
soweit es irgend möglich war, in allen märkischen Angelegenheiten
verwandt. Nur zu wenigen Märkern hatte der Kurfürst Vertrauen,
wie zu dem schon genannten Albert Klitzing, zu Nickel Pfuhl[1]),
dem Abt Peter von Lehnin[2]), Busso von Alvensleven. Außer diesen
wurden nur wenige Brandenburger hie und da noch herangezogen[3]).
Von märkischer Arbeitskraft und Redlichkeit scheinen die Franken nur
gering gedacht zu haben. Die kurfürstlichen Räte, die Albrecht
nach seinem Regierungsantritt in die Mark geschickt hatte, verlangten,
um Ordnung schaffen und halten zu können, auf dem Mühlenhof
zu Berlin einen fränkischen Schreiber[4]), da die märkischen ihren
Ansprüchen nicht genügten.

Die Zahl der fremden gelehrten Beamten mußte sich noch steigern, als seit 1473[5]) der Kurfürst die Schar der juristisch gebildeten
Räte zu vergrößern bemüht war. Hauptamtlich waren Dr. Stocker[6]),

1) S. Priebatsch, P. C. I. S. 165, Anm. 4. Stölzel, Brandenburg-Preußens
Rechtsverwaltung I. S. 93.

2) Nach Sello, Lehnin. Berlin 1881. S. 170 war er Professor der Theologie. Schon sein Vorgänger war kurfürstlicher Rat.

3) Über Albrechts Verlangen nach einem märkischen Vertreter auf
dem Tage von Würzburg 1485, vgl. Priebatsch, P. C. III 483. Auch in diesem
Falle zeigt sich wieder (vgl. ebenda, Anm. 1) das Vordringen des fränkischen
Elementes unter Johann Cicero, unter dessen Regierung die Mark gegenüber
der vereinzelten Vertretung unter Albrecht öfter märkische Abgesandte zu den
Reichstagen schickte.

4) Priebatsch, P. C. I 157 *haben wir im beſten ſurgenomen und ein
ordnung gemacht under anderm, was man des jars in die haußhalt einnymbt vnd
wie das wider hinaus verbraucht wurdt, des ein wiſſen zu haben. zu dem wer man
nottorſtig eins verſtanden geſellen. ſinden wir hie in den Merckiſchen ſchreibern
noch andern nicht, do ſolchs zu beſtellen ſey und haben gedacht uf Sigmunden den
alten kuchenmeiſter, ob eur gnad den herein bringen mocht, das der in allem
handel ein gegenſchreiber wer, was in der Mittelnmarck geſiel in die Haußhaltung
dienen ſoll* Sigmund Plohofer wird darauf tatsächlich nach Berlin geschickt. Priebatsch, P. C. I 184.

5) Holtze, Gesch. d. Kammergerichts I. S. 113.

6) Der Name ist sehr wahrscheinlich Stöcker zu lesen. Er kommt in
den Formen Stocker, Stöcker, Stockert u. a. mehr vor. Die series consulum
schreibt sogar Steckert, doch hat diese bei ihrer stets ungenauen Namens-
schreibung keine Beweiskraft. Über alle drei Männer vgl. Stölzel. Brandenburg-Preußens Rechtsverwaltung I. S. 93 f.

Dr. Sigismund Zerer, der spätere Kanzler, und Dr. Pfoettel [1]) als
solche in der Mark angestellt. Alle drei waren Süddeutsche. Stocker
und Pfoettel hatten in Italien ihren juristischen Studien obgelegen,
Zerer hatte in Leipzig [2]) studiert. Alle drei hatten zunächst ihre Fähigkeiten in Albrechts Diensten in Ansbach bewiesen. Neben ihnen
stand die große Zahl der nicht fest und ständig beschäftigten Räte,
die ebenfalls Franken oder Sachsen (oft aus Leipzig berufen) waren.
Auch in der engsten Umgebung des jungen Fürsten, die mit ihm die
Regierung leitete, waren die Norddeutschen in der Minderzahl [3]).

Unter diesen Verhältnissen konnte selbstverständlich [4]) eine
Verschmelzung zwischen norddeutsch und süddeutsch unter Albrecht
nicht nur nicht gefördert, sie mußte sogar gehemmt werden. Die
Kanzlei war in fränkischen Händen. Der Kanzler, bis 1483 war es
Friedrich Sesselmann, der, wie erwähnt, schon unter Friedrich II.
mehr Kanzler im modernen Sinne als Kanzleileiter war, konnte sich
jetzt, da die Regierung für den jungen Johann Cicero als Stellvertreter seines Vaters Albrecht fast ganz in seinen Händen ruhte,
den geringeren Kanzleigeschäften naturgemäß noch weniger widmen
als vorher. War unter Friedrich II. das Personal nicht ganz einseitig
hochdeutsch gewählt, so scheint es, als ob nun entsprechend den
S. 43 f. dargelegten Anschauungen der Regierung die Beamtenschaft
auch in der Kanzlei stärker hochdeutsch zusammengesetzt war.
(Auch ein sächsischer Schreiber ist zeitweise nachzuweisen, der
z. B. das Schreiben bei Priebatsch, P. C. I 598 geschrieben haben muß.)
An erster Stelle war noch immer Howeck tätig. Neben ihm stand
allerdings der Märker Albert Klitzing. Aber abgesehen davon, daß
dieser sich seiner Bildung und Arbeitsweise nach zu den hochdeutschen
Kollegen stellte, war er überhaupt, solange er noch in Diensten der
Hohenzollern stand, selten in Köln, meist in diplomatischen Missionen
fern. Eine ganze Anzahl Ansbacher Beamten waren vorübergehend
(Ludwig von Eyb, Absberg) in der Mark tätig, dauernd dagegen

1) Pfottel und Pfoettel geschrieben. Er ist „*in kaiferlichen Rechten Doctor*".
Priebatsch, P. C. II 512.

2) Matrikel der Univ. Leipzig. Cod. diplomat. Saxoniae Regiae Bd.
XVI, XVII, XVIII. Z. ist im Sommer 1452 eingeschrieben. Vgl. M. d. V. f.
G. B. IX 5. Er ist Dr. iur. canon.

3) Priebatsch, P. C. I 122.

4) Zumal in jener Zeit auch die politischen Gegensätze noch stark
hervortraten. Vgl. S. 106 ff.

der von Albrecht sehr geschätzte Kammerschreiber Johann Vogel,
den der Kurfürst 1471 aus Ansbach, wo Vogel vorher als Kanzleischreiber[1]) tätig war, nach Köln geschickt hatte.

Schreiber auf dem Mühlenhofe war der oben genannte Sigmund
Plohofer[2]).

Doch zeigt sich aus den Registerbänden, daß trotz Albrechts
Mißtrauen gegen die Märker auch in dieser Periode norddeutsche
Kanzleiunterbeamte, Schreiber, nicht ganz gefehlt haben können.
Ich glaube, aus den Eintragungen in den Registerbänden zwei niederdeutsche Schreiber zu erkennen. Daß gerade Belehnungen mehrfach
niederdeutsch sind, ergibt sich aus der oben geschilderten Art, wie
solche Vermerke zu stande kamen. —

Solange Johann Cicero nur als Vertreter seines Vaters die Mark
verwaltete, war er nach allen Seiten hin gebunden. Albrecht hatte
ihm die Beamten ausgewählt und ihm keine Betätigung des eigenen
Willens gestattet. Erst in den letzten Jahren begann der junge
Fürst, sich von dem Druck, den der Vater auf ihn ausübte, etwas
freier zu machen[3]). Seit Albrechts Tode 1486 konnte er selbständig
seine Pläne in die Tat umsetzen.

Johann war in früher Jugend in die Mark gekommen, war hier
zum Manne herangereift. Selten nur hatte ihm der Vater einen Besuch in Franken erlaubt. Die Stammlande mußten ihm daher ferner
stehen als allen seinen Vorgängern, Brandenburg und dessen Bewohner seinem Verständnis näher, als es bei den früheren Hohenzollernfürsten möglich war. Dazu begann nach dem Tode des letzten brandenburgischen Kurfürsten, der zugleich die Burggrafschaft Nürnberg
regierte, ein Rückzug der fränkischen Beamten. Bis auf das Kanzleramt ging ein Amt nach dem andern von den Fremden auf die Einheimischen über[4]). Denn Johann hatte nicht wie sein Vater stets
die Möglichkeit, die Fortziehenden aus dem fränkischen Beamtenstand zu ergänzen. Nicht immer, wenn er den Bruder in Süddeutschland um Überlassung eines Rates bat, konnte dieser dem Verlangen

<hr>

1) Priebatsch, P. C. I 184. 227.

2) Vgl. S. 44. Da der Name auch Plehofer geschrieben wird, ist wohl
Plöhofer anzusetzen.

3) Priebatsch P. C. II 63. Wie Albrecht den Sohn stets als unselbständig
und unreif betrachtete, zeigt R.C II 276.

4) Zwanziger, a. a. O. S. 92.

willfahren [1]). Dazu scheinen sich bei verschiedenen Gelegenheiten im Verkehr der Süddeutschen und der Norddeutschen Unzuträglichkeiten und Mißverständnisse bei intern norddeutschen Angelegenheiten ergeben zu haben, so daß ein heimischer Beamtenstand, dessen eigene Interessen mit denen des Landes verknüpft waren, der in Sprache und Charakter selbst niederdeutsch den Niederdeutschen verstand, sich mehr und mehr als notwendig herausstellte [2]). Was unter Friedrich II. sich schon leise vorbereitet hatte, aber während der Regierungsperiode Albrechts nicht hatte weiterschreiten können, das entwickelte sich nun, da verschiedene Momente fördernd zusammentrafen [3]), konsequent und ungestört: die Loslösung Brandenburgs von den Stammlanden. Es mag hinzukommen, daß solange der Gegensatz zwischen Bevölkerung und Regierung noch lebhaft war, sich vielleicht von den patrizischen Geschlechtern, deren Angehörige für die Stellen in der Verwaltung passend gewesen wären, früher nicht viele gefunden hätten, die in der Fürstenkanzlei gedient haben würden. Unter Albrecht versuchten die Städte immer noch, ihre Selbständigkeit zu betonen, unter Johann geht ihr Kampf um die Unabhängigkeit, der Kampf der patrizischen Geschlechter gegen die Fürsten dem Ende entgegen. Die Herrscher haben den Sieg davongetragen.

Die Hohenzollern hatten ihre Stellung im Lande befestigt in diesem kampfreichen Jahrhundert, so daß die Hilfe der Franken nicht mehr so unentbehrlich war wie in den Zeiten, als sie zuerst nach Brandenburg gekommen waren, und teils aus Notwendigkeit, weil die Süddeutschen nicht mehr in dem Maße wie früher zur freien Verfügung standen, teils auch, weil das Verhältnis zur Bevölkerung ein anderes geworden war, lernten sie, sich der Märker zu bedienen, deren Kraft bisher in städtischen oder kirchlichen Diensten oder da die Heimat, wo die Aussicht auf eine Anstellung in der Landesverwaltung für sie ziemlich gering war, ihnen keine geeignete Betätigung bot, im Auslande verbraucht worden war. Denn daß es an Brandenburgern mit gelehrter Bildung damals nicht fehlte, beweisen die Universitätsmatrikeln der Zeit [4]).

---

1) F. z. b. u. p. G. XII S. 349.
2) Ebenda F. z. b. u. p. G. XII S. 349 ff.
3) Vgl. S. 109 ff.
4) Vgl. weitere Ausführungen S. 117 ff.

Dazu stieg, da gerade seit der zweiten Hälfte des 15. Jahrhunderts die Mitglieder des Rates mehr und mehr Männer mit juristischer Bildung sein mußten, das Bedürfnis nach solchen Beamten[1]), so daß nicht mehr allein der Adel diese Stellen ausfüllte, sondern auch Männer bürgerlicher Abstammung, sobald sie diesen Forderungen genügten. Daß Johann Cicero gewillt war, auch Märker in diese Ämter einzustellen, beweist die Tatsache, daß schon er, um heimische Beamte in genügender Zahl zur Verfügung zu haben oder im Lande festzuhalten, die Gründung einer Landesuniversität plante, die dann unter seinem Nachfolger ins Leben trat.

Die Loslösung von den Stammlanden vollendet sich unter den folgenden Kurfürsten. Zwar bittet Joachim I. nach seiner Thronbesteigung 1499 seinen Oheim, den Markgrafen Friedrich ihm „*die Pflicht des hofmeiſters, des Marſchalcks, des hauſſvogts, des kuchenmeiſters, der Secretarj, der Gemein Schreiber jn der Cantzley, der Gemein Ret vnd hofgeſind*"[2]) mitzuteilen, aber wenn auch, wie sich hieraus ergibt, die Einrichtungen in der brandenburgischen Verwaltung sich wie bisher an die fränkischen lehnen, so ist doch die märkische Abkunft jetzt kein Hinderungsgrund mehr für eine Anstellung im Hof- oder Staatsdienst.

Das Kanzleramt allein bleibt auch jetzt zunächst noch immer in den Händen von Nichtmärkern; bis 1529 haben es nacheinander die Franken Sesselmann (—1483), Zerer (zuletzt 1509 erwähnt), Stublinger (—1529) inne, dann der Sachse Wolfgang Kettwig, bis nach der kurzen Amtsführung des Leipzigers Breitenbach 1542 mit dem Treuenbriezner Johannes Weinleb auch dieses Amt den Märkern gewonnen wird. Die Regierung aber und ihre Beamten sind damals nicht so scharf wie bisher durch nationale Gegensätze[3]) von der Bevölkerung getrennt; der Märker, vom Verwaltungsdienste nicht mehr ausgeschlossen, arbeitet Seite an Seite mit Franken und Sachsen. Denn unter den Beamten Johanns und auch noch Joachims stehen, wie es nach dem Charakter und der historischen Entwicklung der Kanzlei natürlich ist, neben dem Kanzler noch immer Franken an hervorragender Stelle. Johannes Brunner, der schon unter Albrecht

---

1) Spangenberg, Hof- und Centralverwaltung. S. 113. Vgl. oben S. 44.
2) Wagner, Zeitschr. f. preuß. Gesch. u. Landeskunde XIX 518.
3) Weitere Ausführungen hierzu S. 113 ff.

angestellt war[1]), bleibt noch unter Johann Cicero als Sekretär. Ein geborener Franke ist auch der Sekretär Fritz Funk, der besonders beim Regierungsantritt Joachims I. in bedeutender Stellung erscheint[2]). Auch Sigmund Weyer ist an dieser Stelle zu nennen. Erst unter Joachim I., seit 1502[3]), ist Hans Schrag, der spätere Hofrichter in Berlin, nachweisbar.

Unter den kurfürstlichen Räten erscheint neben den aus der vorigen Verwaltungsperiode übernommenen Männern, dem Kanzler Zerer und Stocker, der Sachse Dr. Johann Stauffmel aber auch der Dr. legum Packebusch aus Stendal, den übrigens auch Albrecht schon zuweilen herangezogen hatte.

Neben diesen aber stehen Märker und unter ihnen Berliner und Kölner. Im Jahre 1497 ist der Kanzleischreiber Valentin Wins[4]), ein Berliner aus der in Berlin und Frankfurt sehr angesehenen Familie Wins, tätig, ein Sohn des Berliner Bürgermeisters (1465—73); der gleichen Familie gehört wohl der Sekretär Gregor Wins an, der 1509 und 1513[5]) bezeugt ist. 1506 ist Franz Brackow[6]) Kanzleischreiber, ein Sohn des Hofrichters in Berlin und Berliner Stadtrichters Peter Brackow, der selbst später ganz kurze Zeit bis zu seinem frühen Tode Richter in Berlin ist. Die bedeutendste Persön-

---

1) Seit 1478 nachzuweisen.

2) Zeitschr. f. preuß. Gesch. u. Landeskd. XIX 516. Er ist nachzuweisen seit 1491 G. St. A. Rep. 61 20, wo ihn Jorg Vischer als *„Meynes gnedigen hern marckgraff hanſſen kantzler (!) mit Namen fridrich funck"* anführt. Im selben Jahre auch im G. St. A. R. 78 16, fol. 279.

3) R. B VI 182. 1503 im B. Schb. S. 2. Nach Stölzel, Brandenburg-Preußens Rechtsverwaltung I. S. 155 war er schon unter Johann Cicero angestellt.

4) R 78 16 fol. 146 G. St. A. „.. *Valentin winſen ſeligen nachgelaſſn wittwen Burgerin In vnſer Stat Berlin vff ſleiſſig erſuchen vnnſers Cannzelſchreibers vnd lieben getrewen Vallentin winſes vonn ſein vnd ſeiner Bruder wegen Irer ſon . ."* 1499 ist er Rentmeister und wird für die treuen Dienste, die er „von *Jugend auff vnſerm lieben herrn vater* gethan hat" belohnt. R. A XXIV S. 216.

5) G. St. A. Rep. I 2a (Smend, F. z. b. u. p. G. XX 468 liest den Namen falsch.) In dem eigenhändigen Schreiben bezeichnet er selbst sich als „Secretarius", dagegen nennt ihn der Kurfürst R. A IX 262 1513 „Kanzleischreiber".

6) G. St. A. (Urkd. Berlin-Cöln 82): *vnnſerm Cantzleyſchryber vnnd lieben getrewenn Frantz Brackowen* . (Frankfurt a. O. 42): *vnnſerm Dyner vnnd lieben getrewen Frantzen Brackow.* Er ist (B. Schb.) schon 1509 gestorben.

lichkeit nicht nur unter den Berlinern in der Kanzlei, sondern unter den damaligen Kanzleibeamten überhaupt ist Thomas Krull[1]), der Bruder des Berliner Bürgermeisters Benediktus Krull, ein Geistlicher, der 1479 in Leipzig immatrikuliert, im folgenden Jahre Bakkalaureus[2]) dort wird. Schon unter Johann Cicero in der Kanzlei tätig, gelingt es ihm während der Regierung Joachims I. und in den ersten Jahren Joachims II. zu immer einflußreicheren Stellen emporzusteigen bis zum vertrauten Ratgeber seiner Fürsten.

Daß diese Männer ihre eigene Sprache der der Landeskanzlei unterordnen, ist selbstverständlich. Wir sind in der günstigen Lage einige der genannten Schreiber mit Sicherheit als Urheber verschiedener Briefe bezeichnen zu können. Für Gregor Wins beweist der erwähnte Brief von 1509, für Thomas Krull eine ganze Anzahl Briefe hochdeutsche Schriftsprache. Und wenn, wie ich vermute, Valentin Wins, der Kanzleischreiber, identisch ist mit dem Valentin Wins, dessen Urkunde 1504 im B. Schb. S. 13 eingetragen ist zu einer Zeit, als die Berliner Gerichtskanzlei noch unberührt niederdeutsch war, so würde die Mischsprache, die in diesem Falle sicher nicht auf den Berliner Gerichtsschreiber zurückgehen kann, dem das Hochdeutsche noch fern liegt, beweisen, daß der Kanzleischreiber, selbst wenn er niederdeutsch schreiben will, dazu nicht mehr im stande ist[3]). Über das Verhältnis Franz Brackows zu beiden Schriftsprachen wird im folgenden noch ausführlicher zu sprechen sein.

Vollständig sind die niederdeutschen Vermerke aber nicht aus den Registerbänden verbannt, wenn auch die Anwendung des Niederdeutschen sehr selten ist. Es ist auch noch nicht ganz aus Johanns Urkunden geschwunden. Wie unter seinen Vorgängern finden sich auch bei ihm zuweilen niederdeutsche Verleihungen, Bestätigungen u. dgl. Zwar ist von zwei Briefen für Berlin in der Volkssprache

---

1) Zur Namensform vgl. S. 37 Anm. 1.

2) Matr. d. Univ. Leipzig. Cod diplom. Sax. reg. 16. 17. 18.

3) Oder lag überhaupt vielleicht eine hd. Urkd. vor, die bei der Abschrift verstümmelt ist? Diese letztere Ansicht scheint mir weniger wahrscheinlich, gegenüber der Persönlichkeit des Gerichtsschreibers als die im Text gegebene. Die hochdeutschen Wörter, die das Ganze durchziehen, sind sehr zahlreich: *Nachdem, julger, drey, Iren, durch, mutter, bewegelich vnnde vnbewegelich* (Berlin in dieser Verbindung stets *bewagen vnd vnbewagen*), *wy* (wie), *vnnser* usw.

der eine wieder so ungünstig überliefert[1]), daß ein Schluß auf das Original nur wahrscheinlich ist, dagegen ist die niederdeutsche Urschrift des zweiten im Stadtarchiv Berlin[2]) erhalten. Aber die Briefe und Urkunden in niederdeutscher Sprache sind auch unter Johann sehr selten und auch dann meist inhaltlich begründet. Die Schriftsprache ist die ihm von den Vorgängern überlieferte, und unter seinem Nachfolger hören mit dem Vordringen des Hochdeutschen in bisher niederdeutsche Sprachgebiete, so weit ich es überschaue, auch die niederdeutschen Spuren im internen Kanzleidienst, die schon vorher verschwindend gering waren, ganz auf. —

Es fragt sich nun, ob durch den Wechsel im Kanzleramt irgend welche Veränderungen in der Kanzlei bemerkbar werden. Bei Sesselmanns Tode 1483 ist keine Wendung zu beobachten. Der Bischof von Lebus hatte schon lange die eigentliche Leitung anderen überlassen, die auch nach seinem Ableben die alte traditionelle Arbeitsweise fortführen. Zudem fußt sein Nachfolger Sigismund Zerer auf gleichem Boden. Aus einer in der Burggrafschaft Nürnberg[3]) ansässigen Familie stammend, hatte er zunächst im Dienste der fränkischen Hohenzollern gestanden, bis ihn Albrecht in die Mark sandte. Hier hatte er in mehrjährigem Dienste als Unterkanzler die Verhältnisse kennen gelernt, bis er zum Leiter der Kanzlei berufen wurde. Und nach Zerers Rücktritt ist auch in Stublinger wieder ein fränkischer Kanzler vorhanden, der in bezug auf Sprache und Betrieb der Kanzlei in den Bahnen der Vorgänger steht.

Bleibt nun auch der Kanzlerwechsel ohne Einfluß auf den Kanzleigebrauch und auf die Geschäftssprache, so ist doch die Möglichkeit ins Auge zu fassen, daß die Herkunft der Schreiber aus verschiedenem Gebiet der Einheit der brandenburgischen Kanzleisprache entgegensteht[4]).

---

1) Fid. IV 214.
2) St. A. B. 94. Gedruckt Fid. II 200.
3) M. d. V. f. d. G. B. IX 5.
4) Vgl. Nebert, Zur Gesch. d. Speyrer Kanzleisprache. Hallesche Diss. 1891 S. 13: ,,. mochten auch die Schreiber aus anderen Dialektgebieten stammen, sie hatten sich doch der einmal bestehenden Kanzleisprache zu fügen und konnten höchstens ab und zu Besonderheiten ihrer angestammten Mundart einstreuen.'' Genau die entgegengesetzte Ansicht vertritt Scholz, Gesch. d. deutschen Schriftsprache in Augsburg S. 272. ,,Ihre Schriftstücke hatten

Daß niederdeutsche Kanzlei s c h r e i b e r wie Nikolaus Krull
und andere Unterbeamte ihre Sprache unterordnen und höchstens
vereinzelt im internen Kanzleidienst anwenden, war schon mehrfach
hervorgehoben. Und es wäre psychologisch leicht erklärlich, daß
die Norddeutschen in einer hochdeutschen Kanzlei, in der man anfänglich wohl auf die Volkssprache h e r a b blickte, die niederdeutsche Abstammung möglichst in Vergessenheit zu bringen bemüht gewesen wären.

Wie verhalten sich nun aber die oberen Beamten, die Sekretäre?

Einige gelegentliche Ausweichungen abgerechnet, wie sie in
allen Kanzleien zu beobachten sind, und die auf wenige Fälle zu
reduzieren sind (1465/66 ist ein Schreiber zu bemerken, dessen Schriftsprache von der sächsischen beeinflußt ist, und 1473 ist der Brief
Johann Ciceros an seinen Vater[1]) unzweifelhaft nicht in der gewöhnlichen Kölner Schriftsprache, sondern ebenfalls in sächsischer Geschäftssprache), folgt ganz ohne Frage die Brandenburger Kanzlei
einer einheitlichen Norm. Auf der Kanzleisprache Ansbachs beruhend,
hat sie sich, sich in wenigen Punkten von der fränkischen Geschäftssprache entfernend, auf dieser Basis entwickelt. Die Tradition muß
so fest gewesen sein, daß selbst später unter Albrecht neu aus Franken
kommende Schreiber wie Johann Vogel nicht mehr imstande zu
sein scheinen, noch die Neuerungen der verwandten fränkischen
Kanzlei etwa einzuführen.

Wie weit die letzte Gestalt der aus der Kanzlei hervorgehenden
Schriftstücke auf den Schreiber, wie weit sie auf den Sekretär zurückzuführen ist, ist schwierig zu entscheiden. Zieht man aber in Betracht,
daß sich z. B. mit Sicherheit Briefe und Urkunden nachweisen lassen,
die der Sekretär Thomas Krull selbst geschrieben und unterschrieben
hat, und nimmt man vielleicht auch hinzu, daß viele Schreiberhände,
die in den Registern begegnen (und hier sind doch gerade die U n t e r-
schreiber tätig!), nie in Urkunden und Briefen entgegentreten, so
wird man sich der Annahme nicht verschließen können, daß Rein-

---

in erster Linie gewohnheitsmäßige Orthographie und erst in zweiter Reihe
fügten sie gewisse Eigenheiten aus dem gegenwärtigen Tätigkeitsort ihrem
dialektischen Grundstock zu." Allenfalls für die Gehilfen ist nach ihm eine Anpassung zuzugeben, nicht für die oberen Kanzleischreiber.

1) Priebatsch, P. C. I508.

schriften nicht nur von Schreibern, sondern auch durch Sekretäre hergestellt werden k o n n t e n.

Wenn sich nun trotz verschiedenartiger Zusammensetzung des Personals aus Nord- und Süddeutschen eine traditionelle Norm der Geschäftssprache[1]) mit Sicherheit feststellen läßt, soweit, daß man nicht imstande ist, ein Schriftstück dem einen oder andern Beamten zuzuweisen, so ist damit schon die Antwort auf die vorher gestellte Frage gegeben. Wir sind aber außerdem in der günstigen Lage, Howeck in seinem freien Schriftgebrauch zu kennen aus einem Briefe des Sekretärs an Klitzing[2]). Hier wendet er Formen an, die in der Kanzleisprache nicht üblich sind. Dagegen kennen wir die häufige Bewahrung monophthongischer Formen in so später Zeit sehr wohl aus seinen früher[3]) erwähnten Vermerken in den Registerbänden. Auch die vielen Synkopierungen, Entrundungen *(beſe)*, Formen wie *teitigten, y* (immer) sind der Geschäftssprache d a m a l s nicht eigen. Hierdurch wird die sonstige Unterordnung unter die offizielle Schriftsprache bestätigt[4]). Daß da, wo die Kanzlei zwischen bestehenden Doppelformen schwankt (s. S. 64), durch den Einfluß vielleicht der nicht-fränkischen Sekretäre öfter eine Form gewählt wird, die der in Ansbach durchdringenden nicht entspricht, kann natürlich an der allgemeinen Beobachtung nichts ändern. —

Nur über Albert Klitzings Verhalten vermag ich nicht zu urteilen. In den Briefen, in denen er Albrecht Achilles über den Erfolg seiner Sendung berichtet, die allerdings nicht aus der Kanzlei hervorgehen, aber in denen man als in Schreiben an den Landesherrn von seiten des Sekretärs doch offizielle Kanzleisprache erwartet, zeigt sich stärkere Anlehnung an die sächsische Geschäftssprache

---

1) Über diese vgl. S. 54 ff.

2) Priebatsch, P. C. 1258.

3) S. 40. S. auch Lewinski S. 161 ff.

4) Freilich wissen wir nicht, wie groß sein Anteil an der endgültigen Form eines offiziellen Schriftstückes war, und in der Zeit, als er tatsächlich Leiter des inneren Kanzleibetriebes war, werden nicht viele Reinschriften auf ihn zurückgehen, aber es ist doch in jedem Falle bemerkenswert, daß die aus seiner privaten Tätigkeit bekannte Schreibweise bei seiner führenden Stellung durchaus ohne Wirkung auf die allgemeine Schriftsprache geblieben ist. Dies gilt besonders für die alten Monophthonge, die Howeck länger festhält als die Kanzlei sonst. Vgl. oben im Text und bes. S. 61. Gerade während seiner Haupttätigkeit hat die Kanzlei diese von neuem aufgegeben.

als an die brandenburgische. Zwar *uver, uch, fruntlich* finden sich auch sonst in Köln, aber *van, hot, globlich, en* (ihnen) neben *in, kamen* (gekommen), *abe, einiche,* zusammen mit dem sehr häufigen Übergange des *u* $>$ *o,* der vielfachen Bewahrung der Monophthonge und ähnlichen Erscheinungen weisen nicht auf brandenburgischen Gebrauch. Manche Formen in diesen Briefen sind wohl auch aus Klitzings Muttersprache zu erklären, und der unter seinem Namen gehende Entwurf zu einer Klageschrift in der pommerschen Angelegenheit ca. 1468 (Raumer I 274) enthält neben den md. Formen auch nd. Spuren. Ob der Mangel an Schriftstücken aus der Kölner Kanzlei in dieser Sprachform sich daraus erklärt, daß er sich sonst der offiziellen Sprache anpaßt, und damit die Annahme einer Unterordnung der Sekretäre weiter bestätigt oder aber daher, weil er häufig in diplomatischen Geschäften der Kanzlei fern weilt, ist nicht sicher zu entscheiden.

Das Material für die folgende Darstellung der Entwicklung der Kanzleisprache bei den brandenburgischen Hohenzollern entnehme ich, soweit mir nicht Originale zur Verfügung stehen, für die älteste Zeit für die Hohenzollern Stillfried-Maercker, Monumenta Zollerana Bd. VII., ferner Riedel, Fidicin, den letzten Bänden der Monumenta Boica, Chmel, Urkunden zur Geschichte Maximilians, Lanz, Korrespondenz Karls V., den Publikationen der einschlägigen Geschichtsvereine und gelegentlichen Veröffentlichungen. Wo ich diese Abdrücke berücksichtige, habe ich möglichst solche benutzt, die auf Originalen, nicht auf Eintragungen in die Register- oder Kopialbücher beruhen, da diese nicht immer gleichzeitig sind und vor allem, wie mir mehrfache Vergleichungen mit den Originalen bewiesen haben, nicht immer orthographisch getreu angefertigt wurden.

Der Urkundensprache unter Friedrich I.[1]) gibt die Durchführung der neuen Diphthonge ihr entschiedenes Gepräge sowohl in den aus Franken[2]) wie den aus Brandenburg hervorgehenden Schreiben. Die Hohenzollernkanzleien stehen damit im Gegensatz zu der Ge-

---

1) Wenn ich hier Friedrich I. nenne, so meine ich natürlich auch seine Stellvertreter, da ja die brandenburgische Kanzlei tätig ist, auch wenn der Fürst selbst abwesend ist, in Konstanz oder in Franken.

2) Wo ich hier und weiterhin von „Franken" spreche, meine ich die Residenzen der Hohenzollern dort, Ansbach oder die Cadolzburg.

schäftssprache Sigismunds, der trotz der Traditionen Karls IV. die Monophthonge vielfach noch lange bewahrt[1]), und sie gehen zusammen mit der ihnen in jeder Beziehung ungemein nahestehenden Nürnbergischen Stadtkanzlei.

Denn wenn auch Ansbach und Nürnberg zwei verschiedenen Sprachgebieten zuzurechnen sind[2]), so sind doch ihre Kanzleisprachen zu jener Zeit kaum getrennt. Die geringen Abweichungen in der Epoche, die zunächst hier ins Auge gefaßt werden soll, der Regierung Friedrichs I. in Brandenburg, (1411) 1415—1440, sind möglicherweise nur durch stärkeren Anschluß der Hohenzollern an die Kanzlei der politisch nahestehenden Luxemburger zu erklären, zumal auch später die Wandlungen der Ansbacher Kanzlei klar aus dem Anschluß an die neue kaiserliche Kanzlei hervorgehen.

In einigen Salbüchern aus hohenzollernschen Ämtern, wo die offizielle Kanzleisprache wohl weniger strenge Forderung war, finden sich denn auch einige Schreiber, deren Schriftsprache sich mit der der Reichsstadt deckt: vgl. das „Salbuch des Amtes Cadolzburg"[3]) von 1414 sowie das „Fragment eines Salbuchs des Amtes Onolzbach" von ca. 1434[4]). Im letzteren z. B. sind deutlich zwei Schreiber, die nur *ei* kennen, von einem dritten zu trennen, der *ai* einführt. Die wenigen Punkte, in denen beide Kanzleien nicht übereinstimmen, werden in der folgenden Darstellung an ihrer Stelle hervorgehoben werden.

Die neuen Diphthonge nun werden, wie erwähnt, in Nürnberg wie in den hohenzollernschen Kanzleien im Norden und im Süden angewandt.

Mehrfach aber finden sich unter den älteren Schriftstücken Friedrichs I. (n i c h t aber in denen aus späteren Jahren und n i c h t in den von seinem Sohne und Vertreter Johann gegebenen Urkunden)

---

1) Dagegen hat Wenzel die neuen Diphthonge z. B. M. Z. VII 304 ff., 355. R.B IV 14 usw.

2) Weinhold, Bair. Grm. S. 11. Zuletzt A. Gebhardt, Grm. d. Nürnberger Mundart (Grm. deutscher Mundarten VII) Leipzig 1907. S. 7. Unterschiede im heutigen Dialekt der ehemaligen Reichsstadt und der Burggrafschaft bei Gebhardt S. 6. Zum heutigen Dialekt vgl. auch C. Franke in Bayerns Mundarten I 19 ff., 261 ff., 374 ff., II 73 ff., 317 ff.

3) Monumenta Boica 47 S. 573 ff.

4) ibid. S. 677 ff.

neben den Schreiben in der üblichen neuen Lautform auch solche, in denen Monophthonge noch ganz bewahrt sind oder überwiegend gebraucht werden ($\hat{\imath}$ und $\hat{u}$ [= mhd. $\hat{u}$ und iu]). Dieser letztere Fall scheint nun gerade im Verkehr mit hd. Adressaten, deren Sprache den neuen Laut noch nicht kennt[1]), sowie mit niederdeutschen Empfängern meist bei den in der Mark geschriebenen Briefen beobachtet werden zu können, z. B. R. A XV200 (1412) gegeben in Stendal für Stendal, Fid. II 131 (1413) in Berlin für Berlin-Köln, R. A XII428 (1416) in Berlin für Wriezen, M. Z. VII316 (1415) in Berlin für Berlin R. B III241 = M. Z. VII 344 Vertrag mit den Herzögen von Stettin (1415) in Templin usw. Andrerseits sind einige diphthongische Urkunden aus denselben Orten für dieselben Städte diesen ersten gegenüberzustellen, z. B. R. A XXIII 164 (1423) gegeben und ausgestellt in Frankfurt für Frankfurt oder unter Markgraf Johann Fid. IV132 (1425) in Eberswalde für Berlin usw. Dem naheliegenden Schluß, daß die alten i und u besonders für monophthongische Gebiete geschrieben werden, steht kaum die Tatsache entgegen, daß sich, allerdings sehr selten, diese Laute auch sonst bei Friedrich I. finden, z. B. M. Z. VII 89 in einer Quittung für Rothenburg[2]). Gewichtiger ist der Einwand, daß ja auch durch diesen einen Fall die Unterschiede zwischen hochdeutscher und niederdeutscher Kanzleisprache kaum verringert wurden.

Es ist aber auch nicht zu leugnen, daß, wo Monophthonge geschrieben werden — später hören sie ja überhaupt unter Friedrich I. und Johann auf[3]) —, neben den sächsischen Schreiben fast ganz allein

---

1) Z. B. R. A IX 401 = M. Z. VII 393 1416 Ehevertrag mit Rudolf von Sachsen und Lüneburg. Übrigens trägt dieser Vertrag auch sonst sächsische Eigentümlichkeiten. Gleiches gilt z. B. auch für M. Z. VII 339 Quittung für den Markgrafen v. Meißen. Von den beiden Möglichkeiten, daß die Franken den Sachsen sprachlich entgegenkommen, oder daß die Konzepte aus sächsischen Kanzleien stammen, hat die erste die größere Wahrscheinlichkeit, angesichts der starken Auftragung sächsischer Sprachcharakteristika, die (z. B. Gebrauch des —i— in Endsilben) hier viel stärker auftreten als in den Briefen der Sachsen selbst. Vgl. z. B. gleich den folgenden Brief M. Z. VII 340. — Die Monophthonge in den für alle Städte gleichlautenden Privilegien-Bestätigungen wie R. A XV209 erklären sich vielleicht aus älteren Vorlagen.

2) Eine andere Quittung für Rothenburg M. Z. VII132 ist diphthongisch.

3) Johann schreibt auch in der Mark nur Diphthonge, und auch von Friedrich kenne ich seit den zwanziger Jahren nur Schreiben in der neuen Lautform, z. B. Fid. II 154, 167. Allerdings weilt er in Süddeutschland.

die Mark in Betracht kommt, und es ist zugleich zu erwägen, daß
man auch sonst bestrebt ist, im Verkehr mit Norddeutschland gewisse, als lokal begrenzt empfundene Formen zu meiden.

Auf dem Gebiete der Diphthongierung gilt dies für *lîch* > *leich*,
—în > *—ein*, die schon in Nürnberg nicht häufig, seltener noch
in Ansbach, niemals in Brandenburg erscheinen.

Dies gilt ferner für *dehein*[1]), eine Form, die in Friedrichs fränkischen Briefen durchaus überwiegt. Dagegen finde ich in Briefen
an norddeutsche Adressaten, gleichviel ob dieselben in Franken ausgestellt werden, wie Fid. II 154, oder im Norden, nur *kein* (z. B.
Fid. II 131. 155. R. A VIII 391 usw.).

Ferner ist zwar „*zu*" in jeder Stellung möglich, aber in den fränkischen Urkunden fehlt daneben vor dem Infinitiv oder artikellosen
Substantiv auch *ze* nicht ganz, z. B. M. Z. VII 121, wenn es auch
seltener steht als in der Nürnberger Geschäftssprache. In brandenburgischen Schreiben ist *ze* nie zu belegen.

Weniger deutlich treten die Unterschiede zwischen beiden Kanzleien in folgenden Fällen auf:

Die Präfixe mhd. *für—*, *ver—* schreibt man gewöhnlich *fur—* u. *ver—*.
Für beide tritt auch *vor—* ein, doch eher für *fur—* als für *ver—*.
Wenn nun, wie mir scheint, *vor—* in Brandenburg öfter zu beobachten
ist als in Franken, so mag dies darauf zurückgehen, daß diese Form
der Vorsilbe überhaupt in a l l e n Urkunden Friedrichs eher begegnet als bei seinem Bruder Johann. Aus Friedrichs Urkundensprache mag die Form nach dem Norden gedrungen sein[2]). Auch die
Präpositionen *für* und *vor* werden im allgemeinen noch nach dem
Gebrauch bei Richtung oder Ruhe getrennt gehalten. Doch finden
sich bei Friedrich und noch mehr bei seinem Sohne Johann auch
Fälle, in denen *fur* neben dem Dativ, *vor* neben dem Akkusativ steht
(z. B. R. A IX 142, Fid. II 131). Besonders in den Urkundenformeln
wechseln *fur* und *vor vns vnd vnser Erben*, *fur* und *vor allermenniglich*.

---

1) D. Wb. V 459 weist *dehein*, *dhein* noch im 15., 16. Jhd. besonders dem Süd-
westen zu. (Übrigens schreibt auch Wenzel in Prag 1416 *dhein* M. Z. VII 396.)
Aber bei Friedrich ist diese Form sehr häufig. Daß sich der Gebrauch von
dehein und *kein* bei ihm je nach dem Nachdruck scheidet, der auf den Worten
liegt, kann ich nicht beobachten.

2) Liegt der Keim für die Vermischung auch vielleicht in seinen ersten
Anfängen schon im fränkischen Gebrauch, so ist doch die spätere Entwicklung
in beiden Gebieten ganz verschieden (vgl. S. 63).

Gelegentlich findet sich nur *vor*, z. B. in der in Berlin ausgestellten Urkunde Fid. II 131 oder Fid. IV 132.   B u r g graf Johann scheidet dagegen *ſur* und *vor* noch reiner.

Wenn M a r k graf Johann, Friedrichs Sohn und Stellvertreter in der Mark, zuweilen im Auslaut Media hat, *gewapend* und *gewapent* (R. A IX 130), *Radmanne, nod, ſchog* und *ſchock* (Fid. IV 132), so sind diese Formen doch zu selten, um für den allgemeinen Kanzleigebrauch in Betracht zu kommen.

Ausweichen des *u (ü) > o (ō)* ist damals in den Hohenzollernkanzleien im Norden und im Süden noch nicht häufig. *konigin, begnogen, obir* begegnen wohl, aber nie ausschließlich, immer nur neben den *u*-Formen.   Neben *gewunnen, gunnen* steht *gewonnen, gonnen ; ſulch* hat *ſolich* und *ſolch* als seltnere Nebenformen.   Im allgemeinen ist *u* damals noch ziemlich fest in der Kanzlei.   Etwas häufiger sind die *o*-Formen in den erwähnten Salbüchern.   Schreibungen wie *Borger* kommen im Norden, wie ich zu beobachten glaube, etwas öfter vor als im Süden.   Aber weder hier wie dort kann man etwa von einem Überwiegen der *o*-Formen sprechen. *ongeverlich* und ähnliche Bildungen sind natürlich hier nicht in Betracht zu ziehen. Auch nicht die Nebenform *ſollen* (d. h. *ſōllen*) zu *ſullen*, die besonders in der Formel *wollen vnde ſollen* gebraucht wird[1]).

Im übrigen aber sind die Kanzleien durchaus identisch.

Ausweichen des *i > e* kommt mehrfach vor wie auch in Nürnberg[2]): *geſchreben, weder, Frederich, vele, ſrede.*

Umlaut von *o* und *u* wird meist nicht bezeichnet.

Mit dem Übergang des *û > au* geht ein Vordringen der Schreibung *au, aw* für den neuen und den alten Diphthong Hand in Hand. *ou* hält sich nur in wenigen Wörtern und auch da nur neben *au : ouch, kouſſen, ſrouwe.*   Das gleiche Verhältnis findet sich in Nürnberg.   Sigismund bewahrt natürlich meist *ou.*

Mhd. *—iuw—* ergibt nach der Diphthongierung *eu*, nicht *au.*

ai kommt in jener Zeit so gut wie nie vor (wohl aber öfter in Nürnberg.   Über das Verhalten der Salbuchschreiber vgl. S. 55.) *ei* in *zweinzic* ist oft zu *e* geschwächt.

---

1) *ſchol, ſchullen*, die (v. Bahder, Grundlagen des nhd. Lautsystems S. 32) in Nürnberg vorkommen, sind hier nie zu belegen.

2) Weinhold, Bair. Grm. § 11.

ie und *i* werden nicht geschieden *Brieff, Briue, hielff, fieczt.* Mhd. *uo, üe* sind ebenfalls nicht als Diphthonge gekennzeichnet. Übergang von *uo* > *o* vor Nasal findet sich in *thon,* seltener in *fone* < *fuone.*

a ist zu *o* geworden fast ausnahmslos in *do, dornach* usw., meist in *noch,* seltener in anderen Wörtern *geton, anfproche.* Etwas weiter gehen auch hier die Salbücher *(geloffen, gnoden).* Umlaut des *a* wird nur *e* geschrieben.

brengen, das in Nürnberg vorkommt[1]), kennen die Hohenzollern-kanzleien nicht.

Auf dem Gebiete des Konsonantismus ist festzustellen, daß neben *b* im Anlaut auch *p* zuweilen vorkommt, häufiger wieder in den Salbüchern und Schreiben der Vögte als in der Landeskanzlei. Dagegen wechselt *b* nicht (wie dies in Nürnberg anfänglich an allen Stellen, später beschränkt der Fall ist) mit *w.* Der eine spärliche Beleg, den ich dafür kenne, *gewen,* kommt nicht einmal in Betracht, da die Urkunde M. Z. VII 108 nur nach einer Kopie aus Burggraf Johanns Gemeinbuch wiedergegeben ist.

d und *t* werden im Anlaut geschieden. Der Dental nach *l* ist *d: halden, alden,* neben andern Sonoren *t: hinter, vngehintert*[2]), *furter.* Ausweichungen kommen auf beiden Seiten vor, sind aber nicht häufig.

Die Affrikata der Dentalreihe wird *zc, cz, z* und inlautend auch *tz* geschrieben.

s vor Konsonant bleibt, geht nie zu *sch* über.

Der Guttural ist *k, c,* nie *kh, ch.*

Intervokalisches *h* ist erhalten: *Stahel, leyhen, entphahen, czehen, zcyhen.* Selten ist die Nebenform *czen* zu *czehen* oder *czeen.* Nur in *gefcheen* fehlt *h* stets. Die dritte Person Sg. des Präsens heißt *gefchicht* und *gefchit* (z. B. Fid. II 132). *h* ist ferner stets in *bevelhen* bewahrt. Zerdehnung wie im Sächsischen kommt im allgemeinen nicht vor; denn das regelmäßig gebrauchte *Sehe* (See) ist anders zu erklären. Außer vor *t (gefchicht)* findet sich nur *h,* nie *ch.* —

Superlative und Ordinalzahlen werden durch Anfügung von —*ift* gebildet. Die adverbiale Endung ist —*lichen,* seltener —*lich.*

---

1) Weinhold, Bair. Grm. § 11. v. Bahder, Grundlagen d. nhd. Laut-systems S. 32.

2) Gebhardt § 114 erschließt für Nürnberg mhd. nicht wie md. stimm-haftes *d,* sondern stimmlose lenis in der Verbindung, die ahd. —*nt*— entspricht.

Dativ Sing. des persönlichen Pronoms im Mask. ist *im*, *in*, Dativ Plur. *ine*, *in*. Dativ des refl. Pronoms *im*. Genitiv Sing. des Demonstrativs für das Mask. *dicz*: *dicz briefs*. Als Possessivum dient meist noch *ir*, selten *ire* flektiert.

Noch kennen die Kanzleien in Franken den Unterschied des Neutr. *drew* vom Mask. *drei*: *drew pfunt*, *holczer*, *huner* aber *drey pfenning*. In Brandenburg kann ich *drew* nicht nachweisen.

Bezüglich des Verbs ist zu bemerken, daß ingressives und verallgemeinerndes *ge—* häufig steht.

Von *haben* und *laſſen* finden sich zunächst die Kurzformen nicht. Erst später erscheint *ich han* u. a. nicht selten. *Steen* und *geen* kommen nur in dieser Gestalt vor. Neben *wellen* steht *wollen* (d. h. *wöllen;* diese Form ist durch die wenigen Schreiben, die den Umlaut bezeichnen, gesichert.) Zu *wiſſen* gehört das Präteritum *weſte*, das Participium *gewiſt*. Das Präsens von *ſein* flektiert im Plural *wir*, *ſie ſein*. Die ursprünglichen Verben mit sogenanntem Rückumlaut sind erhalten und haben nach md. Art eine Anzahl anderer in ihre Analogie gezogen. Es heißt *geſaczt* (selten *geſeczt*), *beſtalt*, *gewant*, *gekart* usw.

komen, *bracht*, *ſunten*, *worten*, *beliben* sind noch nicht äußerlich den anderen Partizipien gleich gemacht.

Die dritte Person Plur. geht auf *—en*, die zweite auf *—et* aus.

Synkope des *e* ist häufig in der Vorsilbe *ge—* (dagegen nicht bei *be—*, *beleiben*), *globet* (=gelobet), *vorgnant*. So entstehen die Partizipien *geben*, das besonders üblich in der Datumsformel ist, *gangen*. *e* fällt ferner oft, wo Stamm und Endung mit gleichem Konsonanten auslauten, z. B. bei den Verben mit stammauslautendem Dental, *gericht* (aber stets *er wirdet*), im Dativ Plur.. der Wörter, die auf *n* ausgehen, *In vorgangen zyten*, *In allen obgeſchrieben dingen* oder im Gen. und Dat. Sing. Fem. *vnser*. Ganz besonders starken Umfang gewinnt die Synkopierung des auslautenden *e* im attributiven Adjektiv und Pronomen, *die würdig Kirche* (Acc. Sing.), *vnſer meynung* (Acc. Sing.), *eyn wochen* (Acc. Sing.), *etlich briſter* (Nom. Plur.) und so in zahlreichen Fällen.

Dagegen ist zuweilen bei anderen Wörtern ein unorganisches *e* angefügt *tiſche* (Nom. Sing.) *rate* (Nom. Sing.) usw. —

Unter Friedrich II. hatte sich eine andere Zusammensetzung der märkischen Kanzlei gezeigt als unter seinem Vater, so daß die

Frage auftauchen muß, ob sich hieraus merkbare Folgen für die Kanzleisprache ergeben haben[1]).

Seit 1438 war die deutsche Krone bei dem Hause Österreich. Die erste Kanzlei des Reiches ist also nicht mehr ostmitteldeutsch, sondern bayrisch-österreichisch und hat natürlich die neuen Diphthonge völlig durchgeführt. Daß die Hohenzollernkanzleien in diesem Punkte mit ihr zusammentreffen müssen, ergibt sich aus dem vorher Gesagten. Doch macht sich ein bemerkenswerter Unterschied zwischen der norddeutschen und der süddeutschen Kanzlei in dieser Beziehung geltend.

Unter Friedrich I. fanden sich wohl die alten Laute noch zu Beginn, aber in späterer Zeit waren sie ganz zurückgetreten. Es ist nun auffallend, daß unter Friedrich II. die ursprünglichen $\hat{\imath}$ und $\hat{u}$ nicht nur nicht in konsequenter Fortentwicklung vollständig verdrängt sind, sondern daß sie zunächst häufiger, als dies unter dem ersten Hohenzollern der Fall war, meist allerdings n e b e n vorwiegenden Diphthongen, in einem sehr großen Teil aller Schreiben vorkommen, die aus der kurfürstlichen Kanzlei hervorgehen. Seltener sind r e i n oder überwiegend monophthongische Schreiben wie Fid. II192[2]). Auch in den Kopialbüchern sind Monophthonge neben den neuen Lauten oft zu beobachten, und zwar nicht etwa nur bei Schreibern norddeutscher Abkunft, sondern z. B. auch bei dem Franken Howeck, der sie noch viel länger bewahrt, als dies in der offiziellen Kanzleisprache der Fall ist.

Es zeigt sich übrigens, daß im allgemeinen $\hat{u} < iu$ fester gehalten wird als $\hat{\imath}$, besonders in *hûte, lûte, trûwe*, die sich sehr lange erhalten[3]). Die Formen *uwer* und *uch* neben *ewer* und *euch* sind allerdings auch der fränkischen Kanzlei nicht fremd und finden sich hier und in Brandenburg noch lange selbst in sonst diphthongischen Schreiben, während sie unter Friedrich I. außer in überhaupt überwiegend monophthongischen Schreiben nur selten vorkommen. Die kaiserliche

---

1) Ich verzeichne für die folgenden Perioden stets nur die Abweichungen von der Geschäftssprache unter Friedrich I.

2) Übrigens läßt sich bei Sesselmann persönlich ein ähnliches Verhältnis konstatieren. Er hat im allgemeinen den neuen Lautstand, aber monophthongische Formen sind daneben noch oft bei ihm zu belegen.

3) Ähnliches bemerkt, wenigstens für *getruwe*, Weinhold, Bair. Grm. § 60 (vgl. auch § 84 und seine mhd. Grm. § 130).

Kanzlei kennt sie gar nicht. Sie braucht nur *ewer, ewch* und *ew*. Letztere Form fehlt den Hohenzollern.

Mit dem häufigeren Auftreten der Monophthonge in Köln steht wohl in Zusammenhang, daß hier *ou* neben *au* noch vielfach zu belegen ist.

Die Geschäftssprache Friedrichs III. auf bayrisch-österreichischer Grundlage verwendet *ei* und *ai*, ohne daß beide zunächst nach der Herkunft des Lautes geschieden werden. So kommen in gleichen Schreiben *keiſerlich* und *kaiſerlich* nebeneinander vor. Die fränkische Kanzlei schließt sich hierin an die kaiserliche an. Wie manches andere, das, wie die Salbücher ausweisen, bisher nur in der Sprache und Orthographie der fürstlichen Kanzlei noch nicht angewandt war im Gegensatz zu anderen Schreibstätten des Gebietes, tritt nun auch *ai* in die Ansbacher Kanzleisprache, seitdem der Gebrauch der neuen kaiserlichen Kanzlei die früher nicht offizielle Schreibung hierzu befähigt hat. Zunächst werden freilich auch hier *ai* und das noch öfter gebrauchte *ei* ohne etymologische Scheidung verwendet[1]). Die Kanzlei in der Mark macht diese Neuerung nicht mit. *ai* bleibt hier auch in der Folgezeit selten.

Das gleiche Verhältnis gilt für die Negationspartikeln *nit* und *nicht*. Bisher kannten die fränkischen Urkunden — ebenso wie *ei* wohl im Anschluß an die luxemburgische Geschäftssprache — nur *nicht*. In den Salbüchern freilich fehlte wie in Nürnberg *nit* nicht. Jetzt aber seit das Vorbild der nun ersten Kanzlei des Reiches diese dialektisch wohlbekannte Form schützt, tritt sie in die offizielle Schriftsprache der fränkischen Hohenzollern ein. Auch diese Form besitzt Köln nicht.

Eine Neuerung auf brandenburgischer Seite ist dagegen die Anwendung von *brengen* neben *bringen*. *brengen* fehlt in Ansbach und der kaiserlichen Kanzlei.

Ausweichen des *i* > *e* in offener Silbe und vor *r* nimmt in dieser Periode zu. Wenn es in der Mark stärker hervortritt als im Süden, so mag dort vielleicht die mitteldeutsche Nachbarschaft dies fördern, während Franken durch das Beispiel der kaiserlichen Geschäfts-

---

1) Wenn die Kanzlei *ei* und *ai* von Haus aus nicht scheidet, so stimmt dies mit der dialektischen Entwicklung überein, in der teilweise *ei* < ug. *ai* = *ei* < *î* entwickelt ist. Vgl. Franke, Baierns Mundarten I S. 281.

sprache zurückgehalten sein könnte. Aber auch in Köln sind die *i*-Formen immer in der Mehrzahl; die Erscheinung des Übergangs ist bei weitem nicht so üblich wie z. B. in der sächsischen Kanzlei.

Dagegen erscheint $o < u$ in offener Silbe, vor nicht-gutturalem Nasal und vor *r* in beiden Kanzleien, obgleich, wie ich glaube, auch hier die brandenburgische stärker beteiligt ist. Neben *urkunde* steht *orkunde* (*orkonde* ist seltener) *dorch, torm, korfurft, kurforft, kurfurft*; *gonnen* und *gunnen*; *fromen, bekomert* usw. Doch bleibt auch dieser Übergang in beschränktem Umfange, tritt nie auch nur annähernd so häufig auf wie im Sächsischen.

War in der Vorsilbe *ver—* ein geringes Schwanken nach *vor—* hin bei Friedrich I. auch in Franken bemerkbar, so sind jetzt *fur—* und *ver—*, die auch die Formen der kaiserlichen Kanzlei sind, unbestritten durchgedrungen, während in der Mark das mitteldeutsche *vor—* für *ver—* und *fur—* nicht selten ist. Auch die Unterscheidung zwischen den beiden Präpositionen *für* und *vor* hält man hier nicht mehr aufrecht. *vor* greift vielfach in das Gebiet der Präposition *für* über: *Als wir uch . . haben Bitten laffen vor vnnfern Caplan . von eyner primarien wegen Im die Zuzufagen*[1]).

Die Verdumpfung des $a > o$ nimmt in Brandenburg nicht, in Franken wenig zu.

dd nach kurzem Vokal kommt in der Mark öfter vor, *widder, odder* (häufiger *oder, ader*), *vorleddigen*.

Fand sich in der vorigen Periode wohl *ld*, aber vorwiegend *rt, nt*, so steht nun in beiden Kanzleien auch *rd, nd*, in Brandenburg ausschließlich, in Franken neben seltenem *nt, rt*. Andrerseits kommt hier auch *ll* vor.

Die fränkische Kanzlei übernimmt zuweilen die in der kaiserlichen gebrauchte Endung *—ent* für die 2. Pers. Plur. *ir werdent*, eine Erscheinung, die in Brandenburg n i e auftritt.

Es sind also nicht sehr viele Punkte, in denen unter Friedrich II. die märkische Kanzleisprache nicht mehr mit der der Stammlande zusammengeht. Das fränkische Idiom bleibt in der Kölner Kanzlei mit ihren fränkischen Einrichtungen, dem fränkischen Kanzler. Aber gewisse Unterschiede bilden sich doch schon heraus dadurch, daß Brandenburg, wie es früher *ze* und *dehein* nicht übernommen hatte,

---

1) 1459. Brief Friedrichs II. St. A. Zerbst II13.

so nun die im Keime wohl schon früher in Ansbach vorhandenen
Neuerungen, die im Anschluß an die kaiserliche Kanzleisprache eingeführt wurden, nicht mitmachte *(ai, nit)*, sondern daß in Fällen
wo Doppelformen vorlagen, aus denen die süddeutschen Hohenzollern
die mit der kaiserlichen Kanzlei übereinstimmenden wählten, Köln
diejenigen bevorzugte, die den ostmitteldeutsch-obersächsischen Formen näher standen. Hierbei mögen mehrere Faktoren tätig gewesen
sein: Zunächst fehlte die enge Verbindung mit der Kanzlei Kaiser
Friedrichs III., die die im Süden damals regierenden Brüder Friedrichs II. hatten. Dagegen sind nicht nur die Brandenburg nächstliegenden hochdeutschen Gebiete ostmitteldeutsch, sondern auch die
hochdeutschen Teile der Mark selbst, und schließlich mögen auch
die nichtfränkischen Beamten der Kanzlei in solchem Falle die ihnen
näherliegende Form begünstigt haben.

Im ersten Zeitraum der folgenden Epoche ist der offizielle Herrscher Albrecht Achilles, sein Vertreter in der Mark sein Sohn Johann
Cicero. Die oben geschilderte Zusammensetzung des Schreiber-
personals erklärt es, daß auch in dieser Periode der sprachliche Zusammenhang mit der fränkischen Kanzlei nicht verloren geht. Aber
die brandenburgische Tradition scheint doch schon so stark zu sein,
daß trotz der unter Albrecht erneuten fränkischen Beziehungen auch
jetzt noch an den Punkten festgehalten wird, die in dem vorigen Zeitraum schon Ansbach und Köln getrennt hatten. Und so bleibt es
auch, nachdem Johann Cicero seinem Vater in der Regierung
gefolgt war. Die Veränderungen, die mit ihm in der Verwaltung
eintreten, haben sprachlich keinen eingreifenden Einfluß mehr üben
können. Daß die Kluft sich allmählich erweitern muß, je länger
beide Kanzleien nach getrennten Richtungen schauend auf dem
einmal betretenen Pfade fortschreiten, ist klar. So gewinnt z. B. in
Franken *ai* und *nit* an Umfang. Die labialisierte Form *zwolf* (zwölf)
findet sich wie in der kaiserlichen Kanzlei[1]) auch schon fränkisch,
während Brandenburg noch an der Form mit *e* festhält. Anlautend
p für *b* wird im Süden vielfach gebraucht, in der Mark ist es selten.
Auch hier dürfen wir wohl wieder annehmen, daß die kaiserliche Kanzlei die Ausbreitung dieser schon früher in Franken in geringem Maße
vorhandenen Erscheinung begünstigt hat. Was v. Bahder[2]) von der

---

1) v. Bahder, Grundlagen S. 171.
2) v. Bahder, Grundlagen S. 228.

kaiserlichen Kanzleisprache sagt: „In der kaiserlichen Kanzleisprache ist *p* sehr beliebt, ohne irgendwo durchgeführt zu sein. Es
bieten dieselben Schriftstücke „*papst*" und *bapst*", *pottſchaft*" und
„*bottſchaft*" nebeneinander", gilt in vollem Maße in der hier gekennzeichneten Periode[1]) auch für Ansbach. In Köln aber ist, wie erwähnt, *b*, wo es etymologisch berechtigt war, die Regel.

In Brandenburg steht. hinter Nasal und Liquida *d: halden,
vnder, ſurder ;* in Franken war ursprünglich *ld* neben *nt, rt* geschrieben.
Zu dieser Zeit sind die üblichen Verbindungen *lt*, aber *nd ; rd* und
rt: halten, selten *halden, vnden, hinder* aber *ſurder* und wie in der kaiserlichen Kanzlei *ſurter.*

Fränkisch *ich han, wir han, lan, lat,* die in dieser Periode erscheinen, kennt der Norden nicht, wo nur die Langformen *haben,
laſſen* üblich sind.

Aus der kaiserlichen Kanzlei dringt nun *zwiſchen vnſer* in die
Ansbacher Schriftsprache, eine Konstruktion, die in der Mark nie
begegnet.

ton, das in Franken gebraucht wird, tritt in Brandenburg etwas
hinter *tun* zurück.

Aber auch die Elemente, die beiden Kanzleien gemeinsam bleiben,
entwickeln sich fort.

Unter Friedrich II. ließ sich in bezug auf die Diphthongierungs-
erscheinungen ein Rückschritt konstatieren. Nun tritt die Kölner
Kanzlei der fränkischen insofern wieder näher, als in dieser Periode
die Monophthonge bis auf geringe Spuren ganz verdrängt werden:
nur *vſſ* und *vß* bleiben in beiden Kanzleien neben *auſ* und *auß,* auch
in *getruwen* und *uwer* hält sich der einfache Vokal noch lange.

o < u, das der kaiserlichen Kanzlei Friedrichs III. nicht angehört [2]), gewinnt in beiden Gebieten an Umfang, bleibt aber immer
weit zurück hinter dem Stande der sächsischen Kanzleien. Mit der neuhochdeutschen Verteilung deckt es sich nicht. Während vor Nasalverbindung *o* nicht immer durchgedrungen ist, findet es sich meist vor tau-
tosyllabischem *r.* Doch auch hier fehlen die *u* nicht. Auch auf andere
Stellungen erstreckt sich der Übergang, z. B. auf *u* in offener Silbe.
Es sind also *gunnen* und *gonnen, ſunder, ſunst, ſonder, gewonnen,
konnen. Sontag, gunſtlich* und *gonſtlich* zu belegen. Ziemlich fest

1) Später tritt die Schreibung *p* für *b* etwas zurück.
2) v. Bahder, S. 189.

ist in den Kanzleien *konig, mogen.* Neben *ſun, ſune* steht *ſon, ſone.*
Busso von Alvensleben wird von Albrecht meist „*her Boß*“ genannt.

$e < i$ findet sich seltener als bisher.

Wohl infolge der vordringenden Diphthongierung ist *ou* auch
in Brandenburg zurückgetreten. Ganz verdrängt ist es nicht.

ze wird auch in Franken selten.

ſ vor Konsonanten bleibt noch, *ſlahen* und *ſlagen, ſwer.*

Nach Johann Ciceros Tode sind Franken und Brandenburg
durch verminderte verwandtschaftliche Beziehungen stärker getrennt
als vorher. Der Verkehr nimmt weiter ab. Das lehrt schon ein Blick
in Riedels chronologisches Register. Die fränkische Kanzlei steht
nach wie vor den Einflüssen der kaiserlichen Kanzleisprache nicht
ganz ablehnend gegenüber. Die Schreibung *ue (verſuert, barfueſſer,*
geſuegt, guet, zue), die nun neben dem üblicheren *u* begegnet, ferner
die jetzt ziemlich konsequent durchgeführte Scheidung von *ei* und
ai[1]), der Gebrauch von *nit* sind als das Wichtigste hier noch zu erwähnen. Auf diesem Wege hat sich das „*ſrănckiſch Hoſſteütſch*“
entwickelt, auf dem Schwarzenberg fußen konnte[2]).

Köln hatte sich weniger nach der Seite der oberdeutschen
bayrisch-österreichischen als der ostmitteldeutschen Geschäftssprache
gewandt. So waren die Unterschiede zwischen der brandenburgischen und der fränkischen Schriftsprache zuerst entstanden. Als
daher später das Obersächsisch-Meißnische durch Aufgeben gro-
ber dialektischer Eigentümlichkeiten seine isolierte Stellung verließ, mußte das Brandenburgische durch dieses Entgegenkommen
ihm vor anderen Schriftsprachen nahestehen. Es steht zwischen
der mehr binnendeutschen volksmäßigen und der mehr zum Oberdeutschen neigenden Richtung des Obersächsischen, jedoch der
letzteren, wie es nach der Grundlage der brandenburgischen Schriftsprache erklärlich ist, näher als der ersteren.

---

1) Die aber um die Mitte des 16. Jahrhunderts zu Gunsten von *ei* zurückgetreten ist.

2) Vgl. Scheels Ausgabe von Schwarzenbergs „Troſtſpruch um ab-
gestorbene Freund“. Neudrucke älterer deutscher Litteraturwerke 215 S 4..
Leider steht mir für die folgende Zeit für die fränkische Hohenzollernkanzlei zu
wenig zuverlässiges Material zur Verfügung, als daß sich genauere Feststellungen
machen ließen.

Um später einen Vergleich mit der in Berlin nach dem Übergang geschriebenen Form des Hochdeutschen zu ermöglichen, sei mit wenigen Worten noch kurz skizziert, wie sich die märkische Kanzleisprache, nachdem sie die geschilderte Entwicklung durchlaufen hat, in ihren Hauptzügen in der ersten Hälfte des 16. Jahrhunderts darstellt, d. h. zu jener Zeit, als die Berliner Kanzleien eben das Hochdeutsche als Schriftsprache aufgenommen hatten. Ich lege hierbei die Sprache unter Joachim I. zu grunde; die wenigen Abweichungen unter Joachim II. füge ich an ihrer Stelle hinzu [1]).

Die neuhochdeutschen Diphthonge sind durchgeführt; altes *iu* > *eu*, *leute*, auch wenn es vor *w* stand *new*, *getreue*. Monophthongische Formen außer *vff*, *vß* neben *auf*, *auß* sind sehr selten. Auch *uch* ist völlig durch *euch* verdrängt. *ou* ist sehr vereinzelt nur erhalten. Es heißt stets *auch* (in Sachsen ist *ouch* sehr lange üblich). Ein Unterschied im Gebrauch von *aw* und *au* je nach der Herkunft des Diphthongen aus *ou* oder *û* ist nicht zu bemerken. Neben *kauffen*, *erlauben*, *haupt* sind, und zwar bei den gleichen Schreibern, weniger übliche *kewffen*, *erlewben*, *heupt* anzutreffen.

Der Übergang von *u* > *o* vor *r* ist gegen früher stark zurückgegangen; *durch*, *furder*, *furfte*, *geburth*, *vrkunde* sind die gewöhnlichen Formen. In offener Silbe ist o nicht so selten: *mogen*, *fromen*. Fast ausnahmslos ist *folich*, *folch*. Dagegen ist vor Nasalverbindung *u* üblich; nur *gonnen (gŏnnen)*, *Sontag* finden sich oft. Wenn dagegen *follen (= föllen)* den Sieg errungen hat, so ist vielleicht neben der Angleichung an die *o*-Formen des Paradigmas auch Anlehnung an *wollen* in der häufigen Urkundenformel *wollen vnde follen* [2]) wirksam gewesen. — In dem Zurücktreten des *o* darf man wohl einen der Punkte erkennen, in denen damals die einzelnen Kanzleisprachen,

---

1) Nicht beachtet sind hierbei gelegentliche stärkere Annäherungen Joachims II. an obd. Formen *(ai, p* für *b* im Anlaut, *ă)*, weil diese gerade damals kein besonderes Charakteristikum mehr sind, sondern in so beschränktem Umfange wie hier in sehr viele Kanzleien gedrungen waren. Auch einige binnendeutsche Formen erklären sich aus der allgemeinen Annäherung der Kanzleisprachen.

2) Daß beide Verben mit *ö* anzusetzen sind, ergibt eine Urkunde St. A. B. 96 (1499), die ausnahmsweise die Umlautsbezeichnung durchgeführt hat. Auch für Franken war ja *wöllen* angegeben.

ihre Besonderheiten teilweise unter Anschluß an die kaiserliche
Kanzlei aufgebend, sich einander näherten[1]).

Als ein zweiter derartiger Punkt muß wohl das Verhalten in
bezug auf die Verdumpfung des $a > o$ ins Auge gefaßt werden, die
allerdings in Brandenburg immer nur in engen Grenzen geblieben
war. *o* findet sich in *one* neben *ane, an, Montag* und zuweilen in *do*.
Übergang des $a > o$ vor Nasal kennt aber auch die kaiserliche Kanzlei.

Umlaut von *a* und *â* wird nur durch *e* wiedergegeben[2]). Die
Bezeichnung des Umlauts fehlt fast immer in *camerer*. Der Umlaut
von *o* und *u* wird nur ausnahmsweise angegeben. Formen, die auf
Entrundungen deuten, sind selten.

i und *ie* werden nicht geschieden, ebenso wird der alte Diphthong
uo nie *ue*, stets *u* bezeichnet.

Der Vokal der Endsilbe ist —*e*—, nicht —*i*— oder —*u*—.

Anlautend *t* und *d*, *g* und *k* werden durchaus, *p* und *b* meist
auseinandergehalten.

Der Dental hinter *l, n* ist unter Joachim I. *d* und *t: behalden,
anwalden, halten; hinder, hinter,* unter Joachim II. hauptsächlich
t Verwaltung.

Ist beim Zusammenstoß von drei Konsonanten der mittlere ein
Dental, so fehlt er oft: *Jarmarckt*, aber *Jarmarcks, hunderſte* (und
hundertſte).

Erst am Schlusse von Joachims I. Regierung steht vor den Konsonanten *w, l, m, n*, nicht mehr *ſ*, sondern *ſch*. Vorher heißt es stets:
ſlecht, ſneider, ſweren. Unter Joachim II. ist *ſch* vor diesen Konsonanten ganz durchgeführt.

Intervokalisches *h* in *zehen, zihen* bleibt; andererseits fehlen
die dem Sächsischen eigenen Zerdehnungen fast völlig (doch stets
ſehe See. Vgl. S. 59).

Die in allen Kanzleien beliebte Konsonantenverdoppelung
macht sich auch in Brandenburg geltend, wo sie noch unter
Joachim II. nicht ganz geschwunden ist. Sie ist für die meisten
Konsonanten, besonders *t, n, ſ*, in jeder Stellung, nach Vokal oder
Konsonant, nach kurzem oder langem Vokal, nachzuweisen. (Doch

---

1) v. Bahder, Grundlagen S. 11.

2) Unter Joachim II. taucht auch *å* zuweilen auf. Etwas häufiger sind
Versuche, *ŏ* und *ǎ* zu bezeichnen. (Vgl. S. 67, Anm. 1).

stehen daneben auch stets Formen mit den einfachen Konsonanten.) *Zeitten, gutter, beſtettigen, wirdt, geburdt; Boldteſtorff, gifft, dorff, notturfft, helffen, kauff, ffranckfurt; Hallten, Innſigell; leyhenn, Inn, Zinns.* Statt *kk* findet sich *ck, gc, gk: artigkel, mennigclich, Kopenigk, Kopenick* (auch *Kopenig*), *vrckunth.* *ß* und *ſſ* wechseln willkürlich mit *ſ*, z. B. *verliſen* (verließen), *abloßung, weiſſe.* Im Auslaut herrscht *ß: auß, biß.* ˙ Seltener steht *s*, z. B. in der Endung —*nüs, daſelbs.* Stoßen auslautendes und anlautendes *s* zusammen, so wird oft *ſſ* geschrieben, *daſſelbe, deſſelben.*

Weniger häufig als Doppelschreibung des Konsonanten ist Hinzufügung von *h: vorſharn, volborth, dhann.*

Zwischen *m* und Dental wird *p* oder *b* eingeschoben: *nimpt.* Die Affrikata *z* wird durch *z, tz, cz* wiedergegeben: *zeitten, tzeitten, newnczigſten, newntzigiſten.* Der gutturale stimmlose Verschlußlaut wird *k*, vor *a, r, l* auch *c* geschrieben, *camerer, crafft, clein.* In *kurſurst* wechseln *k* und *ch.*

Superlative und Ordinalzahlen werden auf —*iſt* und —*eſt (-ſt)* gebildet: *am bequemiſten, das treweſt.*

In der Vorsilbe steht *vor—* und *ver—*; *ſur—* ist vielfach durch *vor—* verdrängt.

„Für“ der heutigen Schriftsprache wird durch *ſur*, öfter durch *vor* wiedergegeben. Beide Partikeln finden sich oft im gleichen Schreiben, z. B. 1510: *vor virvndachtzig gulden Hewptſum ſo er vor vnns außgegeben, ſur ſolich geld, ſur ſunfczig Behmiſcher ſchock.*

Vor Infinitiven und Substantiven steht nur *zu.*

Als Diminutivendung bemerke ich nur —*(i)chen: Stettichen.* (Schon unter Sesselmann *ſroychen.*)

Synkopierung[1] des *e* ist selten in der Vorsilbe *ge—* (häufiger nur in *gleich, gnanter, gnaden, geben* in der Datumsformel, zuweilen *außgeben, außgangen*). Dagegen wird auslautendes *e* sehr häufig fortgelassen, besonders sobald der Stammvokal lang ist. Aber auch kurzer Vokal hindert den Ausfall nicht. Durch folgenden Vokal

---

1) Die folgende Bemerkung über Synkopierungserscheinungen gilt im wesentlichen für Joachim I. Unter Joachim II. tritt die Synkope des *e* zurück. Besonders auslautendes *e* ist öfter erhalten als in früherer Zeit.

scheint der Abfall des *e* begünstigt[1]), *kein anfprach, hab ich, fag ich*, ohne daß dies als Regel hingestellt werden kann, und ohne daß die Erscheinung auf diese Fälle beschränkt bleibt. Die Synkopierung tritt ferner oft ein, sobald der Stammauslaut mit dem Konsonanten der Endung übereinstimmt[2]): *ein offen freyen Jarmarckt.* *e* ist auch geschwunden vor dem *s* des Genitivs und meist in mehrsilbigen Wörtern nach *r* und *l, jars, gotts, vettern, mitteln.*

Diese Synkopierungserscheinungen beeinflussen natürlich die gesamte Flexion, sodaß bei Ausfall des *e* der Endung da, wo der Vokal nicht umlautfähig ist oder nicht umlautberechtigt, alle Formen außer Gen. Sing. und Dat. Plur. auch beim Mask. ebenso wie beim Neutr. gleich sind, z. B.

S. Nom.	*tag : bawm*	Pl.	*tag : bewm*
Gen.	*tags : bawms*		*tag : bewm*
Dat.	*tag : bawm*		*tagen : bewmen*
Akk.	*tag : bawm*		*tag : bewm.*

Doch ist Ausfall des *e* im Plural weniger selten zu beobachten, als im Dat. Sing., so daß die Flexion oft die Gestalt hat

S. Nom.	*Rath*	Pl.	*Rethe*
Gen.	*Raths*		*Rethe*
Dat.	*Rath*		*Rethen*
Akk.	*Rath*		*Rethe*

Im starken Femininum ist der Singular nur noch gleichförmig vorhanden:

S. Nom.	*crafft*	Pl.	*creffte*
Gen.	*crafft*		*creffte*
Dat.	*crafft*		*crefften*
Akk.	*crafft*		*creffte.*

Im schwachen Femininum gehen Gen. Dat. Akk. Sing. auf —*en* (*frawen*) aus.

Im starken Neutrum haben die Pluralformen auf —*er* schon ihren Umfang erweitert. Man bildet *heußer, dörffer* usw. Doch findet sich z. B. neben *cleyder* noch *cleyd.* Zu *land* habe ich nur den Plural ohne —*er*, Dativ Plur. *landen,* bemerkt.

---

1) Vgl. Fabian Frangk, Orthographia Deutsch /Lernt/ recht buchståbig deutsch schreiben. Durch M. Fabian Frangken, Wittenberg 1531 C iij. Über Frangks Verbindungen mit dem Hohenzollernhause vgl. S. 206 Anm. 1.

2) Eine andere Art des *e*-Ausfalls findet sich oft schon unter Joachim II.: *gefchwornen,* wo J. I. *gefworen* haben würde.

Auch einige Formen des Pronomens seien angeführt. Das Possessivum heißt nicht mehr *ir*, sondern ist stets flektiert *iren* usw.; *diſſer* (selten *diſer*) hat den Genitiv *dits, ditzs.* *er* bildet den Dativ *im, ime*[1]), den Akkusativ *ine ;* Dativ Sing. des Artikels ist *dem ;* später wird *deme* häufiger. Der Gen. Plur., anfänglich nur *der*, hat unter Joachim II. die Nebenform *derer*, der Dativ *den* die Nebenform *dene*. Häufiger als *jeder* wird *yder* gebraucht. Das Reflexivum ist für den Dativ *im*.

In der Verbalflexion wird auslautendes *e* im Präs. Ind. 1. Pers. und im Präs. und Prät. Opt. 1. und 3. Person vielfach durch die Synkope betroffen. Das *e* der übrigen Endungen ist fester. Nur wo neben —*et* der Stamm auf Dental ausgeht, fällt dieses *e*. Doch erhält sich neben *wirdt* auch *wirdet*.

Die Endung der 2. Person Plur. ist allein —*et*, die der 3. —*en*.

Der Infinitiv nach *zu* verliert in dieser Periode das Zeichen der Flexion.

Über die Ausgleichsbewegung bei den starken Verben lassen sich Angaben nicht machen, da Praeterita in den Urkunden zu selten sind. Bei den sogenannten rückumlautenden Verben sind die Formen *geſatzt, geſtalt* usw. herrschend.

funden, bracht, worden usw. werden noch meist ohne *ge—* gebraucht.

haben, laſſen kommen nur in den Langformen vor. Das Participium lautet *gehabt*, nicht wie in der obersächsisch-meißnischen Kanzleisprache *gehat*.

ſein bildet den Plur. Präs. *wir, ſie ſein*, das Participium *geweſen* und *geweſt*.

thon ist durch *thun* völlig verdrängt.

Neben *wollen* (d. i. *wöllen*) ist auch *wellen* noch nicht geschwunden.

Betreffs der Konjunktionen sei noch bemerkt, daß nun die konzessive Formel *wer es auch, begeb es ſich auch* in der märkischen Kanzlei neben *wo, ob* u. a. m. öfter erscheint, deren häufigeres Auftreten vielleicht niederdeutschem Einfluß zuzuschreiben ist.

---

1) Zur Form *ime, ine* vgl. die Bemerkungen Fabian Frangks in seiner Orthographia Deutsch /Lernt/ recht buchståbig deutsch schreiben. Durch M. Fabian Frangken. Wittenberg 1531. B ij b.

In syntaktischer Beziehung teilt die brandenburgische Kanzlei die meisten Stileigentümlichkeiten und Kanzleimoden der Zeit, so die Vorliebe für Partizipialkonstruktionen, weniger für solche, die mit dem Participium Practeriti[1]) als mit dem des Präsens gebildet sind: *Die bricue In beiden Zuſtend   ; einen beteidingsbriſ inhaltende das   Oder in anderer Verbindung wy Im wiſſennt iſt: ernſtlichen vnde veſtiglichen gebietende das   das vor vns komen ſein vnnſer liebe getrewen   berichttende.*

Stärker als diese Konstruktionen durchsetzen die flektierten Infinitive den Stil: *die Crummenſecn haben Matthias Crummenſehen Iren bruder vnnd vetter volmechtich gemacht, die obgnante Sach außzuſurende.* Später (16. Jahrhundert) fehlt die Flexionsendung. Auch diese Form teilt die niederdeutsche Kanzleisprache mit der hochdeutschen.

Es würde aber zu weit führen, alle Eigenheiten des Kanzleistiles der Zeit aufzuzählen. Daher seien aus ihrer Zahl nur drei Punkte hervorgehoben, weil diese der gesamten Urkundensprache in der Kanzlei des Kurfürsten ihr Gepräge aufzudrücken scheinen, und auch insofern wichtig sein dürften für die Bestimmung des Verhältnisses der kurfürstlichen Kanzleisprache zu der der Berliner Stadtkanzlei zur Zeit des Überganges, als sie bei den ersten hochdeutschen Stadtschreibern nicht so ausgeprägt auftreten wie hier, und dadurch der Stil ihrer Schriftstücke sich von dem in der landesherrlichen Kanzlei unterscheidet.

Zunächst ist die Vorliebe der kurfürstlichen Geschäftssprache für den Gebrauch mehrgliedriger, zwei-, besonders aber dreigliedriger, Formeln zu erwähnen. Gewiß ist nicht in allen Fällen, wo gleichartige Wörter zusammengestellt sind, allein an eine Unterordnung unter diese Kanzleimode zu denken, da oft der geringe Bedeutungsunterschied zweier Wörter ins Auge gefaßt zu sein scheint in dem Bestreben, bei Verträgen und in Urkunden alle Eventualitäten in Betracht zu ziehen. In anderen Zusammensetzungen aber wird man nur die Freude der Zeit an Synonymenhäufungen sehen können:

---

1) Diese Konstruktion fehlt nicht, aber sie beeinflußt den Stil bei weitem nicht so stark wie etwa in der gleichzeitigen niederdeutschen Urkundensprache. Besonders in einerVerbindung wie *Nach laut des kauſſbrieſs daruber gemacht* wird sie gern angewandt.

wie ſie ſich aus liebe vnd freuntſchafft an enden vnd ſtellen da ſichs zu thun geburth mit einander vereinigt vermacht vnd begabt hetten (1522),   *vns davor halten thun vnd dienen ſollen; reichen geben vnd betzalen; begifftigen verſehen vnd ausſtwern; mit wiſſen willen vnd volbort* usw. Wohl haben mehrgliedrige Ausdrücke auch in der Berliner Kanzlei nie g a n z gefehlt, zumal nicht in der Gerichtssprache, wo manche ererbt, manche nach dem überlieferten Gut neugebildet sind, aber sie treten nie in solcher Häufung auf wie in der kurfürstlichen Kanzlei. Erst unter Joachim II. scheinen sie hier mehr zurückgetreten zu sein.

Der zweite Punkt ist die auffallend häufige Auslassung der Hilfsverben *sein* und ganz besonders *haben: Solcher antwort iſt der gnante vnſer Rathe geſettegt geweſen vnd Peter Brackowen darvff vertroſt, er dorffe gein Czerueſt nicht zihen, In Zuuerſicht Jungermann ſoll die ſachen haben ruhen vnd ſich vor vns oder andern vnſern gerichten an recht gnugen laſſen, deßhalben Peter den tag nicht beſucht vnd gemeint, Jungerman ſoll Im hierher In vnſere gericht nachvolgen, das dan nicht geſcheen, ſunder Im abermals ein ladbrief vom richter bey euch vßgangen vff dinſtag nach katherine ſchirſtkomen zu rechter tagzeit zu Czerueſt vor gericht zu erſcheinen Zugeſant, des vns nicht wenig befremdet* Das Beispiel, das schon einem Briefe Johann Ciceros von 1482 entnommen ist[1]), scheint mir besonders lehrreich, weil hier ursprünglich der Schreiber, der den ganzen Satz nicht übersah, nach *beſucht vnd gemeint* das ntöige *hat* geschrieben hatte, es aber dann, da der Satz noch weiter geführt wurde, charakteristisch genug wieder ausstrich.

Eine dritte Kanzleimode der Zeit macht die brandenburgische Kanzlei mit in ihrer Vorliebe für lange Perioden, bei denen die einzelnen Sätze ineinandergefügt werden. Auch hierin unterscheidet sich die Stadtkanzlei in der nächsten Zeit nach dem Übergang zum Hochdeutschen von ihr: *Als vns auff vnſer gnediges begern vnd er ſuchen die Erwirdigen vnſere Rette, beſondere freund vnd liebe Getreuen, Prelatten vnſers Churſurſtentums der Marcken zu Brandenburgk vnd lande zw hulffe, erhaltunge vnd verſoldunge des Reutterdinſts mit zweyhundertt geruſten pferdenn, ſo wir dem durchlauchtigiſten furſten, vnſerm lieben hern Oheimen vnd freundt, hern Fer-*

---

1) St. A. Zerbst II 13.

dinando konigen zw Vnghern vnd Behaim, zw widderſtant dem Turcken vnd andern ſeiner koniglichen wirde widerwertigen vſſ ſein freuntlich anſuchen mit Irem Ratt diſenn Sommer getan vnd gelaiſt, bewilliget drey groſchen in zweien iharen negſt nacheinander folgende, iglichs ihars zwelff pfennige von iglicher huſſen, koſtern vnd gertnern zu geben zugeſagett haben, des wir dan in demglichen gefallen tragen, das wir widervmbe vor vns, vnſer Erben vnd nachkommen zeugeſaget vnd vorſprochen haben [1]).

III. Gerichtswesen.

Seit die Residenz der Kurfürsten sich in Köln befand, war hier auch der Sitz des obersten Hofgerichtes [2]), das später unter Albrecht Achilles mit dem Kammergericht zum Hof- und Kammergericht vereinigt wurde. Das kurfürstliche Gericht war die obere Instanz für die lokalen Gerichte und war zugleich zuständig für peinliche Sachen. Ritterbürtige und Räte waren nur der landesherrlichen Gerichtsbarkeit, nicht der der Städte unterworfen [3]).

Den Vorsitz im Kammergericht hatte offiziell der Kurfürst selbst, an seiner Stelle ein von ihm damit betrauter Beamter. Lange Zeit war es Georg von Waldenfels aus einem bei Kulmbach begüterten Adelsgeschlecht, der schon 1440 zu dauerndem Aufenthalt in die Mark gekommen war [4]), danach hauptsächlich der Kanzler Sesselmann, so daß schon dadurch ein Zusammenhang der Gerichtsschreiberei mit der kurfürstlichen Kanzlei möglich scheint. Beisitzer waren die kurfürstlichen Räte, geistliche und weltliche, „doctores decretorum" und „legum", die in „wesentliche" und „unwesent-

---

1) Fid. II 328 B. Ub. S. 479. Andere Beispiele beinahe in jedem Schreiben der kurf. Kanzlei.

2) Über Hof- und Kammergerichte im a l l g e m e i n e n in ihrem Verhältnis zueinander, vgl. z. B. Richard Schröder, Lehrbuch der deutschen Rechtsgeschichte, Leipzig 1907. S. 617 f. Zu den brandenburgischen Verhältnissen s. Holtze, Gesch. d. Kammergerichts in Brandenburg-Preußen I. Berlin 1890. (Dazu Sello in F. z. b. u. p. G. IV 237.) Ferner A. Stölzel, Brandenburg-Preußens Rechtsverwaltung und Rechtsverfassung I. Berlin 1888.

3) Die unteren Hofbeamten standen unter dem Hausvogt.

4) Holtze, Geschichte des Kammergerichts I. S. 109.

liche" geschieden waren. Wie die schon genannten Männer, Pfoettel, Stocker, der spätere Kanzler Zerer, der Sekretär Heinz Howeck[1]), waren sie in Italien oder an den großen deutschen Universitäten, besonders Leipzig, im römischen Recht geschulte Juristen. Neben den gelehrten Doktoren wurden auch Laien als Beisitzer hinzugezogen; es waren Vertreter der Stände[2]), unter denen auch der Berliner und Kölner Bürgermeister begegnen[3]).

Die Abfassung der Rechtssprüche lag natürlich den gelehrten Räten ob. Gerade auf die juristisch gebildeten Kanzleisekretäre, die wie Howeck und Klitzing kurfürstliche Räte waren, mögen wohl auch Klagen, Repliken, Entwürfe und Ausfertigungen von Prozeßschriften zurückgehen; sie werden auch bei der Führung von Protokollen beteiligt gewesen sein. Denn zwischen dem Hof- und Kammergericht und der Kanzlei scheint eine engere Verbindung bestanden zu haben, nicht nur durch die Person des Kanzlers Sesselmann, der im Kammergericht oft den Vorsitz geführt hatte, nicht nur durch Klitzing und Howeck, sondern auch durch deren Nachfolger in der Kanzlei; denn nach Holtze[4]) waren wohl Sekretäre der Kanzlei zu Gerichtsschreibern abgeordnet.

Durch die Persönlichkeiten des Hans Schrag[5]) und Joachim Zerer, die nacheinander Hofrichter in Berlin waren, war zudem auch ein Zusammenhang zwischen der Kanzlei und dem Berliner Hofgericht hergestellt.

Denn neben dem Hof- und Kammergericht in Köln bestand in Berlin[6]) wie in allen Hauptorten der einzelnen Landesteile ein Distriktshofgericht. In Berlin hatte das Hofgericht für die Mittel-

---

1) Raumer II. S. 174 Nr. CV.

2) So Holtze, G. d. Kammergerichts I. S. 112, 171 ff., anders Sello F. z. b. u. p. G. IV. S. 242.

3) 1476 (Raumer, Codex dipl. II. S. 126): der Berliner Bürgermeister Cölestyn (Stilletyn) Kyn. 1482, (Raumer II. S. 174): der Berliner und der Kölner Bürgermeister Claus Schulte und Hans Schönhusen. Vgl. auch 1480, Raumer II. S. 56.

4) G. d. Kammergerichts I. S. 182.

5) In der Stellung eines Hofrichters seit 1513 nachweisbar. B. Schb. S. 130 (120) *Johannes Schragen fecret. vnnd hoffrichter.*

6) Stölzel, Brandenb.-Pr. Rechtsverwaltung, Isaaksohn, Gesch. des preuß. Beamtentums, Spangenberg, Hof- und Centralverwaltung vertreten eine andere Ansicht.

mark seinen Sitz. Während des letzten Viertels des 15. Jahrhunderts war das Hofrichteramt in Berlin in der Hand Peter Brackows, der zugleich hier Stadtrichter war, so daß während seiner Amtstätigkeit ein Zusammenhang wenigstens durch die Person des Amtsinhabers gegeben war[1]). Sein Nachfolger war der schon genannte Sekretär Hans Schrag.

Naturgemäß waren es zuerst die kurfürstlichen Gerichte, die dem römischen Rechte sich öffneten. Hier, wo die Parteien aus allen Teilen des Landes zusammenkamen, war es nicht möglich, die überlieferten lokalen Sonderrechte, die allen Prozeßbeteiligten zukamen, in jedem Falle anzuwenden[2]). Zudem neigte im ganzen Reiche der Kampf zwischen römischem und heimischem Recht, der das ganze 15. Jahrhundert hindurch gewährt hatte, mit dem Ende des Jahrhunderts dem Siege des römischen Rechtes zu. Die oberen Beamten des Kurfürsten waren alle im fremden Recht geschulte Männer. Die humanistischen Neigungen des jungen Joachim I. konnten diesen Zug nur begünstigen, und so kam es, daß im kurfürstlichen Gericht das System des römischen Rechtes immer konsequenter ergriffen und gehandhabt wurde, bis um die Mitte des 16. Jahrhunderts die Kammergerichtsordnung von 1540 das Werk abschloß und krönte.

Für die erste Periode hatte es sich als wahrscheinlich ergeben[3]), daß neben lateinischer, hoch- und niederdeutscher Kanzleisprache die Gerichtssprache in Anpassung an die Bedürfnisse des Volkes niederdeutsch gewesen sein dürfte. Zur Bestimmung der Sprache des Gerichts unter den ersten beiden Hohenzollern kommen einige über Riedels Codex verstreute Entscheide in Betracht, für die folgende Zeit ein Registerband R 78 19 im Geheimen Staatsarchiv, der wohl 1480 angelegt und bis 1484 regelmäßig geführt ist, aber Urteile usw. seit 1460, besonders reich seit 1476 nachgetragen hat und über 1484 hinaus in vereinzelten Buchungen bis 1494 reicht.

----

1) Fernere Beziehungen zwischen Stadtgericht und landesherrlichen Gerichten, S. 138 ff.

2) Weitere Ausführungen über die Rezeptionsgeschichte, die über den in diesem Abschnitt behandelten Zeitraum hinausgehen, s. S. 135 ff.

3) S. 20.

Die Durchführung des Hochdeutschen scheint im Gericht nicht
ganz so konsequent vor sich gegangen zu sein wie in der Landeskanzlei. Zumal vom Hofgericht in Berlin kennen wir
in der Hauptsache Äußerungen in nd. Sprache, obwohl erst seit
1482 mit Peter Brackow zum ersten Male ein Hofrichter niederdeutscher Abkunft tätig war. Aber die Landessprache findet sich
z. B. 1424 (R.A XX 25), 1454 (R.A IX 180, ein Entscheid zwischen
Domkapitel und Neustadt Brandenburg) oder in den Erkenntnissen
des Hofrichters Paul Kunersdorf, der sein Amt um 1450 angetreten
hat (z. B. R.S 319, R.A X 237).

Das oberste Hofgericht tagte zunächst in dem tief
in niederdeutschem Gebiete liegenden Tangermünde und selbst als
das vornehmste kurfürstliche Gericht nach Köln verlegt war, blieb
Tangermünde nach dem Kölner Gericht noch lange in höchstem
Ansehen. Dies aber scheint mit ein Grund zu sein, warum das
Hochdeutsche nicht so schnell und vollkommen durchdringt wie in
der Kanzlei. Vor allem aber wird der Gebrauch der Landessprache
im Gericht gestützt durch die Tradition und das Bedürfnis. Man
darf jedoch danach nicht annehmen, daß etwa allein niederdeutsch im
Gerichtsverkehr geschrieben wurde. Es liegen hauptsächlich (s. unten)
hochdeutsche Entscheide unter dem Namen der beiden ersten Hohenzollern vor, aber es ist doch andererseits bemerkenswert, daß Markgraf Johann, dessen rein fränkische Urkundensprache vorher betont
war, seine Klage an das Hofgericht in Tangermünde in niederdeutscher
Sprache richtet[1]). In dem Prozeß des Hans Lange gegen Frankfurt
und Berlin 1440[2]) sind nicht nur alle eingereichten Klageschriften,
Beweise usw. niederdeutsch, sondern auch alle Ausführungen über
die Verhandlungen, die Rechtsentscheidung. Unterzeichnet ist das
Schriftstück von den kurfürstlichen Räten, die zu Gericht sitzen.

Dem aber steht nun die größere Masse der hochdeutschen Überlieferung entgegen, wie sie von Anfang an in den meisten Entscheiden
auftritt, die von Hohenzollernfürsten gezeichnet sind. Allerdings,
über die Verhandlungssprache selbst belehren uns alle diese Reste
brandenburgischer Gerichtsbarkeit nicht. Wir werden wohl an -

---

1) R.A XXIII 192, Fid. IV 134.
2) Handschriftensammlung der Kgl. Bibliothek in Berlin fol. 719. Gedruckt in einzelnen Teilen Fid. IV 154, 167, 171, Fid. II 173, auch B. Ub. S. 368, 372.

nehmen müssen, daß je nach Bedarf auch niederdeutsch mit Parteien und Zeugen gesprochen wurde. Aber bindende Beweise dafür fehlen fast vollständig: denn wenn der Schreiber Rede und Gegenrede der Parteien aufnimmt, so gibt er sie nicht wörtlich wieder, sondern kleidet sie in die ihm bequemste Form, wie eine Notiz R 78 2[1]) fol. 163 zeigt, in der die Reden beider Gegner scheinbar festgehalten sind. Beide sind Berliner, haben also fraglos im ersten Viertel des 15. Jahrhunderts niederdeutsch gesprochen. Wenn sich hier Aussage und Entgegnung hochdeutsch darstellen [2]), so ist dies nur der Fall, weil sie der Schreiber in den geläufigen Gerichtsformeln aufzeichnet. Schon das kanzleimäßige *nach dem male, nach luthe des Briues* beweisen, daß hier nicht gesprochenes Wort bewahrt ist. Nur ein niederdeutsches Protokoll eines Zeugenverhörs ist vorhanden [3]). — Ist nun auch das mir bekannte Material nicht ausreichend, um bindende Schlüsse über die Kanzleisprache des obersten Hofgerichtes aus seiner Tangermünder Zeit zu fällen, so muß jedoch als offizielle Sprache für die vom Hof- und Kammergericht in Köln ausgehenden Schriftstücke allein die hochdeutsche Schriftsprache bezeichnet werden, wenn auch mangelndes Verständnis des Hochdeutschen im mündlichen Gebrauch die Volkssprache länger erhalten mochte. Waren doch auch dieselben Männer, die an der Spitze der Verwaltung standen, hier tätig, sei es als Vorsitzende, als Beisitzer oder als Gerichtsschreiber. Ein niederdeutscher Unterschreiber, der, wie sich aus dem Registerbande R 78 19 ergibt, damals in der Kanzlei beschäftigt ist, kann, so weit wir sehen, seine Muttersprache nur in wenigen freien Vermerken üben. Ob und wie

---

1) Im G. St. A. Der Band stammt aus den ersten Jahren der Hohenzollernherrschaft, enthält Einzeichnungen seit 1411.

2) Der Schluß ist fehlerhaft und unvollständig:
Dy erſte Frage. Bergholcz : Nach dem male daz der briſſ wucherlich derkant iſt, abher ich den wucher an dem houpſtule ſolle abeſlan nach luthe des briueß vnd wes obrich doran ſye Im weder keren ſolle.

Dar vſſ fraget Garenkopper : Nach dem male daz getheylt iſt daz Bergholcz des briues gnißen vnd entgelden ſölle abher ich Houpſtůle vnd ſchaden von erſt widerkeren ſölle nach lute des briues.

Dar vſſ antwortet bergholtz: Nach dem male daz der briſſ wucherlich geteylet were abher keynerleye ſchaden weder darvmb plichtig we wen de hoůpſtůl

3) Raumer II 138. Es gehört übrigens zu einem Prozeß, in dem die meisten Aktenstücke niederdeutsch sind und gehört nicht nach Berlin oder in dessen nähere Umgebung. (Vgl. S. 79).

weit man etwa aus seiner Kenntnis der Volkssprache Nutzen zog, ist natürlich nicht zu beurteilen. Sein Vorgesetzter, von dem mehrere Konzeptzettel erhalten sind, und dessen Handschrift sich auch in Textbesserungen erkennen läßt, schreibt nur hochdeutsch, und andere Schreiber sind nicht im stande, einen niederdeutschen Brief richtig abzuschreiben[1]).

Daher ist es denn begreiflich, daß der mehrfach erwähnte Band R 78 19 hochdeutschen Charakter trägt. Die wenigen niederdeutschen Stücke, die eingesprengt sind, kommen bloß für solche Parteien in Betracht, die nicht der Hauptstadt oder der umgebenden Landschaft, sondern der Altmark, Priegnitz, Neumark usw. angehören[2]). Auch hier wird stärkeres Bedürfnis oder Wunsch der Parteien die Anwendung des Niederdeutschen erklären können[3]), soweit nicht etwa, wie dies z. B. im Berliner Schöffengericht oft deutlich der Fall ist, eingereichte Schriftstücke die Sprache beeinflußt haben.

Auch die Urfehden[4]), die übrigens vielfach auf dem Berliner Rathaus in Gegenwart der städtischen Behörden dem Kurfürsten geschworen wurden, und denen doch eine Vorlage der Kanzlei zugrunde liegt, sind hochdeutsch.

Gerade Berlin-Kölner Bürger haben häufig vor den kurfürstlichen Gerichten gestanden, da sie, seit Adlige, Hofräte u. a. sich mehr und mehr in ihrer Mitte niederließen, vielfache Beziehungen zu diesen Klassen erhielten, die nur dem landesherrlichen, nicht dem Stadtgericht unterworfen waren. Nie zeigen sich aber im Verkehr mit Berlin-Köln, so wenig wie mit andern Orten der inneren Mittelmark, niederdeutsche Spuren.

---

1) Z. B. R 78 19 fol. 9. Abschrift eines nd. Entscheids für die Schuhmacher in Seehausen enthält Formen wie *dißen vnnfern briue, urteil, eynmutiglich, nach dem Suntag* usw.

2) Z. B. Seehausen: Raumer II 132, Lenzen: II 160, Perleberg: II 167 usw. Natürlich kommen in allen diesen Fällen auch hochdeutsche Schreiben vor, z. B. Lenzen: II 161, Perleberg und Lenzen: II 162.

3) Hierauf deutet vielleicht die bei Raumer II S. 140 gedruckte Eintragung: *Erschoffte Urtheil zwischen Dietrich von Quitzow vnd den von Werben aber den Partheien nicht geoffnet funder der Rezeß nach der Urtheil geschrieben ift mit beider Parthey Willen außgangen.* Dies Urteil ist hochdeutsch, der danach eingetragene Rezeß niederdeutsch.

4) Vgl. S. 139.

Die Kanzlei des Hof- und Kammergerichts in K ö l n ist somit als eine hochdeutsche Gerichtskanzlei zu bezeichnen, und nur ausnahmsweise tritt für Parteien, die nicht der inneren Mittelmark angehören, die besser verstandene Volkssprache ein.

IV. Kanzleien geistlicher Behörden.

Berlin und Köln gehörten zur brandenburgischen Diözese, und der in Berlin ansässige Kommissar[1]) des Bischofs von Brandenburg stand dem geistlichen Gericht des Bezirks vor. Der Bischof selbst weilte nicht selten in Berlin und viele seiner Urkunden sind „in aula episcopali Berolinensi" gegeben. Alle aber sind ausschließlich lateinisch; denn wenn die Bischöfe wohl in Briefen und nicht-kirchlichen Urkunden deutsch schreiben, so bleibt die Urkundensprache, sobald es sich um geistliche Angelegenheiten handelt, lateinisch.

Die Kommissare folgen der Geschäftssprache ihrer Bischöfe. Aber in engerem Verkehr mit der Bevölkerung, der sie entstammen[2]), und für diese auch bei der Herstellung von Privaturkunden verschiedener Art tätig, bedienen sie sich in solchen Fällen, trotz der abweichenden Kanzleisprache des Landesherrn, der Volkssprache. Im Jahre 1451 beurkundet der Kommissar[3]) den Verzicht einer Bürgerfrau auf ihr Leibgedinge in niederdeutscher Sprache. 1458 schreibt sein Nachfolger „vnder mynes ampts Ingeſegel" einen niederdeutschen Brief an die Zerbster Behörden.[4]) Unter Peter Welsekendorp (1487, 1492) zeigt sich die Kommissariatskanzlei als dreisprachig[5]) und

1) Dies ist der offizielle Titel dieser Beamten, z. B. St. A. B. 1034. *Ik Nicolaus Palmdag des erwerdigen in god vaders vnde hern Hern Steſſanus Biſchopps thu Brandemborg ok myns gnedigen hern gemeyne Richter vnde Comiſſarius thum Berlin* (Fid. II 227.)

2) Petrus Welsekendorp, Ludwig Mekeler sind z. B. Berliner, Andreas Hoppenrade, Welsekendorps Notar, stammt aus dem nahen Kremmen, wie aus der Leipziger Matrikel hervorgeht, wo Welsekendorp 1461, Hoppenrade 1477, Mekeler 1495 eingeschrieben sind.

3) St. A. B. 1034 (Fid. II 227).

4) St. A. Zerbst II 13.

5) 1487, hochdeutsche Beglaubigung eines hochdeutschen Textes durch Peter Welsekendorp und den Notar Andreas Hoppenrade (G. St. A. Urkd. Cottbus 50). Derselbe Notar bestätigt 1491 lateinisch für den Bischof von

imstande, den Bedürfnissen des Landesherrn, der Bevölkerung und der geistlichen Behörden nachzukommen.

Aus späterer Zeit sind mir nur lateinische Urkunden aus dieser Schreibstätte bekannt.

Die Berlin-Kölner Geistlichkeit unterstand direkt dem Propste von Berlin. *..und ift der probft alhir,"* charakterisiert Albrecht Achilles während eines Aufenthaltes in Köln 1476 dessen Stellung[1], *„fecundus ordinarius nach dem bifchof vnd fonderlich hie in der ftat, do wir wonen ift er primus nach dem bifchof, und wo der bifchof nicht gegeben wer, fo wer er ordinarius zu Berlin."*

Schon seit frühesten Zeiten standen die Pröpste von Berlin in enger Verbindung mit dem Herrscherhaus, die dadurch daß seit der Gründung des Domstifts in Köln 1469 die Pröpste von Berlin auch dort an die Spitze berufen wurden, nur noch fester wurde. Der Landesherr hatte das Patronat über die Propstei[2] und besetzte die Stelle mit den Männern, die ihm genehm waren, mit Geistlichen von wissenschaftlicher Bildung, die er vorher in ihrer Tätigkeit als kurfürstliche Räte[3] schätzen gelernt hatte, und die auch als Pröpste im kurfürstlichen Dienst weiter tätig waren. Bei solchen Gesichtspunkten für die Wahl der ersten Geistlichen Berlins waren diese natürlich wie die Räte selbst, aus deren Reihen sie hervorgingen, fast ausnahmslos hochdeutscher Abkunft, so, um nur einige zu nennen, der Franke Johannes Sommer (1437), der ehemalige Protonotar des Markgrafen Johann[4], Franz Steiger (Steger) aus Eger[5] (1442/65), der Zwickauer Erasmus Brandenburg (Bramburg) (1475—88 oder 89) u. a. m. Neben ihnen verschwinden die Männer niederdeutscher Abkunft an Zahl. Jedenfalls aber trat Albert Klitzing als Berliner Propst (1472/73)

Brandenburg (St. A. B. 95a), Welsckendorp gibt 1492 (St. A. B. 329) dem Berliner Rat eine niederdeutsche Empfangsbestätigung. Damals ist er übrigens wohl nicht mehr Kommissar.

1) Priebatsch, P. C. II 244.
2) Zeitschr. f. Kirchengesch. XX 333.
3) Zschr. f. Kirchengesch. XX 342.
4) S. 33.
5) Matrikel v. Leipzig 1423.

der hochdeutschen Tradition in der Propstei nicht störend entgegen, und für den Berliner Simon Mathias[1]), einen geschätzten Rat Johann Ciceros, beweist zudem eine Urkunde von 1495 (G.St.A. Urkunden Pommern 103), daß er sich sprachlich seinen hochdeutschen Vorgängern durchaus anschloß[2]). Und es ist anzunehmen, daß sein Nachfolger Johann Schepelitz, über dessen Geistesrichtung und Bildung die freie Übertragung einer Predigt Johann Geilers von Kaisersberg unter dem Titel „Arbor salutis anime"[3]) unterrichtet, der Freund des Sekretärs und Hofrichters Hans Schrag, in denselben Bahnen blieb.

Zwar sind mir außer dem erwähnten Briefe des Simon Mathias Schreiben nicht bekannt, die die Person des „Propstes" speziell als Absender hinstellen, aber alle Briefe dieser Männer, die uns in genügender Zahl vorliegen in den verschiedensten Angelegenheiten, ihre Herkunft, ihre Bildung, ihre Verbindung mit den Kurfürsten, scheinen doch zusammen mit dem hochdeutschen Briefe des niederdeutschen Mathias dafür zu sprechen, daß die Propstei wie die Kanzlei des Landesherrn, aus der die Pröpste verschiedenfach hervorgegangen waren, der sie als kurfürstliche Räte nahe standen, hochdeutsch schrieb.

Neben diesen Kanzleien gab es noch einige andere Schreibstätten in Berlin, aus denen Urkunden datiert sind. Aber sie scheinen ohne größere Bedeutung. Die Bischöfe von Lebus und Havelberg haben Häuser in Berlin besessen und haben manche Urkunde hier gegeben,

---

1) Immatrik. in Erfurt 1468. Auch sein Notar Stolle ist ein Berliner (an der Universität Leipzig 1488 eingeschrieben). Mathias ist als Propst 1489—97 nachzuweisen.

2) Wie völlig „fränkisch" er in seiner Gesinnung war, beweist die Tatsache, daß er beim Regierungswechsel 1499 als Vertrauensmann des fränkischen Markgrafen Friedrich in der Mark erscheint gegenüber der Partei, die die Ablösung Brandenburgs von Franken wünscht. Zeitschr. f. preuß. Gesch. u. Landeskunde XIX 516.

3) Vgl. S. 121 f. Übrigens sind „*Meijter hanns jchiplitz*" und der „*alt probjt zu Berlin*" (d. i. Mathias) auch Mitglieder der märkisch-fränkischen Kommission, die beim Regierungswechsel zusammengetreten war, um einige die märkische Regierung betreffende Fragen zu beraten. Z. f. preuß. Gesch. u. Landeskd. XIX 512.

aber stets lateinisch. Der Lebuser Bischof Sesselmann interessierte zudem hauptsächlich in seiner Eigenschaft als Kanzler. Er beschäftigte in Berlin die gleichen Schreiber in seinem wie in des Kurfürsten Namen[1]).

Hierzu kommen noch verschiedene Ordensgemeinschaften, Brüderschaften, die teilweise lebhafte Verbindungen mit der Bevölkerung hatten. Besonders häufig wird der Kaland erwähnt, dessen Dechant z. B. 1419[2]) der als Berliner Gerichtsschreiber 1406[3]) genannte Jakob Tugow war, 1480, 1486 Jakob Biestersdorp[4]); Kämmerer war gleichzeitig Mauricius Strobant[5]) aus einer angesehenen Berliner Familie. Noch 1502 urkundet, wie es bei diesen Beziehungen zur Bürgerschaft erklärlich ist, der Kaland in niederdeutscher Sprache[6]).

Über den Sprachgebrauch in den beiden Klöstern, dem Franziskanerkloster in Berlin und dem Dominikanerkloster in Köln, kann ich nichts Bestimmtes sagen. 1520 schreibt man im Dominikanerkloster[7]) hochdeutsch, 1530 im „grauen Kloster"[8].) Aber um diese Zeit ist ja die hochdeutsche Schriftsprache lange in Berlin eingeführt.

---

1) Die lat. Bestätigung der Fundation eines Altars in Fürstenwalde (St. A. Fürstenwalde) 1466 ist z. B. von demselben Schreiber geschrieben, der 1459 einen Brief im Namen des Kurfürsten, einen andern im Namen des Bischofs v. Lebus in Angelegenheiten Nicolaus Krulls nach Zerbst schreibt.

2) Fid. II 141.

3) Fid. I 228.

4) Leipziger Matr. 1457, bacc. 1459. Dort ist er als Berliner eingeschrieben.

5) In Leipzig 1461, vorher in Erfurt 1458 eingeschrieben.

6) St. A. B. 1201.

7) St. A. B. 608.

8) G. St. A. R 61 4. Eine Urkunde von 1493 Fid. IV 219 ist lateinisch.

V. Die Berliner Stadtkanzlei im 15. Jahrhundert.

Als im Jahre 1307[1]) die beiden Städte Berlin und Köln einen
Vertrag geschlossen hatten, um in g e m e i n s a m e n Angelegenheiten geschlossen vorzugehen, den Entscheidungen des vereinten
Magistrats folgend, war dadurch doch die Selbständigkeit jeder
einzelnen in Fragen der inneren Verwaltung nicht berührt. Außer dem
gemeinsamen Rathaus auf neutralem Gebiet auf der langen Brücke
besaß jede Stadt ein eigenes Rathaus, in dem unbekümmert um die
Nachbarstadt die internen Geschäfte selbständig geführt wurden,
wie Finanzverwaltung und Innungswesen[2]).

Wenn nun auch im äußeren Verkehr Berlin und Köln
stets gemeinsam Urkunden und Briefe schreiben und empfangen[3]),
so wird man doch, da jede Stadt ihren eigenen Haushalt führt, in
eigenen Angelegenheiten allein urkundet[4]), in dieser Periode wie
später getrennte Schreibstätten in beiden Städten annehmen müssen.
Zudem ist diese Trennung wenigstens für das Ende der Periode,
Ausgang des 14. und Anfang des 15. Jahrhunderts, bezeugt, indem
das Stadtbuch Ende des 14. Jahrhunderts von den Berlinern allein
angelegt wurde[5]), und Andreas Mölner, dessen Handschrift von
1402—25 nachweisbar ist, wird 1422 (Fid. II 143) als *tunc temporis
notarius Consulum in Berlin* bezeichnet. Seit 1424 oder 1425
läßt sich zudem neben dem Berliner Schreiber (zunächst Mölner,
dann der Schreiber *A*) für Köln der Stadtschreiber Nikolaus Wolter
feststellen. Zu den gemeinsamen Schreiben wird also wohl, wie es

---

1) Fid. I 69.

2) Holtze, Gesch. der Stadt Berlin, Tübinger Studien f. Schwäb. und
deutsche Rechtsgesch. Heft III, S. 8. Vgl. auch Clauswitz in der Vorrede zu
Borrmann, Baudenkmäler Berlins und Sello M. F. XVII 40 ff. Ursprünglich mag
wohl die Einheit außer in Finanzangelegenheiten v o l l k o m m e n geplant
gewesen sein, aber tatsächlich scheint sie sehr bald zerrüttet zu sein.

3) So tritt auch ein Schreiber nach außen hin für beide Städte auf, 1346
(Fid. IV 30 u. 31), 1386 (Fid. II 90).

4) Z. B. Fid. I 63, 67 und öfter, Fid. II 51.

5) Etwas anderes ist es, wenn Köln vorhandene Register mitbenutzte,
wie sich aus der Vorrede zum Kölner Stadtbuch ergibt. Das Berliner Stadtbuch faßt jedenfalls (das geht besonders aus den Abgabenverzeichnissen her
vor) B e r l i n e r Verhältnisse allein ins Auge.

später oft zu beobachten ist[1]), bald der Schreiber der einen, bald der der anderen Stadt, wie es sich traf, herangezogen worden sein.

Doch der Neid und die Eifersucht Kölns auf das mächtigere, in jeder Hinsicht führende Berlin, das mit wichtigeren Privilegien ausgestattet war, das sich seit 1391 auch im Besitze des Stadtgerichtes von Berlin und Köln befand, andrerseits die Unzufriedenheit Berlins mit den Leistungen der Schwesterstadt in gemeinsamen Geschäften[2]) führten die beiden durch ihre Lage eng verbundenen Städte immer wieder auseinander, für deren Stärkung und Förderung doch eine Vereinigung das natürlich gegebene Mittel war. Versuche zu einer solchen wurden auch mehrfach gemacht. Und unter dem Beistand von Frankfurt und Brandenburg kam 1432 tatsächlich auch wieder eine Einigung zu stande. Aber wenn auch damals bestimmt wurde, daß der gesamte Stadtbesitz gemeinsam sein, der Berliner zugleich das Bürgerrecht in Köln, der Kölner in Berlin besitzen sollte, so war doch ein völliges Zusammengehen beider Städte in allen Punkten auch jetzt nicht hergestellt.

Auch eine besondere Kanzlei existierte in jeder der beiden Städte noch nach der neuen Einigung. Das ergibt sich aus einer Eintragung des Berliner Stadtschreibers Nikolaus Wolter in das Berliner Bürgerbuch[3]) 1453, der von sich berichtet, er sei nun siebzehn Jahre Stadtschreiber in Berlin, vorher dreizehn Jahre — also gerade zur Zeit der Einigung und in den folgenden Jahren nach derselben — Stadtschreiber und Schulmeister in Köln gewesen.

Die Ereignisse der Jahre 1442 und 1448 machten, wie dem unbeschränkten Selbstbestimmungsrecht, so auch der Verbindung beider Städte auf Jahrhunderte ein Ende. „*So ys nŭ*" klagt der Kölner Stadtschreiber Nikolaus Mölner 1443 im Kölner Stadtbuch[4]),

„*dy ſelue gude eninghe vnde vordracht beyder Stĕde Nicht na den wyllen godes Sunder van twydrachten, Dy ſich wunderliken vnde ſelczen tŭſchen den rådheren vnde der ganczen meynheit van beyden ſteden an eyme ende der vir wercke med etliken Inninghen deſſer tŭier ſtĕde am andern*

---

1) Vgl. S. 179 Anm. 1.

2) Fid. II 177 ff.

3) St. A. B. S. 3. . *in Berlin ad Decem et ſeptem annos et ante in coln Scholas et notariam ciuitatis ad Tredecim annos*

4) St. A. B. S. 3 (Fid. I S. XVIII).

deyle Irhůſen, vnde ok van bybringinge vnde ſchickunge wegen bozer lůde leyder, gode ſẏt geclågt, weder aſgegån vnde vorſtȯrt, Alzo dat nů In eyner Jeweliken ſtad alle yar Eyn Beſundern råd geſettet vnde ghekoren ſal werden   wolde got dat it kortlich weder wendt worde.“

Aus jener Periode sind wir über das Bestehen einer Kölner und einer Berliner Kanzlei genau unterrichtet. (Vgl. die folgenden Ausführungen darüber.) Aber es ist klar, daß die Interessengemeinschaft der beiden nur durch die Spree getrennten Städte auch fernerhin häufig gemeinsame Äußerungen beider Magistrate forderte, nicht bloß im äußeren Verkehr, wo sie wie die beiden Brandenburg und andere Doppelstädte fast immer zusammen auftraten, sobald nicht eine speziell nur die e i n e Stadt angehende Sache vorlag, sondern auch in der inneren Verwaltung, wo durch den gemeinsamen Besitz des Kämmereiguts Tempelhof[1]) und andere Beziehungen, die sich mit der Zeit wieder einstellten und mehrten, das Band, das beide Städte zusammenhielt, nie ganz abriß. So kommt es, daß die durch „*Borgermeyſter vnd Radmanne beyder Stede Berlin vnd Coln*“ ausgestellten Briefe niemals aufhören. Übrigens richtet auch der Kurfürst seine Schreiben an beide Städte zusammen.

Gehen wir nun auf den städtischen Kanzleibetrieb in jener Periode, dem 15. Jahrhundert, ein, so dürfen wir hier kein bedeutendes, zahlreiches Personal erwarten, wie es in den großen Fürstenkanzleien beschäftigt ist oder auch nur in der Hohenzollernkanzlei, wo Sekretäre und Schreiber in größerer Zahl des Amtes walten.

In Köln ist e i n Stadtschreiber vorhanden, der zunächst auch das Amt des Schulmeisters verwaltet, wie eine Eintragung im Kölner Stadtbuch[2]) zeigt (1443): *Deme Stadſchriuer vnde Schulemeyſter geſt men alle yår van deſſen Råthhuze vpp oſtern j ſchock.* Dasselbe ergibt sich aus der S. 85 erwähnten Notiz Nikolaus Wolters. Später sind beide Ämter auch in Köln getrennt. Denn eine Urkunde von 1474 legt fest: Von zwei Kommenden in der Gertraudenkirche besitzt die eine „*dy ſtatſcriver vnd cyne dy ſchulcmeyſter tho Colen ſo lange ſy in dem dienſte ſyn. Wenn ſy vorder den dinſt nicht hebben, ßo boſitten ſy dy Commenden ock nicht mehr, ſunder dy Commenden*

---

1) Fid. IV 179.
2) St. A. B. S. 20 (Fid. I S. 38).

ſcholen horen tho den Dinſten vnd ein ißlick dyner ſchal boſtellen dry miſſen tho der wecke   Synt dy dynre nicht prieſtere, ßo ſchal ein ißlich dynre der beyden dinſte to boleſſende geuen druddehalff ſchock.   Syn ſy auer priſtere vnd wyllen dye miſſen ſelueſt boſtellen, ſteyt to on[1]).“ Dagegen scheint in Berlin, soweit wir es verfolgen können, das Amt des Stadtschreibers von dem des Schulmeisters getrennt gewesen zu sein. Die größere Bedeutung Berlins und die damit verbundene größere Arbeitslast des Stadtschreibers erklären diesen Unterschied. Jedenfalls wird im Berliner Stadtbuch[2]) schon (also Ende des 14. Jahrhunderts) die Gehaltsangabe für diesen Beamten nur für den Stadtschreiber angeführt, und auch sonst wird er in der Folgezeit nie wie in Köln mit dem Schulmeister identifiziert. Auch scheint der Berliner Stadtschreiber zeitig Hilfskräfte zur Seite gehabt zu haben. Denn es lassen sich zu verschiedenen Zeiten deutlich (z. B. 1454 im Bürgerbuch und öfter) zwei verschiedene Schreiberhände konstatieren. Manchmal erscheinen sie nur vorübergehend, etwa durchziehende Schreiber, die aushilfsweise beschäftigt wurden, andere sind durch Jahre hindurch zu verfolgen. In späterer Zeit, im 16. Jahrhundert sind fest angestellte Unterschreiber neben den Oberstadtschreibern sicher bezeugt.

Die Schreiber sind in älterer Zeit meist Geistliche. Doch läßt die oben zitierte Urkunde erkennen, daß dies 1474 nicht mehr unbedingte Regel war[3]). Die Persönlichkeiten der Berliner Schreiber treten leider sehr zurück. Lange Zeugenreihen, wie in den fürstlichen Urkunden, in denen auch der Schreiber als Zeuge erwähnt ist, fehlen. Die Schreiber selbst nennen sich höchstens bei der Anlage eines

---

1) R. S. 337. In fehlerhafter Mischsprache auch bei Reinbeck in seiner „Umständliche Nachricht von dem Erschrecklichen Brande . . . durch welchen . . . nicht nur der an der St. Petri-Kirchen . . neuerbaute Hohe Turm . sondern auch . andere Häuser . in einen . Aschen-Hauffen sind verwandelt worden“ 1730 überliefert.

2) Fid. I 37.

3) Daß die Anstellung von Laien als Schreiber im Anfang unserer Periode noch unerhört war, beweist eine Urkunde Friedrichs I. für Frankfurt R. A XXIII 164 (1423), durch die der Kurfürst den Anfeindungen gegenüber erst feststellen muß: *Item von des Statſchreibers wegen ſprechen wir vnd dunckt vns auch gute vnd redlich ſein, das der Rate vnd die ſtat frankfurt einen leyen zu einen ſtatſchreiber haben ſullen.*

neuen Buches (im Kölner Stadtbuch Nikolaus Mölner, im Berliner Bürgerbuch Nikolaus Wolter). Wenn in den Kämmereirechnungen 1504—08 der Stadtschreiber Johannes Nether den empfangenen Lohn als städtische Ausgabe einträgt, so spricht er zwar in der dritten Person von sich, nennt aber nur den Vornamen. Daher ist die Kenntnis der Namen meist nur einem Zufall zu danken und in vielen Fällen überhaupt nicht zu erlangen gewesen. Zwar wäre noch mancher Schreibername zur Verfügung gowesen, an dessen Stelle ich einen Buchstaben gesetzt habe[1]), denn die Bürgermatrikel verzeichnet besonders für das 16. Jahrhundert viel mehr Namen von Schreibern als ich aufgenommen habe. Wo sich aber kein bestimmter Anhalt zur Identifizierung bot, habe ich auf alle diese Namen verzichtet. Noch schwieriger ist es natürlich, Nachrichten über die Persönlichkeiten dieser Männer zusammenzustellen, ein Versuch, der teils gar keines, teils lückenhaftes Material zu Tage fördern mußte. Ich verweise im übrigen auf die Zusammenstellung der Berliner Schreiber in der Tabelle im Anhang, die einen Überblick über die Zeit ihrer Tätigkeit und, soweit das möglich ist, die Art ihrer Bildung zu geben versucht. Die zahlreichen nur vorübergehend tätigen Schreiber habe ich natürlich in dieser Zusammenstellung nicht berücksichtigt.

Für die Schreiber der niederdeutschen Zeit läßt sich, soweit wir ihre Namen kennen, als Heimat Berlin selbst feststellen. Für den ältesten von ihnen allerdings, Andreas Mölner, der 1402—1425 nachweisbar ist, stützt sich, wenn man von seiner berlinischen Mundart absieht, diese Ansicht nur auf das sehr schwache Argument, daß er in Berlin Familienangehörige, einen Vetter Paul Mölner[2]), hat, aber Nikolaus Wolter (seit 1424 oder 25 bis 1436 oder 37 in Köln, danach in Berlin Stadtschreiber), Nikolaus Mölner (1443 in Köln tätig), Petrus Zickow (ca. 1497—1504 in Köln Stadtschreiber) sind in den Universitätsmatrikeln als Berliner aufgeführt. Denn alle diese Schreiber sind auf Universitäten vorgebildet. Nikolaus Wolter ist 1423 in Leipzig eingeschrieben[3]). Er ist ein Geistlicher, besitzt

---

1) Ich bezeichne die Stadtschreiber, deren Namen mir nicht bekannt sind, durch lateinische, die Gerichtsschreiber durch griechische Buchstaben.

2) Fid. I S. 235.

3) Denn er ist doch wohl mit „Nicolaus Wolter de Berlin“ 1423 in Leipzig identisch. S. darüber die Tabelle der Stadtschreiber.

1410 den Nikolausaltar in der Petrikirche[1]). Nikolaus Mölner, der sich bei Anlage des Kölner Stadtbuches selbst als Altaristen bezeichnet, war 1436 in Leipzig immatrikuliert[2]). Petrus Zickow scheint allerdings erst nach Aufgabe seiner Schreibertätigkeit die Universität besucht zu haben. Er gehört zu denen, die sich im Gründungsjahre 1506 in Frankfurt einschreiben lassen. Auch von dem Gerichtsschreiber Jakob Tugow (als Gerichtsschreiber 1406 bezeugt) wissen wir, daß er ein Geistlicher war. 1419 ist er Dekan des Kalands in Berlin[3]). Und ein Geistlicher war wohl auch Andreas Mölner, da er 1422[4]) „*Dominus*" *Andreas Molner* genannt wird mit dem Titel, der dem Geistlichen zukommt. Daß zu seinem Hab und Gut auch Bücher zählten, geht hervor aus einer Klageschrift[5]) über einen bei ihm verübten Diebstahl.

Der Stadtschreiber führt die Register über Einnahmen und Ausgaben, die Verzeichnisse der Besitzer von Grundstücken usw. zum Zwecke der Zinserhebungen, er trägt die neu aufgenommenen Bürger in die Bürgermatrikel ein und besorgt ähnliche Geschäfte der inneren Verwaltung. Zuweilen wird er auch vom Rate in einer wichtigen Mission ausgesandt, zu der die unteren Stadtdiener nicht taugen[6]). Er schreibt die Urkunden für seine vorgesetzte Behörde und führt ihre Korrespondenz. Hierbei wird er manchmal von anderen Schreibern unterstützt. In einigen Städten, z. B. in Stendal, waren die Schreiber verpflichtet, die mit dem Stadtsiegel versehenen Briefe zu kopieren[7]). In Berlin scheint das nicht der Fall gewesen zu sein, wenn wir aus dem vorhandenen Material schließen dürfen. Abschriften der eigenen Briefe auf Bogen, die später zusammengebunden

---

1) Kölnisches Stadtbuch S. 23.

2) Über seine weiteren Studien s. die Tabelle im Anhang.

3) Fid. II 141.

4) Fid. II 143. Clauswitz in seiner Ausgabe des Stadtbuchs S. 239 spricht zwar von einer Tochter des Stadtschreibers, aber mit Unrecht, denn die erwähnte Anna Molners ist „*Hans Molners dochter van Bernow.*" Fid. 1 S. 234.

5) R. B III 357. Er wird bestohlen an *cleydern buchern vnd andir gerete*.

6) Z. B. Kämmereirechnungen S. 51. *lxx florenn den thumbherenn Zu furstenwalde. auff den Widerkauff von den lxx floren hot der stadtschreiber dem Rathe widerbrocht*. 1504/5. Laurentius Zachilch wird 1539 zu einer Verhandlung mit den Johannitern entsandt usw.

7) Stölzel, Entwicklung d. gelehrten Rechtsprechung I 24

wurden, wie in der kurfürstlichen Kanzlei, sind wohl kaum hergestellt, da nicht die geringste Spur davon erhalten ist. Auch wenn man sie ungebunden bewahrt hätte, müßte wohl mehr auf uns gekommen sein als ein einziges Konzept — das übrigens als solches anders zu beurteilen ist — eines Briefes an den Kurfürsten 1539[1]) und die Abschrift des Schifferstatuts 1453. Man scheint auch nicht, wie dies in anderen Kanzleien üblich war, die abgesandte Antwort auf den empfangenen Brief geschrieben zu haben. Wenigstens ist mir kein einziges derartiges Beispiel vorgekommen, während mir z. B. in der geringen Zahl von Zerbster Briefen, die ich gesehen habe, mehrere Fälle bekannt sind, in denen die Abschrift des abgeschickten Schreibens auf der Rückseite des erhaltenen mit diesem zugleich bewahrt werden konnte. Kopialbücher, in denen die wichtigsten empfangenen Schreiben kopiert waren, gab es; aber sie scheinen alle nicht gleichzeitig mit den einlaufenden Briefen angelegt zu sein. Die mehrfach besprochenen verlorenen Kopialbücher aus der ersten Hälfte des 15. Jahrhunderts, die Kopieen von Urkunden aus drei Vierteljahrhunderten enthielten, scheinen doch nach den durchgehenden Eigentümlichkeiten des niederdeutschen Schreibers, nach dem geringeren Interesse, das den Schreiben des 14. Jahrhunderts geschenkt ist als denen aus dem Beginn des 15. Jahrhunderts, von der Hand nur e i n e s Schreibers aus dem 15. Jahrhundert, der also alle älteren Briefe nachtrug. Die beiden vorhandenen Kopialbücher aus dem Ende des 16. und Anfang des 17. Jahrhunderts wollen gar nichts anderes als a l t e Urkunden durch die Abschrift bewahren.

Die Kanzleisprache ist in dieser Periode niederdeutsch. Das Lateinische, das zeitweise zur Eintragung der Gerichtsstrafen in das Stadtbuch stark herangezogen wird, ist im übrigen auf Überschriften u. dgl. beschränkt. So sind z. B. in der Bürgermatrikel die Angaben über den Beginn einer neuen Amtsjahres lateinisch, ebenso die stets wiederkehrenden Bemerkungen über den Erwerb der Innungsmitgliedschaft, zuweilen auch die Angabe des Standes und ähnliches. In Urkunden und Briefen aber wird allein die niederdeutsche Muttersprache angewandt. Auch die anscheinend hochdeutsche Bestallung eines Ratsapothekers, die als Transsumpt in den Bestätigungsbrief des Kurfürsten[2]) 1482 eingefügt ist, ist sicher eine in der

---

1) St. A. B. 1064.
2) R. 78 16 fol. 339 G. St. A.

kurfürstlichen Kanzlei angefertigte Übertragung eines niederdeutschen Originals[1]). Selbst wenn der Schreiber *A* die Huldigungen von 1415 und 1440 nach der hochdeutschen Vorlage in das Stadtbuch hochdeutsch einträgt[2]), oder der Schreiber *E* die kurfürstliche Verordnung über die Fronleichnamsprozession 1476, so werden doch die daran geknüpften Bemerkungen in niederdeutscher Sprache[3]) gemacht, während *E* in einem andern Falle überhaupt den hochdeutsch gegebenen Bürgereid[4]) niederdeutsch einzeichnet[5]). Jedenfalls ist also im 15. Jahrhundert die niederdeutsche Sprache als Kanzleisprache durchaus fest, so fest, daß die Schreiber selbst im Anschluß an hochdeutsche Abschriften nur niederdeutsch fortfahren, und reiner niederdeutsch als die Schriftsprache der vorigen Periode gewesen zu sein scheint, wo einige Spuren[6]) daran erinnerten, daß die Autorität des Hochdeutschen, die lange in niederdeutschen Kreisen anerkannt war, ihre Wirkung auch über die Literatursprache hinaus geübt haben muß. Aber je mehr die Städte zur Blüte gelangt waren, je mehr das Selbstgefühl gewachsen war, um so mehr war auch das Ansehen der eigenen Sprache wieder gestiegen (zumal in der Mark, wo die fremde Sprache ja auch die der verhaßten Franken war).

---

1) Das beweisen nicht nur die zurückgebliebenen Formen, wie *ock, en, waß* (Wachs), *aller irst* u. a. m., sondern es geht vor allem daraus hervor, daß der Schreiber *lafen* (lassen), *Im* (ihm) erst aus buchstäblich abgeschriebenem *laten, em* verbessert.

2) Fid. I 252.

3) Fid. I 253, 262. Bemerkenswert ist der Unterschied im Verhalten dieses rein nd. Schreibers einer hochdeutschen Vorlage gegenüber im Vergleich mit dem eines späteren Kollegen, des Kölner Stadtschreibers Karl Mölner, eines zweisprachigen Schreibers. Dieser trägt wesentlich später — nach 1504 — die gleiche Verordnung in das Kölner Stadtbuch ein. Da ihm das Hochdeutsche keine Schwierigkeiten macht, hält er sich nicht wie *E* sklavisch an die Vorlage, schreibt nicht wie dieser jeden Buchstaben nach. So kommt es, daß während der niederdeutsche Schreiber reines Hochdeutsch schreibt, Mölner, der, wo es sein muß, geläufig hochdeutsch schreiben kann, zahlreiche nd. Formen in den Text bringt: *fruwen, praueft, Irftenn, Nachgefchreuen, Hieligen* und *Hilligen* usw.

4) Raumer II 19. Natürlich wurde er den Bürgern nd. vorgesprochen.

5) Bb. S. 1. Der hochdeutsche Eid auf derselben Seite ist später, der Handschrift nach erst im 16. Jhd., eingetragen.

6) Vgl. S. 29 ff. und bes. S. 229 ff.

Indem aber die hochdeutsche Sprache mehr und mehr an Boden verlor, mußten auch die wenigen nicht-niederdeutschen Spuren, die in der Kanzleisprache bemerkbar waren, schwinden, bis dann zu Ende des 15. Jahrhunderts die stärkere hochdeutsche Strömung hereinbrach, der das Niederdeutsche völlig unterlag. In der Zwischenzeit aber, im 15. Jahrhundert, ist die Berliner Geschäftssprache ein vom Hochdeutschen unberührtes Niederdeutsch. Hochdeutsche Städtebündnisse wie im 14. Jahrhundert fehlen. Freilich ist auch diese Periode keine Zeit der Städtebünde mehr wie das 14. Jahrhundert überall im Reich und besonders in der Mark, wo die Städte zur Selbsthilfe geradezu gezwungen waren. Jetzt hatten die Landesherren durch Niederwerfung der mächtigsten märkischen Städte, Berlin und Köln, die übrigen in Schrecken versetzt, und die Burg, die sie an der Spree errichtet hatten, zwischen den Schwesterstädten ragte empor als ein Zeichen des Sieges der Fürsten über den Stolz und die Selbstherrschaft der Städte, als eine Warnung für die übrigen Orte des Landes.

Daher stehen die Urkunden über Städtebündnisse in dieser Epoche nicht so zur Verfügung wie in der vorigen. Nur aus der Zeit, ehe Friedrich II. Berlin-Köln unterwarf, liegt ein Vertrag[1]) vor zwischen beiden Brandenburg, Berlin, Köln, Frankfurt (gegeben in Brandenburg 1431)[2]). Ein Bündnis zur Abwehr der Fehme wird 1434 in Berlin geschlossen. Aber trotz der Teilnahme Frankfurts sind diese bezeichnender Weise niederdeutsch.

So scheint die heimische Sprache die Herrschaft völlig zu behaupten im inneren und im äußeren Kanzleibetrieb[3]). Nur einmal, 1473, senden Bürgermeister und Rat von Berlin und Köln ein hochdeutsches Schreiben an Albrecht Achilles[4]) nach Franken, um für die Erhaltung der Privilegien der Gewandschneider, d. h. der Tuchhändler, also des Patriziats, das viele Stellen im Rate inne hat, zu bit-

---

1) Eine Schuldverschreibung von Berlin-Köln und Frankfurt für die pommerschen Herzöge (C. St. A. R. 78 2 fol. 88) ist natürlich niederdeutsch.

2) Fid. II 152.

3) Allerdings ist die Unterwerfungsurkunde von 1448 hochdeutsch. Aber es war schon oben S. 39 ausgeführt worden, daß die Unterwerfungsurkunden alle aus der kurfürstlichen Kanzlei hervorgegangen sind.

4) Priebatsch, P. C. I 491.

ten. Aber gerade dieser hochdeutsche Brief beweist besonders gut, wie gering die Fähigkeit des Schreibers ist, hochdeutsch zu schreiben, wie völlig er im niederdeutschen Stil steckt, wie selten also wohl für den Stadtschreiber die Gelegenheit zu hochdeutschen Briefen gewesen sein muß. Das Schriftstück wirkt durchaus wie eine Übersetzung aus dem Niederdeutschen. Darauf weisen weniger einige Monophthonge — die ja um diese Zeit auch der obersächsisch-meißnischen Schriftsprache noch angehören, der überdies das Hochdeutsch des Berliner Schreibers näher steht[1]) als der kurfürstlichen Kanzleisprache — als vielmehr niederdeutsche Reste wie *furſtlikhen*, *hinderinge* (Hinderung), *oſt* (wenn). Endlich kommen auch syntaktische Eigentümlichkeiten hinzu, die den norddeutschen Schreiber deutlich kennzeichnen. 'Besonders auffallend ist die Nebensatzstellung im abhängigen Satze ohne die einleitende Konjunktion „daß“, eine Konstruktion, die zwar in der niederdeutschen Urkundensprache seltener, dagegen in Briefen sehr häufig vorkommt[2]): *ſo wir am letzten bey euern ſ. g. waren, von der wandſnyder wegen, in der Mittelmarcke wonhafftig, demutiglichen bitten, euer gnade ſie bey ſolicher ſryheit mocht behalden dorauf vns euer ſ. g. antworte, wir derſelben euer ſ. g. ſolichs im tag zu Halle ſulden kunt vnd zu gedencken thun* Der Brief enthält noch mehrere weitere Beispiele für diese Konstruktion. Auch die Einleitung des Haupssatzes durch *worumb* kann ich in den Berliner Kanzleien sonst nur in niederdeutschen Briefen belegen: *worumb bitten wir gar de-*

---

1) Vgl. außer den Monophthongen *d* nach *l* und *n*, Übergang des $i > e$. *beß* (bis), *wedderrede, zugestatet vnd gegünſt, ane, ab* (ohne, wenn).

2) Vgl. St. A. Zerbst II 13. 2. Hälfte des 15. Jahrhunderts: *ig claghe iw clegelich ower Ern nicolaus mollenſtede iwe medeinnewoner, he my myn echte frw thu weder vnd thu vordrithe holt mit bewuſt he hyran gar owel deyt.* Zufälliger Weise haben die obigen Beispiele alle den Konjunktiv des Verbs. Daß dies aber im Nd. nicht Bedingung war, zeigt das zuletzt gegebene Beispiel. Besonders scheint diese Konstruktion nach Verben des Sagens und Meinens gebräuchlich. Wo sie hd. überhaupt vorkommt, hat sie fast stets den Konjunktiv des Verbs. Vgl. D. Wb. II 814. Grimm, Grm. IV 209, 210, 1302 f. Einige Male (1482) habe ich sie (auch mit Indikativ) auch in Briefen der Kölner kurfürstlichen Kanzlei angetroffen. Aber während sich derartige Sätze nd. häufen, sind sie hier vereinzelt und stehen möglicherweise doch auch unter niederdeutschem Einfluß. Vgl. übrigens Nissen, Forsøg til en middelnedertysk syntax. Kjøbenhavn 1884. § 16.

mutiglichen der vnſern   zu gedencken[1]). Daß alle üblichen Urkundenformeln mit den in Berlin gebräuchlichen übereinstimmen,
ist nach dem Gesagten selbstverständlich.

Gegen Ende der Periode allerdings ist doch ein spurweises Eindringen hochdeutschen Einflusses nicht zu leugnen. Ich rechne hierher nicht eine 1491 in Brandenburg für Georg von Stein „*mit willen
vnd geheyß*‟ des Kurfürsten von beiden Brandenburg, Stendal,
Frankfurt, Berlin, Köln ausgestellte hd. Verschreibung[2]), denn diese
ist stilistisch (. .*bekennen vnd thun kunth allermenigclichen ſamptlich vnnd vnuerſcheydenlich mit diſem briue   weyl vnd alſlang er
lebet vnd nicht ſurbas noch lennger*) und orthographisch (z. B.
kh, ai) weder auf eine der Städte noch auf die kurfürstliche Kanzlei,
also allein auf den Empfänger zurückzuführen[3]). Ebenso ist eine
hochdeutsche[4]) Bürgschaft Berlin-Kölns für die Kurfürstin Margarete
vom gleichen Tage wie eine Verschreibung des Kurfürsten für Margarete in der gleichen Angelegenheit wohl von der kurfürstlichen
Kanzlei nicht unbeeinflußt, zumal die Städte „*auſſ beuelh des genanten vnſers gnedigiſten herrn*‟ handeln.

Von größerer Bedeutung scheinen aber einige Spuren der hochdeutschen Kanzleisprache, wo sie in die Sprache der niederdeutschen
Schreiber eingedrungen sind. Die Fälle sind nicht sehr zahlreich.
Im ganzen wahren die Schreiber sich gut vor den Eindringlingen
aus der fremden Schriftsprache. Sie mehren sich erst etwas im letzten
Jahrzehnt des 15. Jahrhunderts.

Wer allerdings die bei Siewert, „Die niederdeutsche Sprache
Berlins von 1300—1500‟ (Würzb. Diss. 1902, auch Nd. Jb. Bd. 29)
S. 4. f. abgedruckte Liste hochdeutscher Formen in niederdeutschen
Urkunden durchsieht, könnte glauben, das Berlinische sei zu allen
Zeiten stark mit hochdeutschen Bestandteilen durchsetzt, fast eine
Mischsprache gewesen. Aber von allen hier aufgeführten Beispielen
können nur sehr wenige als gesichert gelten.

---

1) Vgl. z. B. St. A. Zerbst, Schreiben des Berliner Rats 1476: *wor vmme
Bidden wy In Beſundern ſlite   Juwe wyßheit wille den Juwen obgnanten
vnderrichten* . . .

2) G. St. A. Urkd. Zossen 29.

3) Vgl. die von Georg von Stein gegebene Urkunde Fid. IV S. 221.

4) So erscheint sie wenigstens nach der Kopie im G. St. A., die aus der
kurfürstl. Kanzlei stammt. Vgl. R. A XI 124.

Zunächst sind alle von ihm mit *P* bezeichneten Belege auszuscheiden. Sie entstammen Reinbecks „Geschichte der Petrikirche"[1]), die im Jahre 1730 erschienen ist. Wie fehlerhaft aber dieser Autor den ihm nicht geläufigen niederdeutschen Text wiedergibt, davon geben Vergleichungen mit den Originalen (s. S. 87) eine deutliche Probe. Zudem ist der Geistliche Baderesche, dessen Urkunde die 1537 *P* genannten Beispiele entnommen sind, kein Berliner, sondern ein Pommer[2]). Daß die Belege 1442 I und II keine Geltung für die Berliner Kanzlei haben, war S. 39 besprochen. Die Beispiele 1440 I sind überhaupt einem hochdeutschen Text entnommen (*!*), der Abschrift des Huldigungseides, die zwischen niederdeutschen Bemerkungen des Schreibers steht (vgl. Fid. I 252, B. Ub. S. 375). Zu den Belegen aus dem Totentanz in der Marienkirche zu Berlin vgl. S. 232 f. 1334 beruht auf einer Abschrift des 17. Jahrhunderts (Copiarium im St. A. B.). Der Schreiber versteht nicht mehr völlig niederdeutsch (übersetzt z. B. am Rande *tavernen* durch „*zügern, verweilen*")[3]). 1397 ist ein vollständig fehlerdurchsetzter Brief, der auf einen Druck in „Brandts Urkundenbuch der Stadt Jüterbock" als letzte Quelle zurückgeht, von dem selbst Riedel angibt „offenbar sehr fehlerhaft" (R. S. 252). 1381 I beruht auf einer Abschrift des 18. Jahrhunderts. Das Original existiert nicht mehr. Ebenso ist 1414 „nach einer alten Abschrift" gedruckt. Ich verzichte darauf, durch weitere Nachweise die Unhaltbarkeit der meisten anderen Beispiele darzulegen. Die dem Stadtbuch entnommenen Belege sind neben wenigen andern, z. B. 1395, anzuerkennen, übrigens aber in manchen Fällen anders aufzufassen. Nur einige Einzelheiten seien noch erwähnt. 1391 steht im Original im G. St. A. (Urkd. Berlin-Köln 40) nicht *pflicht*, sondern

---

1) „Umständliche Nachricht von dem Erschrecklichen Brande . durch welchen . nicht nur der an der St. Petri-Kirchen . neuerbaute Hohe Turm . . sondern auch . . andere Häuser . . . . in einen . . Aschen-Hauffen sind verwandelt worden", Berlin 1730.

2) Wenn Siewert der Angabe Küsters (Altes und Neues Berlin II 522) allein nicht vertraute, so hätte ihn nicht nur die Tatsache stutzig machen müssen, daß ein Geistlicher aus Berlin 1537 noch niederdeutsch schreiben sollte, sondern auch die Erkenntnis, daß Formen wie *then* (ziehen), *Denste, denen* (dienen) — ganz abgesehen von anderen, die in Reinbecks Überlieferung nicht sicher genug sind — niemals berlinisch sein können.

3) Vergl. S. 212.

plicht. 1331 ist *geworffen* nicht Partizip zu nhd. *werfen*, sondern zu *werben*, hat also *ff* = *w* mit vollem Recht[1]). *fchaffen*, *fchaffet* sind allgemein mittelniederdeutsch (vgl. Schiller-Lübben, Mittelniederdeutsches Wörterbuch IV 38 die Artikel *fchaffen*, *fchafferfchop*, *fchaffer*, *fchafferie*). *witczig*, das übrigens nur in einem Transsumpt bewahrt ist, scheint auch sonst mittelniederdeutsch vorzukommen. Das mnd. Wörterbuch kennt auch noch einen Beleg aus Magdeburg. 1432 steht nicht *grottz*, sondern *Grottzfte*, d. i. der Superlativ *grotefte*, also eine ganz korrekte niederdeutsche Form.

So reduzieren sich diese Belege auf sehr wenige sichere, von denen für das 15. Jahrhundert überhaupt kein einziger bleibt.

Ich habe 41 Originalurkunden oder Briefe zwischen 1409 und 1502 auf die hochdeutschen Eindringlinge hin untersucht, von denen 21 von Bürgermeistern und Ratmannen einer oder beider Städte ausgehen oder doch sicher vom Stadtschreiber geschrieben sind. Die übrigen stammen von Berliner Bürgern, dem Stadtrichter, den Kommissaren usw. Unter den hochdeutschen Formen, die sich in dieser Zeit, in die niederdeutschen Urkunden einschieben, verzeichne ich nicht Wörter wie *gnante*, das in der niederdeutschen Urkundensprache sehr üblich ist und in Berlin immer der Geschäftssprache angehörte, auch nicht *fich*, die Endung —*lich*, die beide mittelniederdeutsch ganz verbreitet sind, *keyn*, das im 15. Jahrhundert die alleinige Form in Berlin ist. (Vgl. S. 231. *neyn*, z. B. Bb. S. 2 oder Fid. IV 145, ist sehr selten.) *von* steht zu allen Zeiten neben der bevorzugten Form *van*, auch *nach* tritt mehrfach für *na* ein.

<table>
<tr><td>Schreiben der Stadverwaltung.</td><td>Private Schreiben:</td></tr>
<tr><td>1431 Vollmachtserklärung für einen zum kaiserlichen Hofgericht entsand-ten Prokurator befundern var Iw hochgeborn ffurften Heren Johan palatzgreue by ryne vnd herczoge to Beiern des helygin Romifchen Richs hofferichter Sigimundes Romischer kuningk to allen tyden merer des Richs.</td><td>1421 Dinftages nach vili.</td></tr>
<tr><td>1470 Dinftages.</td><td>1459 dat Heylge Sacrament</td></tr>
<tr><td>ca. 1475 wy (wie), diffen (sonst deffen), ehir, wir, Burgermeistern.</td><td></td></tr>
</table>

---

[1] Vgl. hierzu Lübben, Nd. Jb. 1877 S. 174.

1479 *hertzog Johan, Inſigel, Burger-meiſter.*

1481 *dardurch, Dinſtage*

1485 *iſt, diſſe, ſollige.*
1487 *burgermeiſter, der* (Artikel. Nom. maso.) *wer, och, obengenant, Ingeſigel, wen* (sonst *weret dat* od. dgl. als konzess. Konj.), *wurde, bonanthen·* (benannten).
1489 *der*
1491 *vnſers gnedigſten herrn, welge*
1497 *Curſurſt, Nurenberch, ſurſte, hatt* (Präs. 3. Sg.), *Inngſigell. welge, vnnſers lieuen herren.*

1499 *weiſenn, burgers, wie* (wie), *ſeinen, wy wollen* (nd. *willen*), *Im* (nd. *em*), *burgen, geſcheen* (nd. *geſchin*), *ſollichs, wir.*
1501 *mitwochs, voreinung* (nd. *voreninge*).

1479 *ſey* (Konj. Präs. 4×), *nach des hiligen lichnames daghe.*
1480 *wy* (wie).
1484 *Hertzoch, ſulkeynß* (= Neutr.)

1486 *Am dornſtage nach Dioniſij.*

1489 *burger.*

1494 *ich, ſullich.*

1498 *der ſurſten, dreyhundert, ſulger, der Geſtrenge vnd veſte Her Hannß von Rochow Ritter.*

1501 in einem Briefe des mit dem Hof in Verbindung stehenden Peter Brackow: *mit ſrigen willenn vnnd wolbedachten gemute   van den durchlauchtigenn hochgebarn Forſten vnd Hern Hernn Joachim Churſurſten . meinen gnedigſten vnd gnedigen Hern . ore ſurſtliche gnaden .   diſſes briues virhundert gulden reinſch an golde Im erſtenn* (berl. *irſten*) *Jar.*

Aus der vorstehenden Liste ergibt sich, wie gering die Einflüsse trotz der nahen kurfürstlichen Kanzlei im 15. Jahrhundert sind. Bis ca. 1475 verschwinden sie ganz, erst später werden hochdeutsche Formen ein wenig häufiger, besonders seit dem letzten Jahrzehnt des 15. Jahrhunderts. Und zwar zeigt sich der Einfluß deutlich 1. im Gebrauche fürstlicher Titulaturen (vgl. 1431. 1479. 1484. 1491. 1497. 1498. 1501), 2. auf vokalischem Gebiete weicht *î* mehrfach dem *ei* (1479. 1498. 1499), eine Erscheinung, die später auch bei den Schreibern, die in hochdeutscher Zeit noch niederdeutsch geblieben sind, zu beobachten sein wird. Die Ersetzung von *o* durch *u* in *Burgermeiſter* mag beeinflußt sein durch den häufigen Gebrauch

dieser und ähnlicher Formen *(burger)* in Adressen der kurfürstlichen
Schreiben. Zwar scheinen sich *u* und *o* nahegestanden zu haben,
aber man wird doch nicht annehmen, daß etwa *dörch* (so lautete
die Präposition im Berlinischen) auf lautlichem Wege *durch* ergibt.
(Vgl. zu dem Wechsel *u: o* S. 257 § 45). *ſullich (ſollich)*, *welg* sind wohl
wie —*lich* überhaupt zu beurteilen. 3. Diese letzten Beispiele führen
zur dritten Gruppe über, die namentlich kleine Partikeln umfaßt
diſſe, ich, wir, im, der, wer, ferner *wy* für *wu*. Die Datumsbezeich-
nungen aber nehmen überall leicht eine Ausnahmestellung ein, sei es,
daß sie besonders früh hochdeutsche oder besonders lange niederdeutsche Form zeigen [1]).

Von größerer Bedeutung als diese vereinzelten hochdeutschen
Formen in ihrem geringen Umfang scheint mir die Tatsache, daß
um jene Zeit einige stilistische Wendungen auftauchen, die bisher
der niederdeutschen Urkundensprache in Berlin nicht angehörten.
Sie werden auch jetzt hier nicht allgemein üblich, aber sie zeigen
doch, zumal sie n i c h t - hochdeutschen Empfängern gegenüber nachzuweisen sind, daß der niederdeutsche Schreiber, vielleicht unbewußt,
den Einfluß der hochdeutschen Urkundenformel an sich erfuhr.
Der Schreiber *G*, derselbe, aus dessen Schreiben die hochdeutschen
Formen seit 1491—1501 entnommen sind, schreibt z. B. 1497 in einem
Briefe, den er für einen Bürger abfaßt, *Ik Junge Hans Gortzk wan-
haſſtich tho Boldenſtorpp Bekenne oſſintlich met deſſem mynen briue
vor my myne eruenn vnd ſuß vor allermenniglich* ., während die
sonst übliche Form (z. B. St. A. B. 1042, 1043. Vgl. Fid. II 271,

---

1) Ich füge hier die hochdeutschen Worte hinzu, die sich bei den Gerichtsschreibern finden, so lange die Gerichtskanzlei noch offiziell nd. ist, also bis
1509.

Peter Lussow (— 1505): Stets gebraucht er *iſt* (s. aber S. 191 Anm. 3).
Alle übrigen Formen kommen nur vereinzelt vor: *Jude* (mnd. *Jode*), *kegen*
und *jegen* nebeneinander, *biß*, *welger* (welcher), *iren* (mnd. *oren*), *der, er,
open (ſ)* (oben). Ferner in den Formeln: *wy ſich das geegen(t) vnd geborth*
(außerhalb der Formel *dat*), *noch der allerbeſten wyße* (sonst *nha* auch an dieser
Stelle), *wy hirnoch ſolget, vnßers g. herrn, vnßern g. herrn.*

a: 1505/6 *der, er, waß (wat), daß* (nur in der Formel), *yſth, ßeyn, bey.*

γ: 1508/9. Auch hier sind die folgenden hochdeutschen Formen Ausnahme und selten: *midewoch, yr* (sonst *ar, ŏr*), *iſt, gegen, diſſer, was* und
das vereinzelt neben *wat, deth.* Formel: *(ßy) ßalen (ſ) gantz vnd gar gricht
vnd gſlicht ſeyn vnd bliuen.*

272, 274 und oft) lautet *Ik   Bekenne apennbar met deſſem*
oder *Ik   Bekenne vor Idermennichlich die deſſen mynen apen
Briſſ ſyen* .. (vgl. z. B. 1480. G. St. A. Urkd. Berlin-Cöln 74, Fid. II 254).
Nie aber heißt es im Berlin *offintlich* oder auch nur *openlich*[1]). Auch
Peter Brackow hat die schon genannte Formel *dat Ik mit ſrigen
willenn vnd wolbedachten gemute Dem geſtrengen   recht vnd redlich
verkoſſt hebbe* 1501 (G. St. A. Urkunden Drossen[1]) der hochdeutschen
Urkundensprache entlehnt.

So zeigt es sich, daß um die Wende des Jahrhunderts doch
hie und da schon hochdeutsche Einwirkung bemerkbar ist, während
andrerseits durch die Seltenheit dieser Fälle bewiesen wird, wie gering im 15. Jahrhundert der direkte Einfluß gewesen sein muß,
den die kurfürstliche Kanzlei auf die Stadtkanzleien ausgeübt hat.

Das letzte Schreiben einer der beiden Stadtkanzleien innerhalb
der hier behandelten Periode, das mir bekannt ist, ist am Montag
nach Mittfasten 1502 in Berlin ausgestellt und nach Ruppin bestimmt.
Es ist das letzte nachweisbare nd. Schreiben, das Bürgermeister und
Rat einer der beiden Städte aussenden[2]). Die Lücke in der Urkundenüberlieferung des nächsten Jahres, die nun folgt, verdunkelt das Bild,
das wir uns von der Entwicklung der Kanzleisprache zu machen haben,
durchaus nicht. Denn aus seiner Tätigkeit im Bürgerbuch wissen wir,
daß der Schreiber *G*, der diesen letzten vorhandenen nd. Brief geschrieben hat[3]), noch bis zum Schlusse des Jahres 1503 als erster
Stadtschreiber im Dienst bleibt. Es ist daher mit Sicherheit anzunehmen, daß dieser Beamte, der seit seinem Eintritt in die Kanzlei
1485 durchaus alles, was er schreibt, Urkunden, Briefe, Eintragungen
in das Bürgerbuch und in das Stadtbuch (wo die Notizen Fid. I, S.
249, 262 von ihm stammen), in seiner Muttersprache abfaßt, während
des letzten Jahres seiner Tätigkeit der niederdeutschen Schriftsprache wie im i n t e r n e n Kanzleibetrieb, wo wir es nachweisen

<hr>

1) Vgl. hierzu auch Nd. Korrespondenzbl. 27 S. 73 f.

2) Diplomatarium Comitatus Ruppinensis (Bratringsche Sammlung). Kgl.
Bibl. in Berlin, ms. boruss. qu. 85, auch fol. 425 in fehlerhafter Abschrift des
18. Jhd. erhalten. Danach mit Auslassungen gedruckt bei Riedel A IV 451.

3) Da dieser nur abschriftlich überliefert ist, so ist allerdings als letztes
Schreiben, in dem seine Handschrift nachzuweisen ist, schon eine Bemerkung
zu einem Statut der Korkenmacher 1500 (St. A. B. 782) von Mittwoch nach
Lätare 1501 anzugeben. Ich zweifle aber keinen Augenblick daran, daß der
Schreiber des Ruppiner Briefes eben dieser Stadtschreiber ist.

können, so im ä u ß e r e n Verkehr wohl nicht mehr untreu geworden
sein wird. Wir werden also schließen dürfen, daß Berlin seine Urkunden und Briefe bis zum Schlusse des Jahres 1503 niederdeutsch
gegeben hat. Mit dem Beginn des Jahres 1504 tritt ein neuer Stadtschreiber sein Amt an, Johannes Nether, und mit ihm dringt die hochdeutsche Schriftsprache in die Berliner Stadtkanzlei ein.

Etwas länger erhält sich, wenigstens im inneren Kanzleibetrieb,
die heimische Sprache in Köln. Dort folgte 1504 dem bisherigen Stadtschreiber Peter Zickow, der aus Berlin oder Köln stammende Karl
Mölner, der, wo dies irgend tunlich ist — also vielfach im internen
Dienst —, bis zum Ende seiner Laufbahn, ca. 1527, bei der (teilweise
stark hochdeutsch gefärbten) Muttersprache bleibt. Seine Tätigkeit
aber, die in den nächsten Zeitabschnitt fällt, soll dort genauer ins
Auge gefaßt werden.

Die Stadtschreiber stellen mehrfach auch Urkunden und Briefe
für private Personen aus, wenn diese nicht, wie z. B. Thomas Blankenfelde in seinem ausgedehnten Handelsbetrieb, eigene Schreiber beschäftigen. Da aber in den Privatbriefen noch eine Anzahl anderer
Hände kenntlich ist, so wird man annehmen müssen, daß auch
außer den städtisch angestellten Schreibern oder denen der Kurfürsten-
kanzlei sich noch andere Schreiber in den Städten aufgehalten haben,
wie ja z. B. 1417 (St. A. B.) Peter Filitz als solcher genannt ist, der
einen Brief für Jakob Litzen schreibt.

Neben dem Stadtschreiber war in Berlin auch ein G e r i c h t s -
s c h r e i b e r tätig. In jener Zeit des Aufschwunges des Städte-
wesens überhaupt und der märkischen Hauptorte im besondern,
während des 14. Jahrhunderts, hatte unter der Regierung Jobsts
die Stadt Berlin 1391 durch Kauf „*dat ſchultambacht in Beiden ſteden
in Berlin vnd Colen met deme ouerſten vnd nederſten gerichte*"[1]) dem
„iudicium supremum" und „infimum" und allen dazu gehörigen
Gerechtigkeiten erworben. Doch blieben die Fürsten Lehnsherren.
Durch diesen Kauf gewann Berlin zugleich mit den Einkünften
des niederen Gerichtes die richterliche Gewalt in beiden Städten.
Dem Stadtrichter standen sieben Schöffen, 4 Berliner und 3 Kölner,

1) G. St. A. Urkd. Berlin-Köln 40. (Gedruckt B .Ub. 212 Raumer. I 13.)

zur Seite. Mit dem Erwerb dieses Gerichts bringt man[1]) die Anlage des Berliner Stadtbuchs zusammen, dessen dritter Teil das Stadtrecht enthält, das nach Holtze[2]) auf einer Zusammenstellung aus dem Sachsenspiegel, dem Richtsteig, dem sächsischen Weichbildrecht, der Glosse zum Sachsenspiegel und heimischem Ortsbrauch beruht. Am Sitze des Gerichts, in Berlin, sind Stadt- und Gerichtsschreiberamt schon früh getrennt. Zur selben Zeit, in der als Stadtschreiber Andreas Mölner nachweisbar ist, ist als Gerichtsschreiber Jakob Tugow[3]), ein Geistlicher, tätig. Syndikus des Rats in geistlichen Rechtssachen ist gleichzeitig der Bruder Peter Lugow[4]).

Das Buch der Übertretungen im Stadtbuch, das die Kriminalfälle bis zum Jahre 1448 verzeichnet, ist seit 1402 von Andreas Mölner und seinem Nachfolger *A* teils lateinisch, teils niederdeutsch geführt.

Im Jahre 1399 hatten sich die Städte der Mittelmark zusammengetan, um ihr heimisches Recht aufrecht zu erhalten. Nun „wiederholten diese Vereinigung ein Menschenalter später (im Jahre 1431) die Städte Brandenburg, Berlin-Köln und Frankfurt (Fid. II 152), als sie sich gegen die aufkeimende Herrschaft der Hohenzollern rüsteten. Sie wollten nichts wissen von dem Rechte, das ihnen von Franken her etwa gebracht wurde, sondern sie wollten bleiben jede Stadt bei ihrem Sonderrechte und, wo dies Sonderrecht nicht ausreichte, jede Stadt bei dem Rechte, mit dem sie bewidmet war, d. h. bei dem Rechte ihrer Mutterstadt Brandenburg[5]).“ Und so ist es erklärlich, daß Berlin-Köln auch nach der neuen Vereinigung 1432 festhielt an der alten Einrichtung des Gerichts mit seinen drei Kölner und vier Berliner Schöffen. 1442 aber müssen die Städte mit dem Rathaus und vielen ihrer Privilegien auch das oberste und niederste Gericht dem Landesherrn wieder abtreten, der sich das Recht vorbehält, Richter und Gerichtsschreiber „*zu ſecczen vnd zu entſecczen wie Iren gnaden das beqweme*“[6]) sein wird, sowie das Be-

---

1) Vgl. S. 28 f.

2) Gesch. d. St. Berlin S. 13.

3) Fid. I 228.

4) Fid. I 251.

5) Stölzel, D. Entwicklung der gelehrten Rechtsprechung I S. 266.

6) G. St. A. R 78 9 fol. 257. (Vgl. Raumer I S. 213.) Stölzel, Entwickelung der gelehrten Rechtspr. I. S. 269 entnimmt aus dieser Stelle, daß 1442 die Schöffen in Berlin einen Ausschuß der Ratmannen gebildet haben. Darf man

stätigungsrecht über die Schöffen. Auch 1508 beim neuen Verkauf des Gerichtes an die Stadt Berlin behält sich der Kurfürst[1]) das Recht vor, Richter ein- und abzusetzen.

Ich füge an dieser Stelle gleich noch die wenigen übrigen historischen Tatsachen aus der Geschichte des Gerichts, soweit sie für diese Darstellung in Betracht kommen, hinzu. Der Vertrag von 1508 berührte zunächst die älteren Lehnsverträge über das Gericht nicht, sodaß zuerst die Brackows, dann die Tempelhofs das niedere Gericht noch bis 1544 inne hatten. Danach ging auch dieses auf die städtischen Behörden über. Seitdem hatte jede Stadt ihr eigenes Gericht. Die obere Gerichtsbarkeit dagegen war schon seit 1508 mit gewissen Einschränkungen im Besitz der Städte.

Mit dem allmählichen Eindringen des römischen Rechtes und des schriftlichen Prozeßverfahrens nimmt die Bedeutung der Schöffen ab, und steigt in gleichem Maße die des Gerichtsschreibers und des Richters. Aber diese Verhältnisse sind für das Stadtgericht erst in der nächsten Periode in Betracht zu ziehen.

Im letzten Viertel des 15. Jahrhunderts und im Anfang des 16., also gerade zum Schlusse des hier besprochenen Zeitabschnitts, ist Peter Brackow, der kurfürstliche Hofrichter, mit kurzer Unterbrechung mit dem Stadtgericht in Berlin belehnt, der sich aber, so beliebt er bei Hofe ist, in den Städten nur einer sehr geringen Popularität erfreut[2]). —

Je mehr im Reich das römische Recht vordrang, um so mehr mußte sich für die im alten Recht verharrenden Städte das Bedürfnis nach einer Mittelsperson fühlbar machen, die imstande war, den nur im heimischen Recht Erfahrenen bei Zusammenstößen mit der fremden Gerichtsbarkeit beratend zur Seite zu stehen[3]). Und wie die

---

aus den späteren Verhältnissen, die seit dem Einsetzen der Überlieferung im Schöffenbuch klarer vor uns liegen, auf diese frühere Zeit schließen, so muß man annehmen, daß hier ein Mißverständnis durch des Schreibers Sparsamkeit im Ausdruck oder auch durch eine fehlerhafte Auslassung entstanden ist. Zur Zeit des Schöffenbuchs sind die Schöffen nicht Ratsmitglieder. Einige werden es später, z. B. sind Thomas und Gores Heyse schon 1503 Schöffen, aber wohl erst seit 1510 Mitglieder des Rates. Andere, wie Simon Francke, Simon Schönhausen, Borchardt Schreiber, werden überhaupt nie Ratmannen.

1) Raumer II 241.
2) Raumer II S. 181.
3) Vgl. Stintzing, Gesch. d. deutschen Rechtswissensch. S. 52 f.

Städte im Anfang des 15. Jahrhunderts einen solchen Syndikus für geistliche Angelegenheiten anstellten, so ist es in der Mitte des Jahrhunderts schon nötig, ihn für w e l t l i c h e und geistliche Rechtssachen [1]) zu verpflichten. Der Syndikus Andreas Hasselmann [2]), dessen Anstellungsdekret von 1458 vorliegt, hatte seine akademische Bildung in Leipzig empfangen. Er war Propst und Dekan in Stendal, Salzwedel, Magdeburg, eine Zeit lang Kanzler Friedrichs des Jüngeren in der Altmark. 1469 wird er *doctor vnd thumherr zu Magdeburg* genannt.

Gerade zu Ende dieses Zeitraumes im Jahre 1503, setzt das uns erhaltene Schöffenbuch ein, das die Akte der sogenannten freiwilligen Gerichtsbarkeit bucht, und das ein Bild von den damaligen Gerichtseinrichtungen ermöglicht. Man ersieht daraus, daß zwar das gleiche Gericht für Berlin und Köln zuständig ist unter dem gleichen Richter Peter Brackow [3]), daß aber die Berliner Angelegenheiten in Zwischenräumen von mindestens zwei, oft mehr Wochen am Mittwoch, die Kölner am Donnerstag besprochen wurden. Die Berliner Verträge — denn um Verträge handelt es sich meist, um Forderungen, Auflassungen usw. — werden nicht in das gleiche Buch eingetragen wie die Kölner „Frieden" Berlin hat einen besonderen „*Schepenſchryver*" [4]) Peter Lussow, dem ein Unterschreiber zur Seite steht. In Köln trägt der Stadtschreiber die Verträge in das Schöffenbuch, dessen Sprache selbstverständlich niederdeutsch ist. (Peter Brackow selbst schreibt ebenfalls niederdeutsch, z. B. 1501 G. St. A. Urkunden Drossen 1.)

---

1) Fid. II 238.

2) Aus Stendal; er ist „Doctor decretorum".

3) Neben dem eigentlichen Lehnsträger sind auch andere Richter tätig. Unter Peter Brackow z. B. sein mitbelehnter Bruder Hans, sein späterer Nachfolger. Unter Hans Brackow dessen Nachfolger Hans Tempelhof. Unter H. Tempelhof 1519 Joachim Reiche (Ryke) Schb. S. 251: *vor Jochem reichen als ein Richter Hanſen Tempelhoffen*, 1526 Thomas Böldicke, 1528 Peter Dobbergatz.

4) Vermerk im Schöffenbuch: *Anno domini Im xv°ten vnnd drudden Jare is ditt van nyges angehawen Dorch Peter Bruckawen Die tidt Richter, Simonn Schonhußen, Simon Francke, Thomas heyße, Gores heyße thom Berlin Schepen, Petrus Luſſow Schepenſchryver dar Juluts.* *Actum an der middeweke na Exaudi anno ut supra.* Die Aufzählung nur der Berliner Schöffen durch den Berliner Gerichtsschreiber bestätigt die aus den Buchungen zu erschließende Ansicht, daß für jede Stadt vornehmlich die eigenen Schöffen in Betracht kommen.

Da nun aber als Parteien naturgemäß Berliner und Kölner sich sehr oft gegenüberstehen, so tritt der Kölner oft vor die Berliner, der Berliner vor die Kölner „Dingebank"

Daher macht der Kölner Schreiber öfter Vermerke in das Berliner Gerichtsbuch und umgekehrt. Vielleicht auch gehen diese wechselseitigen Eintragungen darauf zurück, daß der eine zur Unterstützung und gelegentlichen Vertretung des andern eintritt.

Wir bemerken nun weiter, daß in Köln Stadt- und Gerichtsschreiber identisch sind, daß in Berlin — die Beispiele stehen mir erst aus den folgenden Jahren zur Verfügung, da sich diese Verhältnisse erst übersehen lassen, seit wir die Schreiberhandschriften des Schöffenbuches mit denen der Briefe vergleichen können — der Gerichtsschreiber ε auch für den Rat 1519[1]), der Stadtschreiber Georg Bretschneider im Auftrage des Richters[2]) die Korrespondenz führt. Die charakteristische Handschrift des Schreibers Michael, der im (Kölner) Schöffenbuch vielfach seit 1526 tätig ist, begegnet auch im Berliner Bürgerbuch. Man wird hiernach annehmen müssen, daß, obgleich die Berliner S t a d t schreiber n i e im Schöffenbuch arbeiten, Stadt- und Gerichtskanzlei sich doch nicht ganz fernstehen, auch wenn die Gerichtskanzlei wohl unter dem Zwange des engeren Verkehrs mit dem Publikum länger an der niederdeutschen Geschäftssprache festhält als die Stadtkanzlei.

B. Die Übergangsperiode.

VI. Kulturströmungen der Übergangszeit von der niederdeutschen zur hochdeutschen Schriftsprache.

Im ersten Jahrzehnt des 16. Jahrhunderts hat sich in Berlin der Übergang vom Niederdeutschen zum Hochdeutschen in der Kanzlei vollzogen, außerordentlich früh, wenn man dieselbe Bewegung in andern niederdeutschen Städten ihrer Chronologie nach vergleicht. „In die Kanzleisprache dringt das Hochdeutsche im 4. oder 5. Jahrzehnt des Jahrhunderts ein" gibt Behaghel im Grundriß II² 672 an, „in Schleswig-Holstein verschwindet um 1560 das Niederdeutsche völlig aus der offiziellen Sprache". Andere Daten liegen vor, z. B.

---

1) St. A. B. 830.
2) Staatsarch. Danzig 23 B 130.

für Dortmund[1]), wo sich der Prozeß in der zweiten Hälfte des 16. Jahrhunderts vollzieht, für Bielefeld im 7. bis 9. Jahrzehnt[2]), für Hamburg, wo das Niederdeutsche im inneren Kanzleiverkehr nach 1600, im äußeren nach 1550 schwindet[3]), für Magdeburg[4]), wo es nach 1550 verdrängt wird, für Stettin[5]) in den 40er bis 60er Jahren[6]).

Gewiß ist die Mark Brandenburg durch ihre Lage so nahe der hochdeutschen Grenze einem Eindringen des fremden Dialektes stärker ausgesetzt als die weiter im Innern des Gebietes liegenden Städte Dortmund, Bielefeld, Hamburg. Aber Magdeburg lag der hochdeutschen Sprachgrenze nicht ferner als Berlin. Die Tatsache, daß Berlin ein halbes Jahrhundert früher als andere niederdeutsche Städte den Übergang vollzieht, drängt zu der Frage:

Wie kommt es, daß der Rat s c h o n jetzt beim Amtsantritt eines neuen Oberstadtschreibers die hochdeutsche Schriftsprache entweder zuläßt oder, noch wahrscheinlicher[7]), selbst verlangt? Oder, wenn man bedenkt, daß die „principes Franci generis", in deren Existenz Albertus Krantz[8]) den Grund für den Übergang zum Hochdeutschen sah, schon ein Jahrhundert im Lande sind: Warum geschieht der Übergang e r s t jetzt?

Als die Hohenzollern etwa hundert Jahre früher die Herrschaft in der Mark angetreten hatten, waren sie nach kurzem Zusammenschluß mit Berlin und Köln, die ihnen am Cremmer Damm beigestanden hatten, bald in einen politischen Gegensatz zu den Städten getreten. Die Opfer, die die Mark der ihnen unsympathischen äußeren Politik

---

1) E. Schröder, Jakob Schöpper von Dortmund und seine deutsche Synonymik. Marburger Universitätsschr. 1889 S. 36.

2) Tümpel, Nd. Jb. XX 79.

3) Beese, Die nhd. Schriftsprache in Hamburg im 16. und 17 Jhd. Kiel. 1902. S. 22.

4) Hülsse, Geschichtsblätter f. Stadt und Land Magdeburg XIII 158 ff.

5) Scheel, Nd. Jb. XX 71 ff.

6) Weitere Daten gibt Kluge, Von Luther bis Lessing 4 S. 116.

7) Vgl. darüber S. 172.

8) S. 9. Ebenso Beckmann, Histor. Beschreibung der Chur- und Mark Brandenburg Berlin 1751 I S. 93. (Die märkische Sprache ist) *„jedoch nachdem die Fränkiſche mundart in Teutſchland überall in öffentlichen ſo wohl geiſtlichen als weltlichen handlungen, predigten, befehlen und andern ſchriften vorgezogen, und die durchl. Landes Herrſchafft ohne das Fränkiſchen herkommens geweſen nach Anno 1500. in publicis nicht ſonderlich mehr gebrauchet worden . ."*

der Herrscher bringen mußte, erbitterte die der straffen Hand
des Herrn entwöhnten, selbstherrlichen Städte aufs äußerste. Zumal Friedrichs I. langjähriger Vertreter, sein Sohn Johann, verstand
es nicht, sich Freunde hier zu erwerben, die Abneigung gegen ihn zu
überwinden. Zudem waren Friedrich I. und die Seinen vorwiegend
von Franken umgeben. Alle bedeutenden Ämter waren mit ihren
Landsleuten besetzt. Der Märker konnte durch diese Zurücksetzung
der heimischen Kräfte nicht sympathisch berührt sein. Wie man unter
der Regierung der Wittelsbacher schon die fremde Umgebung der
Markgrafen beklagt hatte und gewünscht „*vn∫er herre ∫al ∫ynen raed
vnd ∫yn ambt ∫o be∫tellen myt ∫eynen herren mannen vnd ∫teden vnd
it halden na irem rade vnd alle ge∫te laten vte ∫ynem rade*“[1]), so fühlte
man auch jetzt die Vernachlässigung des heimischen Adels, der
märkischen Landesgenossen.

Wie übel man diese noch zu Albrechts Zeiten empfand, zeigt
deutlich der bekannte Bericht aus Salzwedel über die Huldigungsfeierlichkeiten 1472[2]): „*De Man∫chop van dü∫∫en lande al∫e de van
der Schulenborg* etc. etc. *∫tunden* (während die gierigen
Franken [vgl. S. 107 Anm. 1] im Essen Unglaubliches leisteten)
*vor dem Schor∫tene vnde vn∫e gnedighe here ∫chlog nicht velc vp ∫e edder
dat he em jennich Krüde edder jennich ∫chencke ge∫and hedde. Do
dat de Radh vornam, dun drogen ∫e em ∫ülve∫t vor mit groten Koppen
Claret Wien vnd Eimbeck∫ch bier vnd al∫e ock ehre eigene Koks to∫amen
hadden, ∫ande öhn de Rath to∫amen in eyner herberghe einen Täuer
mid Fi∫chen dat öhn doch ganz annemlick was.*“ Und wenn auch dieser
Bericht etwas gefärbt sein mag durch den Ärger darüber, daß man
trotz der Huldigung, trotz aller Zahlungen an den Kanzler und obgleich „*So dane Ghi∫t vnd Gabe von de Confirmacie vnde ock de vthrichtinge in Vartyden ny ge∫chcen is*“[3]) die Bestätigung der Privilegien
nicht erlangen konnte, durch den Zorn über die unpopuläre Bierziese
und die „*∫al∫che Li∫t*“[4]), mit der der Kurfürst 1473 seinen Teil einer
Zahlung durch *eynen nycn Toll*[5]) auf die Bevölkerung abgewälzt hatte.

---

1) R. A XXIII 46.

2) R. A XIV 349. Die Fehler und sprachlichen Ungenauigkeiten gehen
wohl auf den ersten Herausgeber Gercken zurück.

3) ibid. S. 350.

4) a. a. O. S. 351.

5) a. a. O. S. 351.

so zeigt er doch auch, welche Gefühle man für die *verhungerden Francken*[1]) hegte, für den Kurfürsten, der den Stadtdienern, die ihm die Gaben der Stadt überbrachten, kein Trinkgeld gab[2]) und durch die oben erwähnten Steuern, durch immer erneute Belastung die Erbitterung und Opposition bei den märkischen Städten nur noch nährte. Er war dem Lande fremd, wie ihm die Mark fremd war. Während seiner sechzehnjährigen Regierung war er nur dreimal in Brandenburg[3]), seine Interessen galten weiteren politischen Plänen und Zielen, hinter denen die oft zu optimistisch aufgenommenen Botschaften aus der Mark mehrfach zurückstehen mußten. Daß eine Regierung, zu der die Bevölkerung sich in so starkem nationalen und politischen Gegensatz fühlte, wie jene Salzwedeler Schilderung zeigt, auf einen Volksstamm mit so hohem Selbstbewußtsein, wie es der Märker stets besessen hat, nicht in der Weise kulturell einwirken konnte, daß dieser nun von den Franken Sitte, Gebrauch und Schriftsprache angenommen hätte, ist klar. Sicher war die Schranke, die schon die verschiedene Sprache errichtete, nicht unwillkommen, und sicher wird man in trotzigem Selbstgefühl die altererbte Sprache gegenüber der der Regierung um so zäher festgehalten haben.

Allerdings, zwischen Friedrich I. und Albrecht Achilles steht Friedrich II., der deutlich bemüht war, den märkischen Adel an sich zu ziehen und auch nicht-fränkische Beamte in seinen Diensten

---

1) S. 349. *Dun V. G. H. was ſitten gan mit ſienen Reden dun leet ehm de Rhat met twee groten Molden Vaten vordragen Apotheker Krüde vor twee Stendalſche punt. Darnach ward ehm vnd einem ichliken geſchencket Claret Wien vnd Eimbeeſhs bier (d. h. Eimbecſchs beer?). To der andern reiſe ward ehm vorgedragen in tween groten Molden Vaten Bonenkoken mit Mandeln vnd mit Engwer wol bestreüe (!) in groten Stücken wol by twe punden. So dane Krüde allen Mannen eſſte der Manſchop ſamen wolmeinet hadde, to nütte vnd to herlicheid der Stadt nicht kamen konde, wente ſo vro vnſe Gnedige here vnd ſiene negeſten van ſodane Krüde genamen hadden, dun namen vnſes G. H. Gheſinde vnd de verhungerden Francken dat Krüde vt dem Vath vnd makeden eine Grabbuſie vnd ward ſehr vernichtet, dat vnſe G. Here alle anſach vnd beſchweg. Deſüluen Francken nemen ock weg allent wat ſe vppe dem Radhuſe aflangen konden alſe appeln, beren, miſpeln vnde wat man in Köruen vnde Molden auer ſydes gheſat hadde.*

2) S. 348 *vnd ock den Stad deners neen dranckgelt gegeuen ward.*

3) Vgl. das Priebatsch, P. C. III 533 ff. aufgestellte Itinerar.

hatte[1]), nicht nur, wie oben ausgeführt, in der Kanzlei, sondern z. B. auch bei seinen Bauten Norddeutsche wie Klaus Sandow aus Zerbst[2]) beschäftigte. Wenn somit unter seiner Regierung jene Gegensätze durch Abstammung zwischen Beamten und Bevölkerung gemildert erscheinen, so ist aber eine friedliche Kulturberührung gerade mit den Städten, die seinem Hoflager und seiner Kanzlei räumlich am nächsten standen, mit Berlin und Köln, unter ihm völlig ausgeschlossen durch die politischen Verhältnisse, die Strenge, die infolge der Ereignisse von 1442 und vor allem 1448 gerade die führenden patrizischen Familien in beiden Städten traf. Weit entfernt, die Kluft zwischen dem Herrscherhaus und dem städtischen Patriziat zu überbrücken, mußte die Regierung Friedrichs II. dieselbe eher verstärken, und auch schon die Eintragung im Stadtbuch[3]) über die Vorgänge bei der Huldigung in Berlin, der Vermerk über die Vorsichtsmaßregeln, die bei künftigen Huldigungen von städtischer Seite zu treffen sein werden, lassen weder auf Vertrauen und Zuneigung der maßgebenden Berliner Verwaltungskreise zur Landesregierung, noch auf ein Entgegenkommen der letzteren schließen. So ist es verständlich, wenn der Berliner sich abschließt vom Franken, festhält an seiner Sprache, die ihn von der der ihm politisch entgegenstehenden kurfürstlichen Verwaltung trennt.

Die Wiedervereinigung der Mark mit den fränkischen Stammlanden in der Person des Herrschers Albrecht Achilles hatte ein Wachsen der fränkischen Beamtenschaft in der Mark zur Folge gehabt. Mit welchen Augen der Märker Albrecht und seine Franken betrachtete, ging oben aus der Salzwedeler Schilderung schon hervor. Daß der Berliner nicht anders fühlte, zeigt sich wohl aus der Tatsache, daß etwa um dieselbe Zeit der Berliner Rat den Bürgereid dahin abänderte, daß das Gelöbnis der Treue gegen den Kurfürsten fortgelassen wurde. Hatte die Bierziese Unwillen erregt, so wurde die Erbitterung nicht geringer gegenüber den schwierigen Verhältnissen, in die Albrechts Reichspolitik die Mark geführt hatte, vollends als 1478 ungarische Scharen bis nach Belitz vordrangen, ohne daß Albrecht zunächst Miene machte, dem bedrängten Sohne und dem

---

1) Vgl. S. 34 ff.
2) St. A. Zerbst II 13.
3) Fid. I 252.

Lande zu Hilfe zu kommen [1]). — Mit Johann Ciceros Regierung traten allmählich andere Verhältnisse ein. Die Gegensätze zwischen dem Herrscherhaus und den Städten traten weniger hervor. Es war schon oben [2]) geschildert, daß in Johann zum ersten Male ein Hohenzollernfürst vorhanden war, der der Mark nahestand und nicht die Blicke beständig nach Franken als dem Lande der Sehnsucht richtete. Johann war keine alles überragende Fürstengestalt wie sein Vater, aber „den Märkern ist der sorgsame Pflanzer, der ruhige, bedächtige, behäbige Mann, wie ihn das Denkmal Vischers zeigt, und wie ihn seine Handlungen wiederspiegeln, teurer gewesen und verwandter erschienen als sein glänzender, stürmischer, beweglicher Vater, der bei der Vielseitigkeit seiner Interessen ihnen nicht allein gehören konnte [3])."

Wohl war der größte Teil seiner Regierung noch von Kämpfen gegen die städtische Gewalt ausgefüllt. Aber am Ende seiner Herrschertätigkeit hat — allerdings zugleich mit ihrer Selbständigkeit — die Opposition der Städte gegen die Landesherren im ganzen aufgehört. Sie beugen sich unter die Fürsten, die nun nicht mehr als Fremde im Lande weilen mit größerem Interesse für die süddeutschen Besitzungen, sondern die in ihrer Mitte gelebt haben, das Land und seine Bewohner verstehen. Nicht mehr wie früher stehen sich im Beamtentum und der Landesbevölkerung zwei völlig getrennte Volksstämme gegenüber. Die Gegensätze beginnen sich auszugleichen. Nun aber, da die Periode des Kampfes ein Ende hat, kann eine direkte Einwirkung auf kulturellem Gebiete stattfinden. — Und ferner, indem die Städte zu Ende des 15. Jahrhunderts ihre Selbständigkeit endgültig verloren, mußte auch das stolze Selbstbewußtsein, das die Bürger erfüllt hatte, schwinden, mußte die Schranke fallen, die sie zwischen sich und den Fremden bisher aufrecht erhalten hatten, und damit hörte auch das bewußte oder unbewußte Entgegenstemmen gegen Kultur und Sprache der Herren des Landes auf.

Wenn ein Einfluß der Hohenzollernkanzlei auf die Stadtkanzlei unmöglich erscheint, so lange hier die scharfen Gegensätze walteten, so erklärt es sich aus dem gleichen Grunde, daß auch die zweite hochdeutsche Kanzlei, deren Betrieb ja allerdings wohl überhaupt nicht

---

1) Priebatsch, P. C. II 23.
2) S. 46 ff.
3) Priebatsch, P. C. II 64.

sehr bedeutend war, die des Propstes von Berlin, die Berliner Kanzleisprache ganz unbeeinflußt ließ.

Der Propst stand[1]) nach Abstammung und Dienstverhältnis dem
Fürstenhaus nahe, in dessen Interesse häufige Reisen und vielfache
Geschäfte ihn seinen geistlichen Funktionen in den Schwesterstädten
entzogen. Die hochdeutsche Herkunft und die enge dienstliche Verbindung mit den Hohenzollern hat sicher auch nicht dazu beigetragen, die Pröpste in Berlin und Köln populär zu machen, solange
der Haß gegen die „Gäste" die Märker erfüllte, solange der Berliner
sich der Macht der Herrscher nur ungern beugte, der Gegensatz
zwischen Volk und Fürsten noch empfunden wurde. Daß das Verhältnis der beiden Städte zu ihrem ersten Geistlichen in der Tat sehr
kühl war und häufig getrübt, beweisen die uns erhaltenen Klage-
artikel[2]) des Rates von Berlin und Köln über den Propst und seine
Beamten 1436, und auch das Verhältnis zu Franz Steiger ist nicht
ohne Zwistigkeiten verlaufen[3]). Der Propst Valentin fühlt sich nach
ganz kurzer Amtsführung 1475 so wenig wohl in Berlin, daß er bittet,
mit dem Domherrn in Wurzen Erasmus Brandenburg die Stelle
tauschen zu können[4]).

Daß unter diesen Umständen die geistliche Behörde wenig Einfluß haben kann, ist klar. Erst wenn das Fürstenhaus den Märkern
näher verbunden ist, ist auch die Möglichkeit einer Annäherung
zwischen dem Propst, dem treuen Anhänger der Kurfürsten, und den
Städten gegeben.

Mit dem Aufhören des Widerstandes gegen die Regierung und
deren Einflüsse zu Ende des 15. Jahrhunderts trafen vielerlei andere
Tatsachen zusammen, die gerade diesen Zeitpunkt für die hochdeutschen Einwirkungen günstig erscheinen lassen.

1) Vgl. S. 81 f.
2) Fid. IV 149.
3) Fid. II 235. Vorher hatte schon der Kurfürst es für nötig gehalten
(R. S 301), ihn dem Rate zu empfehlen .. *daß ihr den Würdigen . . Ern Franz
Steigern, Probſt in Berlin, vor euren Probſt haltet, ihn auch vor vnrechte
Gewalt verdedinget, vnd ihm zu ſeinem Rechte hülfflich vnd beyſtändig ſeyn wollet,
euren Schulmeiſtern vnd Küſtern gebietende, daß Sie den vorgenannten Probſt
nicht meiden alſo ſerne ſie eure Diener willen bliven vnd Euch hierinnen wollet
bewiſen vnd es gegen den genannten Euren Probſt halten alß ziemlich vnd billig iſt.*
4) R. C II 170.

Wenn wie die ersten Hohenzollern so auch der fränkische Adel möglichst schnell in die geliebte Heimat zurückdrängte[1]), so daß in den meisten oberen Hofämtern ein stetes Gehen und Kommen war, so paßte sich das bürgerliche Beamtentum der neuen Arbeitsstätte etwas mehr an[2]). Besonders in der zweiten Hälfte des 15. Jahrhunderts begannen manche von ihnen, sich hier eine neue Heimat zu begründen, ihre Verwandten nachzuziehen. Dazu kommt, daß Friedrich II., als er die Burg in Köln zu seiner ziemlich festen Residenz machte, einen Kreis von ansässigen Leuten brauchte, auf deren Treue und Anhänglichkeit er sicherer bauen konnte als auf die der aufständischen Berlin-Kölner, Männer, die nur von ihm, nicht von den städtischen Behörden abhingen, über die er volle Regierungs- und Gerichtsgewalt besaß. Solchen Kreis von Leuten die nur zur Burg, nicht zur Stadt gehörten, nicht die städtischen Interessen gegen die kurfürstlichen ausspielten, gewann er durch die Verleihung von Freihäusern, deren Einwohner von allen städtischen Pflichten frei waren und nicht der Stadtgerichtsbarkeit, sondern dem Hofgericht unterstanden[3]). Aber auch schon ehe die Burg gebaut war, siedelte er Hofbeamte in Berlin oder Köln an.

Seinem Kammerrichter Georg von Waldenfels, einem der wenigen Adligen, die die Mark nicht schnell wieder verließen, hatte er, als er selbst die Burg bezog, das „hohe Haus" in der Klosterstraße, das bisherige Absteigequartier der Kurfürsten, überlassen[4]). Im selben Jahre 1451 erhielt der Küchenmeister Ulrich Zeuschel[5]) aus Eckersdorf bei Baireuth ein Freihaus in Berlin. Schon vorher war der Trompeter Schwanenschnabel in den Besitz eines Grundstücks in Berlin gelangt[6]). Aber noch scheinen die Verleihungen auf Berlin-Kölner Gebiet keinen allzu großen Umfang angenommen zu haben. Viel-

---

1) Vgl. S. 32.

2) Zwanziger, Arch. f. Gesch. u. Altertumskd. v. Oberfranken XX H. III. S. 73.

3) Priebatsch, Die Hohenzollern und die Städte d. Mark im 15. Jhd. S. 100.

4) R. C I 303.

5) Raumer I 182. Zeuschel gelangt überhaupt in der Mark zu großem Reichtum. Er ist einer der ersten, der Beziehungen zwischen Süden und Norden herstellt, indem er seine Familie durch Heirat mit den märkischen Schliebens verbindet.

6) R. C I 251.

leicht trägt dazu die unfreundliche Haltung der Bevölkerung bei; denn mit nicht allzu günstigen Augen scheinen die Bürger jene Männer angesehen zu haben, die, schon durch ihre Herkunft verhaßt, vom Kurfürsten unter ihnen angesiedelt wurden. Wenigstens klagt Friedrich II. in seiner Beschwerdeschrift vom Jahre 1448[1]), mehreren kurfürstlichen Dienern sei die Aufnahme in die Bürgerschaft versagt worden. Allmählich aber faßt doch der eine oder andere festen Fuß, erwirbt wohl auch das Bürgerrecht in einer von beiden Städten. Z. B. läßt sich dies aus der Berliner Bürgermatrikel für den kurfürstlichen Rat Dr. Stocker nachweisen, der sogar von 1475—79 Berliner Bürgermeister ist. Vielleicht könnten wir weitere kurfürstliche Beamte als B ü r g e r der Städte nachweisen, wenn wir die Kölner Bürgermatrikel aus jener Zeit besitzen würden, da ja die Burg auf kölnischem Gebiete lag. Das Kölner Bürgerbuch, das, wie es vorliegt, in der zweiten Hälfte des 16. Jahrhunderts angelegt ist, trägt zwar die Bürgeraufnahmen der früheren Zeit nach, aber erst von 1508 an. Auch unter Albrecht Achilles werden weitere Freihäuser geschaffen.

Bedeutender wird die hochdeutsche Kolonie in Berlin-Köln offenbar im letzten Viertel des 15. Jahrhunderts, d. h. also besonders unter Johann Cicero: 1484 erhält Hans Unadel, 1488 der Türknecht Heinrich Michel, der schon vorher ein Haus in Berlin gehabt hat, eine Hausstelle in Köln. 1491 wird dem Kammerknecht Jorg Koll ein Haus in Köln zugewiesen, 1492 dem kurfürstlichen Rate Dr. Johann Stauffmel, 1498 dem Kuntz Dhur, 1502 erhält der Sekretär Hans Schrag ein Haus. Auch die kurfürstlichen Ärzte Hans Oppeln und der Barfüßer Konrad Diell sind in Berlin und Köln ansässig. Daneben beweist auch die Bürgermatrikel, daß die Residenz des hochdeutschen Herrscherhauses mit ihrer Hofhaltung, die mehr Bedürfnisse hat, als eine bürgerliche Stadtverwaltung und somit die Erwerbsgelegenheit steigert, stärkeren Zuzug sowohl aus Franken wie auch aus anderen hochdeutschen Gegenden veranlaßt. Die Berliner Matrikel weist Namen auf wie *Jadeke Vochß de lyptzk* 1486 *Hinrik von Bamberg* 1481, *Hintze Poppe von Erfordt* 1491, *Gorge Poppe von Sweinsford* 1493 usw., deren Zahl vermutlich noch weit größer erschiene, wenn nicht die Angaben über die Herkunft in der

---

1) **Fid.** II 205.

Matrikel nur ausnahmsweise gemacht würden. Aber auch Namen wie *Jurgen Grifcnberch* 1471, *Laurentz Miffener* 1476, *Peter Mißner* 1482, *Wulffgang Fullinger alias Beyerlin*[1]) 1485 beweisen, wie viele Männer hochdeutscher Abstammung in der Mitte der Berliner und Kölner ansässig werden. Zusammen mit dem einheimischen Adel, der, vom Hofe angezogen, sich im Gegensatz zu früheren Zeiten nun auch in den Städten einfindet, bilden sie bald einen „immerhin bemerkbaren Bruchteil der Einwohnerschaft"[2]).

Die Bande, die die Fremden in Berlin und Köln festhielten, wurden vielfach, nachdem die gegenseitige Abneigung zwischen Franken und Märkern zu Ende des Jahrhunderts geschwunden war, durch Heiraten befestigt. Der kurfürstliche Sekretär Johannes Brunner hat die Tochter des Kölner Bürgermeisters Bartholomäus Bergholz zur Ehe[3]), während der Kölner Bürger Veit Schwarze mit einer Tochter des kürfürstlichen Rates Dr. Stauffmel, eines Sachsen, vermählt ist[4]). Die Frau des kurfürstlichen Rentmeisters Nikolaus Thum entstammt der Berliner Familie Grieben[5]); Wulff Veyel ist der Schwiegersohn des aus Zwickau stammenden Apothekers Peter Hawenzweig; der Richter Donat Müller (Mölner) heiratet die Tochter des Berliner Gastwirts Liedicke, und Borchard Schreiber verbindet sich mit der Familie Valentin Krones. Die Krulls sind mit den Zerers in verwandtschaftliche Beziehungen getreten[6]), die, wie 1511 der Sekretär Georg Zerer, das Bürgerrecht in Berlin erwerben.

Auch andere freundschaftliche Verbindungen ergaben sich in solchem Zusammenleben. 1519[7]) erscheint der Berliner Bürgermeister

---

1) Es ist wohl der in der Korrespondenz Albrechts und Johanns oft genannte Kanzleiknecht Beyerlin, der, vielleicht auch auf kurfürstliche Fürsprache hin, das Bürgerrecht umsonst erhält.

2) Clauswitz in d. Vorrede zu Borrmann, Bau- und Kunstdenkmäler v. Berlin. S. 42.

3) R 78 15 fol. 130. G. St. A. *als vnfer Cantzelfchreyber ... Johann Pruner Anna feiner Elichen Huffrawen dife hirnach gefchriben Jerliche pecht vnd Zinß, fo er von Bartholomeus Berckholtz feinem vater Innhat .*

4) R. 78 4 fol. 222 f., K. Schb. S. 398 (399) 1508.

5) B. Schb. S. 62 (52). Dem Schöffenbuch sind auch die folgenden Familienbeziehungen entnommen.

6) Wagner, Hohenzollernjahrbuch 1904 (nach Dokumenten des Hausarchivs). Vielleicht hat schon der Kanzler Zerer eine Berlinerin zur Frau. Vgl. darüber F. z. b. u. p. G. VII 498.

7) B. Schb. (242) 251 u. G. St. A. R. 78 4 fol. 32 v.

Krull neben dem Kanzler Stublinger und seinem Bruder, dem früher erwähnten Sekretär Thomas Krull, als Testamentsvollstrecker Dr. Stockers, oder 1508 steht der Kölner Veit Schwarze bei einer Auflassung neben den Stauffmels.[1]) Der Kanzler Stublinger und seine Frau lassen, obgleich sie beide „außlend/ch geboren vnd be-/rundet" sind, ihr gegenseitiges Testament in das Kölner Schöffen-buch eintragen[2]).

Seite an Seite arbeiten gelegentlich Märker und Franken. Die Landtage, zu denen die ständischen Vertreter zusammenkommen, finden jetzt meist in Berlin statt, und unter den hier vertretenen Ad-ligen und hohen Geistlichen sind die Hochdeutschen stark an Zahl, die Verhandlungssprache ist hochdeutsch. Freilich ist es nichts Neues, wenn die Bürgermeister der Hauptstädte hier oder im kur-fürstlichen Gericht unter den Vertretern der Stände erscheinen[3]), aber was früher ein vereinzeltes Zusammengehen war, das erscheint um die Wende des alten und den Beginn des neuen Jahrhunderts in einer Kette von Verbindungen, und wo früher die Teilnehmer, durch Gegensätze getrennt, sich nicht näher kamen, da sind sie nun vielfach durch Verwandtschaft oder durch Nachbarschaft verbunden[4]).

Es ist kein Abschließen mehr aus gegenseitigem Mißtrauen. Die norddeutschen und die süddeutschen Bewohner Berlins sind sich allmählich näher gekommen, sie leben neben einander, sie finden sich zusammen in religiösen Gemeinschaften, wie in der Wolfgangs-gilde, die von dem aus Dillingen nach Norddeutschland gezogenen Jakob Roydel und Palme Reinicke aus Lindenberg in Berlin gegrün-det war, deren Urkunden von der Hand der Vorsteher hochdeutsch sind[5]), und die sich der besonderen Gunst des Kurfürsten (er nennt seinen Sohn Wolfgang und ist selbst ein Bruder der Gilde) erfreut. Hier stehen die Fremden als Brüder neben den Berlinern, unter denen in erster Reihe ein Angehöriger eines der ersten Berliner Geschlechter, Hans Blankenfelde, für die Gilde tätig ist. In der Liebfrauengilde

---

1) K. Schb. S. (399) 398, s. o.

2) K. Schb. S. 454 (455). 1516.

3) Vgl. z. B. S. 75 u. Stölzel, Brandenburg-Preußens Rechtsverwaltung I. S. 69. 79.

4) Über geschäftliche Beziehungen der Bevölkerung mit den Fremden und den Adligen unterrichten die Rechnungen der Blankenfeldes im St. A. B., auch Quittungen und gerichtliche Klagen im G. St. A. R. 784 und R. 61.

5) Vgl. Fid. II 285. 287. 290.

setzen sich die Vorsteher neben einem Geistlichen aus zwei Bürgern und zwei Personen der Hofgesellschaft zusammen, und auch als Kirchenvorsteher sind neben den Berlinern bald Ausländer zu nennen, die hier das Bürgerrecht erworben haben. Z. B. wird der süddeutsche Apotheker Johannes Zehender, der erst nach manchen Schwierigkeiten festen Fuß in Berlin gefaßt hat, in seinem Todesjahr 1514 als Vorsteher der Marienkirche genannt.

„*Bey dem Schutzenbhome*"[1]) fehlte auch der Hof nicht und wurde vom Magistrat mit Wein bewirtet.

In welcher Weise auch gerade die Kanzlei durch solches Zusammenwirken ergriffen wurde, dafür sei als Beispiel ein Schreiben angeführt, die Urkunde[2]), in der der Rat die Gründung der genannten Wolfgangsgilde bestätigt. Diese stimmt, abgesehen von den durch die verschiedene Person der Aussteller bedingten Änderungen, wörtlich mit der in gleicher Angelegenheit verliehenen kurfürstlichen Urkunde[3]) überein, sodaß man wohl annehmen muß, beide gehen auf ein gleiches Konzept zurück, das der Vorsteher der Gilde, der vorher genannte Roydel hochdeutsch vorgelegt hat, oder, was mir des Stiles wegen wahrscheinlich ist, die Berliner Urkunde hat die kurfürstliche zum Vorbild direkt benutzt. Die Urkunde des Landesherrn ist natürlich hochdeutsch, die berlinische, wie es 1483 selbstverständlich ist, niederdeutsch, und zwar von der Hand des Schreibers *E*, den wir sonst als rein niederdeutschen Schreiber kennen, dem das Hochdeutsche nicht geläufig scheint[4]). In diesem Falle aber ist in wörtlicher Übertragung aus dem Hochdeutschen eine nicht rein niederdeutsche Urkunde aus der Schreibstube eines niederdeutschen Schreibers hervorgegangen. Nicht nur die Satzfügungen sind hochdeutsch geblieben, sondern auch hochdeutsche Worte sind übernommen: *des werdigen Probfts, geopffert, hanthabung;* Akk. neutr. *fulkes, wu vorberurt* (nd. Berliner Schreiben haben nur *fulke vorberurde* .), *wenn ouer* (= *weret fake dat)* u. a. m. Auch die Eingangsformel *Wy Borger-*

---

1) Vgl. die Kämmereirechnungen 1504/8 im St. A. B. wo S. 153 ein Posten verbucht wird, *gegebin vor Reinifch weyn vnnd Suffenweyn vnferm g. h. vnd dem hoffgefinde gefchanckt bey dem Schutzen Bhome, do man nach dem fogel Hot gefchoffen* (und für eine etwas spätere Zeit Neudrucke deutscher Literaturwerke d. 16. u. 17. Jhd. Nr. 33 S. 25).

2) St. A. B. 1046.

3) Fid. II 280.

4) Vgl. S. 91 und Anm. 3.

meiſter vnde Rattmanne oltt vnd Nye   Bekennen vnde dhun kunth
offennlich mit deſſem brieſe .   ist nicht die in der Kanzlei übliche[1]).
So fehlten, wie diese Urkunde zeigt, neben den indirekten auch
die direkten Einwirkungen der hochdeutschen Stadtgenossen nicht.

Auch in Verwaltungsangelegenheiten gehen die Beziehungen
zwischen kurfürstlichen und städtischen Beamten hinüber und herüber. Mehrere Quittungen im Geheimen Staatsarchiv[2]), Abrechnungen des Berliner Kämmerers, beweisen dies, und die häufige
Erwähnung des kurfürstlichen Rentmeisters im Schöffenbuch spricht
für seine enge Verbindung mit den Städten und ihren Bürgern. In
den Berliner Kämmereirechnungen hat auch der „Dominus Marchio"
sein Konto.

Unter Johann Cicero beginnen nun auch, wie oben gezeigt
ist, Berliner allmählich die Plätze in der Verwaltung einzunehmen,
die ihnen bisher verschlossen waren[3]). Solange Albrecht die brandenburgische Politik von Ansbach aus gelenkt hatte und seine erprobten Beamten nach Belieben auch im märkischen Dienst verwandt hatte, war für den Brandenburger wenig Platz im Verwaltungs-
dienst seines Landes gewesen. Nach seinem Tode aber schufen Bedürfnis und Zeitumstände einen neuen Beamtenstand in der Mark,
der sich aus fränkischen und in immer steigender Zahl aus einheimischen Kräften zusammensetzte. Und es waren nun auch
sogleich Männer in der Mark vorhanden, die imstande waren,
sich in den Verwaltungskörper einzufügen, obwohl er unter fränkischer
Leitung auf der bei den fränkischen Hohenzollern üblichen Grundlage beruhte, die Franken wenigstens zum Teil entbehrlich zu
machen, sobald die politische Notwendigkeit dies verlangte, sobald
die politische Stimmung den Gegensatz zwischen beiden Nationali-
täten nicht mehr betonte, sobald ein Herrscher an der Spitze
stand, der geneigt war, märkische Hilfskräfte heranzuziehen.

Die Tatsache, daß Johann Cicero sogleich mehrere Berliner
zur Verfügung hatte, die er in seinen Dienst ziehen konnte, ist nicht
erstaunlich; denn es fehlte auch während des ganzen 15. Jahrhunderts
unter den Märkern nicht an Männern, die, wenn sie auch vielleicht
nicht alle wie Klitzing fähig gewesen wären, in der fränkisch einge-

---

1) Vgl. hierüber S. 98 f.
2) G. St. A. R. 61 10. 1495. 1497.
3) S. 49.

richteten Verwaltung an leitender Stelle zu wirken, so doch einen
bescheidneren Platz wohl hätten ausfüllen können. Gewiß war die
Zahl der feingebildeten Männer in Süddeutschland viel größer als
hier im Norden, und der Kreis feinsinniger Männer mit gelehrter
Bildung, den der Abt Tritheim bei seinem Aufenthalt in Berlin-
Köln um sich sah, war sicher nicht so groß, wie er es wünschte und
wohl auch gewöhnt war. Aber ganz so schlimm lagen die Dinge nicht,
wie seine Darstellung es erscheinen läßt, wenn er in einem Schreiben
aus Berlin 1505[1]) über die Märker urteilt: „Vivimus hic per Dei
misericordiam corpore sani, non ultimo apud principem loco habiti,
doctorum tamen virorum solatio pene destituti. Homines quidem
boni sed nimis Barbari atque indocti, commessationibus et pota-
tionibus magis dediti quam studio bonarum literarum. Rarus hic
homo studio deditus scripturarum sed quadam innata eis rusticitate
conversantes otio gaudent et poculis." Denn wenn man die Universitätsmatrikeln des 15. Jahrhunderts durchgeht, so finden sich
„homines studio bonarum literarum dediti", die aus der Mark und,
was in diesem Zusammenhang besonders in Betracht kommt, aus
Berlin-Köln stammen, durchaus nicht so selten[2]). Die Märker bevorzugen die Universität Leipzig, weniger Erfurt, bis zur Eröffnung der Berlin und der Mark näher gelegenen Universität
Wittenberg, dann Wittenberg bis zur Gründung der Landesuniversität.
Priebatsch[3]) zählt bis zum Jahre 1500 an den Universitäten Leipzig
139, Erfurt 26, Rostock 21, Greifswald 1, Krakau 5, Prag 10, Bologna
6, Ingolstadt 1, Padua 1 Studenten aus Berlin. Können diese Zah-

---

1) Joannes Trithemii opera historica II Frankf. a. M. 1601 S. 480.

2) Vgl. auch über Büchereien jener Zeit in der Mark (in Berlin die Bibliothek des grauen Klosters) Zschr. f. Bücherfreunde III 105 ff., sowie die bei Stölzel, Entwicklung d. gelehrten Rechtsprechung I S. 196 ff. angeführten Bücher
des Petrus Viti. Ferner das Verzeichnis der Lehniner Bibliothek bei Sello, Lehnin
S. 225 ff. Über eine frühe Stiftung zu Gunsten der Klosterbibliothek von Chorin
ebenda S. 96 Anm. 1. Daß schon im Anfang des 15. Jhd. der Berliner Stadtschreiber Bücher in seinem Besitz hat, lehrt R. B II S. 357. Zu Beginn des 16.
Jhd. sind Bücher auch in nicht-gelehrten Bürgerkreisen vorhanden: Im B. Schb.
S. (25) 35 findet sich 1504 die Angabe: *Balthaſar timmerman habet pacem ad
Hardenbeckeß nagelaten guder ſupra x ſchock, dye en ſyn muder gelegen het, vnde
ene kaſte, dy ſyner ſuſter geweſt iſt, vnde en ſeltzen ſteyn gewerdiget vp x ſl. vnde
j buck dat narrenſchep vp en gulden gewert (!) vnd alle ſyn guth gewagen vnd vn-
gewagen et quid Juris expendit.*

3) F. z. b. u. p. G. XII 407.

len auch nicht absolut richtig sein[1]), so beweisen sie jedenfalls, daß ein Streben nach gelehrter Bildung auch in Berlin vorhanden war, und sie zeigen ferner die interessante Tatsache, daß die Hochschulen in hochdeutschem Gebiete die studierenden Berliner stärker anzogen als die norddeutschen Universitäten Rostock oder gar Greifswald.

Wenn nun trotz dieser Studien unter den ersten Hohenzollern so wenige Märker mit gelehrter Bildung in der Heimat zu finden sind, so[2]) muß man wohl annehmen, daß das Ausland, wohin sie sich aus Mangel an einer Landesuniversität gewandt hatten, sie festhielt, um so mehr als sich im Inland im Fürstendienst keine Stätte bot. So wird Nikolaus Bolden aus Berlin, der im September 1470 in Rostock immatrikuliert wird, „postea sindicus Theomarcie"[3]). Busso Rathenow (Erfurt 1405) tritt in päpstliche Dienste[4]). Andere Märker sind

---

1) Es ist zu beachten, daß sich mancher der Immatrikulation entzog. Besonders in Bologna, für das nur die „Acta nationis germanicae" zur Verfügung stehen, mag dieser oder jener Name nicht überliefert sein; es mag mancher die Zugehörigkeit zur Nation nicht erworben haben, dessen Name nicht tadelnd festgenagelt ist wie der des Udalricus Scholler: „nichil dedit neque juravit neque voluit esse de nacione". (S. 206.) Ferner gehen zahlreiche Namensangaben verloren, bei denen die Vaterstadt nicht genannt ist. So fehlt z. B. — allerdings ein Fall, der über die von Priebatsch beobachtete Zeit hinausgeht aber damals nicht seltener vorkam — in der Wittenberger Matrikel die Heimat des Leonhard Blankenfelde, eines Sohnes des Berliner Kaufmanns Thomas Blankenfelde (Leipziger Matrikel: „Leonhardus Blanckenfelt de Berlynn"). Auch ist die Namensgleichheit Kölns mit der Rheinstadt irreleitend. Wenn auch der Fall dadurch seltener wird, daß die Kölner meist als Berliner mitaufgeführt werden oder daß Köln durch einen Zusatz von der Stadt am Rhein unterschieden wird, so ist doch immerhin damit zu rechnen. So gehören z. B. die beiden „Collenses" 1519 in Erfurt wohl nach Köln an der Spree. Wo aber der Familienname sehr verbreitet ist, fehlt auch dies letzte Unterscheidungsmittel. So kann (Erfurt 1458) „Tilemannus de Domo Lapidea de Colonia" so gut an den Rhein wie an die Spree gehören. Meist wird wohl aber die mächtigere Stadt im Westen mit Colonia gemeint sein. Andrerseits umschließt der Sammelname Berlin oft auch die Angehörigen der umliegenden Ortschaften. Und schließlich ist das Verhältnis der Zahlen zu einander in sofern etwas irreführend als ja die Anzahl der Jahre seit der Gründung bis 1500 für die einzelnen Universitäten verschieden ist.

2) F. z. b. u. p. G. XII. S. 340 ff. 348.

3) Hoffmeister, Die Matrikel der Universität Rostock I. Rostock 1889. Vgl. auch F. z. b. u. p. G. XII. S. 342.

4) F. z. b. u. p. G. XII. S. 343, dort werden auch andere gelehrte Märker in bedeutenden Stellen aufgeführt.

als Universitätslehrer tätig, so Henning Göde aus Havelberg, den Stintzing[1]) den bedeutendsten Juristen Erfurts nennt. Der Stendaler Magister Albert gehört zu denen, die den Buchdruck in Italien verbreiten. Seit 1473 ist er dort als Drucker nachzuweisen[2]).

Nur ein kleiner Teil aller Märker mit Universitätsbildung hatte in kirchlichen oder städtischen Diensten oder in unabhängiger Stellung ihre Kraft der Vaterstadt nebenamtlich widmend der Heimat erhalten bleiben können. Indem ich im folgenden einige von diesen Männern namhaft mache, die während der Regierung der drei ersten Hohenzollern ihre Studien beendeten, beschränke ich mich nur auf Berliner. Im kirchlichen Dienst wird 1486 der Dekan des Kalands Jakob Biestersdorp erwähnt (immatr. Leipzig 1457, bacc. 1459), 1480 der Kämmerer Mauricius Strobant (Erfurt 1458/60, Leipzig 1461). Petrus Welsekendorp ist 1492 Kommissar des Bischofs von Brandenburg in Berlin (Leipzig 1461). Der Propst Simon Matthias (1495) hat 1468 in Erfurt studiert, der Notar des bischöflichen Kommissars, Andreas Hoppenrade (zwar nicht aus Berlin aber aus Kremmen), 1477 in Leipzig.

Als städtische Beamte sind die Stadtschreiber Nikolaus Wolter (Leipzig 1423) und Nikolaus Mölner (Leipzig 1436 [und Rostock 1443?]) zu nennen. Eine ganze Anzahl derjenigen Berliner, die sich dem städtischen Dienst nebenamtlich widmen und im Hauptberuf als Kaufleute tätig sind, haben ihre Bildung auf Universitäten erweitert: Nikolaus Wins, der 1458/68 Bürgermeister in Berlin ist und wohl derjenige, der 1476 in der Opposition gegen den Kurfürsten besonders hervortritt, ist 1425 in Leipzig immatrikuliert, 1426 Bakkalaureus. Der bedeutendste Berliner Kaufmann, Thomas Blankenfelde, studiert 1453 in Leipzig. 1481/93 verwaltet er eine Bürgermeisterstelle in seiner Vaterstadt. Bartholomäus Schum aus Köln, der 1464 in Leipzig eingeschrieben ist, ist seit 1503 als Kämmerer in Berlin nachweisbar. Hans Brackow, der spätere Bürgermeister und Stadtrichter, dessen Bedeutung für die großen Umwälzungen im Stadtgericht uns noch beschäftigen muß, hat 1465 die Erfurter Universität besucht. Paul Blankenfelde erwirbt seine akademische Bildung in Leipzig 1474, Peter Hellenbrecht 1481. Beide gehören dem Rate seit 1495, bezw. 1512 an.

---

1) Stintzing, Gesch. d. deutschen Rechtswissenschaft S. 33.
2) Priebatsch, P. C. III119 und F. z. b. u. p. G. XII 398.

Diese Namen, zu denen noch manche anderen gefügt werden könnten, zeigen, daß zu allen Zeiten Männer mit Universitätsbildung in Berlin tätig waren. Ihre Zahl aber bleibt hinter der der immatrikulierten Berliner doch stark zurück, ein Beweis, wie viele von diesen dem Vaterlande den Rücken kehrten, ihre Kräfte in der Fremde versuchten. Welche Gründe sie alle fortgetrieben haben, ist natürlich nicht festzustellen, aber für nicht die wenigsten mag, wie schon angedeutet, ausschlaggebend die Erwägung gewesen sein, daß sich ihnen in der Heimat keine Aussicht auf eine den Fähigkeiten entsprechende Stelle bot, wo ihnen die Plätze in der Landesverwaltung ziemlich verschlossen waren, wo allerdings v i e l l e i c h t aber auch nicht alle bei einer ihnen unsympathischen Regierung eine Anstellung angenommen hätten. Erst seit dem Ende des 15. Jahrhunderts, seit einerseits die Abneigung gegen einheimische Beamte, andrerseits die Spannung gegen die Regierung sich zu mildern begann, war die Möglichkeit vorhanden, diese Kräfte der Heimat zu erhalten. Allmählich nahmen dann gelehrte Märker mehr und mehr die Beamtenstellen ein, Märker, die ihre Bildung auf hochdeutschen Universitäten erworben hatten und daher hochdeutscher Kultur zugänglich waren, sie ihrer heimischen Umgebung vermitteln konnten.

Die veränderten Verhältnisse mußten nicht nur dazu beitragen, die gebildete Bevölkerung stärker in der Heimat festzuhalten, sie mußten auch überhaupt die Lust zum Studium vermehren, um so mehr als die humanistischen Bestrebungen der Zeit, die auch gerade am brandenburgischen Hofe Eingang gefunden hatten[1]), den Drang zum Studium unterstützten. Durch die Gründung der schon von Johann Cicero[2]) geplanten Landesuniversität auf humanistischer Grundlage, die heimische Kräfte für die kurfürstliche Verwaltung heranbilden und festhalten sollte, wurde das Streben der Bevölkerung nicht nur anerkannt, sondern auch erheblich gefördert.

Der alte Widerstand der patrizischen Geschlechter gegen die Kurfürsten war nach einem Jahrhundert der Hohenzollernherrschaft in der Mark ziemlich gebrochen, und in friedlicher Berührung war jetzt manches Mitglied der stolzesten Berliner Familien im kurfürstlichen D enste tätig. Nun bekleiden die Berliner Valentin und

---

1) S. 122 f.

2) Schon 1493 fanden Verhandlungen mit Frankfurt statt.

Gregor Wins, Franz Brackow Schreiber- und Sekretärstellen in der kurfürstlichen Kanzlei[1]). Beide Brüder des Berliner Bürgermeisters Krull dienen dem Landesherrn, Thomas Krull als vertrautester Sekretär an wichtiger Stelle, Paul als Kastner in Tangermünde, Simon Tempelhof ist Domherr in Soldin und Kastner in Küstrin[2]), Eggebrecht Schum ist um 1525 Kastner in Ruppin[3]), Joachim Schum ist später in Tangermünde[4]) Kastner, zugleich Sekretär[5]) des Kurfürsten. Einige Männer sind gleichzeitig im Dienste der Stadt und der Regierung beschäftigt. So ist der Hofrichter Peter Brackow auch Stadtrichter. Ein späterer Stadtrichter, Hans Tempelhof, bekleidet daneben das Amt des Berliner Bürgermeisters und ist kurfürstlicher Küchenmeister. Andrerseits ist Thomas Böldicke, der Sohn des kurfürstlichen Münzmeisters, Richter am Schöffengericht.

Natürlich wird von diesen Beamten einer hochdeutschen Verwaltung volle Kenntnis des Hochdeutschen gefordert. Hier ist die Sachlage anders als in den übrigen niederdeutschen Staaten, wo Regierung und Bevölkerung die gleiche Sprache haben. In den Kreisen, die als ständische Vertreter zum Kammergericht oder in anderer Eigenschaft als Beamte mit dem Kurfürsten und der Landesverwaltung in Verbindung standen, war also von vornherein Kenntnis des Hochdeutschen geboten, die in andern norddeutschen Staaten weniger notwendig war[6]).

Diesen Berliner Beamten standen in enger Arbeitsgemeinschaft die hochdeutschen Kollegen zur Seite, unter denen Persönlichkeiten waren mit einem so weiten Interessenkreise wie der Sekretär Hans Schrag, der den befreundeten Propst Johannes Schepelitz[7]) anregte und veranlaßte, in dem „Arbor salutis anime" eine lateinische Übertragung einer Predigt Geilers von Kaisersberg zu geben[8]). Auf

---

1) Vergl. S. 49.

2) B. Schb. 1509 S. 80 (70).

3) R. A IV 183.

4) B. Schb. S. 295 (286).

5) G. St. A. R. 61 18. — R. B VI 410.

6) Über das Verhalten der städtischen Beamten im Verkehr mit den kurfürstlichen vergl. S. 168, wo gezeigt ist, daß wenigstens der Kämmerer Versuche macht, hochdeutsch zu schreiben.

7) Vgl. S. 82.

8) Bei Goedeke, Grundriß zur Geschichte d. d. Dichtung I² S. 398 ist in einer Angabe, die wohl auf Panzer, Annalen der älteren deutschen Lite-

Schrags Schilderung des Neuruppiner Turniers geht die lateinische Bearbeitung der „Bellica Progymnasmata" des Vigilantius zurück, die 1512 bei Hanau in Frankfurt erschien[1]).

Mit solchen Männern, die nun nicht mehr als Fremde gehaßt wurden, sondern als Mitbürger oder Verschwägerte unter den Berlinern lebten, wirkten die in kurfürstlichen Diensten stehenden Berliner zusammen für das Durchdringen der hochdeutschen Kultur, zusammen auch mit jenen gelehrten Berlinern, die in Stadt- oder Kirchendienst verwendet wurden, oder die in unabhängiger Stellung in der Heimat lebten, zusammen auch mit den gelehrten Nichtberlinern, die sich hier niedergelassen hatten, wie etwa dem Frankfurter Kaspar Zeise, der in Leipzig studiert hat[2]) und 1502 das Bürgerrecht in Berlin erhielt. Als Leiter einer Gastwirtschaft stand er mitten im Berliner Leben.

Bei diesen Verbindungen aber, wie sie jetzt zwischen den Hofkreisen und den Berliner Patriziern bestanden, mögen wohl auch humanistische Ideen über die engste Umgebung des Kurfürsten hinausgedrungen sein und Widerhall gefunden haben in den Reihen derer zunächst, die humanistische Universitäten besucht hatten, und von hier aus weitergeschritten sein. Denn Joachim I., der Freund Eitelwolf von Steins und Dietrich von Bülows, an dessen Hofe der

---

ratur I Nr. 525 beruht, bei Martin Tretter in Frankfurt a. O. 1502 eine deutsche Ausgabe dieses Werkes (herausgegeben durch Johann Schrag) verzeichnet. Mir ist nur die lateinische Übersetzung durch Schepelitz bekannt, ein Oktavband im Besitze des Märkischen Museums in Berlin, der den Vermerk trägt: „Impressum et finitum in insignita urbe Franckenfordensi cis Oderam per Martinum tretter Anno domini MCCCCCij". Wie in dem von Panzer a. a. O. beschriebenen Druck findet sich auf der Rückseite des Titelblattes der Baum mit den Buchstaben des Alphabets in den Zweigen. Vorangeschickt ist ein Schreiben an Johann Schrag. Daß Tretter im gleichen Jahre eine deutche und eine lateinische Ausgabe veranstaltete, gibt auch Bauch an, Zentralblatt für Bibliothekswesen 1898 S. 248. Doch kennt auch er den deutschen Druck nur nach Panzers Angaben. Sonst finden sich allerdings zunächst in Frankfurt mit Ausnahme eines 1505 auf Bestellung des Breslauer Rats gedruckten deutschen Landfriedens (Bauch, a. a. O. S. 242, 248) nur lateinische Drucke. Deutsche setzen erst unter Joh. Hanau ein (vergl. S. 143), Friedländer in seiner Buchdruckergeschichte Frankfurts M. F. II 230 kennt weder das Buch noch den Drucker.

1) M. F. II 240. Zu Schrags literarischer Tätigkeit vgl. auch die vorige Anmerkung.

2) Diese Angabe nach Priebatsch, F. z. b. u. p. G. XII 334.

Abt Johannes von Tritheim längere Zeit als Gast weilte[1]), besaß
wie wenige Fürsten seiner Zeit Sinn für humanistische Bildung und
Gelehrsamkeit[2]). Die Frankfurter Universität wurde als eine h u -
m a n i s t i s c h e Hochschule gegründet, und es ist anzunehmen, daß
die gebildeten Kreise der Residenzstadt Berlin-Köln sich den Ideen, die
rings um sie ausgesprochen wurden, nicht vollständig verschlossen[3]).

Und dieselben Männer, die durch Ausbildung, Verhältnisse
und Verbindungen der hochdeutschen Kultur zugänglicher gemacht
waren, standen jetzt auch wieder an der Spitze der Stadtverwaltung
als Bürgermeister und Ratsmitglieder. In den ersten Jahren nach
den unglücklichen Begebenheiten von 1448 hatten die Patrizier-
geschlechter in der Stadtverwaltung gefehlt. Statt dessen traten
Vertreter der Gewerke stark hervor. Im Jahre 1450/51 z. B. bestand
der Berliner Rat aus dem „Fleischhauer" Hans Tymmermann, dem
Tuchmacher Mattis Mattis, dem Schuhmacher Benedikt Schulte, dem
Bäcker Hans Dyluß und sechs anderen Mitgliedern, die alle nicht
den „Geschlechtern" angehörten. Bürgermeister dieses Jahres waren
Peter von der Gröben, der kurfürstliche Hofrichter aus einer früh
in die Mark gekommenen Familie, die den Landesherren stets treu
ergeben war, und der Schuhmacher Claus Schulte. Das Patriziat,
das früher die Herrschaft in der Stadt inne gehabt und nun den Zorn
des Kurfürsten erfahren hatte, hielt sich, dem Herrscher, der das
Bestätigungsrecht für die Stadtverwaltung hatte, grollend, zunächst
fern. Nicht lange aber, so söhnten sich die einzelnen mit dem Fürsten
aus, erhielten die Lehen zurück und begannen, die alten Stellen
in der Verwaltung nach und nach wieder zu übernehmen. Schon
seit dem Ende der fünfziger Jahre begegnen die Blankenfeldes und
die Wins wieder im Bürgermeisteramt, und mehr und mehr verschiebt
sich mit der Zeit die Zusammensetzung des Rates wieder zugunsten
der ersten Geschlechter. Damit soll natürlich nicht gesagt sein, daß
nun die Vertreter der Gewerke und Gemeinheit fehlen, nur treten
jetzt die Patrizier wieder stärker hervor. Zu allen Zeiten haben die
Gewerke Männer im Rat, z. B. 1518 den Bäcker Andreas Mölner.
Aber diese haben doch nicht mehr wie unter Friedrich II. das Über-

---

1) Vgl. die aus Berlin und Köln geschriebenen Briefe Tritheims in dessen
Opera historica II Frankf. 1601.
2) Geiger, Renaissance und Humanismus. Berlin 1882, S. 351.
3) Vgl. z. B. S. 145 Anm. 2.

gewicht und die Führung. Vergleicht man z. B. mit dem eben geschilderten Bestande des Berliner Rates 1450/51 den Ratskörper in der Übergangszeit von der niederdeutschen zur hochdeutschen Geschäftssprache aus dem Jahre 1505/6[1]), so zeigt sich eine ganz andere Zusammensetzung. Bürgermeister in Berlin sind damals Hans Brackow und Christoph Wins. Hans Brackow, der spätere Stadtrichter, hat 1465 in Erfurt studiert. Sein Kollege Christoph Wins stammt aus einer alten Patrizierfamilie, die seit langem in Berlin und Frankfurt die ersten Stellen inne hat. Nach den Verträgen im Schöffenbuch zu urteilen, scheint er den Großkaufleuten zugehört zu haben. Zwar hat er wohl nicht selbst studiert, aber daß seine Familie gelehrter Bildung zugänglich war, zeigt die Tatsache, daß von seinen vier Brüdern drei in Leipzig[2]) immatrikuliert sind.

Der damalige Kämmerer Bartholomäus Schum[3]) hat 1464 in Leipzig studiert. An derselben Universität war das Ratsmitglied Paul Blankenfelde eingeschrieben. Neben diesen Männern ist Jakob Mölner tätig, der höchst wahrscheinlich identisch ist mit Jakob Mölner, dem Bruder des Frankfurter Stadtpfarrers und späteren Dekans der juristischen Fakultät, des Doktors des freien Künste und des geitslichen Rechts Matheus Mölner aus Berlin. Auch Thomas Freiberg, sein Gefährte im Rat und späterer Schwiegersohn, gehört einer Familie an, in der man sich der fremden Kultur nicht verschließt[4]). Thomas Stroband entstammt einer der ältesten Patrizierfamilien, und ein Patrizier ist auch der mit den Schums verschwägerte Mathias Ladow. Über Jakob Hüwener und Bastian Schneidewint[5]) vermag ich nichts Näheres zu sagen. Endlich aber sind noch zwei Männer im Rate, die nicht aus Berlin stammen, Kaspar Kühne[6]) und Kaspar Zeise[7]).

---

1) Schr. d. V. f. d. G. B. IV S. 44.

2) Martin 1488, Hans und Georg 1490. Ist Georg der spätere kurfürstliche Sekretär (vergl. S. 49)?

3) S. über ihn S. 169.

4) Sein Bruder Georg studiert in Wittenberg, Leipzig und Frankfurt.

5) So sind doch wohl die Namen zu lesen, die die series consulum (Schr. d. V. f. d. G. B. IV 44) falsch angibt. Die richtige Form ergibt sich aus Bürgerbuch und Schb.

6) Er erwirbt das Bürgerrecht 1496. (1465 ist Caspar Küne de Namslavia in Leipzig eingeschrieben, 1482 Caspar Kun de Mysna).

7) Auch diesen Namen gibt die series consulum falsch; die richtigen Namensformen hat sie zu 1512 und 1516. Vergl. über Zeise S. 122.

Die Zusammensetzung des Rates ist also um diese Zeit völlig anders, als sie fünfzig Jahre früher war. Es sind jetzt gerade die Männer an der Spitze, die, wie oben gezeigt war, in ihrem Bildungsgange, in ihren gesellschaftlichen Verbindungen die stärksten Berührungen mit hochdeutscher Kultur hatten.

Es ist auch bezeichnend, daß sich nun in den Reihen der Ratmannen Fremde finden. ·Die alte Abneigung ist geschwunden; man schließt sich nicht nur von ihnen nicht mehr ab, sondern zieht sie selbst zum Rat zu. Auch dies mag in einer Zeit, in der so viele Einwirkungen zusammenfließen, dazu beitragen, die alte niederdeutsche Tradition zu lockern. Denn diese beiden sind nicht etwa die einzigen Ausländer an führender Stelle in Berlin. Wenn 1449 der den Berlinern verfeindete[1]) Baltzer Boytin, der Fremde, Bürgermeister wurde, so hatten die Städte dem Willen des mächtigeren Landesherren hierin nachgeben müssen. Jetzt aber nimmt man sie freiwillig auf und läßt sie teilnehmen an der Verwaltung. Der Bürgermeister Urban (Torban) Markus (1481/93) hat erst 1469 die Bürgerschaft erhalten. Georg Iden, Bürger seit 1497, bekleidet 1506/7 die Stelle eines Bauherrn im Rate. Torban Holland, 1502 als Bürger aufgenommen, ist schon 1508 im Rate nachzuweisen. —

Der angesehenste Stand, dem diese Patrizier und Ratsmitglieder fast alle angehörten, war in Berlin der der „*wantfnider*", der Kaufleute. Als Kaufmann war Christoph Wins vorher angeführt. Der als Bruder des Sekretärs Thomas Krull schon öfter genannte Bürgermeister Benediktus (Bendix) Krull war wie sein Vater Kaufmann, 1505 Vorsteher der „*kopludc Gulde*[2]). Die Rykes dehnten ihre Geschäftsreisen bis Danzig aus[3]). Jakob Grieben, Georg Heise[4]) und viele andere gehörten diesem Stande zu, vor allem die Blankenfeldes, Wilke, dessen Beziehungen nach Ausweis mancher Verträge im Schöffenbuch weit über seine Vaterstadt hinausreichten, besonders aber Thomas Blankenfelde, den Priebatsch[5]) den „einzigen Kaufmann großen Stiles in der Mark" überhaupt in jener Zeit nennt, zu dessen

---

1) Fid. II 196, 197, 198, 199.
2) Schb. S. 42 (32).
3) Briefe hierüber im Staatsarchiv Danzig 23 B 115. 122.
4) Stölzel, Urkundl. Mater. a. d. Brandenburger Schöppenstuhlsakten I S. 148.
5) Schr. d. V. f. d. G. B. 36 S. 29.

Schuldnern nicht nur die brandenburgischen Fürsten[1]) gehörten,
der auch die mecklenburgischen Herzöge zu seinen Kunden zählte[2])
und auch in Franken, in Nürnberg, nicht unbekannt war. Er hatte
die Universität besucht, und aus seinem Hause gingen je nach Bedarf
hochdeutsche und niederdeutsche Schreiben hervor[3]).

Der märkische Handel hatte seine Blütezeit im 13. und 14. Jahrhundert gehabt. Damals hatte Berlin wie andere märkische Handels-
städte seine Stellung als Kaufmannsstadt durch Anschluß an die
Hansa gestärkt. Damit war es von selbst gegeben, daß der Verkehr,
die Interessen besonders nach Norden schauten. Nicht nur die märkischen Städte Stendal, Salzwedel[4]) traten in nahe Beziehungen
zu Berlin, sondern für den Import kommt das ganze Gebiet zwischen
Stettin und Hamburg, das sich im Süden bis Erfurt erstreckt, in
Frage[5]). Berlin vermittelte zwischen Hamburg und der Neumark,
zwischen Stettin und den westlichen und südlichen Gegenden. Im
13. Jahrhundert besorgte die Berliner Schiffergilde die Ausfuhr von
Getreide nach Hamburg[6]). Auch das Berliner Stadtbuch beweist,
daß die Wege hauptsächlich nach Norden gingen: „. *vnſe borger
di de ſtrate ſuchten tu dem Sunde, Anklam vnd anders wegen bi der
ſeheſtrank* .“[7]), und von dem Berliner Coppen Richard „*vntboden
vns ſyne eigen weerde bi deme ſeheſtranghe, alſe von deme Sunde, Anklam, Stettin vnd anderswegen ſyne weerde*“[8]) Stoff zur Anklage.
Im Nordwesten reichten die direkten Beziehungen bis nach Flandern[9]).

---

1) R. C I 527.

2) Vgl. seinen Brief an den mecklenburgischen 'Herzog Schr. d. V.
f. d. G. B. 36 S. 54.

3) Z. B. G. St. A. R. 61 2. 1470, Quittung f. d. Kurfürsten hd.; 1498, für
Hans v. Rochows Schreiber hd.; Schr. d. V. f. d. G. B. 36. S. |54 für den
Herzog von Mecklenburg nd.

4) Vgl. hierzu und zu den sonstigen Beziehungen Berlins zur Hansa
Krüner, Berlin als Mitglied der deutschen Hansa. Programm des Falk-
Realgymnasiums in Berlin 1897 S. 13 ff.

5) Schr. d. V. f. d. G. B. 19. S. 55.

6) Zu den Hamburger Bezichungen s. auch „Bär“ V S. 68.

7) Fid. I 181. (In Clauswitz' Ausgabe des Stadtbuchs, der ich in der
Schreibung folge, S. 198.)

8) Ebenda.

9) Holtze, „Bär“ V S. 68. 69. Danach Krüner S. 20. Vgl. B. Ub.
S. 76 f., Holtze, Gesch. d. Stadt Berlin S. 14.

Lebhaft war auch die Verbindung mit Magdeburg[1]). Übrigens waren
daneben aber auch die schlesischen und sächsischen Wege nicht
unwichtig.

Diese hansischen Beziehungen nahmen unter den Hohenzollern
ein Ende. Indem Friedrich II. 1442 Berlin das Niederlagsrecht
nahm, verlor die Stadt ihre Handelsbedeutung und damit ihr Interesse für die Hansa. Die Teilnahme der märkischen Städte an den
Hansetagen wurde erschwert, weil der Herrscher die Beziehungen
zu dem großen Bunde sehr ungern sah. Entschuldigungen aus der
Mittelmark wegen Nichtbeschickung der Hansetage waren in der
zweiten Hälfte des 15. Jahrhunderts eine übliche Erscheinung. Wenn
auch das Band zwischen Berlin und der Hansa zunächst nicht durch
offene Aufsage gelöst wurde, so war es tatsächlich seit der Mitte des
15. Jahrhunderts abgerissen. Auf die Drohung zehnjährigen Aus-
schlusses aus der Hansa hat Berlin 1452 keine andere Antwort als
eine Schilderung seiner schlimmen Lage[2]). Eine Fürbitte für die
Hansagenossin Lübeck wagte die Stadt 1468 nicht. So gelangte
Berlin allmählich aus der Verbindung mit dem alten mächtigen Bund.
1518 wird es unter den ausgetretenen Städten genannt. Aufgehört
hatten die Beziehungen schon lange vorher[3]). Es kommt ferner für
die Abschwächung des Verkehrs zu Norddeutschland in Betracht,
daß auch die politischen Zwistigkeiten zwischen Brandenburg
und Pommern im besondern den Handel zwischen diesen beiden
Ländern hemmten. Schließlich wird auch noch die allgemeine
Beobachtung heranzuziehen sein, daß zu Ausgang des Mittel-
alters der süddeutsche Handel überhaupt über den norddeutschen
emporwuchs.

Hierdurch ergab es sich, daß in der zweiten Hälfte des 15. Jahrhunderts die Interessengemeinschaft mit dem Norden abnehmen mußte.
Zugleich war aber der gesamte märkische Handel stark gesunken. Der
Aktivhandel in Berlin hatte bedeutend verloren, Einfuhr-, Zwischen-
und Durchfuhrhandel[4]) lagen meist in den Händen fremder Kaufleute,
deren Tätigkeit mit dem Niedergehen des heimischen Handels wuchs.

1) Über weitere Handelsbeziehungen Krüner S. 17 ff.
2) Krüner a. a. O. S. 31. Urkundenbuch v. Lübeck IX S. 100.
3) Seit 1469 können wir keine Verbindung mehr nachweisen.
4) Schr. d. V. f. d. G. B. 36 S. 19 ff.. 26 ff. 28. 30. Diese Schrift ist
auch zum folgenden zu vergleichen. S. auch Clauswitz bei Borrmann S. 40.

Seit der Mitte des 15. Jahrhunderts erschienen in diesem Lande, dessen Fürstenhaus aus dem Süden gekommen war, vielfach süddeutsche Kaufleute neben den Hanseaten, Nürnberger, Abgesandte der Fugger- und Welsergesellschaften und andere, die früher hier durch Faktoren vertreten waren. Nun kamen sie selbst und übergingen den märkischen Vermittler.

Denn auch in einer Zeit des darniederliegenden Handels mußten in einem Durchgangslande, wie die Mark es war, durch die der Weg von den Seestädten nach Süddeutschland, von Polen nach dem Westen führte, die Märkte und Messen noch eine große Zahl fremder Kaufleute anziehen[1]).

So war es gekommen, daß, als Johann Cicero, besonders aber Joachim I.[2]) eine andere Handelspolitik für die Mark ins Auge zu fassen begann, in den Beziehungen zu den alten Verkehrsgebieten Änderungen eingetreten waren, daß die Verträge die das Schöffenbuch seit 1503 bewahrt hat, weniger nach der Seeküste als nach dem Binnenlande weisen. Wohl hört der Verkehr mit Hamburg, Stettin, Rostock, Danzig und andern norddeutschen Städten nie auf[3]), der Zahl nach finden sich wohl nicht weniger niederdeutsche Städte als hochdeutsche. Aber das Wesentliche ist doch, daß die Zentren für den Berliner Kaufmann, die Punkte, an denen er mit dem Nicht-Berliner Zahlungen und andere Geschäfte verabredet, nicht die norddeutschen Städte sind, nicht der hansische Vorort Lübeck, sondern Leipzig und Frankfurt a. O. Indem die sächsische Regierung versucht hatte, den west-östlichen und den nord-östlichen Verkehr über Leipzig zu lenken, war es ihr tatsächlich gelungen, die Stadt zur ersten Handelsstadt zu machen, der das von Friedrich III. gegebene, später von Maximilian bestätigte Stapelrecht ungeheure Vorteile verschaffte. Schon im 15. Jahrhundert, besonders in der zweiten Hälfte desselben lassen sich mehrfache Beziehungen

---

1) Schr. d. V. f. d. G. B. 36 S. 28.

2) Ebenda S. 42 ff.

3) Vgl. Hamburg B. Schb. S. 270 (261), 293 (284), Stettin 218 (209), 512 (510), Rostock (wo besonders Butterhandel in Betracht zu kommen scheint) Schb. 217 (208) und Briefe vom Jahre 1521, Danzig Schb. 139 (129), 156 (147), 162 (153), 232 (223), Lüneburg 140 (130), Braunschweig 272 (263); ferner märkische Städte Stendal, Prenzlau, Königsberg, Mittenwalde. Besonders zu Danzig bestanden mancherlei Beziehungen, wie die im Danziger Archiv bewahrten Briefe Berliner Bürger beweisen.

Berlins zu Leipzig nachweisen[1]). In der Periode tiefsten Niedergangs des berlinischen Handels war Leipzig zeitweise der einzige ausländische Platz, mit dem der Berliner Kaufmann nicht durch Vermittler, sondern selbständig verkehrte[2]). Aus den Eintragungen des Schöffenbuchs zeigt sich, daß die Leipziger Oster- und Michaelismesse der allgemein übliche Erfüllungsort für Zahlungen war. Beispiele sind im Schöffenbuch ungemein häufig[3]). Aus diesen Verträgen spricht zugleich ein reger Verkehr zwischen Leipziger und Berliner Bürgern[4]): 1513 verpflichtet sich Hans Tempelhof, der spätere Berliner Richter, zur Zahlung an Merten Richter in Leipzig. 1516 finden wir Christoph Wins als Schuldner des Leipziger Bürgers Heinz Webel. Erfüllungsort ist natürlich der *leiptzker markt*. Der Berliner Kaufmann Paul Ebel unterhält einen so lebhaften Verkehr mit Leipzig, daß er, der, wie er 1492 angibt[5]), in Berlin heimisch und angesessen ist, seinen Aufenthalt meist in Leipzig hat. Daß eine Übersiedlung von Berlin nach Leipzig nicht unerhört war, zeigt eine Notiz der Leipziger Matrikel 1539 „Johannes Eiben Berlini natus, sed puer biennis Lipsiam translatus atque hic alitus." Vielleicht waren hier dieselben kaufmännischen Rücksichten für die Niederlassung der Familie in Leipzig maßgebend, die Paul Ebel so oft in die sächsische Handelsstadt zogen[6]).

Neben Leipzig kommt am stärksten Frankfurt a. O. in Betracht, das durch seine Lage an der Oder Berlin als Handelsplatz schnell überflügelt hatte, die einzige mittelmärkische Handelsstadt, die noch

---

1) Cod. dipl. Saxoniae reg. II 8.343 1467 deutet auf ältere Beziehungen. Ferner Priebatsch, P. C. III 172 (1482).

2) Schr. d. V. f. d. G. B. 36 S. 20.

3) Z. B. S. 128 (118), 130 (120), 184 (175), 193 (184) usw.

4) In den Beispielen, die ich dem [Schb. entnehme, gehe ich über die Übergangsperiode, das erste Jahrzehnt des 16. Jahrhunderts, zuweilen etwas hinaus, da das Schb. erst 1503 einsetzt, also zu spät, um die Übergangszeit ganz berücksichtigen zu können. Man muß ja aber auch ins Auge fassen, daß die Verbindungen, die zu diesen Verträgen führten, teilweise schon lange vorher bestanden haben, und daher sind auch spätere Verträge noch beweisend. Ein stärkerer Verkehr mit einer oder der anderen Stadt kann garnicht plötzlich eingetreten sein, sondern muß allmählich angebahnt sein.

5) Priebatsch P. C. III 181 Anm. 5.

6) Falls es sich allerdings hier um eine Kaufmannsfamilie handelt. (Anfang des 16. Jhd. existiert in Berlin ein Barbier Heinrich Eiben [Iben].

Bedeutung besaß. Als Endpunkt der Oderschiffahrt, von dem aus die Waren zu Lande weiter nach Sachsen, Böhmen, Polen, Schlesien befördert wurden, war es ein Mittelpunkt des polnisch-deutschen Handels geblieben. Naturgemäß war der Verkehr zwischen Berlin und dem nahen Frankfurt bedeutend. Wer nicht nach Leipzig ging, besuchte wenigstens die Frankfurter Märkte[1] und verabredete mit den nicht-einheimischen Geschäftsfreunden die Zahlungen dort.

Häufig wird auch Nürnberg im Schöffenbuch erwähnt[2]. Am Ende des 15. Jahrhunderts war Thomas Blankenfelde mit der Wahrung der Interessen nürnbergischer Bürger in der Mark beauftragt[3]. Der Berliner Richter Peter Brackow hat eine Rente in Nürnberg gekauft. Wir wissen 1491 von einem Nürnberger Schuldner Thomas Blankenfeldes; Fritz Wienberner aus Nürnberg stellt 1504 einen kölnischen Prokurator, der seine Angelegenheiten vor dem Berliner Gericht vertreten soll, ebenso in späterer Zeit Sigmund Urtell. 1515 vertritt der Berliner Syndikus den Diener eines nürnbergischen Handelshauses vor dem Stadtgericht. Im gleichen Jahr hören wir auch[4] von Handelsverbindungen mit Wittenberg. 1515 verspricht Christoph Wins dem Bevollmächtigten der Gebrüder Genger in Ulm[5] seine Schuld auf *Jex marckte Zcu leiptzk* zu bezahlen. 1513 stellt der Koburger Kuntze Guben einen Prokurator[6]. Im selben Jahre schließt der Abgesandte der Fugger[7] einen Vertrag mit Paul und Wilke Blankenfelde. Erfüllungsort ist natürlich Leipzig. Auch die Welsergesellschaft hat ihre Angestellten in Berlin. Den Verkehr mit Schlesien hatten die politischen Verhältnisse eine Zeit lang erschwert, aber ganz unterbrochen hatten sie ihn nie. Hier ist zudem einer der Punkte, in denen Joachim I. für den Handel fördernd eintrat, indem er die Verträge Frankfurts und Breslaus von 1490 bestätigte[8]. Daher treffen wir selbstverständlich

---

1) Z. B. Schb. S. 196 (187).
2) Z. B. Schb. 179 (170), 237 (228), 246 (237) usw.
3) Priebatsch P. C. III 230 u. Anm. 4.
4) B. Schb. S. 181 (172).
5) B. Schb. S. 184 (175).
6) B. Schb. S. 126 (116).
7) B. Schb. S. 130 (120).
8) Priebatsch, Die Hohenzollern u. d. Städte d. Mark S. 195.

auch Breslauer Kontrahenten an[1]). Das Schöffenbuch zeigt ferner Handelsbeziehungen zu Pirna, Halle, Zeitz, Storkow u. a. Orten.

Zwei Verzeichnisse von Kaufleuten, denen der Kurfürst zwischen 1500 und 1519 für den Durchzug durch die Mark und den Aufenthalt daselbst Schutzbriefe[2]) ausgestellt hat, sind, so unvollständig sie sein mögen, in diesem Zusammenhang interessant, weil sie die Herkunft der Fremden mitteilen. Natürlich können diese nicht alle für Berlin in Betracht kommen, sondern werden meist nach Frankfurt gestrebt haben.

Aus Posen[3]) kommen Ulrich und Stenzel Helt 1501 ff., Matheus von Ent[4]) 1500 ff., Antonius Herdegen mit seinem Diener 1500 ff., Nikolaus Solenoffky 1500, Paul Behem 1505 ff., Hans Meselberger[5]) 1500, 1512 ff., Markus Sultzer 1512 ff. Aus Leipzig: Claus Wolff 1500 ff., Andreas Hornung 1500 ff., 1513. Aus Nürnberg: Georg Hornung 1500 ff., Erhart Zyner 1500 ff., die Riegler 1500, Karl und Andreas Holzschuer 1500, Mathias Melber 1508 ff. Aus St. Gallen: Jakob Krum, Hans Im Graben, Hans von Walt 1500. Aus Breslau: Dietrich Hogener 1500 ff. Aus Augsburg: die Welsergesellschaft 1514 ff., Peter Zommermann und Lukas Meyer 1514. Aus Frankfurt am Main: Sebastian Schmit 1518 ff.

Diesen stehen (mit Auslassung der italienischen Kaufleute aus Florenz und Genua) aus norddeutschen Städten gegenüber: Asmus Moritz 1500 ff. und Ludwig Alman 1511 ff. aus Magdeburg, Hermann Roser aus Hamburg 1500, Volkmar von Winthem mit Neffen und Dienern aus Hannover 1503, Benedikt Gademan aus Braunschweig 1516 ff., Zabel Trittelwitz aus Stralsund 1518 ff.[6]).

Aus dem geschäftlichen Verkehr, der die Berliner nach Leipzig führte, erwuchs vielfach ein freundschaftlicher. Es war schon gezeigt,

---

1) B. Schb. S. 262 (253), 253 (244) und öfter. Schon Johann Cicero hatte die Breslauer Kaufleute verpflichtet, ihren Weg ins Reich durch die Mark zu nehmen. Priebatsch, a. a. O. S. 179.

2) R. C III 141 und 286.

3) Die vielen Posener erklären sich aus den lebhaften deutsch-polnischen Handelsbeziehungen.

4) So R. C III 141. R. C III 286 wird er als Leipziger genannt.

5) Oder Nesselberg.

6) Nachweise über fremde Kaufleute in d. Mark s. ferner in Schr. d. V. f. d. G. B. 36 S. 21 ff. Vielleicht wäre auch Siuert Fresen (R. C III 289 ohne Angabe der Herkunft) unter den Norddeutschen zu nennen.

daß berufliche Interessen Berliner Bürger zu längerem, auch zu dauerndem Aufenthalt nach Leipzig riefen. Heiraten wurden geschlossen, so hat z. B. Wilke Blankenfelde in zweiter Ehe eine Leipzigerin heimgeführt[1]).

Weit älter und verzweigter waren die Verbindungen zwischen Berliner und Frankfurter Familien. Übersiedlungen aus einer Stadt in die andere waren häufig und haben dazu beigetragen, den freundschaftlichen Verkehr, der zwischen den Bürgern beider Städte herrschte, zu fördern. Zu Frankfurt haben die Wins enge Familienbeziehungen. Dort lebt Sigismund Schum, der Bruder des Kölner Bürgers Heinrich Schum und wohl auch des Berliner Kämmerers Bartholomäus. Der Frankfurter Stadtpfarrer Mölner ist ein Berliner[2]), und der erste Ordinarius der juristischen Fakultät in Frankfurt war Johannes Blankenfelde, der berühmte Sohn des mehrfach genannten Kaufmanns Thomas Blankenfelde. Der kurfürstliche Münzmeister Andreas Böldicke hat seinen Grundbesitz in Berlin und Frankfurt[3]).

Frankfurt aber ist damals nach allen öffentlichen und privaten Äußerungen schon lange eine hochdeutsche Stadt. Von niederdeutscher Geschäftssprache ist dort seit etwa einem Jahrhundert nichts mehr zu spüren[4]). Die Gründung der Universität mit dem Zuzug hochdeutscher Professoren[5]) und vielfach hochdeutscher Studenten traf eine Stadt, deren Kanzlei den Übergang längst vollzogen hatte. Der Buchdruck — seit 1502[6]) in Frankfurt nachzuweisen — ist,

---

1) Schb. 266 (257). Daß natürlich solche Verbindungen auch mit nd. Städten bestehen, (z. B. Asmus Golnow heiratet eine Stettinerin, Johann Reiche [Ryke] eine Danzigerin), braucht als selbstverständlich nicht besonders hervorgehoben zu werden.

2) Wie enge Beziehungen er zu seinen Berliner Verwandten unterhielt, zeigt die Tatsache, daß die Hochzeit seiner Nichte, der Tochter Jakob Mölners aus Berlin, mit dem Berliner Ratsherrn Thomas Freiberg in seinem Hause in Frankfurt stattfand. Stölzel, Urkdl. Mat. a. d. Brandenb. Schöppenstuhl I S. 62.

3) Schb. S. 101 (91).

4) Vgl. S. 30.

5) Stammen sie, wie Johannes [Blankenfelde, der spätere [Bischof von Reval und Dorpat, Erzbischof von Riga, aus niederdeutschem Sprachgebiet, so sind sie doch ganz hochdeutsch gebildet. J. Blankenfelde schreibt stets hochdeutsch.

6) Über den ersten Frankfurter Druck 1502, vgl. S. 121 Anm. 8.

sobald er nicht lateinisch ist, hochdeutsch. So druckt Johannes Hanau im Jahre 1511 den „Summarius" über den großen Hostien-schändungsprozeß in Berlin hochdeutsch[1]). Und diese mit Holz-schnitten versehene kleine Schrift wird wohl bei dem Anteil, den die Berliner an diesem Prozeß nahmen, in Berlin einen zahlreichen Leserkreis gehabt haben.

Wie dieser Johannes Hanau, d. h. Johannes Jamer aus Hanau[2]), waren auch seine Vorgänger in Frankfurt hochdeutscher Abkunft, Sebastianus Johannes aus Ingolstadt, Konradus Herzogaurach 1504[3]). Die Universität berief Konrad Baumgarten aus Rotenburg, der vorher in Danzig, Olmütz und Breslau tätig gewesen war. Ihm folgte dann 1509 der eben genannte Johannes Hanau.

Frankfurt war aber naturgemäß auch Druckort für Berlin, das bis 1540 keine eigene Druckerei besaß. Z. B. bezahlt die Mutter Johann Blankenfeldes 1515, also zu einer Zeit, als der Sohn nicht mehr in Frankfurt war, *„dem buchdrucker Zu frankfurt vor dy facultates iij^C abzudruckn*[4]"), während sie 1514 den Buchbinder ablohnt, den sie in Berlin zur Verfügung hat.

Wie Frankfurt so ist der ganze Südosten der Mark hochdeutsch. Bis Müncheberg, Fürstenwalde, Beeskow und Storkow, also bis nahe an Berlin heran, läßt sich im 15. Jahrhundert schon hoch-deutsche Kanzleisprache nachweisen[5]). Unter diesen Städten stand besonders Fürstenwalde in in lebhaftem Verkehr mit Berlin. Doch hatte die hochdeutsche Welle, seit sie vor etwa einem Jahrhundert Frankfurt in ihren Bereich gezogen hatte, wie es scheint, keine wei-teren Fortschritte hier gemacht, so daß man den Übergang zum Hoch-deutschen in Berlin nicht als ein konsequentes Vorschieben des

---

1) Panzer, Annalen d. ä. deutschen Lit. I 331 Nr. 695. — Vgl. ferner S. 141.

2) Bauch, Die Anfänge d. Univ. Frankf. a. O. und Zentralblatt für Bibliothekswesen 1898 S. 242, 246.

3) Ferner 1507 Nikolaus Lamperter aus Basel und Balthasar Murrer aus Echterdingen. Panzer, Annales typographici XI 211, VII S. 54—58 IX 464. S. auch Friedländer M. F. II 230 ff., Bauch, Zentralblatt f. Bibliotheks-wesen 1898 S. 241 ff.

4) Rechnungen der Blankenfeldes im St. A. B.

5) Aus Beeskow sind mir schon seit 1340 hd. Schreiben bekannt. Vgl. auch S. 30. Anders dürfte das Verhältnis erscheinen, wenn man die Umgangssprache ins Auge faßt. — Beiläufig bemerke ich, daß die in Fürsten-walde gefundene nd. Margaretenpassion (Nd. Jb. 19, 131.) in ihrem Sprach-charakter dem mittelmärkischen Dialektgebiet ganz fern steht.

Hochdeutschen von S. O. aus betrachten darf, sondern als einen neuen Akt in der Geschichte der Rezeption des Hochdeutschen auf niederdeutschem Gebiet. Zweifellos aber haben die überaus lebhaften Beziehungen, in denen jene märkischen Gegenden zu Berlin standen[1]), mit beständigen Einflüssen hinübergewirkt. —

So waren hier vielerlei Strömungen zusammengeflossen, um die Köpfe empfänglich zu machen für hochdeutsche Kultur und damit auch hochdeutsche Sprache: die Eroberung der Mark durch die Hohenzollern war auch innerlich nun zu einem gewissen Abschluß gelangt; die Kluft, die Berlin-Köln von den hochdeutschen Mitbürgern getrennt hatte, war überbrückt; in freundschaftlicher Verbindung stand man jetzt mit den Fremden, gegen die man sich zuerst mit dem Heimatsgefühl des Niederdeutschen abgeschlossen hatte, zu einer Zeit, als diese allein die bevorzugten Günstlinge der Kurfürsten gewesen waren und verachtend auf die trotzigen, ungebildeten Märker herabgesehen hatten. Nun hatte man Zeit gehabt, sich ihnen in friedlichem Verkehr als Hausnachbarn, auch wohl in verwandtschaftlichen Beziehungen zu nähern. Die Reformen Johann Ciceros im Beamtenwesen waren durchgedrungen, und der märkische Beamtenstand in dieser Verwaltung mit ihren fränkischen Einrichtungen hatte die hochdeutsche Geschäftssprache als das selbstverständlich Gegebene übernommen. Der humanistische Geist, der Joachim I. und seine Umgebung erfüllte, beeinflußte wohl auch bis zu einem gewissen Grade die ihr verbundenen berlinischen Kreise. Das engbefreundete Frankfurt als Sitz einer lateinisch-hochdeutschen Druckerei, einer humanistischen Universität, bevölkert von hochdeutschen Professoren (die aus Leipzig oder Wittenberg kamen oder wie der erste Rektor Konrad Wimpina von Buchen aus Süddeutschland) und Studenten, wirkte auf Berlin herüber. Nicht nur durch diese Gründung einer Universität in der Mark, nicht nur durch die humanistischen Bestrebungen der Zeit war zudem auch die Zahl der Berliner Studierenden gewachsen, sondern auch durch die Möglichkeit, die erworbenen Kenntnisse jetzt im Inlande zu verwerten. Daher waren nun mehr als bisher auf hochdeutschen Universitäten gebildete Männer in der Heimat geblieben. Im engen Verkehr mit Verwandten und Freunden mußten sie zu einer Zersetzung der alten Sprache beitragen, die durch die fränkische

---

1) Z. B. Kämmereirechnungen 1504/5 im St. A. B. S. 51 und öfter.

Kolonie, seit hier ein freundliches Verhältnis herrschte, erweitert wurde und durch die vielen anderen Fremden, die Hoffnung oder sichere Aussicht auf ein Einkommen durch den Verbrauch des kurfürstlichen Hofes hergeführt hatte. Der Verkehr mit den nichthanseatischen Orten, der nicht niederdeutsche, sondern hochdeutsche Geschäftssprache verlangte, mindestens Kenntnis des Hochdeutschen, um Mißverständnisse zu vermeiden, die verwandtschaftlichen Beziehungen nach Leipzig und Frankfurt hin mußten den Boden vorbereiten für d i e Schriftsprache, die so viele Mitbürger sprachen und schrieben, und die der größte Teil aller Kanzleien gebrauchte, mit denen man in Verbindung war — ich erinnere nur an die kurfürstliche Kanzlei und an Frankfurt —, in der die meisten einlaufenden Schreiben abgefaßt waren.

Zu diesen allgemeinen Einflüssen der Zeit kommt gerade jetzt noch ein bestimmtes Ereignis, das für die Verdrängung der niederdeutschen Schriftsprache von großer Bedeutung gewesen zu sein scheint: Die Aufnahme des römischen Rechtes ist nach langem Kampfe gerade um diese Zeit ihrem Abschluß so nahe, der Sieg des römischen Rechtes über das heimische Recht ist so weit gediehen, daß für das Berliner Stadtgericht schon 1510 die Annahme, daß dort im fremden Recht gebildete Beamte tätig sind, nicht abzuweisen ist.

Es ist nicht zufällig, daß das römische Recht im Zeitalter des Humanismus in Deutschland durchdringt[1]). Das neuerwachte Interesse für das klassische Altertum fördert die Übernahme des römischen Rechtes, so wie die Beschäftigung mit diesem wieder auf das Studium der Antike wirkt.

Die Kenntnis des römischen Rechtes war zuerst in den Kreisen der Kleriker verbreitet, die das kanonische Recht auf das Studium des römischen geführt hatte. Sie erwarben diese juristische Bildung an den italienischen Universitäten, und sie verbreiteten sie, indem seit dem 15. Jahrhundert Geistliche als rechtsgelehrte Räte an die weltlichen Höfe gezogen wurden. So drang das fremde Recht in die Hofgerichte und später endlich auch bis in die Schöffengerichte. Das ganze 15. Jahrhundert ist erfüllt von dem Kampfe um das Übergewicht zwischen dem fremden Rechte und der alten

---

1) Stölzel, E. d. gelehrten Rechtsprechung. I S. 2. Steinhausen, Gesch. d. deutschen Kultur S. 472, Schröder, Deutsche Rechtsgeschichte S. 807.

Schöffentradition. Es war schon gezeigt worden, wie Berlin — und ebenso ging es natürlich in andern Städten zu —, um gerüstet zu sein im Zusammenstoß mit Mächten, wo das hier übliche Recht keine Geltung hatte, und wo Kenntnis des fremden Rechtes erforderlich war, einen Syndikus angestellt hatte. Bezeichnend genug war zu Anfang des 15. Jahrhunderts Peter Lugow nur als Ratgeber in geistlichen Rechtssachen verpflichtet worden, während der Dr. decretorum Andreas Hasselmann im Jahre 1458 schon für geistliche und weltliche Angelegenheiten gewonnen wurde. Immer weiter wurden die Kreise, die das römische Recht sich eroberte. So sah sich z. B. im Jahre 1497 die Universität Greifswald[1]) gezwungen, zwei italienische Gelehrte, Petrus und Vincenz von Ravenna, zu berufen, und zu den Einschreibungen der folgenden Jahre ist mehrfach bemerkt, daß Hörer ihretwegen nach Greifswald gekommen seien.

Auch in Brandenburg hatte das römische Recht seinen Einzug gehalten. An den kurfürstlichen Gerichten läßt sich die Anwendung desselben schon im 15. Jahrhundert beobachten[2]). Unter Albrecht Achilles zeigt sich deutlich, wie gegenüber dem vordringenden fremden Recht ein juristisch gebildeter Beamtenkörper geschaffen werden mußte[3]).

Seitdem dann auf dem Reichstag zu Worms 1495 durch die Einsetzung des Reichskammergerichts der Sieg des römischen Rechts im Gerichtswesen des Reiches entschieden war, trat auch in der Gesetzgebung der Einzelstaaten die Abkehr von den deutschen Landrechten immer stärker hervor. Auf dem Ständetag in Berlin 1503 beantragten die Vertreter der märkischen Stände, man solle in streitigen Fällen nicht mehr bei dem Magdeburger Schöffenstuhl, dem bisherigen Oberhof dieser Landschaften, Belehrung erbitten, sondern in zweifelhaften Sachen die Gutachten gelehrter Juristen in kurfürstlichen Diensten einholen[4]).

---

1) Ältere Universitätsmatrikeln II Univ. Greifswald I. Leipzig 1893, Jahre 1497.

2) Vgl. S. 70.

3) S. 44.

4) *Item der belerung halbenn, ſo mann zu Magdeburg holt, iſt beratſlagt, das mein gn. h. gelert vnd verſtendig lewt an ſeiner ch. gn. hoff verordene vnd halt, darmit ſeiner gn. underthan ſich belerung von inen erholen mogen, vnd das gelt, ſo andern vergebracht denſelben gegeben werde, das brengt ſeiner gn.*

In den folgenden Jahren gewann das fremde Recht weiter an Boden durch Einzelgesetze, wie die auf römisch-rechtlichen Grundsätzen beruhenden Änderungen der Erbschaftsgesetze 1510 und 1511[1]), bis endlich 1527 durch die Joachimische Konstitution, die die Erbfolge nach fremdem Rechte hauptsächlich regelte und nur in einigen Punkten dem heimischen Brauch Zugeständnisse machte, ein wichtiger Fortschritt gemacht wurde. Den Abschluß dieser Entwickelung bezeichnet die Kammergerichtsordnung von 1540.

Aber diese letzten und wichtigsten Ereignisse aus der Rezeptionsgeschichte des römischen Rechtes gehen schon über den hier in Betracht kommenden Zeitraum hinaus. Noch während desselben sind zwei Daten als bemerkenswert festzuhalten: 1500 gestattete ein kaiserliches Privileg das Studium „*sacrorum canonum et imperialium sanctionum*"[2]), und nachdem das päpstliche Privileg von 1506 die offizielle Eröffnung der Universität Frankfurt ermöglicht hatte, war es infolge des kaiserlichen Erlasses möglich geworden, auf der neuen Grundlage einen Stamm von Märkern zu Stellen in Gericht und Verwaltung heranzubilden, so daß die Regierung fortan in der Lage war, über eine juristisch gebildete einheimische Beamtenschaft zu verfügen. Natürlich wurden in besonderen Fragen fremde Autoritäten[3]) noch lange herangezogen.

Dazu kommt, daß der Kanzlerwechsel am Ende des ersten Jahrzehnts des 16. Jahrhunderts in dem in Bologna vorgebildeten neuen Kanzler Stublinger[4]) eine frische Kraft an die leitende Stelle brachte, die fähig und gewillt war, die Neuerungen auf dem Gebiete

---

vnd der herſchaʃʃt ere vnd nutz, vnd das mann die belerung zu Magdeburg abſtelle. Holtze, Gesch. d. Kammergerichts I S. 218 ʃf. (nach G. St. A. R. 20 C.) Vgl. zur Auslegung dieser Stelle Holtze, a. a. O. S. 122. Dagegen Sello F. z. b. u. p. G. IV 244. Auch Stölzel, Entwicklung der gelehrten Rechtssprechung I S. 279 ff.

1) F. z. b. u. p. G. IV 460.

2) Ebenda.

3) Z. B. G. St. A. R 78.4. fol. 230 v. 1511 wird der Vertrag mit Valentin Sunthausen verlängert „*Nemlich alʃo wir wollen Im noch ein Jar erlawben Im Cammergericht zu ʃein.*" In R. 61 finden sich mehrere Quittungen von Leipziger und Wittenberger Juristen.

4) Er beginnt seine Tätigkeit nach Stölzel, Brandenburg - Preußens Rechtsverwaltung I S. 124 zwischen 1509 u. 1512. Holtze (F. z. b. u. p. G. VII 502) führt ihn seit November 1509 als Kanzler an (nach G. St. A. R. 78.4 fol. 295 v.). Vgl. Holtze, G. d. Kammergerichts I 125.

des Gerichtswesens zu fördern. Dies erklärt vielleicht die schnelle Aufnahme von Schwarzenbergs Bambergischer Gerichtsordnung in der Mark, die zudem möglicherweise durch Schwarzenbergs Verbindung mit den fränkischen Hohenzollern begünstigt war. Hälschner zeigt in seiner Geschichte des preußischen Strafrechts ihre Anwendung in Brandenburg in den zwanziger Jahren. Holtze[1] — und ihm schließt sich Stölzel[2] an — meint die Anwendung der Bambergensis in der Mark schon viel früher nachweisen zu können, und zwar schon in dem großen Judenprozeß in Berlin 1510, in dem auf Veranlassung des Kurfürsten der Berliner Stadtrichter Hans Brackow mit der Ausübung der richterlichen Funktionen betraut war. —

Indem das römische Recht an den Hofgerichten immer weitere Fortschritte gemacht hatte, konnten allmählich auch die Stadtgerichte sich seinen Einwirkungen nicht entziehen. Schon der Glossator des Sachsenspiegels, Johann von Buch, war in Italien geschult, und so ist es erklärlich, wenn Sello[3] auch im Berliner Stadtbuch vereinzelte Anklänge an das römische Recht zu finden glaubt. Aber dies sind doch nur Spuren, die die Geschichte der Aufnahme des Rechtes nicht weiter berühren. Im 15. Jahrhundert, als im ganzen Reiche die fremden Rechtssätze mit denen der heimischen Landrechte um die Oberhand rangen, drangen die römischen Rechtsartikel auch in die Städte, teils unmerklich, teils aber wurden sie auch bewußt angewandt. Im Langeschen Prozeß 1440 zitierte die Stadt Frankfurt a. O. in der Beantwortung der Klage an das Hofgericht[4] nicht nur das eigene Landrecht und das geistliche Recht, sondern auch das kaiserliche Recht.

In Berlin, wo Peter Brackow das Amt eines Hofrichters und des Stadtrichters in seiner Person verband, war ein unbewußtes Durchsickern und Durchdringen des fremden Rechtes ganz besonders begünstigt. Wie in allen Einzelstaaten, so waren auch in Brandenburg die Hofgerichte den Schöffengerichten vorangegangen in der Anwendung von Grundsätzen des römischen Rechtes im Prozeßverfahren. Um so wichtiger ist daher die enge Verbindung, die natur-

---

1) F. z. b. u. p. G. III S. 59 ff. Vgl. auch Schr. d. V. f. d. G. B. 21.
2) Brandenburg-Preußens Rechtsverwaltung I S. 126. — Vgl. auch S. 140 f.
3) M. F. XVI S. 56 f.
4) Fid. IV S. 158 f. — Vgl. S. 77.

gemäß zwischen den einzelnen in Berlin-Köln vorhandenen Gerichten bestand. Zuweilen scheint dieselbe Prozeßangelegenheit kurfürstliches und Stadtgericht beschäftigt zu haben, z. B. 1525[1] *dan nuhe die parte nicht alleine vor vns fundere auch in dem k. f. g. kammergericht langeft gerechtett, hat der durchluchtigifte hochgeborn furft vnnfer gnedigefter her an vnns gefchriben   Darnach auff weiter vormugenn v. g. h. fchribenn beyde parth volmacht an vnns die parte Zw entfcheiden gebracht.* Der Kurfürst ist zudem die oberste Instanz bei allen Prozessen. Oft fanden die vor dem kurfürstlichen Gericht verhandelten Prozesse in Verträgen und Auflassungen vor dem Schöffengericht ihr Ende. Belege dafür bietet das Schöffenbuch in großer Zahl[2]. In solchen Fällen, in denen das Stadtgericht die Sachen des Hofgerichtes fortführt, scheinen mehrfach kurfürstliche Räte als Zeugen zugegen gewesen zu sein[3]. Daß der Berliner in allen Klagen gegen die vom Stadtgerichte eximierten Parteien, Ritterbürtige, Hofbeamte, oft vor das Kammergericht gezogen wurde, war schon erwähnt. Eine weitere Verbindung der kurfürstlichen Gerichtsbarkeit mit der Stadt Berlin zeigt sich darin, daß Urfehden, die dem Kurfürsten zu schwören sind, mehrfach auf dem berlinischen Rathaus, und zwar nicht vor dem Hofrichter, sondern vor den städtischen Behörden geschworen werden. Und dies ist nicht nur der Fall, wenn es sich wie 1508[4] um den ehemaligen Kämmerer von Köln handelt, sondern auch in Angelegenheiten, zu denen die Städte keine Beziehungen zu haben scheinen, wie 1513 als der Rotgießer Merten von Thorn *vffnn Rathawß vor Rath alt vnnd new, auch Richter vnnd Scheppen der Statt Berlin*[5] oder Hans Schmidt zu Wolmirstedt für ein Vergehen gegen den Tangermünder Rat Urfehde schwört *Berlin vffm Rathaws in gegenwerttigkeit Benedicʼus krull burgermaifters vnd hannfen mittelftraß kemerers* von Berlin[6].

<hr>

1) Schb. S. 355 (346).

2) Z. B. 1510 S. 88 (78), 1511 S. 107 (97) usw.

3) Vgl. 1507. K. Schb. S. 390 (391) *Greger thucheritz .   hett im Richte gelegt x gulden, die he vith von Sliuen fchuldich geweßn, hebbn nhu die fchepen In Ihegenwoidicheit vnßer gn. hern rede die Sulwigen x gulden anna Mußelows auerantwerth als or erftanden gudt vor hoffgericht vthgeklaget.*

4) G. St. A. R. 784 (Fid. II 317).

5) G. St. A. R. 784. fol. 304 v (R. C. III 225).

6) G. St. A. R. 784. fol. 305 v. Auch kurfürstliche Gefangene scheinen (Raumer II 170) dem Gewahrsam des Berliner Gerichts übergeben zu werden.

So gehen zahlreiche Beziehungen zwischen den landesherrlichen Gerichten in Berlin-Köln und dem Stadtgericht hinüber und herüber, Beziehungen, die bei stärkerem Anschluß an die neue Prozeßordnung einerseits, an das heimische Recht andrerseits mit der Zeit vielleicht zu Unzuträglichkeiten geführt haben könnten, wenn nicht diese Fäden, zusammenwirkend mit den Strömungen der Zeit überhaupt, ihren Einfluß auf das Berliner Schöffengericht ausgeübt hätten.

Jener mehrfach genannte Richter, der in seiner Person das Amt eines Hofrichters und Stadtrichters vereinigt, Peter Brackow, wird im Kölner Schöffenbuch zum letzten Male am Donnerstag nach Exaudi 1507[1]) namentlich erwähnt. Ende des Jahres 1507 oder Anfang 1508 war ihm im Stadtgericht[2]) sein Sohn Franz gefolgt als sein Erbe, der früher erwähnte kurfürstliche Kanzleischreiber, dessen Amtsperiode, so kurz sie war, für die Einführung der hochdeutschen Schriftsprache im Gerichtsverkehr der Stadt entscheidend scheint. In der zweiten Hälfte des Jahres 1509 ist Franz Brackow schon tot[3]). Vielleicht schon mit Franz gemeinsam oder aber nach seinem frühen Tode trat sein Oheim Hans Brackow, der Berliner Bürgermeister, an die Spitze des Stadtgerichts, von dem wir wissen, daß er die Erfurter Universität besucht hat[4]).

In den Händen Hans Brackows lag jener erwähnte Prozeß, der einen Markstein in der Geschichte der Einführung des fremden Rechtes in Berlin bildet, der Prozeß vom Jahre 1510 gegen eine Anzahl märkischer Juden, denen Hostienschändung und andere Verbrechen der gleichen Art zur Last gelegt waren. Diese Angelegenheit hatte bei den Zeitgenossen so großes Aufsehen erregt, daß sie in Liedern besungen, in Prosa dargestellt wurde[5]). Eine solche Schil-

---

1) Schb. S. 390 (391). Vielleicht ist der Kauf des Gerichtes durch die Stadt Berlin 1508 (Raumer II 241) durch den Tod Peter Brackows veranlaßt, wenn auch das niedere Gericht zunächst noch im Besitze von dessen Familie bleibt.

2) Sein Nachfolger im Hofgericht ist der Sekretär Johann Schrag. Den *Richter Frantz Brackow* nennt das K. Schb. *5 feria oct. corp. cristi 1509.*

3) Verträge über seinen Nachlaß im Berliner Schb. seit Elisabeth 1509.

4) 1465. Mit jenem *Johannes perkaw*, der 1502 in Wittenberg eingeschrieben ist, ist er doch wohl nicht identisch, obwohl so spät wieder aufgenommener Universitätsbesuch damals nicht unerhört war.

5) Ein von Jakob Winter in Magdeburg gedrucktes, unzweifelhaft ursprünglich niederdeutsches Lied hat Angelus in den „Annales Marchiae Brandenburgicae" (Frankfurt a. O. 1598) verhochdeutscht bewahrt. Das Inter-

derung der Vorgänge gibt der bei Johann Hanau in Frankfurt an der Oder 1511 erschienene Summarius[1]). Auf Grund der genauen Darstellung des Verfahrens in dieser Schrift hat Holtze[2]) den Nachweis gebracht, daß der Prozeß unter dem Richter Hans Brackow nach den Vorschriften der Bambergensis geführt worden ist.

Man wird also damit rechnen müssen, daß 1510 in Berlin mindestens der Gerichtsschreiber juristisch geschult war. Die Strömung der Zeit, in der allerorten das heimische Recht vor dem fremden im Zurückweichen war, hatten wohl in Berlin, wo das Vordringen des römischen Rechtes durch den Sitz der Regierung, durch Hof- und Kammergericht mit ihrer engen Verbindung mit dem Stadtgericht begünstigt war, jetzt auch dazu gezwungen, das Personal des Gerichtes den neuen Anforderungen anzupassen, gelehrte, juristisch gebildete Gerichtsschreiber anzustellen, wo man sich früher noch mit dem Syndikus behelfen konnte. Mit dieser Neuerung scheinen nun Peter Brackows Nachfolger sehr bald begonnen zu haben. Ob dies von Franz Brackow allein oder von Franz und Hans in gemeinsamer Tätigkeit ausging, ist nicht zu entscheiden. Sicher aber waren beide den Forderungen der Zeit zugänglich. Franz stand

---

esse an diesem Prozeß ging über Norddeutschland hinaus. Weller, Repertorium typographicum nennt z. B. S. 66 drei anonyme Drucke von 1510 (die unter sich nahe verwandt sind), von denen einer in Nürnberg, einer in München hergestellt wurde.

1) Der Titel lautet: „*Ditzs ist der warhafftig Sumarius der gerichts hendel vnnd proceß der gehalten ist worden vff manchfaldig Indicia fauffag/ vnnd bekentnus eines Pawl From gnant der das hochwirdig Sacrament fambt einer monftrantzien etc. auß der kyrchen zu Knobloch geftohlen Vnd auch der begangen hendell der Jüden die ir thetliche hennde an das aller heiligft hochwirdigft Sacrament Vnnd vil vnfchuldige criftliche Kinder torftiglich gelegt vnnd im Zehende Jar zu Berlin gerechtfertigt fein wordenn.* Ein neuer Abdruck des Summarius findet sich Schr. d. V. f. d. G. B. 21. — Vgl. S. 133.

2) Schr. d. V. f. d. G. B. 21 und F. z. b. u. p. G. III Die Bambergensis in der Mark. Holtzes Ansicht tritt Stölzel bei, Brandenburg-Preußens Rechtsverwaltung I S. 126. Sello hat F. z. b. u. p. G. IV 121 ff. diese Ausführungen bestritten. Aber selbst wenn er die Anwendung von Schwarzenbergs Gerichtsordnung in diesem Verfahren leugnet, so muß doch auch er zugeben, daß der Verfasser des Summarius, der die Prozeßakten benutzte, oder aber der Gerichtsschreiber des Schöffengerichts in Berlin, der Akten und Protokolle aufnahm, mit der „Terminologie und den Beweisgrundsätzen der Bambergensis“ vertraut erscheint, d. h, also in dem neuen Recht geschult.

durch seine Stellung in der kurfürstlichen Kanzlei den Einrichtungen, die er in landesherrlichen Diensten kennen gelernt, den Einwirkungen, die er dort erfahren hatte, sympathisch gegenüber. Hans Brackow hatte schon in seinem Bürgermeisteramt durch sein Einverständnis mit der Einführung der hochdeutschen Geschäftssprache[1]) gezeigt, wie fortschrittlich er gesinnt war. Zudem liegt wohl der beste Beweis dafür, daß Hans Brackow die neue Zeit verstand, darin daß er als Richter tätig war in jenem Prozeß 1510, in dem zum ersten Male die Anwendung der erst 1507 erschienenen Bambergischen Gerichtsordnung in Berlin deutlich erscheint. Die Anstellung eines juristisch gebildeten Beamten in Berlin kann um so weniger Wunder nehmen, wenn man sieht, daß eine Stadt wie Wusterhausen schon 1503 einen so geschulten Schreiber beschäftigt[2]).

Im Frühjahr 1509[3]), also nicht sehr lange nach Peter Brackows Tode, wurde im Schöffengericht ein neuer Gerichtsschreiber δ angestellt. Er ist es, der zur Zeit des Hostienschändungsprozesses tätig ist, und er ist auch überhaupt — abgesehen von einem kurzen Versuch in früherer Zeit, der aber ohne Folgen blieb, da später wieder ein niederdeutscher Obergerichtsschreiber angestellt wurde — der erste hochdeutsche Gerichtsschreiber in Berlin, der die hochdeutsche Sprache endgültig in das Schöffenbuch einführt, die Sprache, die von nun an wenigstens für den O b e r gerichtsschreiber die einzige maßgebende Schriftsprache bleibt. Der Schreiber δ stammt (wie zunächst auch noch seine Nachfolger alle) aus hochdeutschem Sprachgebiet[4]).

Von einer restlosen Aufnahme des neuen Rechtes, durch die mit einem Schlage das heimische Recht beseitigt wäre, kann und wird

---

1) Vgl. S. 124 und 169.

2) Vgl. die Beglaubigung einer Urkundenabschrift bei Stölzel, Urkundl. Material I S. 49: „Auscultata atque collationata est praesens copia per me Henningum Kemnitium publicum sacra apostolica auctoritate notarium et civitatis Wusterhusensis secretarium .."

3) Im B. Schb. seit Mittwoch nach Quasimodo 1509 nachweisbar. Vgl. S. 185 ff.

4) Näheres s. S. 185 ff. Seine Sprache, die der der nürnbergischen Kanzlei und der Geschäftssprache der fränkischen Hohenzollern nahe steht, läßt den Gedanken aufkommen, daß man vielleicht einen Schreiber aus der Gegend von Schwarzenbergs Wirkungskreis berufen hat. So wäre dann auch das schnelle Eindringen der Bambergensis in Berlin erklärt.

natürlich keine Rede sein. Aber werden auch die römisch-rechtlichen Sätze nicht sofort unbestritten aufgenommen, so lassen sich doch vielfach Spuren nachweisen, die zeigen, daß jener Hostienschändungsprozeß nicht allein steht, daß auch in anderen Fällen das „kaiserliche" Recht schon Eingang gefunden hat. Zumal das Erbrecht wurde durch die Gesetzgebung Joachims I. in Brandenburg früh nach römischem Rechte geregelt. 1512[1]) verfügt eine Berlinerin — ihr Name ist von einem späteren Schreiber unkenntlich gemacht — über ihr Vermögen und bestimmt, daß die Enkelkinder *neben meinen rechten naturlichen kindern Zcu gleicher teylunge gehin Nach vorlaß der reformacien wormi∫[, wie die itzundt in werden gehet*[2]). Mehrfach werden auch *woltedt der geſchriben Recht* erwähnt[3]). Der Jurist würde sicher noch manche andere Beziehung zum römischen Rechte nachweisen können. Ich muß mich hier damit begnügen, die auch dem Laien zugänglichen Hinweise anzuführen.

Das Vordringen des geschriebenen Prozeßverfahrens bringt mannigfache Änderungen im Stadtgericht mit sich. Die Bedeutung der ungelehrten Schöffen sinkt, sie spielen vielfach nur noch die Rolle von Zeugen, während die Stellung des Gerichtsschreibers bedeutender wird. Der Wechsel des Rechtsverfahrens spiegelt sich ferner deutlich in der Wahl der Prokuratoren. Ich fasse dabei nicht gelegentliche Bevollmächtigte ins Auge, sondern die *rades vorſpraken*, die amtlich oder gewohnheitsmäßig diese Tätigkeit häufig ausüben. In den ersten Jahren, in denen das Schöffenbuch die Verhältnisse klar zeigt, sind die Bevollmächtigten Berliner oder Kölner Bürger ohne juristische Vorbildung (Jakob Hannemann ist z. B. nach Ausweis des Bürgerbuches ein Schuhmacher), die ihre Tätigkeit mit dem allmählichen Vordringen des fremden Rechts allerdings noch in die neue Zeit hinein weiterführen. Aber seit dem Jahre 1512 fehlen die Gelehrten unter den Prokuratoren nicht mehr und, wie die Bürgermatrikel lehrt, wo das Schöffenbuch nicht weiter vorhanden ist, wird die Zahl

---

1) Schb. S. 124 (114).

2) Das Repräsentationsrecht der Enkel, das auf dem Reichstage zu Worms 1495 besprochen, in Augsburg 1500 angenommen wurde, war von Joachim 1511 für die Mark publiziert. ¦Die sogenannte „Wormser Reformation" von 1498 behandelte in ihrem 4. und 5. Teile das Privatrecht.

3) Z. B. 1516 Schb. 197 (188).

der gelehrten Juristen im Stadtdienst beständig größer[1]). Für alle diese Männer aber gibt es nur eine Schriftsprache noch, die hochdeutsche, so daß z. B. selbst der aus Danzig stammende Berliner Syndikus Ignazius Koppen seinem Namen durch die Form „*Kopf*" einen hochdeutschen Anstrich zu geben bemüht ist[2]).

Auch der wachsende Gebrauch lateinischer Rechtsausdrücke mag durch die Anstellung juristisch gebildeter Beamten gefördert sein, aber teilweise spricht wohl hier doch die Neigung der Zeit, die humanistische Strömung mit. Übrigens verhalten sich die einzelnen Schreiber sehr verschieden. Einige, wie Karl Mölner, haben große Vorliebe für fremde Ausdrücke, andere behalten die heimischen bei.

Es ergiebt sich also, daß am Anfang des 16. Jahrhunderts im Gerichtswesen ungeheure Umwälzungen vorgingen. Nach dem Ableben des alten Richters drangen die Grundsätze neuer Rechtsprechung durch. Das alte Sachsenrecht begann allmählich vor dem „kaiserlichen" zurückzutreten, das Sonderrecht vor dem allgemeinen. Damit war zugleich eine Änderung in der Zusammensetzung des Gerichtspersonals verbunden, an dessen Vorbildung jetzt zum Teil hohe Forderungen gestellt wurden.

Und wenn sich vorher gezeigt hat, daß bei den städtischen Behörden durch die gesamte Zeitströmung und Kulturbewegung und durch

---

1) Die besonders häufig genannten Prokuratoren sind seit 1503:

Jakob Hannemann (Sehuhmacher) † 1505.

Simon Wedigo 1503—08 (1513 ist er tot).

Jakob Krone 1503—16.

Peter Schildow 1507—15.

Joachim Schmidt 1511—26.

Magister Martinus Schultetus, ein Berliner Bürgersohn, der in Frankfurt studiert hat, 1512—23.

Bartholomäus Cunadt 1515—16.

Michel Grothe 1515—27.

bacc. iur. Johann Baunach (*der wo'gelarthe ͑vnd furnemhe der rechten baccalarius* 1517—25. Vgl. Matr. Leipzig I S. 486. 1508.

Bastian Pulmann 1520—23.

Syndikus der Stadt Berlin Ignacius Koppen 1520 ff.

1538 hat der Rat *Johann Heiler͞der Rechten licenciatus . . vmb feiner willigen Dinfte, die er dem Rathe gethan hath . ., die Burgerfchafft vmb funft gefchanckt.* Berl. Bürgerbuch S. 110.

2) Staatsarch. Danzig C IV 42 a oder G. St. A. R 61 9.

veränderte innerpolitische Verhältnisse der Boden zur Rezeption der hochdeutschen Schriftsprache vorbereitet war, so kam von anderer Seite das gleichzeitige Hervortreten der Einflüsse römischen Rechtes, das juristisch gebildete Beamte notwendig machte, dieser Strömung fördernd entgegen und trug bei zum schnellen Siege der hochdeutschen Kanzleisprache. Gerade darin, daß nicht etwa ein plötzlicher Akt den Übergang befiehlt, sondern daß er von Kultureinflüssen bedingt ist, liegt die Gewähr, daß die neue Schriftsprache um so sicherer und so gut wie kampflos durchdringt (denn die Verhältnisse in der Gerichtskanzlei, über die noch des weiteren zu handeln sein wird, sind anders zu beurteilen), vor allem auch, weil die kommende Zeit die Faktoren, die hier als wichtig für die Beurteilung der kulturellen Lage ins Auge gefaßt wurden, nicht stürzte, sondern vertiefte.

Es war schon darauf hingewiesen, daß s p ä t e r h i n die Zahl der Berliner in kurfürstlichen Diensten zunimmt. Viele Quittungen[1]) zeugen für den lebhaften Verkehr zwischen dem Hof und der Bürgerschaft, wie die Verträge im Schöffenbuch Beziehungen zwischen den Hofbeamten und der Bevölkerung im vollen Umfange auch fernerhin beweisen. Leipzig bleibt neben Frankfurt auch für die Folgezeit der Haupthandelsplatz für die Märker. Die humanistischen Ideen, die gerade an Joachims I. Hofe gepflegt wurden, heben das Streben nach gelehrter Bildung, dem die Landesuniversität entgegenkommt, und wo in den ersten Familien der Stadt der Vater nicht die Universität besucht hat, da ermöglicht man nun dem Sohn, die akademische Gelehrsamkeit zu erwerben[2]). Im Gründungsjahr der Frankfurter Universität 1506 werden außer dem Ordinarius der juristischen Fakultät Johannes Blankenfelde 32 Berliner und Kölner immatrikuliert. Der Kölner Bürgermeister Michel Fritze stiftet im selben Jahre ein Stipendium für studierende Kölner Bürgersöhne[3]). Und als des Berliner Bürgermeisters Sohn, Jakob Zuls, das 1540 neugestiftete Stipendium zugewiesen erhält[4]), da gibt er die Nutzung des *„Lehens Simonis et Jude zue Sanct Niclas"* auf, so daß man

1) G. St. A. R 61.

2) Es ist bezeichnend, daß sich in den vierziger Jahren ein *Virgilius Blanckfelde*, Sohn des Dominikus Blankenfelde, in Berlin nachweisen läßt (Ratsbuch 1545).

3) St. A. B. Kölner Stadtbuch. Gedruckt Fid. II 315.

4) Fid. II 347.

schließen kann, daß auch für studierende Berliner Bürgersöhne schon früh Unterstützungen geschaffen waren.

Auch die Lehrer, die der Magistrat nun anstellt, sind, soweit wir sie kennen, hochdeutsch gebildet und bedienen sich in ihren eigenen Schriften stets nur des Hochdeutschen. Bartholomäus Riesenberg[1] zwar, der 1521 von Wittenberg nach Berlin kam, verließ die Stadt schon vor Ablauf eines Jahres. Aber in Köln ist Hans Meissener „Schulmeister", der hier 1537 das Bürgerrecht erwirbt. Gregorius Wagner[2] beweist in seinen Übersetzungen und eigenen Reimen, daß für ihn nur die hochdeutsche Sprache Geltung hat. Und das Gleiche ist für Heinrich Knaust, für Hafftitius und die Reihe ihrer Nachfolger der Fall. —

Ich bin bisher auf zwei Tatsachen nicht eingegangen, die in andern Städten des niederdeutschen Gebietes vielfach zur Erklärung des Übergangs herangezogen sind, das Vordringen des Buchdrucks[3] und die Aufnahme der Reformation.

Der Buchdruck in Berlin selbst beginnt erst zu einer Zeit, als die Rezeption des Hochdeutschen längst beendet war. Ein Bedürfnis zur Errichtung einer Druckerei lag wohl hier nicht vor, da das nahe Frankfurt, das als Universitätsstadt eine Buchdruckerei haben mußte, für Berlin mit eintrat. Zwar findet sich im Schöffenbuch (S. 209 [200]) 1516 einmal *hans buckdruckker* genannt, aber man wird dies in einer ohne Sorgfalt geschriebenen Notiz für einen Schreibfehler halten müssen. Gemeint ist entweder der damals in Berlin lebende Hans Buchführer (Schb. S. 284 [275]) oder der sehr oft erwähnte Buchbinder Johann Sodewasser; denn wir sind sonst nicht berechtigt, die Existenz eines Buchdruckers zu dieser Zeit in Berlin anzunehmen. Daß die Blankenfeldes 1515 in Frankfurt drucken lassen, wo auch der Summarius über den Berliner Judenprozeß erschienen war, war schon oben S. 133 angegeben. Und ebenso hat Friedländer in seiner Berliner

---

1) Vergl. über ihn „Auff- und Abnehmen der löblichen Stadt Gardelegen von Christophoro Schultzen, Stendal 1668", S. 14. R. ist übrigens von Geburt ein Norddeutscher.

2) A. D. B. 40. 501. Seine „Reime vom zötlichten Hosen Teuffel" sind wieder gedruckt in den Neudrucken deutscher Litteraturwerke des 16. u. 17. Jhd. Nr. 125. S. 3 ff. Vgl. auch Goedecke, Grundriß II² 393.

3) So von Beese für Hamburg angenommen. Die neuhochdeutsche Schriftsprache in Hamburg während des 16. u. 17. Jhd. Kiel 1902. S. 16 ff. S. 23.

Buchdruckergeschichte schon darauf hingewiesen, daß wohl auch Johannes Carion, der bis 1538 am Kölner Hofe lebte, die eine oder andere von seinen Schriften hier hätte drucken lassen, falls eine Druckerei vorhanden gewesen wäre. Der erste Buchdrucker ist, soviel wir wissen, erst seit Ende 1539 oder Anfang 1540 hier tätig. Es ist Hans Weiß[1]), den der Kurfürst aus Wittenberg hierher berufen hat. Aber er weilt nur vier Jahre in Berlin. 1544 hört der Druckbetrieb wieder auf, bis erst dreißig Jahre später der geniale Schweizer Leonhard Thurneißer in den Räumen des Grauen Klosters seine in großem Maßstabe geführte Druckerei eröffnete.

Daher kann der Drucker in der Rezeptionsgeschichte des Hochdeutschen in der Berliner Kanzlei keinen unmittelbaren Einfluß ausüben, da im ersten Jahrzehnt des 16. Jahrhunderts, der Periode des Übergangs, und noch lange nachher Berlin überhaupt keine Druckerei besitzt. Und auch in Frankfurt stehen die lateinischen Drucke z u n ä c h s t im Vordergrunde. Man wird jedoch dies als bedeutsam feststellen können, daß, da nicht wie in Lübeck, Magdeburg und andern großen norddeutschen Städten niederdeutsche Druckereien die alte Muttersprache stützen und Bücher in niederdeutscher Sprache verbreiten, leichter Werke hochdeutscher Druckereien, wie z. B. der „Summarius", Eingang finden[2]). Denn wenn auch Berlin damals keine Buchdruckerei besaß, so beweist doch die Erwähnung des Hans Buchführer und der Fritz Buchführerin im Schöffenbuch, daß Buch h a n d e l hier getrieben wurde.

In sehr vielen Fällen ist die Rezeption des Neuhochdeutschen mit der Aufnahme der Reformation in Verbindung gebracht worden. Wie verhält sich nun Berlin der neuen Lehre gegenüber? Daß der Übergang zur hochdeutschen Schriftsprache selbst wenigstens in der Kanzlei von den religiösen Strömungen unabhängig sein muß, ergibt sich aus dem frühen Zeitpunkt derselben schon genügend.

---

1) A. D. B. 41 S. 571. Natürlich druckt Hans Weiß, der wahrscheinlich aus Bayern stammt, in Berlin nur hd. (obgleich in Wittenberg auch ein niederdeutscher Druck aus seiner Offizin hervorgegangen zu sein scheint). Seine Berliner Drucke verzeichnet Friedländer, Beiträge zur Buchdruckergeschichte Berlins. 1834.

2, Übrigens ist das einzige Buch das namentlich aufgeführt ist und das wir im Besitze von Berliner Bürgern nachweisen können (allerdings schon 1504) das *narren ſchep*, d. i. doch wohl die Lübecker Übersetzung desselben (s. oben S. 117).

Aber die Möglichkeit ist doch vorhanden, daß durch eine energische Wendung nach Wittenberg die Aufnahme der neuen Sprache befestigt, die Verbreitung in weiteren Kreisen der Bürgerschaft beschleunigt sein könnte.

Berlin hat nicht mit einem Schlage die neue Lehre aufgenommen, sich nicht schnell und kräftig zu ihr bekannt[1]). Nur allmählich scheint sie einzudringen und erst seit Ende der zwanziger Jahre oder wohl eher seit Anfang der dreißiger Jahre festeren Boden zu fassen, ohne daß die Loslösung vom Katholizismus aber als ein gewaltsamer Akt erscheint[2]). Im allgemeinen muß eine religiöse Lauheit damals in Berlin geherrscht haben, die weder in der alten noch in der neuen Lehre große Werte sah, die sich trotz Joachims entschiedener Gegner-

1) Heidemann (Reformation in der Mk. Brandenburg S. 82) und mit ihm andere wollen eine Abkehr vom Katholizismus in Berlin sogleich nach Bekanntwerden des Thesenanschlages auch darin sehen, daß sie nach 1518 in Berlin Stiftungen von Altären, Messen usw. nicht mehr nachweisen können. Nun sind geistliche Urkunden überhaupt schlecht überliefert, aber wenn auch viel verloren ist, so hat der Zufall doch im Schb. zwei Testamente erhalten, die nach 1518 ausgestellt sind. Von diesen nun überweist eines, 1524, der Marienkirche in Berlin den Erlös von zwei freien Hufen, 6 *„ruggen kawelant“*, eine „Bude“ und 30 Schock Groschen. Wie hier von zwei Testamenten eines die Kirche bedenkt, so mögen auch unter den andern zahllosen verlorenen Originalen, von denen kein Zufall eine Abschrift erhalten hat, manche in ähnlichem Sinne gegeben sein. Eine Quittung des Guardians des Franziskanerklosters (G. St. A. R 614) beweist noch 1530, daß der Kurfürst zwei Summen *von wegen Clawes kramers vnd von wegen Thomes francken teſtament vnſerm cloſter* ausgezahlt hat. Somit entbehrt dies Argument der sicheren Grundlage. Dagegen wird man nicht verkennen, daß um 1530 (kurz vorher oder bald nachher), die Stimmung nach Wittenberg neigt. Wenigstens in einigen Kreisen der Berliner Gesellschaft war doch Luthers Ansehen Ende der zwanziger Jahre schon so groß, daß Katharina Hornung, Thomas Blankenfeldes Tochter und Schwester des Erzbischofs von Dorpat, sich 1527 in ihrer Bedrängnis an keinen andern zu wenden weiß als an Luther (Zschr. f. preuß. Gesch. u. Landeskunde XX S. 319 ff.), obgleich man hier vielleicht in Betracht ziehen muß, daß Katharina in dieser persönlichen Angelegenheit des Kurfürsten dessen persönlichen Gegner gegen ihn anruft. Deutlicher erscheint die Hinneigung zur neuen Lehre, wenn in den dreißiger Jahren einige Zuwendungen an Geistliche oder Altäre zurückgezogen und zu andern Zwecken bestimmt werden. Vgl. auch S. 150 Anm. 1.

2) Die gleiche Ansicht vertritt Holtze, Gesch. Berlins, S. 31. Allerdings hatte Tritheim noch 1505 (opera histor. 1601 II S. 480) bei den Märkern die strenge Beobachtung kirchlicher Gebräuche hervorgehoben.

schaft gegen Luther weder in Zustimmung noch Opposition äußerte.
Zwar hält es der Kurfürst für angezeigt, 1524 und 1526 an a l l e
märkischen Städte (z. T. auf Veranlassung des Kaisers) Verordnungen
zu schicken, durch die das Lesen Lutherscher Schriften, das Singen
Lutherscher Lieder verboten wurde, und 1527[1]) einen Erlaß gegen
die Ketzer zu veröffentlichen. Wie weit dies aber in B e r l i n einen
Hintergrund hatte, wissen wir nicht. Nirgend macht sich eine Stimme
dafür oder dagegen bemerkbar. Doch, glaube ich, kann man wohl
einen Ausfluß der Stimmung in dem Verhalten der studierenden
Jugend erkennen.

Die Berliner Studenten wenden sich nach wie vor nach Frankfurt,
nicht nach Wittenberg. Frankfurt aber stand in schärfstem Gegen-
satze zur protestantischen Bewegung. Hier hatte man 1518 Tetzel
demonstrativ gefeiert. Der Einwurf, daß die Berliner Frankfurt
bevorzugen, weil zeitweise die Anstellung in kurbrandenburgischen
Diensten vom Besuch der Landesuniversität abhängig war, entkräftet
sich dadurch, daß gerade, sobald irgendwo eine religiöse Erregung
vorhanden ist, solche Bedenken nie in Frage kommen, daß die religiöse Bewegung stets ganz besonders Märtyrer erstehen läßt. In
Berlin aber kennen wir nur den einzigen Joachim Zerer, der, dem
kurfürstlichen Zorne trotzend, zu Luther geht. Die Matrikeln der
Universitäten Wittenberg und Frankfurt gestatten uns eine Übersicht über diese Verhältnisse[2]). Es war schon oben angegeben,
daß seit der Gründung der Universität Wittenberg, die Menge der Berliner Studenten sich von Leipzig fort bis zur Gründung Frankfurts
nach Wittenberg begeben hatten. In den vier Studienjahren 1502—5
sind dort 20 Berliner nachzuweisen. Von 1506, dem Gründungsjahr
der Universität Frankfurt, bis 1517, dem Jahre des Thesenanschlags,
hat unter der Konkurrenz Frankfurts die Zahl abgenommen. Es

---

1) Fid. IV 234. 235. 250. 251.

2) Wenn Heidemann (Reformation S. 84) den Nachweis versucht, seit
1517 sei Wittenberg stärker von Altmärkern besucht worden, so gilt jedenfalls, wie die obigen Zahlen zeigen, für die Berlin-Kölner ein anderes
Verhältnis. Ganz andere Schlüsse als die im Text gegebenen zieht Götze
M. F. XIV 326 ff. aus den Angaben der Wittenberger Matrikel. Um ein wirk-
liches Bild der Verhältnisse zu schaffen, darf man aber m. E. die Wittenberger Matrikel nicht allein ins Auge fassen, sondern muß ihr die Frankfurter Einschreibungen vergleichsweise gegenüberstellen. Zudem ist es ebenso
falsch, einen Durchschnitt aus den Jahren 1502—1517 zu ziehen (1506

studieren 19 Berliner in diesen 12 Jahren in Wittenberg, gleichzeitig
in Frankfurt 56. Luthers große Tat hat keinen Zuzug von Berliner
Studenten nach Wittenberg zur Folge. Von 1518 bis zum Todesjahre Joachims I. 1535, also in 18 Jahren, sind 9 Berliner in Wittenberg zu zählen (darunter der genannte Joachim Zerer und Michael
Brandes Berlen., was wahrscheinlich gar nicht als Berlinensis aufzulösen ist). Im gleichen Zeitraum sind in Frankfurt 34 Studierende
aus Berlin eingeschrieben. Übrigens drängt man sich nach Joachims
I. Tode, als die praktischen Bedenken fortfallen, nicht nach Wittenberg. Von 1535—1550 sind hier 19 Berliner zu zählen. Gleichzeitig
sind in Frankfurt 66 Berliner immatrikuliert.

Die Zahlen des letzten Zeitraumes sind auffallend genug, weil
in den dreißiger Jahren die Stimmung in Berlin der neuen Lehre
günstig wurde[1]), bis im Jahre 1539 der Kurfürst, seinem Schwanken
ein Ende machend, die Reformation offiziell in Brandenburg einführte.
Aber selbst hierdurch scheint der Wunsch bei der Mehrzahl der
Studenten nicht erregt zu sein, die Stätte aufzusuchen, an der Luther
und Melanchthon wirkten.

Auf die Rezeption des Hochdeutschen wird nach alledem die end-
liche Aufnahme der Reformation keinen großen Einfluß mehr gehabt
haben können. Die Berliner Kanzleien sind im ersten Jahrzehnt des
Jahrhunderts schon zum Hochdeutschen übergegangen; die gebildeten Kreise Berlins haben ihre hochdeutschen Anregungen nicht in
Wittenberg, sondern in Frankfurt und Leipzig gewonnen, während ein

---

Gründungsjahr der Universität Frankfurt, verschiebt die Verhältnisse völlig[1])
wie die Periode von 1536—1560 zusammenzufassen, da, wie schon ein Blick
in Götzes Zusammenstellungen S. 326 und S. 329 ff. lehrt, die Zahl der
Studierenden nach 1550 überall beträchtlich zunimmt, so daß Götzes hohe
Zahlen für den Zeitraum 1535—1560 hauptsächlich durch das letzte Jahrzehnt bestritten werden, nicht aber durch die gesamte Periode sogleich nach
Joachims I. Tode. Auch dadurch werden seine Resultate ungenau, daß er
seine Durchschnittsberechnungen für die ganze Mark anstellt, nicht die einzelnen Landesteile auseinanderhält. Wenn übrigens Götzes Zählung nicht
völlig mit der obigen übereinstimmt, so beruht dies darauf, daß ich einige
durchaus gesicherte Fälle hinzufügen konnte, die für G., da die Heimats-
angabe fehlt, nicht in Betracht kamen.

1) So findet sich z. B. (Stölzel, Urkundl. Material I S. 159) ein Eid
1535, der mit den Worten schließt *Als mir gott helf vnd das heilig evangelion*,
also nicht mehr wie früher *Gott vnd die Heiligen*. Auch stellt Köln in Joh.
Baderesche schon 1537 den ersten protestantischen Prediger an.

stärkerer Einfluß auf weitere Kreise des Volkes durch Streitschriften oder Lieder nicht vor dem Ende der zwanziger oder dem Beginn der dreißiger Jahre, durch die Predigt aber nicht vor dem Ausgang dieses Jahrzehnts angenommen werden kann. Jedoch in den dreißig Jahren, die seit Aufnahme der neuhochdeutschen Schriftsprache in den Kanzleien und bald auch in den oberen Kreisen Berlins[1] vergangen sind, sind so viele Anregungen und Einwirkungen in dieser Beziehung in die unteren Schichten gedrungen[2]), daß der Anschluß an Wittenberg in bezug auf die Sprache kaum viel Neues mehr bringen kann, aber wohl kann er dazu beitragen, die vorhandenen Bestrebungen zu festigen, denn außer dem Pommern Johann Baderesche, der seinen Anstellungsrevers[3]) 1537 niederdeutsch gibt, und dem man danach wohl auch niederdeutsche Predigten zutrauen darf, gebrauchen alle evangelischen Prediger in ihren Schriften[4]) ganz allein die hochdeutsche Sprache, und diese war sehr wahrscheinlich auch die Sprache der mündlichen Rede, zumal ja der Domprediger auch auf Zuhörer aus der Hofgesellschaft rechnen mußte.

Auch ist Jakob Stratner, der erste Generalsuperintendent für die Mark aus Ansbach, wo er das Amt eines Hofpredigers bekleidet hatte, hierher gekommen.

Ich stelle zum Vergleich die ungefähre Zeit des Übergangs in anderen märkischen Orten zusammen, für die Urkundenveröffentlichungen vorliegen. Die Angaben können leider nicht genau sein, da es an eigenen vollständigen Publikationen meist fehlt, so daß ich, wo mir nicht durch Zufall weitergehendes handschriftliches oder zu anderen Zwecken gedrucktes Material bekannt ist, mich mit dem, was Riedel gibt, begnügen muß. Doch sollen diese Zusammenstellungen ja auch keine selbständige Geltung haben, sondern nur zeigen, in welchen Rahmen die berlinische Entwickelung zu stellen ist.

Ich übergehe dabei die schon lange hd. urkundenden märkischen Orte, ferner die ursprünglich niederlausitzischen Städte Beeskow, Storkow, Zossen, von denen mir ebenfalls nur hd. Urkunden bekannt

---

1) S. 213 ff.

2) S. 219 ff.

3) Reinbeck, a. a. O. S. 75.

4) Verzeichnisse derselben gibt Küster, Altes und Neues Berlin in seinen Darstellungen der Geschichte der Kirchen, an denen die einzelnen Prediger tätig waren.

sind, und die daher der nun hereinströmenden Welle nicht mehr unterliegen, und fasse nur die ins Auge, die im 15. Jahrhundert niederdeutsche Städte sind.

S p a n d a u: 1508 Beglaubigung der Deputierten der Stadt zur Huldigung bei der Kurfürstin Elisabeth R. A XI 130 ist hd. Danach ist eine Lücke in der Überlieferung, so daß sich nicht genau feststellen läßt, ob das frühe hochdeutsche Schreiben nur der Adressatin zu Gefallen entstanden ist, oder ob es in der Tradition steht. 1529 schreibt Spandau an Brandenburg hd. (Stölzel, Urkundl. Material I 112). Über die Sprache des internen Kanzleibetriebs belehren zwei Stadtbücher, das ältere 1474—1536, das jüngere seit 1536 (R. A XI 497). Dies letztere ist unter dem Stadtschreiber Kaspar Wilberstadt von „Offenburg" von Anfang an rein hd. geführt. Da Riedel die Eintragungen sachlich umgestellt und beide Bücher in einander eingeordnet hat, so läßt sich nicht ganz genau bestimmen, ob erst mit dem Beginn des neuen Buches oder schon früher im inneren Kanzleidienst wie im äußeren hd. geschrieben wurde. (Jedenfalls 1530 noch nd.)

W i t t s t o c k: 1523 Statuten der Stadt vom Rate gegeben sind hd. (R. A I 430) dagegen schreibt die Stadt im gleichen Jahre nd. an Berlin und noch 1538, 1543 (Stölzel, Urkundl. Material I S. 175. 207) sind — allerdings gerichtliche — Schreiben nd., so daß hier bestimmte Schlüsse nicht gezogen werden können.

B r a n d e n b u r g: Noch 1515 nd. Aber 1525 (R. A IX 274) hd. Aufforderung des Magistrats zur Anlage von Weinbergen in Klein-Kreuz (bei Brandenburg). Seitdem kenne ich nur hd. Schreiben aus Brandenburg, sowohl von der städtischen Verwaltung (z. B. 1526 G. St. A. R. 612) wie von den Schöffen. Diese haben 1521 noch nd. geschrieben (R. A XII 127); 1529 hd. Spruch des Schöffenstuhls an das nd. Neu-Ruppin (Stölzel, Urkundl. Mat. I S. 109).

Z i e s a r: 1525 hd. Doch wird man hier vielleicht an Einwirkung des Bischofs von Brandenburg, der häufig in Ziesar weilte, denken müssen.

B e r n a u Ein Rekognitionsschein des Rats und Gerichts 1532 ist hd. (Stölzel, a. a. O. S. 135). Der Kaland schreibt 1538 hd. (R. S. 438.)

R a t h e n o w: quittiert 1535 durch seinen Stadtschreiber hd. (G. St. A. R. 6117.)

P e r l e b e r g: Hd. Ehevertrag 1536 (Stölzel, a. a. O. S. 162). Auch 1546 hd. Schreiben (ebenda S. 221).

T r e u e n b r i c t z e n: 1537 (R. A IX 444) hd. Pachtvertrag mit dem nd. Tangermünde.

S t r a u ß b e r g: 1526 (R. A XII 128) noch nd. Ein R. S. 419 abgedruckter Auszug aus den Kämmereirechnungen wird 1533 noch nd., seit 1537 nd. und hd. nebeneinander geführt, so daß spätestens seit dieser Zeit wohl auch für die Korrespondenz schon hd. Sprache anzusetzen sein wird.

P r e n z l a u: 1538 hd. Ehevertrag (Stölzel, a. a. O. S. 173).

N e u - R u p p i n: Die letzten mir bekannten nd. Schreiben sind von 1529 (Stölzel, S. 114) 1539 hd. Testament (ebenda S. 179) 1541 hd. Notizen im internen Kanzleidienst. Auch die Quittung des Magistrats über das empfangene Silber aus geistlichem Besitz ist 1541 hd. (Kgl. Bibl. in Berlin. Handschriftensamml. Man. boruss. q. 85.)

T a n g e r m ü n d e: 1540 nd., aber 1541 hd. (R. A XVI 152. 164).

G r a n s e e: schreibt 1549 hd. (Kgl. Bibl. Handschriftens. Man. boruss. q. 85.)

S t e n d a l: geht zwischen 1543 und 1564 zum Hd. über.

Aus O s t e r b u r g (1538 nd.), S e e h a u s e n (1537 nd.), L e n z e n (1552 nd.), S a l z w e d e l (1556 nd.) kann ich kein hd. Schreiben in dieser Periode anführen.

Diese Zusammenstellung, so unvollständig und lückenhaft sie ist, kann doch zeigen, daß die Städte im Norden und Westen der Mark im allgemeinen länger am Nd. festhalten. Man könnte geneigt sein, daran zu denken, daß im Sprengel Havelberg der Reformation und ihren hochdeutschen Einflüssen durch den Bischof der Eingang länger erschwert war als in der Diözese Brandenburg. Doch versucht gerade für die Altmark Heidemann (Reformation S. 84) nachzuweisen, daß die Studenten sich sehr früh nach Wittenberg wandten, und gerade in Salzwedel, das sich schon 1536 einen protestantischen Prediger erzwingt, wird noch 1556 nd. geschrieben, während andrerseits die religiösen Verhältnisse in Wittstock, Rathenow und Tangermünde nicht anders liegen als in den andern Städten des Bezirks.

Wenn in der Mittelmark gerade Spandau und Brandenburg vorangehen, d i e beiden niederdeutschen Städte, die mit Berlin

in sehr enger Verbindung stehen, in steten Beziehungen leben, so
wird man wohl davon ausgehen müssen, daß viele von den Kulturströmungen, die oben für Berlin angegeben wurden, hier ebenfalls
wirksam waren. Es fehlt natürlich der rege Verkehr der Residenz
und die Verbindung mit den Hofangestellten hochdeutscher Abkunft; es fehlt der direkte Einfluß des Hofes. Daher dringt ja aber
die hochdeutsche Geschäftssprache auch erst etwas später ein als
in Berlin.

Es ist natürlich auch sehr möglich, daß man da, wo in einer
Zeit, als die allgemeine Stimmung der Reformation günstig geworden war, ein neuer Stadtschreiber angestellt wurde, einem Manne,
der nach Wittenberg gravitierte, nicht abgeneigt sein konnte. Doch
wird in Städten, wo, wie in Spandau und Brandenburg, der Stadtschreiber kein Geistlicher war, dies Moment jedenfalls bei der Anstellung kaum in Frage gekommen sein.

Für das lange Festhalten der westlichen, nördlichen und nord-
westlichen Gegenden am Niederdeutschen kommt wohl mit in Betracht, daß sie, tiefer in niederdeutschem Gebiet liegend als die
innere Mittelmark, in allen Beziehungen zu anderen Städten, z. B.
auch im Handel, mehr nach den niederdeutschen als nach den hochdeutschen Gegenden weisen. Noch unter Albrecht Achilles fand
z. B. in Salzwedel eine Hansaversammlung statt, d. h. zu einer Zeit,
als in Berlin die Verbindungen mit der Hansa aufgehört hatten[1]).
So bewahren diese wie die große Menge der niederdeutschen
Städte, die den Einflüssen, die Berlin erfuhr, ferner liegen, ihre
Muttersprache bis in die zweite Hälfte des 16. Jahrhunderts.

VII. Die Aufnahme des Hochdeutschen in Stadt- und Gerichtskanzlei in Berlin und Köln.

Mit dem Ablauf des Jahres 1503 hören die Eintragungen des
Schreibers *G* im Bürgerbuch auf, und seit 1504 tritt uns ein neuer Stadtschreiber entgegen, Johannes Nether, der bis zum Anfang des Jahres
1512 im städtischen Dienste nachzuweisen ist. Ob er schon früher
als Unterstadtschreiber hier beschäftigt war, läßt sich nicht feststellen. Im letzten Amtsjahr war der Schreiber *G* mehrfach von an-

---

[1]) Über sonstige Beziehungen altmärkischer Städte zur Hansa noch
1479 und später vgl. Schr. d. V. f. d. G. B. 36 16.

dern unterstützt. Doch scheint unter den vereinzelten Eintragungen von anderer Hand Nethers nicht sehr ausgesprochene und stark veränderliche Handschrift nicht vorzukommen.

Wir kennen die Tätigkeit dieses ersten hochdeutschen Stadtschreibers in Berlin aus dem Bürgerbuch und ganz besonders aus den städtischen Kämmereirechnungen, die er zu Beginn des Amtsjahres 1504/5 neu anlegt, und die, obgleich nicht vollständig, bis 1508 erhalten sind. Es sind Register, die zum kleineren Teil sorgfältig angefertigt sind. Meist sind aber Zahlungen, Abgaben, Abrechnungen mit Handwerkern, Ausgaben usw. eingetragen, wie sie fielen. Sie wurden dann wohl von hier aus in die betreffenden Bücher des Stadthaushalts, soweit solche vorhanden waren, übertragen, wie wir dies bei den Abgaben für die Gewinnung der Bürgerschaft beobachten können, die hier an verschiedenen Stellen verstreut an verschiedenen Tagen gebucht, später im Bürgerbuch in einem Zuge eingetragen sind. Diese Rechnungen sind wenigstens in den beiden ersten Jahren fast ausschließlich durch Nether geführt. Die Handschriften anderer Schreiber sind (außer im dritten Jahre, wo der geschäftsführende Kämmerer — für diesen halte ich den betreffenden Schreiber, s. S. 167 ff. — vielfach auch Eintragungen macht) so sehr in der Minderzahl, daß von einer besonderen Charakterisierung derselben Abstand genommen werden muß. Zudem schließen sie sich den modernen Bestrebungen der Kanzlei an. Übrigens werden die Handschriften, da Nether (s. oben) nicht sehr charakteristisch schreibt, vielleicht nicht immer g a n z genau abgegrenzt werden können. Am Ende jeder Seite ist die Summe meist (so fast immer im 1. und 2. Jahr. für das 3. Jahr s. oben) von einem anderen Beamten gezogen, in dem wir wohl den kontrollierenden, gelegentlich auch in den Text eingreifenden Kämmerer erblicken müssen.

Am Mittwoch nach 11 000 Jungfrauen 1504 beginnt Nether mit dem neuen Amtsjahr seine Verzeichnisse, und er beginnt sie nach einer lateinischen Überschrift hochdeutsch. Von nun an ist das Hd. die maßgebende Schriftsprache, und es ist deutlich erkennbar, wie er von Jahr zu Jahr die letzten niederdeutschen Reste stärker abstreifend im Gebrauch des Hochdeutschen freier wird.

Zunächst freilich hält ihn das ängstliche Bestreben, in allen Äußerlichkeiten es dem im Dienst erprobten Vorgänger gleich zu tun, noch etwas zurück. Wie er im Bürgerbuch nach dessen Vorbilde anfangs die lateinische Überschrift mit der Angabe der amtierenden Bürgermeister bewahrt und erst bei der dritten derartigen Eintragung 1505 die Neuerung wagt, zum Hochdeutschen überzugehen[1]), so hält er auch in den Kämmereirechnungen, sobald — wie in den Überschriften[2]) über die einzelnen Register und Rechnungen — ein Vorbild vorhanden ist, fürs erste fest an der Überlieferung. Die früheren Rechnungsbücher, die ihm vorgelegen haben müssen, sind nicht erhalten. Aus dem, was wir über die Tätigkeit des Schreibers *G* im Stadtbuch und Bürgerbuch kennen, zusammen mit Nethers Vorgehen ist zu schließen, daß er bei niederdeutschem Text die Überschriften teils lateinisch, teils niederdeutsch setzte. Im Jahre 1504/5 sind unter 110 Überschriften von der Hand Nethers 45 niederdeutsch oder — seltener — niederdeutsch und lateinisch gemischt, 31 sind lateinisch, 16 hochdeutsch oder hochdeutsch und lateinisch. Der Rest ist in einem Gemisch von niederdeutsch und hochdeutsch, oder zu ungenügend, um entscheiden zu lassen, welche Sprache beabsichtigt war. Es sind also im ersten Jahre noch 28,18% lateinisch, 40,91% niederdeutsch, nur 14,55% hochdeutsch. In den Rechnungen des Jahres 1505/6, die nicht so vollständig überliefert sind wie die des Vorjahres, fasse ich 50 Überschriften als sicher Nether angehörig ins Auge. Lateinisch sind $6 = 12\%$, niederdeutsch (abgesehen von einigen Namen, die in nicht-niederdeutschem Text die heimische Form bewahren) $5 = 10\%$, hochdeutsch $32 = 64\%$[3]). Einem zweiten

---

1) *Anno domini FunſſZehenhundert quinto ſein dieße hernochgeſchriebenn Burger wurden bey Hans Brackowenn vnd Criſtoff vvins freitags noch trium regum.* Seitdem wird auch an dieser Stelle die hochdeutsche Schriftsprache nicht mehr verdrängt. Wo von nun an in der Bürgermatrikel deutsch geschrieben wird, ist es stets hochdeutsch.

2) Ich meine damit die am Kopf der Rechnung stehenden Angaben über den Inhalt derselben, z. B. *Borgeſcap vnnde aſſſchot; quattuor Caſe censuales In platea Iudeorum; Den Rentenern von leip vnd widerkeuſſen.*

3) Ich stelle einige Überschriften der Jahre 1504/5 und 1505/6 gegenüber.

1504/5	1505/6
Vor thome, Sedele, ſtichleder . . .	*Vor Zcöeme Settel, ſtichleder*
Sedeler	*Dem Seteler gebin*
Kanengieter	*Dem Kannengieſſer gebin*
Stelmaker	*Dem Stelmacher*
Deme Bödiker gegewen	*Dem Botcher gegebin*
Vor hew to wynnen vnde to megen	*Von der Stadt weßen Zu megenn vnnd Hew Zu machen*

Schreiber gehören 4 hd., 1 nd. Überschrift an. 1506/7 endlich stehen
neben 31 hd. 5 niederdeutsche Überschriften, von denen zudem
3 Örtlichkeiten des Stadtgebiets bezeichnen. Für das Jahr 1507/8
ist kein genau entsprechender Vergleich vorhanden, da aus jener
Zeit nur ein schon 1505 begonnenes Wiesen- und Budenabgaben-
register vorliegt, in dem die Überschriften sich auf Namen beschränken oder fehlen. Alle Vermerke über den Kauf des Grundstücks und die Zahlungsbedingungen sind rein hochdeutsch.

So macht sich Johannes Nether von Jahr zu Jahr von dem Überlieferten freier. In kurzer Zeit schwinden die letzten Reste
des Niederdeutschen aus seinen Büchern. Denn das gleiche Verhalten
wie in dem geschilderten Falle zeigt er auch in bezug auf andere
Eintragungen, die auf eine Vorlage zurückgeführt werden können,
zunächst in bezug auf gewisse Vermerke, die sich z. T., ehe das eigentliche Konto beginnt, an die Überschrift anschließen, Angaben über
vereinbarte Löhne, Leistungen usw., die meist bei der Einrichtung
des Verzeichnisses mit der Überschrift zugleich eingetragen sind[1]).
Notizen derselben Art kennen wir aus dem Berliner wie aus dem
Kölner Stadtbuch (z. B. Fid. I 37 ff., I 70 und besonders zu vergleichen
B. Ub. S. 447[2]), wo die Löhne der verschiedenen Stadtdiener und
deren Pflichten angegeben sind, *„up dat nicht errunge ader twifel
darup kome"*[3]). Sobald es sich an der bezeichneten oder einer andern
Stelle seines Textes um die traditionelle Wiedergabe solcher Ab-
machungen handelt, wie sie halbjährlich oder jährlich eingetragen
wurden, um die Zahlung an den betreffenden Angestellten zu erklären, oder sobald der Schreiber die Aufzeichnung eines Vertrages
selbst seiner Notiz zu grunde legt[4]), gleichviel ob es eine Anstellung,
eine Verdingung, einen Rentenkauf betrifft, tritt im ersten Jahre
die niederdeutsche Schriftsprache noch in ziemlichem Umfange

Dem schrywer von Strutzeberge	*Dem Schreyber Zu Strutzberg gegebin*
Nygemarkt	*Nawmarkt*
Rentenern tho lywe vnnd Wederkope	*Den Rentenern von leip und wider-* *keuffen*
Kindergelt awegelegt vnd dit Jar betalt	*Das Jar kindergelt abegegebin*
Awerste Wagenknecht	*Dem vbersten Wagenknecht* usw.

1) Zuweilen sind diese Vermerke auch lateinisch.
2) Aus späterer Zeit (1544) im Ratsbuch (St. A. B.).
3) Fid. I 70.
4) Wobei er mehrfach noch das „*Actum*" beibehält.

auf[1]). Auch einige Neuanstellungen von Stadtdienern, die dem Datum zufolge erst unter Nether selbst erfolgt sein können (doch allein solche, während alle Vermerke sonst hochdeutsch sind[2]), kommen 1504/5 teilweise in niederdeutschen Formulierung vor, wobei übrigens der Eingang und wohl auch der Schluß oft hochdeutsch sind. Überhaupt sind die niederdeutschen Eintragungen nicht frei von hochdeutschen Durchsetzungen.

Auch hier zeigt sich wieder im nächsten Jahre die größere Unabhängigkeit und Freiheit Nethers. Bis auf wenige vereinzelte Reste ist alles hochdeutsch geworden: 1504/5 erhalten *Beigerlinynne kinder vor j C. gulden, So die Rat by fich hell, vj gulden vp pingeftenn*, 1505/6 *Beyerlinyn kinder vor j C. guldenn, So der Rat Inne het, vj florenn vigilia pfingftenn.* — 1504/5 *Item Ertman ift Zum überften wagen knechte vff winachten angenamen xv⁰v⁰. fo ift em vp dat Jar gelawet xj fchillinge grofchen* usw. (Der Rest ist hochdeutsch). — Oder *Zu merkenn hans meyger ift zum Underwagenknechte angenamen vp Winachten xv⁰v, vnd em fyn gelawet xiiij fchillinge grofchen vp dat gantze Jar. fyn em gegewen wu herna folget...* Im folgenden Jahre heißt es nur: *Hans Meyfner zum überften knechte angenomen vff Michaelis anno etc. Sexto. Im bey dießen hern gegeben . ."* — 1504/5 „*Item finen dinft gebetert met ij fchocken vff fein lohen*, 1505/6 *Item feinen Dinft gebeffert mit ij fchocken.*" Von drei derartigen Eintragungen 1506/7 sind zwei hochdeutsch, eine lateinisch. In dem Buden- und Wiesenzinsregister, das in der Anlage bis in die Jahre 1505 ff. zurückreicht, sind, wie oben bemerkt, alle Vermerke über Kauf- und Zahlungsbedingungen hochdeutsch. Nethers Tendenz, die hochdeutsche Schriftsprache durchzuführen, ist also nach mehrjähriger Tätigkeit auch an den Stellen, an denen anfangs die Muttersprache stärker hervortrat, durchgeführt.

Faßt man nun die von traditionellen Vorbildern unbeeinflußten textlichen Angaben ins Auge, die Vermerke über Zahlungen, Lieferungen,

---

1) Daß alle diese auf die Einzeichnungen in ein *houbt Register* zurückgehen, beweist ein Vermerk S. 111. Es ist bezeichnend für die Tatsache, daß für die Wahl der Sprache bei Nether auch hier die Vorlage maßgebend war, wenn z. B. bei den Renteneintragungen allein *Er Merten Kieleblock*, also ein Geistlicher, eine lateinische Rentennotiz hat.

2) Z. B. *Item Zu merkenn das Mertenn Galle dem Erfamen Rate noch der Rechnung mit ôm In dem vorigen Jare gehaldenn fcholdig ift blieben In alles*

Leistungen u. dgl., in denen der Schreiber naturgemäß seinen Bestrebungen am meisten nachgeben kann, so zeigt sich seit Beginn seiner Tätigkeit die hochdeutsche Schriftsprache durchgedrungen und
herrschend. Man wird keinen Augenblick zögern, seine Register
trotz der vorher geschilderten und der noch zu erwähnenden niederdeutschen Reste als hochdeutsch zu bezeichnen. Es ist beachtenswert, daß er schon im ersten Jahre, als er in der Überschrift von dem
Bȏdeker oder dem *Wakeſetter lucas ſȏß* spricht, im Text die Formen
Botcher, Fuchs hat. Von Anfang an wird hochdeutsch geschrieben,
und nur wenige Spuren verraten doch, daß diese Eintragungen durch
die Hand eines Niederdeutschen entstanden sind auf einem Boden,
wo bisher die niederdeutsche Schriftsprache allein geherrscht hatte,
und wo das Niederdeutsche noch immer die Umgangssprache war.
So begegnet im Anfang inmitten hochdeutscher Wendungen hie und
da noch eine niederdeutsche, es wird etwa eine Summe *lowenn gewen den pram vp der awer ſprewe vt der Sprewen gebracht* oder der
Lohn *gegewen iiij dietarijs dat paddenstretchen gereniget* oder *vor
j ſchepel tho dem ſoltmeten.* Einige nd. Partikeln oder Verbformen,
van, bawen, gegewen, het (neben *von, oben, gegeben, hot*) kommen hauptsächlich im ersten Jahre vereinzelt vor. Später schwinden auch solche
Reste. Doch bleiben einige nd. Wortgruppen mitten im hd. Text
noch etwas fester.

Zunächst behält der Schreiber die heimische Form des Namens
von Berliner Örtlichkeiten bei, während streng hochdeutsche Schreiber
alle niederdeutschen Bezeichnungen und Namen stets umsetzen.
Noch 1506/7 spricht er von der *Solthalle*[1]), *Coppermole, Jȏdenſchule*
(so auch noch 1507/8 neben *Judenſchule* und *Judengaſſe*), *Fylkute,* auch
Kauelant usw. Das *Paddenjetzken* oder *Paddenstretchen* (*Paddenstretken*)
wird nie zum Paddengäßchen oder -sträßchen. Daß er unter diesen
Umständen Namen wie *Wittenſee* u. dgl. bewahrt, ist selbstverständlich, ebenso wie er auch die Familiennamen in heimischer Form
gibt. Nur die *Rykes,* die ihren Namen selbst sehr früh übertragen,
heißen auch bei ihm schon oft *Reich* oder *Reiche,* und aus *Lucas ſoß*
wird *Lucas Fuchs.*

---

1) *Solthalle* schreibt auch der Kämmerer des 1. Jahres, der sonst ganz
rein hd. schreibt, ohne nd. Spuren.'

Ferner erhält sich das Nd. noch lange in den Fachausdrücken für Maßangaben, Warenbezeichnungen, Benennungen von Steuern und Abgaben.

Für die Quantitätsbezeichnungen liefern besonders die Weinregister[1]) reiche Ausbeute. Die Flüchtigkeit der Eintragungen in diese Verzeichnisse begünstigt vielleicht die niederdeutschen Formen[2]), aber sie kann nicht allein dafür verantwortlich sein, da diese ebenso auch an andern Stellen der Kämmereirechnungen zu belegen sind, und da auch in diesen unsorgfältigen Registern im Datum und in einigen Vermerken das Hochdeutsche überwiegt. Die gebräuchlichen Weinmaße sind *vat* (Plural *vate*), *vetken*, *grot vat*, *thune*, *ahme*, *lage*, *fuder*, *emmer*. Dagegen wird die Bezeichnung *verndel* seltener als *virtel* gebraucht. Diese Formen bleiben herrschend, solange wir die Rechnungen zur Verfügung haben. 1505/6 stehen 53 *vat* neben 6 *vas*, 1506/7, also zu einer Zeit als das Niederdeutsche an anderer Stelle bei Nether ganz zurückgewichen war, kommt neben 47 *vat* 1 *vas* vor. Dabei ist es völlig gleich, wessen Konto ausgefüllt wird, ob das des gelehrten Dr. Stocker, ob eines Berliner Patriziers oder irgend eines Handwerkers. Das ist wohl eine Beeinflussung durch die im täglichen Umgang üblichen Formen, die stärker ist als die neu eindringende Schriftsprache. Gleichsam wie Fachausdrücke erhalten sich die niederdeutschen Benennungen. Bezeichnenderweise hat Nether da, wo es sich nicht um das Maß, sondern das Gefäß handelt, die hochdeutsche Form: im städtischen Ausgaberegister für 1505/6 wird eine gewisse Summe *vor eyn vhas* gebucht.

Nicht ganz so konsequent tritt die niederdeutsche Mengenangabe in den Steinregistern hervor, wo überdies durch Anwendung der lateinischen Abkürzungen für „hundert" und „tausend" die Ge-

1) Den eigentlichen Rechnungen, die großenteils unter Kontrolle des Kämmerers — übrigens auch meist flüchtig — geschrieben werden, sind einige Verzeichnisse beigelegt, die wohl als vorläufige Notierungen für die spätere Abrechnung zu denken sind. Es handelt sich hier um die Schulden einzelner Bürger für „Setzewein". Vielfach findet sich unter dem Namen des Schuldners nur die Angabe der Quantität und des Gegenstandes der Schuld, dazu das Datum, zuweilen Bemerkungen über die Zahlung.

2) Bei den Steinregistern ist vielleicht auch an eine Beeinflussung durch zu grunde liegende Bemerkungen der Bauherren über die durch sie abgegebene Ware zu denken.

brauchsweise etwas undeutlicher wird. Doch fehlen die *wi∫pel,
du∫ent, hundert du∫ent, ruden, ∫chepel, verndel* neben *∫che∫∫el, virtel,
hau∫∫en* usw. nicht.

Es ist erklärlich, daß auch manche übliche Sachbezeichnung
als Fachausdruck länger beibehalten wird. Der Holzhandel kennt
z. B. *dhelen* und *balen* (neben *breden* und *breten*). Um den *pram*
zu bauen, braucht man *Zcinteln* u. s. f. Den besten Überblick gewähren wieder die Wein- und Steinregister, die uns in den Stand
setzen, eine größere Anzahl Eintragungen über denselben Gegenstand in verschiedenen Jahren und zugleich in ursprünglicheren,
flüchtigeren Verzeichnissen wie auch in den eigentlichen Kämmereirechnungen zu übersehen.

Zunächst ist in den Registern und den Rechnungen *wyn* die
üblichere Form. Dem *roden wyn* steht aber auch *rot wyn, roten
wyn* gegenüber. Neben überwiegendem *rini∫ch* fehlt auch *reni∫ch*
nicht, das wohl auf die diphthongierte Form weist. (Übrigens ist
in dem rein niederdeutschen Text des Kölner Stadtbuchs von 1443
schon *Rênczkz* zu belegen.) Stets in dieser hd. viel weniger üblichen
Form kommt der oft genannte *Riuol* vor. *Settewyn* neben *∫ettewein,
∫etzewyn, ∫etzewein* ist noch 1506/7 nicht ganz verdrängt. Und selbst
neben einem hochdeutschen Zahlungsvermerk steht die niederdeutsche
Warenbezeichnung *∫ettewyn: iij Re. ∫lorenn eingenomen von der
gribenyn vor alt vnd von die∫em Jar Settewin. do mit oren ∫ettewyn
all vornugit biß au∫∫ heut Din∫tags noch Exaltationis crucis.* Auch
im Steinregister wird das Niederdeutsche in den Bezeichnungen
der Waren noch nicht gemieden. Zwar die Benennung *Dack-
stein* neben *Dachstein* ist auch hochdeutsch (z. B. in der
kurfürstlichen Kanzlei). Aber in Berlin bleibt im Anfang
mur∫tein neben *meur∫tein, ge∫neden ∫tein, put∫tein, born∫tein.* Das
berlinische *kalck lu∫chen* (d. h. *lü∫chen)* findet sich auch 1505/6
häufiger als *leschen.* Dagegen heißt es wohl *holtrei∫e, holtgelt,* aber
stets nur *holtz* als Warenbezeichnung. In den Abrechnungen mit den
Ziegelbrennern wird auch 1505/6 nur von den *awen* gesprochen,
die diese Männer zu brennen verpflichtet sind.

Zu den Spuren der heimischen Sprache, die sich am längsten
halten, gehören endlich auch die verschiedenen Benennungen für
bürgerliche Abgaben. Natürlich dringt auch hier allmählich die

hochdeutsche Form ein[1]), doch wird 1504/5 noch *ſtedegelt, mertenstins, huſztins* (und *hauſzins*), *budentins* (und *budenzinſz*) bezahlt, *verndelgelt* noch 1505/6, *kutertins* sogar 1506/7. 1504/5 geben einige Buden keinen Zins, diese *gan vor dem Rade vp vnnde aue;* beim Budenverkauf muß für *vpſart vnnde aſſart* bezahlt werden. 1506/7 heißt es allerdings von den nicht steuernden Buden, sie *ghen alleine vorm Rate vſſ vnnd abe,* doch werden noch immer Abgaben für *upſart vnd aſſart* entrichtet[2]). Unter diesen Abgaben sind auch die für *borgeſcap vnnde aſſchot* verzeichnet. Zwar wird die Form *borgeſcap* schon früh durch das hochdeutsche *burgerrecht* ersetzt: 1504/5 *burgerrecht* 6 mal, *borgerrecht* 1 mal, *burgeſcap* 2 mal. 1506/7 kommt *borgeſchap* außer in der Überschrift 1 mal im Text vor, sonst heißt es *burgerrecht.* Dagegen bleibt *aſſchot* (neben *abeſchoſz*) häufiger. Leider fehlen bei der Übertragung dieser Vorfälle in das Bürgerbuch alle Zusätze zu Namen und Stand, so daß ein Vergleich mit jenen Eintragungen nicht möglich ist. Jedenfalls aber erklärt Nether dort, es sei jemand *burger wurden* und spricht nicht wie sein Vorgänger von der Erlangung der *borgeſchap.*

Endlich bleiben auch die Berufsbezeichnungen z. T. ziemlich lange niederdeutsch. Noch 1506/7 schreibt er *garbreder, lakenſcherer, ſcheplude, tymermann, korkenmaker*[3]).

Es ergibt sich also, daß außer den meist niederdeutschen Namensformen und Berufsangaben die Bezeichnungen für Maße, Waren und Abgaben, die im Verkehr mit dem Volke als feststehende Bezeichnung empfunden wurden, dem Hochdeutschen nicht sofort restlos gewichen sind. Wenn Nether sonst im ersten Jahre wohl hie und da einige niederdeutsche Worte schreibt, auch ohne daß sie durch eine Vorlage bedingt sind, so scheint dies später kaum mehr der Fall zu sein.

---

1) Bei der Unvollständigkeit, in der die Rechnungen seit 1505/6 überliefert sind, stehen uns — und das gilt auch für die bisher behandelten Fälle — leider nicht immer die entsprechenden Ausdrücke in allen Jahren zur Gegenüberstellung und Vergleichung zur Verfügung.

2) Dabei ist allerdings zu bemerken, daß hier)vielleicht ein Einfluß der Gerichtssprache vorliegt, da solche Auflassungen vor dem Schöffengericht stattfanden, das damals noch nd. war.

3) Vielfach dienen diese zugleich als Namen, und daß Nether die Namen nicht umsetzt, war schon oben angegeben.

Eine Aufzählung der niederdeutschen Überreste, wie sie im vorstehenden gegeben ist, hat den Nachteil, daß sie diese stärker hervortreten läßt, als das im Zusammenhang der Fall ist. Wirken auch einige Register, die haupsächlich aus Quantitäts- und Sortenangaben bestehen, und im ersten Jahr manche Stellen, die stärker an die traditionellen Buchungen oder an Verträge anknüpfen, noch niederdeutsch, so ordnen sich doch alle übrigen hier charakterisierten Reste so in das Gesamtbild ein, daß dieses durchaus hochdeutsch ist. Das Hochdeutsche ist mit Johannes Nether in die Stadtkanzlei eingezogen. Wie sehr ihm selbst die hochdeutsche Schriftsprache die allein maßgebende ist, beweist die Tatsache, daß eine Notiz, die er auf einem zufällig erhaltenen Zettel 1506/7 macht, um den Vorfall später zu buchen, hochdeutsch ist.

Wie kommt nun dieser Schreiber dazu, mit der alten Überlieferung zu brechen, die hochdeutsche Schriftsprache auf diesem niederdeutschen Boden anzuwenden, obwohl er selbst doch sicher ein Niederdeutscher[1]) ist? Als einen solchen kennzeichnet ihn nicht nur sein Festhalten am Niederdeutschen in bestimmten Fällen, zumal im Anfang seiner Tätigkeit, sondern auch die vereinzelten eigenen niederdeutschen Sätze im ersten Jahre, zu denen kein Zwang vorhanden war. Wir werden sogar vielleicht annehmen müssen, daß er die Aufzeichnungen von Verträgen und Anstellungen des Rates (in der Art, wie dies frühere Schreiber getan hatten, wofür Fid. I 76 oder B. Ub. S. 447 Proben überliefert sind) jedenfalls im ersten Jahre, wie sein Vorgänger noch niederdeutsch vollzog, da er in den an diese angelehnten Eintragungen in den Rechnungen niederdeutsch bleibt. (Vgl. S. 157 f.). Man wird ihn vielleicht auch für einen Berliner halten dürfen. Denn soweit die geringen Proben seines Niederdeutsch einen Schluß zulassen, scheint es dem Berlinischen nicht zu wider-

---

1) Über die Persönlichkeit Nethers ist es mir leider nicht gelungen, sichere Zeugnisse zu ermitteln. Selbst sein Name ist nur einmal zu finden, und zwar auf der aus dem Anfang des 16. Jahrhunderts stammenden alten Umhüllung der Kämmereirechnungen, auf der sein Nachfolger die nur noch schlecht leserliche Angabe gemacht hat, man finde hierin *von den Buden die do verkoufft fein In der Jeckhol vnd der alten Judenftraße* (das ist der Inhalt der ersten Seite) *auch etzliche rechenfchaft, fo Johannes nether feliger ftatfchreyber gethan vnnd ge…t hat bis …. achte Jar.* Wo sonst der Stadtschreiber erwähnt wird, heißt er nur *Johannes Notarius* oder der *Statfchreyber Johannes.*

sprechen, und da sein Name nirgend in der Bürgermatrikel zu finden ist, könnte er wohl ein Bürgersohn gewesen sein[1]). Zudem sind bisher die Schreiber, die ihrer Persönlichkeit nach bekannt sind, alle Berliner gewesen, obgleich nun bald auch Fremde angestellt werden.

Wo Nether seine Bildung erhalten hat, ist nicht genauer festzustellen. Sein Name findet sich in keiner der in Betracht kommenden Universitätsmatrikeln. Aber aus seiner Tätigkeit geht doch hervor, daß er sein Hochdeutsch in obersächsischem Gebiete erworben hat. Und zwar müssen seine Kenntnisse der fremden Schriftsprache ziemlich fest gewesen sein. Denn nie bildet er, wie das ungeübten Niederdeutschen sonst oft begegnet (vgl. z. B. S. 184), eine „hyperhochdeutsche" Form. Seine Sprache ist die der thüringisch-obersächsischen Kanzleien[2]), durchaus abweichend von der der kurfürstlichen Kanzlei in Köln.

Nether schreibt die neuen Diphthonge, aber um 1500 finden sich diese auch schon in beiden sächsischen Fürstenkanzleien. Nur *vff* neben *auff* und die verbale Vorsilbe *in—* neben *ein—* sind hier wie dort anzutreffen.

Umlaut von *o, u* bezeichnet er nicht gar zu selten durch darüber gesetztes *e*. Doch stehen solche *e* auch in anderen Fällen, wo sie nachschlagendes *e* angeben, z. B. neben *lohenn: lŏn*. Vokallänge bezeichnet *e* z. B. in *Garbŭde*.

Mit der kursächsischen u n d brandenburgischen Kanzleisprache stimmt Nether überein, wenn er *i* und *ie*, *u* und *uo* nicht scheidet. Dagegen stellt er sich gegen die Schriftsprache in Köln[3]) zur kursächsischen Geschäftssprache in den meisten übrigen Punkten seines Vokalsystems:

1) Andernfalls könnte höchstens sein früher Tod seine Aufnahme unter die Bürger verhindert haben. Zwischen der Ankunft in der Stadt und der Einschreibung in die Bürgerrolle lag bei denen, die nicht zwecks Aufnahme in ein Gewerk zum schnellen Erwerb des Bürgerrechts gezwungen waren, oft ein langer Zeitraum. Nethers zweiter Nachfolger z. B., Georg Bretschneider, ist seit 1516 Stadtschreiber, erlangt aber die Bürgerschaft in Berlin erst 1533 als Geschenk des Rats.

2) Es ist bemerkenswert, daß die obersächsische Schriftsprache zu dieser Zeit auch in Frankfurt a. O. im Gebrauch war.

3) Vgl. die Darstellung S. 67 ff.

$a > o$ in *hot, noch, brocht* usw.

$i > e$ in *Weße* (Wiese).

$u > o$ in *ſcholdig;* gewöhnlich aber ist *u* erhalten.

Für *ei* findet sich vielfach die Schreibung *e entzel, Seyer, Reſe*[1]*;* entsprechend wird *ou > o* in *koſſt, bhome (bey dem Schutzen bhome)*, doch öfter *ou: gekouſſt, houbtſume*, ferner mit Umlaut *keuſſen. (o, ou* und *eu* nebeneinander ist auch in obersächsischen, z. B. Dresdener Urkunden, der Zeit häufig). Ursprüngliches *iuw* wird gleich altem *û > aw* in *naw, vornawen*.

Der Vokal der Endsilbe ist häufig *—i—: gebin, Michil, Petir, vatirn, abir, obin, vornügit*, auch zuweilen vor *s* in *andris, mewis*.

Auch die auf *e* auslautenden Nominative *bette* (Bett), *ſchulde* stimmen zum Obersächsischen.

Wenn Nether *gelabit* (gelobt) schreibt, so braucht dieses *a* für *o* nicht durch den Einfluß seiner niederdeutschen Orthographie erklärt zu werden. Auch in den obersächsischen Urkunden begegnet diese Schreibung.

Zerdehnung, wie sie das Md. kennt, findet sich z. B. in *lohenn* (Lohn), *eher*.

In bezug auf den Konsonantismus hebe ich hervor, daß *ſ* vor Konsonant meist *> ſch* geworden ist, wie schon bei Herzog Friedrich z. B. 1482 *ſchweſter, ſchwere*, ebenso bei Kurfürst Georg z. B. 1493 zu lesen ist, während in Köln noch Joachim I. am *ſ* festhält. *h* nach Konsonant ist gefallen *beſeel, beſolen* (kurfürstlich-brandenburgische Kanzlei *beſelh* usw.)

dd nach kurzem Vokal : *widder, leddergelt*.

Nach *n* und *l* steht *d*, nicht *t: hinderſtellig, vnder, alden, gchalden*.

Auch daß in Wörtern wie *kupperſchmidt*, das durch den Vokalismus als hochdeutsch gekennzeichnet wird (nd. nur *kopper* in Berlin), *pp* erhalten ist, stimmt zum weitaus größeren Teil des Thüringisch-Obersächsischen. (Vgl. z. B. Urkundenbuch von Torgau S. 71 und oft).

Dagegen wird der Wechsel von *g* und *j* im Anlaut, der sich nur bei Namen und Berufsangaben findet, doch nur vor *o* und *e: Jewert Joris* und *Goris, Georgen* und *Jorgen*, (nie aber *g* für *j*) in die-

---

[1] Daß diese nicht als niederdeutsche Reste aufzufassen sind, bezeugt für *entzel* schon der Konsonantismus, sonst die Umgebung, der die Beispiele entnommen sind.

ser Beschränkung vielleicht durch die Beibehaltung der niederdeutschen Namensformen hervorgerufen sein.

Anlautend *p* für *b* steht außer in dem Fremdwort *pasteyen* nur in *pawrnn* (Bauern), also in einem Wort, in dem *p* überhaupt weite Verbreitung hatte.

Media im Auslaut ist selten, nur in vereinzeltem *schog* neben *schock* und *tranggelt* (seltener *tranckgelt*).

Auf die in allen Kanzleien der Zeit üblichen orthographischen Moden, Doppelsetzung, Zufügung von *h* und dgl., gehe ich hier nicht ein.

Im persönlichen Pronomen der 3. Person lautet der Dativ des Mask. und Neutr. (im ersten Jahre ausschließlich, später [vgl. S. 172] mit *ym* wechselnd) *ŏm*[1]), Dat. Sing. Fem. *ŏr*, ebenso das Possessivum, das flektiert wird *(ŏrer, ŏres)*. Zu dem Demonstrativum *dießer* gehört das Neutrum *ditz* und *dis*.

Das Diminutivum bildet der Schreiber auf —*chen* und —*echen*, *Spindechen*.

Mit dem Obersächsischen stimmt er ferner überein in der Anwendung des Präfixes *abe-: abelösen, abebrechen* usw., in *ader, sal* (neben seltnerem *sol*), *ane*, in der umgelauteten Form *erbeit* und dem zu *haben* gehörig Partizip *gehat* neben *gehobt*. In anderen Verbformen weicht Nether mit der thüringisch-obersächsischen Schriftsprache nicht von der kurbrandenburgischen ab, z. B. in der Bildung des Präsens 1. und 3. Person Plur. von *sein: wir, sie sein*, in der Anwendung von *ghen, haben (hoben), lassen (lossen)*. Konsequenter als in Köln ist der Gebrauch von *vor* = „für" und „vor" (in Köln fehlt auch *für* nicht ganz) sowie der Vorsilbe *vor—* = *vor—* und *ver—* (die kurfürstliche Kanzlei kennt auch *ver—*) durchgedrungen.

Aus dem Gebiete der Flexion hebe ich noch die schwachen Genitive *des vatirn, brudern* hervor.

Syntaktisch ist die Anwendung des starken Adjektivs nach bestimmten Artikel oder Demonstrativ besonders hervortretend, eine verbreitete Erscheinung, die auch die thüringisch-obersächsische wie

---

1) Zwischen hd. *ŏm* und nd. *em* wird von Nether streng geschieden. Im ersten Jahr, wo, wie oben geschildert, mehrfach nd. Text neben dem hd. steht, tritt es deutlich zutage, daß er, und wenn auch nur wenige nd. Worte mitten in hd. Umgebung gesetzt werden, stets *em* braucht, aber sofort *ŏm*, sobald er zum Hd. zurückkehrt.

die brandenburgische Geschäftssprache kennt: *vff die alde preme, dieße beide folgende Buden.*

Mit solchen Kenntnissen der thüringisch-sächsischen Kanzleisprache ausgerüstet, trat Nether in Berlin seine einschneidende Tätigkeit an. Wenn man nun beobachtet, wie er im Anfang im Bürgerbuch und in den Kämmereirechnungen nicht von der überlieferten äußeren Einkleidung abzugehen wagt, wie er auch sonst (wie sich im Folgenden S. 172 zeigen wird) sprachlich nicht schwer zu beeinflussen ist, so scheint sein Mut, mit der Tradition der niederdeutschen Schriftsprache zu brechen, hierzu in Widerspruch zu stehen. Daß er diesen Schritt trotzdem gewagt hat, ist wohl nur so zu erklären, daß er von maßgebender Stelle aus ermutigt oder angeregt worden ist. —

In den Kämmereirechnungen ist die Summe der Seite, ganz besonders aber die Gesamtsumme einer Rechnung in den allermeisten Fällen von einer andern Hand als der des Schreibers gezogen, die im ersten und zweiten Jahre selten, im dritten ziemlich häufig auch Texteintragungen macht. Ein ganzes Amtsjahr hindurch ist in dieser Tätigkeit derselbe Beamte zu beobachten, der bei Ablauf desselben einem Nachfolger Platz macht. Man darf wohl in diesen Männern die Kämmerer sehen, und vermuten, daß die erste Handschrift 1504/5 dem ersten Kämmerer der ersten Reihe angehört, 1505/6 dem ersten der zweiten Reihe, 1506/7 dem zweiten der ersten Reihe[1]) und hätten wir weitere Belege, so würden sich die Reihen wahrscheinlich schließen. Die Kämmerer sind die vornehmsten Ratsmitglieder, auch die einzigen, die — abgesehen von den Kämmereirechnungen, wo ihre Erwähnung natürlich ist — Nether neben den Bürgermeistern bei Angabe der zur Zeit „regierenden Herren" mit Namen nennt[2]). Die Unterschriften in den Kämmereirechnungen nun, die wohl nur diesen Kämmerern zugeschrieben werden können, sind sämtlich hochdeutsch.

Und es ist nicht erstaunlich, wenn gerade der Kämmerer zum Hochdeutschen neigt. Da der kurfürstliche Hof sich in Köln befand,

---

1) Denn die Bürgermeister und Ratmannen wechseln in 2 jährigem Turnus, so daß eine Reihe derselben in den ungraden Jahren, im 1., 3., 5. usw., an der Herrschaft ist, die andere im 2., 4., 6. usw. Zu jeder Reihe gehören 2 Kämmerer.

2) *ifto tempore fuerunt camerarii bartholomeus fchum et bartholomeus* (verschrieben für *Jacob?*) *huffener.* B. Bb. zu 1504.

mußte sich selbstverständlich mehr als eine Gelegenheit bieten, wo
Mitglieder des Berliner Magistrats mit kurfürstlichen Beamten be-
ruflich in Beziehung gebracht wurden. Schon allein die Ziegel-
ankäufe des Hausvogts für den Kurfürsten, die sich aus den Käm-
mereiregistern ergeben, und ähnliches mehr bringen den Kämmerer
mit den Hofangestellten in Berührung[1]), so daß schon 1495 in dem
damaligen Berliner Kämmerer der Wunsch geweckt zu sein scheint,
hochdeutsch zu quittieren. Sein Versuch *Dar vſſ hebbe ick entſangen
Merten Mittelſtrate von Hern Jaᵃⁿ Rudeloſſ m. g. h. cappellan x ſchock.
Actum Panckow am Dinſtage nach omnium sanctorum Anno lxxxxvᶜ*
mißlingt zwar noch, aber im Januar 1498 quittiert der Kämmerer
der andern Ratsreihe schon *Hirauſ hat Hr. Johann Rudolſ xij ſchock
gebn*   Also scheint gerade die Kämmerei der fremden Sprache
nicht engherzig gegenüber zu stehen, und wenn man wohl auch mit
Sicherheit annehmen darf, daß bis zu Nethers Antritt der niederdeutsche Schreiber *G* die Rechnungen in der Muttersprache geführt
hat, so ist es doch mindestens fraglich, ob nicht in den letzten Jahren
etwa vorhandene Unterschriften der Kämmerer in den der Überlieferung vorausliegenden Rechnungen schon hochdeutsch waren,
wenigstens etwa seit dem Anfange des neuen Jahrhunderts, seit
d i e Männer in diesem Amte tätig sind, deren Einzeichnungen
in den vorliegenden Registern uns hochdeutsch, und zwar reiner
hochdeutsch als die Nethers im Anfang sind, entgegentreten.

Denn Hans von der Gröben und Thomas Kulepatz, die Kämmerer
der Jahre 1504/5, 1506/7 usw. sind schon längere Zeit Ratsmitglieder.
Gröben ist seit 1490, Kulepatz seit 1496 im Rate nachweisbar. Als
Kämmerer werden beide seit 1500/1 angegeben[2]). Kämmerer für
1505/6 sind Bartholomäus Schum und Jakob Hüwener[3]). Diesen

---

1) Vgl. z. B. G. St. A. R. 6110: (1495)   *alze dat doctor ſtoſmel vnd
Johannes prunne amme middeweken na ſcolaſtice virginis myt merten middel-
ſtraten* (d. i. der derzeitige Berliner Kämmerer) *gherekent hebben.* (1497): .
*alze dat Johannes Bruner am donnerdage nha Quasimodogeniti mit merten
middelſtrathen gerekent hatt.* Brunner ist der oben öfter erwähnte Sekretär
des Kurfürsten. Dem ersten Schreiben ist die erwähnte Quittung Merten
Middelstrates angefügt, dem zweiten die seines Nachfolgers.

2) Schr. d. V. f. d. G. B. IV S. 44, series consulum. Für 1502/3 sind
sie im Schb. als solche bezeugt, 1504/5 in den Kämmereirechnungen.

3) Wenigstens werden 1503/4 als Kämmerer aufgeführt: Bartholomäus Schum und Bartholomäus Hüwener, vgl. S. 167 Anm. 2, was wohl

Männern dürfen wir nun wohl die Fähigkeit, hochdeutsch zu schreiben, zutrauen. Bartholomäus Schum[1] —, oder, wie die Familie in hochdeutscher Zeit meist heißt, Schaum — aus einem der ersten Geschlechter Kölns stammend, hat 1464 in Leipzig studiert, und auf Sachsen weist auch seine hd. Schriftsprache. Hans von der Gröben gehört einer Adelsfamilie an, die, obwohl Berliner Bürger, früh in den Dienst der Hohenzollern getreten und daher der hochdeutschen Überlieferung nie fremd war[2].

Scheinen die Kämmerer geeignet in einer Zeit, in der so viele kulturelle Einflüsse zum Hochdeutschen drängen, den Bruch mit dem traditionellen Niederdeutschen beim Schreiberwechsel zu veranlassen, so sind sie darin sicher einig mit den Männern, die zu jener Zeit als Bürgermeister an der Spitze der Stadt und des Rates stehen. 1499/1500 sind dies Jakob Wins und Hans Brackow. In bezug auf Hans Brackow verweise ich auf die Ausführungen S. 124 und 142. Daß aber Jakob Wins seine Korrespondenz in der Muttersprache führt, wissen wir aus einem Briefe an den Rat von Zerbst[3]. 1499/1500 ist Wins' letztes Amtsjahr. In der nächsten Periode steht Hans Brackow eine jüngere Kraft zur Seite, der Kaufmann Christoph Wins[4], der, in den Einflüssen der neuen Zeit aufgewachsen, der Neuerung in der Amtssprache weniger fremd gegenüberstehen mußte als sein Vorgänger. Die Bürgermeister des anderen Jahres sind Joachim Ryke und Kerstian Mathias. Von Ryke besitzen wir eine Anzahl Briefe seit 1507[5], die alle hochdeutsch sind. Und wenn die

---

verschrieben ist neben dem Namen Schums für Jakob Hüwener, der tatsächlich zwischen 1497 und 1505 im Rat nachzuweisen ist. Da Schum und Hüwener, die Kämmerer von 1503, noch 1505 im Rate sind, ist anzunehmen, daß sie, wie es üblich war, wieder die Kämmererstellen innehaben.

1) S. 124.

2) Z. B. hat Peter von der Gröben als Hofrichter in Spandau nach dem Aufstand von 1448 die beteiligten Kreise Berlin-Kölns vor sein Hofgericht geladen, und als der Kurfürst 1448 den Berliner Magistrat aus ihm genehmen Männern zusammenstellte, fand er für die Stelle des 1. Bürgermeisters keinen geeigneteren Mann als Peter v. d. Gröben. Von Hans' Bruder und Vetter (?) Peter und Balthasar v. d. Gröben ist ein hd. Schreiben von 1514 erhalten. (St. A. B. 1056). Vgl. zu dem jüngeren Peter v. d. G. auch R. A XI 123.

3) St. A. Zerbst II 13. 1494.

4) Vgl. S. 124.

5) G. St. A. Urkunden Berlin-Köln 82, Staatsarch. Danzig 23 B. 115 u. öfter.

Rykes den Familiennamen, der in Berlin guten Klang hatte, schon
früh in *Reich* oder *Reiche* umgesetzt haben, so zeugt auch das dafür,
daß jedenfalls dem Eindringen der neuen Schriftsprache von dieser
Seite kein Widerstand entgegengebracht worden ist.

Mit dem Amtsjahre der Bürgermeister Matthias und Ryke,
der Kämmerer Gröben und Kulepatz setzen unsere Rechnungen
ein. Ob nun Gröben oder Kulepatz in diesem Jahre die Kontrolle
der Verzeichnisse übernahm, ist nicht sicher zu entscheiden. Gröbens
Name wird jedenfalls viel häufiger genannt. Das Ausgabenregister
trägt den Vermerk „*expoſuit Gröben*" Zudem wird vielleicht die
überaus konsequente Durchführung der hd. Schriftsprache, wie sie
weder bei Nether noch bei den beiden anderen Kämmerern zu finden
ist, stärker für Gröben als Mitglied einer Familie sprechen, die schon
lange hochdeutsche Traditionen gepflegt hat, als für Kulepatz, der
ganz in der Vaterstadt wurzelt. Und so wird man möglicherweise
Hans von der Gröben als denjenigen anzusprechen haben, der 1504/5,
in dem Jahre, in dem uns in Bürgerbuch und Kämmereirechnungen zuerst das Hochdeutsche entgegentritt, neben Nether in den Registern
tätig ist. Da aber diese Identifizierung nicht völlig sicher ist, so
scheint es richtiger, auf die Namen[1]) zu verzichten und die Oberbeam-
ten der drei Jahre 1504/7 unter den Ziffern I, II, III aufzuführen.

Die Handschrift dessen, der hier mit I bezeichnet wird, läßt
sich schon im letzten Amtsjahr des Schreibers *G*, als dieser zeitweise
Hilfe zu brauchen scheint, im Bürgerbuch nachweisen. Doch können
diese Eintragungen hier nicht in Betracht kommen, da sie Berufsangaben und Datum, aus denen sie neben dem Namen bestehen,
nur lateinisch anführen. Wichtig ist dagegen seine Tätigkeit in den
Kämmereirechnungen. Wenn sich bei Nether noch manche heimische
Spur findet, und zwar besonders im 1. Amtsjahr, das ja für einen
Vergleich mit dem Kämmerer I allein herangezogen werden muß,
so benutzt dieser außer dem Namen *Solthalle* nie eine niederdeutsche
Form. Der Schreiber bucht die Eingaben aus *Woltersdorp*, I notiert
am Ende derselben Seite *Wolterſtorſſ*, und wenn Nether im ersten
Jahre die Fachausdrücke für *borgeſcap vnnde aſſchot* beibehält,
so verzeichnet der Kämmerer mitten unter den stark niederdeutsch
gefärbten Aufzeichnungen dieser Art, daß eine Summe für *Burgerrecht*

---

1) 1504/5 Gröben, 1505/6 Schum, 1506/7 Kulepatz?

vnd vor werckyelt bezahlt sei. Nether fertigt ein Register über die Einnahmen, die *Vonn Setteweynn ingenomen* sind, I verzeichnet die *Summa lateris von Setzeweyn das Jar eingenomenn*, und so lassen sich noch viele Beispiele dafür geben, daß der Kämmerer gegenüber niederdeutschen Überresten des Textes allein die hochdeutsche Lautgestalt benutzt.

Auch dieser Beamte weist in seiner hochdeutschen Schriftsprache auf Anschluß an Sachsen, nicht an die Kölner Kanzlei, ohne daß seine Schreibweise aber mit der Nethers identisch wäre. Manche stärker dialektisch obersächsische Form, die sich bei dem Schreiber findet, fehlt ihm, z. B. schreibt er außer in *Zcőme* (Zäume) und *Seger* nie *o* für *ou*, *e* für *ei*; neben *hot* kennt er *hat*; *i* in Endsilben steht seltener als bei dem Stadtschreiber. Wo dieser *Weße* schreibt, hat I *Wieße*. Dagegen stimmen beide überein in der Wiedergabe des oberdeutschem *iuw* entsprechenden Lautes, dessen Diphthongierung im Md. *aw* < *ûw* ergeben hat *(naw)*. Altes *ou* erscheint als *ou* oder als *au houbt, kauffen*. Neben *auf* kommt *vff* vor. *o* für *a* findet sich nur in *do (hot)*. — Md. Zerdehnung scheint in *lőn* vorzuliegen. s vor *l, n, m, w* ist ausnahmslos > *sch* geworden. *fchwer, fchwefter, gefchlagen*. Auch die konsequente Doppelschreibung des *t* in *gutte* (gute) stimmt mit dem sächsischen Gebrauch überein. Ferner sind *adir*, die Vorsilben *abe—*, *(abegeloft)*, *vor —* (ver- und vor—) zu nennen. Im persönlichen Pronomen lautet der Dativ vorwiegend *őm*, im Fem. *or (e)*, *(őr)*, das Possess. *ore (őre):ore lon, ore tranggelt*.

Dagegen hat der Kämmerer des folgenden Jahres, II, die Pronomina *ym* und *yr (yre)* und hat auch *f* vor Konsonant bewahrt. Steht er in diesen Punkten der Kölnischen Kanzlei näher, so trifft er in allen andern mit den Berliner Kollegen zusammen. Wie diese schreibt er *naw* (aber *hew*), *kouffen* und *holtzhowen* (neben *hawen*), *Zcőme, Seger* und noch weiter gehend als I z. B. auch *entzel*. Neben *hot, domit* steht allerdings auch *darmit*. Mitteldeutsch ist auch *abezwrewmen, erbeyt, fchieff*. Der Ort, aus dem Berlin seine Ziegelerde bezog, das heutige Glindow bei Werder, hieß in der mittelniederdeutschen Aussprache Berlins *die gliɴge* (vgl. § 81); in mittelniederdeutscher Orthographie wurde dies natürlich wie jedes aus *nd* hervorgegangen *ɴ* durch *nd* wiedergegeben. Diese übliche Schreibung *glinde* findet sich stets bei dem Kämmerer I, dagegen hat II eine mehr phonetische Orthographie: *glinge*.

Nethers Verhalten beiden Vorgesetzten gegenüber ist interessant. Im ersten Jahre, als I die Pronomina *őm* und *őre* schreibt, gebraucht der Schreiber die gleichen Formen, im zweiten Jahre überwiegen bei ihm *ym, yre,* die durch II angewandten Fürwörter. Unter dem ersten Kämmerer schreibt er *die glinde;* nur einmal entschlüpft ihm eine Kompromißform zwischen Aussprache und Schreibung *glingde,* aber 1505/6 schreibt er wie sein neuer Vorgesetzter nur *glinge.* Dieses Anpassungsbestreben stimmt zu der oben (S. 155 ff., 167) gekennzeichneten Art Nethers und beweist im Verein mit dieser aufs neue, daß der Schreiber offenbar von einer Autorität leicht zu beeinflussen ist. Diese Beobachtungen können die schon ausgesprochene Vermutung nur stützen, daß Nether nicht selbständig genug war, um aus eigener Initiative nur unter Beistimmung des Rates den Gebrauch des Hochdeutschen einzuführen, sondern daß viel wahrscheinlicher bei der Anstellung eines neuen Oberstadtschreibers der Rat einen Beamten wünschte, der im stande war, hochdeutsch zu schreiben. Mit der Anregung durch die regierende Behörde würde es auch gut zusammenstimmen, daß nicht Nether allein, sondern auch vereinzelt neben ihm tätige Schreiber die hochdeutsche Tendenz zeigen.

So herrscht nun die hochdeutsche Geschäftssprache nicht mehr allein in der kurfürstlichen Kanzlei, sondern auch in der Berliner Stadtkanzlei. Aber die Schriftsprache in Berlin geht zunächst noch nicht mit der in der Regierungskanzlei üblichen zusammen, sondern steht auf obersächsisch-thüringischer Basis. Die sächsischen Gebiete waren die nächstgelegenen hochdeutschen Länder, mit Leipzig bestanden die lebhaftesten Beziehungen durch Kaufleute und Studierende. Und wenn heute der Berliner von allen niederdeutschen vokalischen Erscheinungen gerade nur *o* (= as. *o* $<$ ug. *au)* und *e* (= as. *e* $<$ ug. *ai)* bewahrt zu haben scheint, so erklärt sich dies, wie ich glaube, daher, daß das Hochdeutsche vom obersächsischen Gebiete her überliefert wurde. Die niederdeutsche Vokalisation fiel zusammen mit der Aussprache des Hochdeutschen[1]), die die Vorfahren in ober-

---

1 Daß hier tatsächlich die hd. und nicht die niederdeutsche Vokalisation zugrunde liegt, beweist im heutigen Berlinischen der Unterschied zwischen *heiſer* (Häuser) und *beme* (Bäume). Hier kann nur der md. Unterschied zwischen *eu* und *ō* in Frage kommen, da sich aus den nd. Vokalen *hiſer, beme* entwickelt haben müßte. Vgl. die folgende Anmerkung.

sächsischen Landen kennen lernten und mitbrachten und war so als hochdeutscher Laut geschützt[1]). —

Seit dem Jahre 1504 ist also die Sprache der Berliner Kanzlei im internen Dienst hochdeutsch. Anders sieht es in der sonst so eng verbundenen Kölner Kanzlei aus. Wenn auch diese in der aus-

---

[1] Überhaupt scheint es, als ob auch der Konsonantismus des heutigen Berlinischen nicht aus dem Niederdeutschen, sondern aus dem obersächsischen Hd. zu verstehen ist, da tatsächlich außer in lexikalischen Überresten der anscheinend nd. Konsonant sich nur findet, wo er mit dem obersächs. Lautstande übereinstimmt. So ist *t* stets verschoben, ebenso *k* nach Vokal, dagegen bleibt geminiertes *pp* oder *p* hinter *m* unverschoben *(appel, strump)*, während anlautendes *p > f* geworden ist, *fert* (Pferd), *funt* (Pfund). *g* ist Spirant geblieben, wie auch obersächsische Dialekte spirantische Aussprache dieses Lautes kennen (vgl. aber unten). Wenn dagegen nd. *d* im Anlaut überall bewahrt ist *(dun, dot, drayen)* so erklärt sich das, weil die hd. stimmlose Media, die um jene Zeit in diesen Gebieten schon gesprochen wurde, dem *d* für ein norddeutsches Ohr näher steht als der aspirierten stimmlosen Tenuis *t* des Nd. Die Unterschiede der Aussprache gegen das Obersächsische ergeben sich daraus, daß der Berliner den gehörten Laut nicht genau nachbildete, sondern den nächstliegenden seiner Sprache substituierte. — Diese Erwägungen gehen natürlich von der Auffassung aus, daß in Berlin die neue Sprache nicht nach dem Schriftbilde, sondern nach dem Gehör rezipiert ist. Daß aber tatsächlich an eine Aufnahme des Hd. allein durch das Schriftbild (wie dies Seelmann, Nd. Jb. 34 33, annimmt) nicht zu denken ist, geht deutlich aus der in der vorigen Anmerkung erwähnten lautgesetzlichen Verteilung des $o <$ ug. *au: au < ú*. des $e <$ ug. *ai ei < i* hervor, die im 16. Jhd. in den sächsischen Fürstenkanzleien regelmäßig. in den Stadtkanzleien des Gebietes durchaus überwiegend *au* und *ei* (resp. für umgelautetes *au*. das *ō [böme]* gesprochen wurde, *eu*) geschrieben wurden. Die Scheidung von *au: o, ei: e. eu: ō* läßt sich also nur bei mündlicher Übertragung begreifen. Daß zum mündlichen Verkehr Gelegenheiten genug vorhanden waren, haben die vorhergehenden Darlegungen zu zeigen versucht. Vgl. zu diesen Ausführungen Löwe, Nd. Jb. XIV 36 ff., der für Magdeburg genau dieselben Erscheinungen (nur e i n e Abweichung s. unten) feststellt. — Aus diesen Beobachtungen aber ergibt sich die Möglichkeit, den Teil des thüringisch-obersächsischen Sprachgebiets genauer zu bestimmen, der für die hd. Sprache Berlins vorbildlich wurde. Das Südthüringische, das *p* in allen Stellungen verschoben hat, fällt fort. Ebenso das übrige Thüringen, das die alten Monophtonge bewahrt hat. Es bleibt demnach das Obersächsische-Meißnische; dies ist aber grade das Gebiet, für das sich auch aus den kulturellen Verhältnissen die engsten Beziehungen zu B. gezeigt hatten. — Allerdings bleiben bei dieser Hypothese noch einige Schwierigkeiten, für die ich keine ganz befriedigende Lösung sehe: In den Teilen des Obersächsisch-Meißnischen, die für die Einwirkung

wärtigen Korrespondenz mit der Berliner zusammengeht[1]), so bedient sich doch der Kölner Stadtschreiber Karl Mölner, ein geborener Berliner oder Kölner, obwohl er das Hochdeutsche vollkommen beherrscht, wo es irgend angeht, im Stadtbuch, in Briefen für Angehörige der Stadt usw. noch lange mit Vorliebe des Niederdeutschen. Erst nach seinem Zurücktreten, seit ca. 1527, scheinen[2]) die hochdeutschen Notizen regelmäßig zu werden.

Da in Köln Stadt- und Gerichtsschreiber identisch sind, so behalte ich mir die Charakterisierung derselben für die Darstellung der Gerichtskanzlei vor, wo ihre Tätigkeit deutlicher zu fassen ist als in den wenigen Eintragungen des Kölner Stadtbuchs.

Die Tätigkeit der nächsten Nachfolger Nethers, die hier noch ins Auge gefaßt werden soll, kann ich kürzer behandeln. Sie schreiben ausnahmslos und an jeder Stelle hochdeutsch. Für den leitenden Stadtschreiber gibt es keine andere Schriftsprache mehr. Nur bei Unterschreibern oder Gelegenheitsschreibern, für die wir allerdings nur auf sehr spärliches Material — in der Hauptsache vereinzelte

---

auf Berlin besonders in Betracht zu kommen scheinen — also wohl vor allem Leipzig —, wird, wenigstens in der Gegenwart, *g* nur im Inlaut und Auslaut spirantisch gesprochen, in Berlin auch im Anlaut. Wie kommt es ferner, daß schriftsprachlich intervok. *b* in Berlin als *b*, nicht wie nd. und md. als labialer Spirant gesprochen wird? Man könnte an einen lautlichen Übergang zum völligen Verschlußlaut denken, zumal nd. Schreiber auch im nd. Text gerade inlautendes *w* später mehrfach (besonders häufig in den Blankenfeldeschen Rechnungen) durch *b* ersetzen, und weil *b* sich auch in einigen Wörtern findet, denen hd. f entspricht, *Deibel*, *Keber* (Käfer), *Stibel* (so auch in den Blankenfeldeschen Rechnungen), *Schwebelholz*, (vgl. Hans Meyer, Der richtige Berliner ⁸ S. X, 112) und einige andere Wörter. Wegen der Beispiele aus dem Schb. und den Blankenfeldeschen Rechnungen müßte man den Beginn des Wirkens dieses Lautübergangs noch in den Anfang des 16. Jahrhunderts setzen. Aber diese Annahme verbietet sich für B., weil sein Dialektgebiet im Nd. noch heute Spiranten hat. Kaum kann dies ein Lautwandel der hd. Periode sein. Es wäre sonst der einzige selbständige Lautprozeß. Magdeburg hat nach Löwe a. a. O. auch tatsächlich den zu erwartenden Spiranten an dieser Stelle. Die Schwierigkeiten, die der Berliner Lautstand macht, heben sich allerdings sofort, wenn man annehmen darf, daß neben der folgenschwereren Aufnahme durch das Ohr auch das Schriftbild nicht ganz ohne Wirkung war.

1) S. 179 Anm. 1.

2) Die Belege für die spätere Zeit sind im Stadtbuch nur spärlich.

Eintragungen im Bürgerbuch — angewiesen sind, kommen noch hie und da niederdeutsche Spuren vor. So findet sich z. B. 1516 eine nd. Eintragung des Schreibers *M* im Bürgerbuch; 1518 übernimmt dieser zwar den stereotypen Wortlaut des Oberschreibers *ist burger worden am donerstage* fährt aber fort *na conceptionis marie anno ... vnd het geuen* Aber solche einzelne Notiz verschwindet völlig unter der Menge der andern.

Johannes Nethers Nachfolger ist Thomas Tham 1512/16[1]), der von Anfang an nur hochdeutsch schreibt, ohne die für den Innendienst bestimmten Schriftstücke von denen der auswärtigen Korrespondenz zu unterscheiden. Wenn auch die kurze Amtstätigkeit Thams nicht viel Material bieten kann, so geht doch soviel deutlich hervor, daß seine Sprache weniger auffallend obersächsische Eigenheiten hat als die Nethers. Hieraus ergibt sich zugleich, daß sie der Schriftsprache der kurfürstlichen Kanzlei weniger fern stehen muß als die seines Vorgängers. Allein die im Mitteldeutschen ausgesprochene Neigung, kurzes *u (ü)* in *o (ŏ)* zu wandeln, tritt auch bei ihm stark hervor: *borgschaft, thorm, nottorst, besonnders, Sonnabent,* aber auch *gewunnen,* und wenn wohl auch der Übergang *s > sch* vor Konsonant, die Anwendung allein der Vorsilbe *vor—* konsequenter durchgeführt ist als in der Kölner Kanzleisprache, so lassen sich doch weitere Punkte kaum anführen, die, wie so viele in Nethers Sprache, stärker von der kurfürstlichen Geschäftssprache abweichen.

In Georg Bretschneider, der Ende des Jahres 1516 auf Thomas Tham folgt, finden wir zum ersten Male einen Stadtschreiber, bei dem sich sicher nicht-berlinische Abstammung[2]) feststellen läßt. Im Jahre 1533 erst ist nach Ausweis des Bürgerbuchs *Georgenn stat-*

---

1) Die Notiz der series consulum Schr. d. V. f. d. G. B. IV S. 45 „Der Stadtschreiber Thomas Thümmen moritur" ist falsch („Thümmen" bedeutet „Tham", die ser. cons. verstümmelt die meisten Namen). Im Jahre 1512, zu dem die Nachricht gegeben ist, muß es heißen: „Der Stadtschreiber Johannes Nether moritur, ihm folgt Thomas Tham". Tham ist als Stadtschreiber des Jahres 1514 bezeugt auf der in diesem Jahre in den Turmknopf der Nikolaikirche gelegten Inschrift, im Jahre 1518 als „seliger" Stadtschreiber im Schb. S. 228 (219). Die genaue Jahresangabe ergibt sich aus dem Schriftwechsel im Bb.

2) Ist er auch kein Berliner, so mag er doch ein Niederdeutscher gewesen sein. Ich vermute dies aus seiner Behandlung der Namensformen und Berufsangaben: *kopperschmet, leymklicker.* Er nennt den Namen *Joachim Reychen des oldernn* u. ähnl.

*ſchriber Burger wordenn vnnde ein Radt Hat Im die burgerſchafft
vm ſeiner mannichſaltigenn treuwenn dinſtenn vmſunſt Zugeſtattet
vnnde nachgegeben.* Er ist bis gegen Ende 1539 tätig, tritt aber zuletzt
schon sehr zurück.

Von einigen Unterschreibern, die unter ihm arbeiten, war der
Schreiber *M* schon oben genannt. Alle andern, so *N* von ca. 1518
bis ca. 1534, sind nur hochdeutsch. Über den Schreiber Michael,
der 1526/30 auch im Berliner Bürgerbuch Eintragungen macht
vgl. S. 104 und 194.

Im Unterschiede zu dem bunten Bilde, das die Gerichtskanzlei
bietet, in der die hochdeutschen Schreiber, aus den verschiedensten
Gegenden Deutschlands stammend, sehr verschiedenartig schreiben, weichen die Sprachen der einzelnen Stadtschreiber wenig
von einander ab. Bei Bretschneider finden wir denselben Sprach-
typus, wie er bei Tham zu beobachten war, nur scheinen
die mitteldeutschen Formen etwas weniger zurückgedrängt als
bei Thomas Tham. Georg Bretschneider steht in dieser Beziehung zwischen Nether und Tham, doch dem letzteren näher als
dem ersteren. Denn fehlt es freilich auch in seinen Niederschriften nicht ganz an speziell mitteldeutschen Erscheinungen
(z. B. der konsequente Gebrauch der Vorsilbe *bo—* [*boſondern*],
die Verwendung von *van* neben *von*, *wo* für *wie*, *vffintlich* neben
offintlich, Berufsangaben wie *tiſcher*, *fleiſcher* und ähnliches), so
geben diese doch alle der Sprache keine auffallende Färbung.
Zudem scheint der Schreiber auch bemüht, einige dialektische Eigenheiten in der auswärtigen Korrespondenz sorgfältiger zu vermeiden.
Findet sich im Bürgerbuch zuweilen *Seler*, *Selwinder*, *ſehl* (feil) oder
Zcoummacher (neben *Zcom(m)acher*), *Knochenhower*, so kann ich
in seinen Briefen nur *ei* und *aw* belegen: *Juncfrawen*, *Hawsfraw*. Dem
steten Gebrauch der Präposition *vor* und der Vorsilbe *vor—* in
den für den Innendienst bestimmten Schriftstücken stehen in den
Briefen die Präpositionen *fur* und *vor*, die Vorsilben *fur—* (*fur-
geſtrackt*) und *vor—* (aber nie *ver—*) gegenüber. In der Bürgermatrikel
ist die Schreibung *o* für *a* häufig, ganz besonders heißt es viel öfter
hot als *hat;* in der Korrespondenz ist *hat* die regelmäßige Form, und
o ist nur zuweilen in *noch*, öfter in *do* zu belegen, d. h. also in Wörtern,
in denen auch andere Kanzleien, z. B. die kurbrandenburgische,
o haben.

Und so scheint denn in einer Zeit, in der die verschiedenen Kanzleisprachen überhaupt sich nähern, auch die Sprache der Berliner Stadtkanzlei, auch die Sprache des Stadtschreibers, obwohl nicht von der kurfürstlichen Kanzlei in Köln ausgehend, von dieser doch durch w i c h t i g e Unterschiede kaum mehr getrennt[1]).

Es ist eine bekannte Erscheinung im Kanzleiwesen, daß während noch der interne Betrieb in der dem Schreiber bequemsten Sprache oder Mundart geführt wird, die Sprache des auswärtigen Verkehrs sich der allgemeinen Schriftsprache schon nähert oder anpaßt. Im inneren Kanzleibetrieb in Berlin hatte das Jahr 1504 den Übergang zum Hochdeutschen gebracht, den Köln in den für den Innendienst bestimmten Schriftstücken noch nicht mitmachte. Es fehlte aber bisher noch der Hinweis darauf, wann und wie die Städte die neue Geschäftssprache für den auswärtigen Verkehr annahmen.

Das letzte niederdeutsche Schreiben des Magistrats einer der beiden Städte in auswärtigen Angelegenheiten ist die schon früher erwähnte Urkunde von 1502, die nach Ruppin gerichtet ist[2]). Dann setzt in der Überlieferung eine Lücke ein. In diese Lücke fällt die Anstellung Nethers, die Anwendung des Hochdeutschen im inneren Kanzleibetrieb. Erst 1509 geht die Überlieferung weiter. Am Sonnabend nach Reminiscere 1509[3]) schreibt der Rat von Köln an den von Danzig eine Vollmacht für einen Kölner Bürger in einer Erbschaftsangelegenheit, also ein Schreiben ziemlich bedeutungslosen Inhalts. Der Brief zeigt die wohlbekannte Handschrift des schon genannten Kölner Stadtschreibers Karl Mölner, den wir außerhalb der Korrespondenz aus seinen Eintragungen im Kölner Stadtbuch, besonders aber im Schöffenbuch kennen. In diesen Büchern nun, in denen Mölner die Sprache freigegeben ist, schreibt er noch lange Jahre und ganz unbekümmert um die hochdeutschen Kollegen, die seit 1509 in der Gerichtskanzlei, seit 1504 in der Berliner Stadtkanzlei tätig sind, niederdeutsch. Und auch in Briefen erscheint die berlinische Muttersprache sofort, sobald ihn keine Vorschrift bindet, z. B. 1517 in einem Privatbriefe, den er für einen Kölner Bürger nach

---

1) Über eine Näherung in bezug auf Syntax oder Stil vgl. S. 205.

2) Kgl. Bibl. in Berlin. Diplomat. Comitatus Ruppinensis (Bratringsche Sammlg.), ms. boruss. quart. 85 S. 46 auch fol. 425. Druck bei R. A IV 451.

3) Staatsarch. Danzig 23 B 94.

Zerbst[1]) schreibt oder selbst in innerkölnischen Verhältnissen in
einer Urkunde für einen Ratsverwandten des kölnischen Dorfes
Stralau[2]), wo es wohl dem Rat auf die Wahl der Sprache nicht ankommt. Wenn nun Mölner 1509 nach Danzig einen hochdeutschen
Brief schreibt, so ist unter diesen Verhältnissen nur anzunehmen,
daß dies auf speziellen Wunsch des Rates geschieht, der seinen Stadtschreiber im inneren Dienst wohl nach dessen Willen gewähren läßt,
aber im Verkehr mit andern Städten im Jahre 1509 entschieden hochdeutsche Schriftsprache fordert. Und wir kennen nun auch nach dieser Zeit kein einziges niederdeutsches Schreiben des Berliner oder
Kölner Magistrates mehr. 1512 schreibt Berlin hochdeutsch an
Bürgermeister und Rat von Danzig[3]), 1513 richtet der Rat von Berlin durch seinen Stadtschreiber Thomas Tham ein hochdeutsches
Schreiben an das damals niederdeutsche Brandenburg[4]). Wenn Köln
in lokalen Angelegenheiten dem Stadtschreiber freie Wahl der
Schriftsprache anfangs noch erlaubt, so schreibt Berlin auch in solchem Falle hochdeutsch, z. B. 1513 (oder 14?) in dem Vertrage
wegen Wiederaufbaus des Nikolaikirchturms (Schreiber Thomas
Tham)[5]). 1517 schreibt Georg Bretschneider zwei hochdeutsche
Briefe, von denen der eine vom Magistrat, der andere von Richter
und Schöffen gesandt wird[6]). 1518 beurkundet der Gerichtsschreiber ε
im Namen des Rates beider Städte hochdeutsch den Verkauf einer
Rente an die Vorsteher der Gertrudenkirche in Wittstock[7]). Derselbe Schreiber schreibt 1519 im Namen des Stadtgerichtes hochdeutsch an Danzig[8]) und stellt eine hochdeutsche Urkunde im Namen
des Rates beider Städte für einen Stralauer Ratsverwandten aus[9]).
Im gleichen Jahre läßt der Rat von Berlin in einer Erbschaftsangelegenheit hochdeutsch an Danzig schreiben[10]). Weitere Fälle aufzuzählen wäre hiernach überflüssig.

1) St. A. Zerbst. Z. II 13 In einem anderen Falle schreibt er 1516
einen Privatbrief wohl auf Verlangen des Absenders hd.
  2) 1517 St. A. B. 830.
          tsarchiv Danzig 23 B 107.
  4) St. A. Brandenburg. Gedruckt R. A IX 263.
  5) St. A. B. 790.
  6) Staatsarchiv Danzig 23 B 129 130.
  7) St. A. B. 100.
  8) Staatsarch. Danzig 23 B 146.
  9) St. A. B. 830.
  10) Staatsarch. Danzig 23 B 150.

Es ist also mit Sicherheit anzunehmen, daß, wie auch immer im inneren Betrieb geschrieben werden mag, jedenfalls der Rat von Berlin und der von Köln in der auswärtigen Korrespondenz 1509 die hochdeutsche Verkehrssprache anerkannt haben. Die Überlieferung zwischen 1502 und 1509 ist zwar unterbrochen. Aber wann und wie der Übergang stattgefunden hat, läßt sich, wie ich glaube, gleichwohl leicht feststellen. Man darf sicher voraussetzen, daß der Schreiber *G* wie in den zwei Dezennien seiner Tätigkeit, in denen wir seine Korrespondenz beobachten können, wie endlich auch noch 1503 im Bürgerbuch in diesem letzten Jahre seiner Tätigkeit die Neuerung nicht mehr eingeführt haben wird. Da anzunehmen ist (vgl. S. 172), daß sein Nachfolger Johannes Nether, unter dem die Einführung des Hochdeutschen im inneren Kanzleidienst nachweisbar ist, auf Anregung des Rates von Berlin hochdeutsch schrieb, so wird, wie ja überhaupt der Übergang im äußeren Betrieb in den allermeisten Fällen früher hervortritt als im internen Gebrauch, diese Forderung des Rates sich wohl ganz besonders auf die Korrespondenz bezogen haben, da ja schließlich — wie auch das Beispiel Kölns beweist — auf die Sprache im inneren Betriebe viel weniger ankam als auf die Vertretung nach außen hin. Wie innerhalb der Kanzlei, so wird also auch in der äußeren Korrespondenz Berlin im Jahre 1504 hochdeutsch geworden sein. Köln, das sehr häufig gemeinsam mit Berlin urkundet[1]), schließt sich trotz der Neigung seines Stadtschreibers für die Muttersprache Berlin an und bleibt auch in den eigenen Schriftstücken nicht hinter der mächtigeren, oft mit scheelen Augen betrachteten Schwesterstadt zurück im offiziellen Gebrauch der Sprache, für deren Rezeption die kulturellen Unterlagen für Köln ebenso gut wie für Berlin vorhanden waren, die als Sprache des Hofes, als ein Idiom, dessen der Studierende wie der Kaufmann sich in der Fremde bedienen mußte,

---

1) Die gemeinsamen Urkunden von Berlin und Köln in äußeren Angelegenheiten sind naturgemäß sehr zahlreich. Sie werden dann von dem Schreiber einer von beiden Städten ausgeschrieben und mit einem oder beiden Siegeln besiegelt. 1519 z. B. schreibt der Berliner Gerichtsschreiber im Namen des Rates beider Städte, datiert in Köln und siegelt mit dem Kölner Siegel *des wir vns Hir Inn gebraucht habenn.* Ähnlich heißt es in einem Schreiben von beiden Städten 1464 (St. A. Zerbst Z II 13) *Gefcreuen to colnn an der ſprew vnnder vnnſer ſtad ſecreth, deß wy vnns ſampthliken Hir an gebruken.* Der gleiche Fall ist noch oft zu belegen.

möglicherweise zu einer Zeit, als das bürgerliche Selbstgefühl im Abnehmen war, den Nimbus des Vornehmen besaß, in dem man bei dem traditionellen Gefühl des Neides und der Eifersucht, das Köln stets Berlin gegenüber erfüllt hatte, der bedeutenderen Stadt jenseit der Spree gleichstehen wollte. Und da Karl Mölner, über dessen Aufenthalt in Leipzig wir unterrichtet sind, wo es darauf ankommt, wohl hochdeutsch zu schreiben versteht, so kann Köln sich schnell an Berlin anschließen.

Die Beobachtung, daß die G e r i c h t s k a n z l e i überall der Volkssprache näher steht als die Stadtkanzlei, trifft auch für Berlin-Köln zu. Eine Schilderung der Gerichtsverhältnisse in beiden Städten war schon S. 103 f. gegeben, und es war dort auch schon auf die mehrfachen Beziehungen zwischen den Stadtkanzleien und der Gerichtskanzlei verwiesen worden sowie auf die Fäden, die sich in bezug hierauf zwischen Berlin und Köln spannen, auf die Möglichkeit, daß jeder Schreiber auch im Schöffenbuch der Nachbarstadt tätig sein kann, so daß eine Charakteristik eines Berliner Schreibers immer, auch ohne daß es im Folgenden stets noch hervorgehoben wird, ebenso für seine Eintragungen im Kölner Schöffenbuch gilt und umgekehrt.

Trotz der Verbindungen mit der Stadtkanzlei bietet das Schöffenbuch[1]) aus dem wir (außer einigen Briefen und Urkunden) unsere Kenntnis der gerichtsschreiberlichen Tätigkeit schöpfen, ein ganz anderes Bild als die sprachlich einheitlichen Produkte der Berliner, Stadtkanzlei. Dies Bild wird um so bunter, als bei langem Festhalten des Kölner Stadt- und Gerichtsschreibers am Niederdeutschen, noch zu einer Zeit, als in Berlin nur hochdeutsche Obergerichtsschreiber angestellt werden, zwischen die niederdeutschen Eintragungen im Kölner Teil durch die Berliner hochdeutsche Vermerke gemischt werden und umgekehrt. Hierzu kommt, daß auch trotz offiziellen Gebrauchs des Hochdeutschen im Berliner Schöffenbuch durch den ersten Gerichtsschreiber sowie in den Briefen des Richters[2]) noch lange niederdeutsche Unterschreiber beschäftigt werden, die sicher einem Bedürfnis entsprechen. Die juristisch gebildeten hochdeutschen

---

1) St. A. B. Der Berliner Teil umfaßt die Jahre 1503/25, der Kölner 1503/29.

2) Vgl. S. 178, 183.

Berliner Oberschreiber, die, wie sich im Folgenden zeigen wird, hochdeutscher und sogar oberdeutscher Abstammung sind, mögen wohl nicht immer im stande gewesen sein, sich mit der Bevölkerung genügend zu verständigen. Ja, sie scheinen sogar nicht immer Kenntnis der Volkssprache besessen zu haben. Wenigstens spricht aus ihrer Übertragung der niederdeutschen Namen häufig ziemliche Verständnislosigkeit, so wenn der Schreiber ζ den Namen *Natheheide* in *Nach der Heid* umsetzt. Und wohl schon aus diesem Grunde blieben die Gehilfen lange niederdeutsch. Aber noch anderes trägt dazu bei, das Sprachengemisch im Schöffenbuch vielgestaltiger zu machen. Man scheint entweder die Rezesse auf Wunsch oder im Bedarfsfalle noch lange in der Volkssprache gegeben zu haben oder, wie mit größerer Wahrscheinlichkeit anzunehmen ist, eingereichte Entwürfe, Konzepte in beliebiger Sprache berücksichtigt zu haben, z. B. den gleich zu erwähnenden Vertrag von 1529 [1]), und es mußten daher Schreiber vorhanden sein, die fähig waren, niederdeutsche Schriftstücke aufzufassen. Denn daß viele Eintragungen des Schöffenbuches im Anschluß an eingereichte Urkunden, Entwürfe, Verzeichnisse angefertigt sind, ist deutlich zu erkennen: Schreiber, die in freier Tätigkeit hochdeutsch schreiben, gehen in solchen Fällen nach einem hochdeutschen Anfang plötzlich ins Niederdeutsche über, und zwar meist da, wo es sich um genauere Angabe des Objekts oder um bestimmte Vertragsbestimmungen handelt, bei deren Fixierung sie sich natürlich strenger an die Vorlage halten müssen. Besonders beweisend ist die noch 1529 angefertigte Abschrift einer von dem Berliner Priester Urban Rücker [2]) verfaßten nd. Urkunde in der Sprache des Originals durch einen Gerichtsschreiber, der sonst stets hd. schreibt.

---

1) Niederdeutsche Rezesse, die vom Gericht ausgestellt sind, scheinen jedenfalls, seit hier offiziell die hd. Sprache durch den Obergerichtsschreiber vertreten ist, nicht das Übliche zu sein. Jedenfalls sind die beiden mir bekannten Originale dieser Art, eine Vollmacht und ein Teilungsvertrag, hd. Auch ist bei der Beurkundung von Verträgen Berliner Patrizier oder hochdeutscher Kontrahenten keine nd. Spur zu finden, nur in den Verträgen kleiner Bürger kommen diese noch vor oder bei norddeutschen Parteien, z. B. dem Hamburger Syndikus.

2) Daß die Urkunde nicht in der Gerichtskanzlei, sondern von Rücker abgefaßt ist, ist aus stilistischen Gründen zu schließen. Der Vertrag, in dem R. als Zeuge genannt ist, stimmt in gewissen Stileigenheiten, besonders aber in rechtlichen Formeln z. T. wörtlich mit einer Urkunde überein, in der

Ebenso muß andrerseits natürlich die Anlehnung an die von hochdeutschen Parteien eingereichten Schriftstücke durchschimmern. Um nur ein Beispiel zu geben, sei hier die verschiedene Bezeichnung des Auftraggebers und seines Prokurators angeführt. Für den ersten scheint in Berlin überhaupt keine bestimmte Bezeichnung zu existieren. Aber in den beiden Fällen, in denen es sich um Eyffelstädter (= Eibenstadt?) Bürger handelt, wird von dem *pryncepal* gesprochen. Für den zweiten ist die Benennung in Berlin *fulmechtiger, fulmechtiger anwalt, procurator*, aber wo es sich um Leipziger Bürger handelt, wird von dem *befelichhaber* geschrieben. Diese genaue Scheidung beweist, daß der Gerichtsschreiber sich in seiner Eintragung an die Vorlage anlehnt. So übernimmt z. B. auch der aus Sachsen stammende Schreiber ε, wie er bei der Einzeichnung eines Vertrages der Blankenfeldes mit dem Hamburger Syndikus niederdeutsche Reste stehen läßt, im Anschluß an ein Koburger Schreiben Formen wie „*an balden*" (Anwalt) u. dgl. [1]).

Wenn nun auch, wie sich in einigen Fällen zeigt, in denen fälschlich die gleiche Eintragung zweimal und von verschiedenen Schreibern gemacht wird [2]), der Schreiber im allgemeinen nicht sklavisch abschreibt, sondern seiner eigenen Orthographie folgt, so werden doch in Anbetracht dessen, daß er in markanten Fällen, wie oben ausgeführt, nicht völlig selbständig erscheint, die folgenden

<hr>

der Priester und sein Vater die Parteien sind (1526). Diese Formeln kann ich dagegen an keiner andern Stelle des Schb. belegen. Daß die Abschrift eines nd. Originals in jener Zeit stark hd. durchsetzt ist, ist selbstverständlich. Charakteristisch genug macht der Schreiber (der übrigens selbst nd. Abstammung ist) seinen Zusatz zu dieser Urkunde hd.

1) Noch ein Mittel gibt es, die Sprache des zu grunde liegenden Schriftstückes zu erschließen: In den kurzen Aufzeichnungen über den Vertrag, die an der Hand des Zettels erfolgten, geht der Schreiber oft aus der indirekten Rede in die direkte über, z. B. 1508, S. 72 [62] „*Gorus Steinhus ytundt der Blanckefeldynne meyer Ift Valten Wynse vorfetener pacht fchuldich vngeferlich by v fchock upp eyne rekefcapp. Sulck gelt inthomanen hebbe ick Valentyn Wyns peter fchildow fulmechtigh gemaketh . . .*" oder S. (201) 210: *Die Claus fchreiberinne ift erfchinnen vor richter vnd fcheppen vnd hat volmechtig gemacht Lorens Stachow (daß ich folde ohr) vnd vor einen vormunde erkoren daß er ßal ohr hauß vorkeuffen.*" Die eingeklammerten Worte, die im Schb. vom Schreiber durchstrichen sind, beweisen, auf welcher Grundlage die Notiz beruht.

2) Schb. S. 53 u. 32. S. 525.

Charakterisierungen der Sprache der einzelnen Schreiber sich hauptsächlich an die freien Eintragungen[1]) zu halten haben und die Abschriften von Urkunden und Rezessen nur soweit berücksichtigen, als dieselben auf ein Original zurückgehen müssen, das von der Hand des gleichen Schreibers ist wie die Kopie im Schöffenbuch.

Wie lange die Gerichtskanzlei in dieser Weise noch gelegentlich den Einflüssen der Parteien nachgab, ist nicht sicher festzustellen, da das im Schöffenbuch gebotene Material zu Beginn des Jahres 1529 abbricht. Einen gewissen Ersatz bietet für die Folgezeit das „Ratsbuch zu Berlin"[2]), das Verträge von 1541/49 verzeichnet, wie sie auch im Schöffenbuch neben den zusammenfassenden Angaben über die Vorgänge in „gehegter Bank" schon niedergeschrieben waren. Nur daß diese Verträge im Ratsbuch nicht vom Gerichtsschreiber, sondern von den Berliner Stadtschreibern eingetragen sind. Hier ist nichts Niederdeutsches mehr zu finden. Alle Einzeichnungen sind hochdeutsch. Übrigens bestätigt die im Ratsbuch überlieferte Abschrift eines Vertrages aus dem Schöffenbuch 1545 sowie ein im Original erhaltener Vertrag von 1559 direkt die Vermutung, daß die Gerichtssprache nur noch hd. war. —

Die Entwickelung in der Gerichtskanzlei stellt sich also hiernach ganz anders dar als in der Stadtkanzlei, und trotz der Richter, die das Hochdeutsche begünstigen und in ihren Briefen allein anwenden[3]), trotz der hochdeutschen Oberschreiber kann die Volkssprache hier zunächst noch nicht ganz verdrängt, der niederdeutsche Schreiber noch nicht entbehrt werden. Bis 1518 stehen neben den hochdeutschen Oberschreibern hauptsächlich niederdeutsche Unterschreiber. Später schreiben auch diese meist hochdeutsch. Doch scheint noch 1525 ein neuer nd. Unterschreiber eingestellt zu werden. Alerdings tritt er in seiner Tätigkeit kaum hervor. Seit ca. 1526 sind nur noch hd. Eintragungen zu bemerken (wenn man von der S. 181 gekennzeichneten Rückerschen nd. Urkunde absieht). Etwas anderes ist es,

1) d. h. die zusammenfassenden Notizen über den Abschluß eines Vertrages.
2) St. A. B.
3) Über Hans Brackow war oben gehandelt. Hans Tempelhof (s. S. 121) schreibt hd. (z. B. Staatsarch. Danzig 23 B 146), Thomas Böldicke, der unter Hans Tempelhof tätig ist, hat in Wittenberg 1504 und Frankfurt 1506 das römische Recht studiert. Von Joachim Reiche sind mir nur hd. Briefe bekannt.

wenn bei den hd. Schreibern niederdeutscher Abstammung hie und
da noch nd. Spuren auftauchen. — Von einem so schnellen, restlosen
Übergang wie in der Stadtkanzlei kann also hier keine Rede sein.

Im folgenden sei nun zunächst eine Übersicht gegeben über die
obersten Gerichtsschreiber in Berlin und ihr Verhalten zur Schriftsprache[1]).

In der Berliner Stadtkanzlei war mit dem ersten Wechsel in
der Person des Stadtschreibers nach dem Beginn des 16. Jahrhunderts
das Hochdeutsche eingezogen und seitdem nicht mehr zurückgedrängt
worden. Als dagegen nach seiner letzten Eintragung am Mittwoch nach
Judica 1505 der Gerichtsschreiber Peter Lussow sein Amt niederlegte,
folgte ihm kein hochdeutscher, sondern ein niederdeutscher Schreiber,
dessen Spuren bis Ende 1506 zu verfolgen sind. Mit dem Beginn
des neuen Jahres tritt ein anderer Schreiber *β* ein, dessen Tätigkeit
schon im Herbst desselben Jahres beendet ist. Dieser nun geht
nach einigen lateinischen Eintragungen zum Deutschen über, und
zwar zum Hochdeutschen.

Freilich kann sein Hochdeutsch über seinen niederdeutschen
Ursprung nicht hinwegtäuschen, wenn er *pfar, Nigehabe* (= Paar,
Nigehave Neuenhof) schreibt oder *bethe* (beide), *dem tothe* (Tode) und
ähnliches mehr, weil niederdeutsches *p, v, d* oft hd. als *pf, b, t* an den
entsprechenden Stellen erscheint, während er an anderen Orten
das nd. *d* beibehält: *endrechtiglich, beraden werth* (heiraten wird).
Und von dieser Grundlage aus ist wohl auch die Schreibung *ei* für
e in offener Silbe, *neigefte, Sweigher, leiben, gebeithen* oder für *ē < i*
im Partizip *irfcheynen* als niederdeutsch nicht als mitteldeutsch
anzusehen, ebenso die vielfache Bewahrung der Monophthonge (die
ja überhaupt um diese Zeit auch im thüringisch-obersächsischen
Kanzleigebrauch den Diphthongen Platz gemacht haben): *wiele*
(Weile), *gebruch, verwiffunghe*. Auch ob in der Schreibung *e* für *ei*:
Mefter, hem, dem Übergang *u > o* vor *r: gborth, worde, forder*, von
i > e: werth die mitteldeutsche oder die niederdeutsche Form zu
sehen ist, ist mindestens zweifelhaft. Da er im Niederdeutschen
keinen Genusunterschied von *twe* kennt, spricht er so gut von
zwe wie von *zwu frawen*, auch *fick* entschlüpft ihm, und *edder* ist
für ihn die regelmäßige Form.

---

1) Über die unteren Schreiber vgl. S. 183, auch S. 195 ff.

Viel Erfolg[1]) scheint dieser Schreiber in der Gerichtskanzlei mit seiner Neuerung nicht gehabt zu haben, da er seine Stelle so schnell aufgibt. Auch hat er wohl die hochdeutsche Sprache kaum auf besonderen Wunsch des Vorgesetzten (Richter ist damals Peter Brackow) versucht, da nach seinem Abgang wieder ein niederdeutscher Schreiber γ gewählt wird, und zwar ein Schreiber, der, der Tradition der mittelniederdeutschen Schriftsprache entgegen, als einziger in der Reihe der niederdeutschen Schreiber Berlins[2]), den aus *nd* entstandenen gutturalen Nasal nicht wie üblich durch *nd*, sondern in Anlehnung an seine Aussprache durch *ng* konsequent wiedergibt.

Während der Amtstätigkeit des Schreibers γ bereiten sich die oben geschilderten großen Wandlungen im Berliner Gerichtswesen vor. Peter Brackow stirbt, und Franz und Hans, bald danach letzterer allein, treten an die Spitze des Gerichtswesens. Und eine der ersten Neuerungen ist die Einsetzung eines hochdeutschen Gerichtsschreibers δ, der seine Tätigkeit im Frühjahr 1509 beginnt. Es ist derselbe Schreiber, der in dem oben erwähnten Hostienschändungsprozeß tätig ist. Mit ihm setzt die Reihe der hochdeutschen Obergerichtsschreiber ein, die seitdem nicht wieder abbricht. Diese Schreiber, die zunächst aus den verschiedensten Gegenden Deutschlands kommen und jeder die eigene Schriftsprache mitbringen, können zumal unter den schwierigen Verhältnissen in der Gerichtskanzlei, in der die Einflüsse der verschiedensten Kanzleisprachen zusammenströmen[3]), fürs erste hier noch keine feste Tradition begründen im Gegensatz zur Stadtkanzlei, wo sich früh ein fester mitteldeutscher Kern finden ließ. Lexikalische oder syntaktische dialektische Eigenheiten kommen allerdings weniger zum Ausdruck als lautliche, weil in der Gerichtssprache eine gewisse Gebundenheit der Form vorhanden war.

---

1) Wohl finden sich auch sonst unter den probe- oder aushilfsweise beschäftigten und nur in einer oder wenigen Eintragungen nachzuweisenden Schreibern noch zwei, die hd. Versuche machen, so 1508 in Berlin ein Schreiber, der die erste Notiz hd., die beiden anderen nd. einträgt, 1509 in Köln ein anderer, dessen einziger Vermerk hd. ist. So vorübergehende Erscheinungen aber können den Charakter der Kanzlei nicht ändern, dem gerade in dieser Zeit der Schreiber γ sein streng nd. Gepräge gibt.

2) Bei andern kommen höchstens seltene Entgleisungen vor und auch diese nur in sorgloser geschriebenen Schriftstücken des inneren Betriebs, kaum je in der Korrespondenz.

3) Vgl. S. 181 ff.

Man wird den Schreiber δ vielleicht im nördlichen Teil des heutigen Königreichs Bayern zwischen Main und Donau lokalisieren. Die bayrischen Eigenheiten werden von mitteldeutschen gekreuzt. Dem Nürnbergischen und der Kanzleisprache der fränkischen Hohenzollern steht seine Schriftsprache nicht fern.

Einerseits kennt der Schreiber weit überwiegend Übergang des anlautenden *b* > *p*: *peider, prieſſ, pruder, pecher*; der Wechsel von *w* und *b* läßt sich allerdings nur in *weweglich, vnweweglich* und den entsprechenden Rechtsausdrücken, die der niederdeutschen Gerichtssprache entnommen sind, *bewagen, webagen, wewagen,* belegen; anlautendes *dr* > *tr, treiczehende*; öfter findet sich neben *n* im Inlaut *t*: *forſtenter, auswentig,* dagegen steht intervokalisch auch *d* für *t*: *Grede.* Die diphthongische Form ist ausnahmslos auch in *auß, auſ*; kurzes *u* bleibt meist auch vor Nasalverbindung und *r*: *kunnen, kunt* (konnte), die niederdeutsche Namensform *Borchert* lautet *Purgar, Burgar, Purckart*; *ou* ist stets > *au* geworden, *iuw* > *eu*. Synkope ist, besonders auch nach langer Silbe, üblich: *mocht, kunt, goczhaus, als* (alles).

Andrerseits ist *ai* sehr selten; meist wird der Diphthong, gleichviel welches sein Ursprung ist, durch *ei* bezeichnet; *ie* und *i* werden nicht geschieden, *ue* und *u* nur selten *(guet, kůn)*. *g* scheint auch an einigen Stellen des Wortes spirantische Geltung zu haben: *czwitragt, geſſgen* (Gäßchen).

Daß er natürlich allein die Negation *nit* anwendet, *ſur* = „für“ und „vor“ und ähnliches, braucht bei dieser Form der Schriftsprache nicht erst bemerkt zu werden.

Als der Schreiber δ nach 2 Jahren seine Stelle aufgibt, folgt ihm der schon anläßlich seiner Tätigkeit für den Rat beider Städte[1]) erwähnte Schreiber ε, der von Cantate 1511 bis Judica 1521 eine bedeutende Tätigkeit entfaltet. Mit ihm zeigt sich eine völlig andere Form der Schriftsprache im Schöffenbuch als bisher, die thüringisch-obersächsische. Auch er ist von Geburt kein Niederdeutscher, sondern ein Hochdeutscher, der seiner mitteldeutschen Muttersprache, die schon in der Stadtkanzlei ihre Anhänger hatte, während seiner 10jährigen Tätigkeit weiteren Boden in Berlin geschaffen hat. Er gehört nicht der zur Gemeinsprache neigenden Richtung des Ober-

---

1) Vgl. S. 104, 178.

sächsischen an, sondern seine Schriftsprache hält viele dialektische Eigenheiten sehr fest[1]). Doch läßt sich in der zweiten Hälfte seiner Tätigkeit ein Nachgeben zugunsten der gemeinsprachlichen Tendenzen wahrnehmen. Während sich anfänglich in offener Silbe jedes ursprüngliche kurze *i* als *e* findet, treten seit 1517 in den Participien Praeteriti der I. starken Verbalklasse die *e* zurück, es heißt nun nicht mehr *vorſchreben*, sondern *vorſchrieben* u. dgl. Das Gleiche gilt für die Substantive. Für *ſrede* tritt *ſride* ein. Seit 1518 sind die Formen mit *i* die herrschenden. Seit derselben Zeit verdrängt auch *yr* das bisher überwiegend gebrauchte *ór*[2]). Dagegen bleibt zunächst noch die Pronominalform *óm*, die erst seit 1520 hinter *ym* zurückweicht. Auch für ursprüngliches *naw* zeigt sich später *new*.

Mit seinem Nachfolger ζ (im Schb. 1521/22 doch findet sich im Brief von seiner Hand noch 1525) zieht wieder eine Schriftsprache ein, die der des Schreibers δ nicht sehr fern steht, während der Schreiber η 1523/27 wohl dem alemannischen Gebiet zuzuweisen ist[3]).

Für die letzte Zeit beschränkt sich die Überlieferung auf das Kölner Schöffenbuch, in dem die Berliner Schreiber seltener hervor-

1) *ader, ſal, ab;* *e* zuweilen für *ei*: *entſcheden*, *o* für *ou*: *vorkoſſt, och;* Umlaut in *heupt, verkeuſſen;* *i* in offener Silbe $>$ *e*: *ſrede, weße; brengen; geerbeyt;* häufige Abschwächung des Endungsvokals zu —*i*—; in Namen (*liptzk* und berlinische Familiennamen) bleibt oft Monophthong, wo δ stets diphthongierte Form setzte. Im Anlaut *b*, sehr selten *p; vnden, halden; zw*— erscheint als *ſchw*—: *ſchwene ſchwue ſchweyen = zwene* usw., *ſchwentig, ſchwelſſ,* neben denen Formen mit *z* selten sind. Dagegen stets *zwuschen;* ebenso ist *ſ* vor Kons. stets $>$ *ſch* geworden. Inlautendes *ſch* wird häufig *ſſ* geschrieben: *ſrenkiſſe, merkiſſe, ſleiſſer, ſedderweſſer* (Federwäscher) *Taſßner* (Täschner). Andrerseits bildet er den Dat. von *Claus Wins = Winſchen.* (Vgl. zu dieser Erscheinung Weinh. Mhd. Grm. § 210. S. auch einmal *zirſt = ſchierſt*). Zwischen *ph* und *ſ* scheint er keinen Unterschied zu kennen. Er schreibt *pherde, phanden* so gut wie *phuder, phedder* und *ſedder;* den Namen *Fende* schreibt er *venth* und *phende.* Nach kurzem Vokal steht *dd.* In bezug auf die Pronomina hat er neben *er* noch *her,* Dat. *óm,* das Possessiv. lautet zunächst *ór.*

2) Für das auffallende Zusammentreffen, daß nicht nur *ſ* seit 1517/18 sich der Gemeinsprache zu nähern beginnt, sondern auch, wie noch gezeigt werden wird, Karl Mölner sich gerade um diese Zeit stärker zum Hochdeutschen wendet und zugleich auch (vgl. S. 183, 192, 196) die nd. Unterschreiber zurücktreten, sehe ich nirgends eine Erklärung.

3) Für die Lokalisierung in alemannischem Sprachgebiet spricht in erster Reihe häufige Bewahrung der Monophthonge, die Form *ſtan* (stehen).

treten. Ehe ich dazu übergehe, die Schreiber dieses letzten Teiles ihrer Sprache nach zu schildern, möchte ich auch die Art des kölnischen Betriebes bis zu diesem Zeitpunkt ins Auge fassen, wo ja der Stadtschreiber die Gerichtsschreibertätigkeit mit übernimmt. Während der Periode häufigen Wechsels in Berlin bleibt in Köln seit 1504 ein einziger Mann als erster Schreiber tätig, der in vielseitiger Beschäftigung im Stadtbuch, in Briefen des Rates und in Korrespondenzen, die er für die Bürgerschaft übernimmt, und endlich im Schöffenbuch entgegentritt. Es ist der schon mehrfach genannte Altarist Karl Mölner[1]). Daß er so lange wie möglich am Niederdeutschen festhält, war schon oben S. 177 f. ausgesprochen. Daß aber ein Mann, der während seiner Leipziger Studienzeit hochdeutsch beeinflußt ist, der hochdeutsche Kollegen neben sich hat, deren hochdeutsche Eintragungen er oft genug zu berücksichtigen hat, der selbst den Briefverkehr hochdeutsch führen m u ß , kein vollständig reines Niederdeutsch mehr schreibt, ist verständlich. Freilich ein Mischdialekt, wie er sich oft in niederdeutschen Gegenden beim Eindringen des Hochdeutschen ergibt[2]), findet sich bei ihm nicht. Wo er niederdeutsch schreiben will, beschränken sich die hochdeutschen Einflüsse zunächst auf gewisse Laute und Formen, die konsequent durch die hochdeutschen ersetzt werden, während ihre Umgebung unberührt bleibt.

Der häufige Gebrauch juristischer Fremdwörter ist von Anfang an, schon zu einer Zeit, als die übrigen Schreiber die deutschen

---

Dazu kommen einige andere Kriterien, die allerdings das Alem. z. T. mit dem Bayrischen teilt. Die fast regelmäßige Ersetzung des anl. / durch /ch: /chicherheit, ausge/chagt, Er/chamen (ehrsamen), ꝛer/chonlich. Vergl. dazu Weinhold, Alem. Grm. § 193, auch Bair. Grm. § 154 u. P B B. XVII 269; b in der Vorsilbe be-- und intervokalisch ist zu w geworden: wezalen, wiwes, gewen, sonst im Anlaut zu p: gepurt, gepeten, ꝛecker. Über diese Erscheinung im Alemann. vgl. Alemann. Grm. § 166. 148. Auch der Wechsel von t und d anlautend und intervokalisch (aber nt, lt) und ähnliches entspricht dem Alem. Ebenso der Gebrauch von /ch für /t: /chuckwiß (stückweise). Vgl. Alem. Grm. § 193, Mhd. Grm. § 206. Endlich ist auch die Wiedergabe der Endung —en durch —a und die Form fuczich (fünfzig) (P B B. XII 512 Anm. 1) zu erwähnen.

1) Über seine Persönlichkeit vgl. die Aufzählung der Schreiber im Anhang.

2) S. z. B. S. 196, 215 ff., 217.

Formeln durchaus noch bevorzugten, für ihn charakteristisch[1]).
Soweit ihm in späteren Zeiten noch die Möglichkeit gelassen ist,
sich in der Muttersprache auszudrücken[2]), bleibt seine Schreibweise
während der 23 Jahre, in denen seine Tätigkeit erkennbar ist, ziemlich unverändert, so daß er, der am Anfang seiner Laufbahn unter
den damals niederdeutschen Kollegen als besonders vorgeschritten
auffällt durch seine Neigung für die fremden juristischen Termini
und die gleich näher zu besprechenden hochdeutschen Spuren in
seinen niederdeutschen Eintragungen, zu Ende seiner Schreibertätigkeit als ein Vertreter vergangener Ideale neben den Kollegen
steht, zu einer Zeit, als auch seine patrizischen Freunde und Ge-
schlechtsgenossen in ihren Briefen meist schon hochdeutsch schrieben.

Die folgenden Beobachtungen über das Eindringen hochdeutscher
Formen in Mölners Schriftsprache beschränken sich nicht etwa nur
auf die Eintragungen im Schöffenbuch, wo er seit 1509 ständig die
hochdeutschen Bemerkungen des Berliner Obergerichtsschreibers vor
Augen hatte, sondern sie sind auch seinen Briefen und seinen Einzeichnungen im Stadtbuch entnommen. Wenn allerdings die meisten
Beispiele dem Schöffenbuch entstammen, so liegt das daran, daß
dieses das reichste und lückenloseste Material bietet. Doch stimmen
die Briefe wie das Kölner Stadtbuch der Schreibweise nach ganz
mit dem Schöffenbuch überein. Für die Eintragungen im Stadtbuch,
die nur kölnische Angelegenheiten betreffen, ist äußere Beeinflussung
durch Anschluß an ein hochdeutsches Schriftstück nicht möglich.

Solche vereinzelten Fälle im Schöffenbuch, in denen der Schreiber
bei der Eintragung eines Vermerkes (die ja, wie oben bemerkt, oft
an hochdeutsche Vorlagen anknüpfen) ein hochdeutsches Wort in
einer Formel hat[3]), die er unzählige Male, von der Hand seiner hoch-

---

1) So schreibt etwa der gleichzeitige Gerichtsschreiber in Berlin. Peter
Lussow 1504: *Kuntze Butner het vulmechtig gemackt Jacob Kronen in alle fynen
facken tho dunde vnd lathen* ... Mölner 1504: ... *heit Jacob Kronen to gantz
Seinen vulmechtigenn procurator gefettet vnnd geordennt vnnd constituiert* (oder
gefettet verordennt vnd deputiert.) ... Weitere Beispiele für die verschiedenen
Gerichtsfälle sind zahlreich.

2) Vgl. S. 178, 192 f.

3) Z. B. „*to getrewhenden bet vp feinen wederrupen* oder *etliche erffe
betreffende* oder *wie es fich funft a'lenthxlwen thom rechte eygent vnde
gebort.* Den häufigen Ausdruck *mobilia et immobilia* übersetzt er gewöhnlich *bowagen vnd vnbowagen,* zuweilen aber *bowege'ich vnd vnbowegelich.*
Besonders auch in Briefen: „*in crafft vnd macht dits briues*“, „*in der
Heiligen pfingeften*“.

deutschen Amtsgenossen geschrieben, vor sich sah, kommen hier nicht in Betracht. Sie sind überdies erstaunlich selten. Alle im folgenden angegebenen Formen dagegen sind so konsequent und dauernd gebraucht, daß die Erklärung gelegentlicher Anlehnung an die hochdeutsche Vorlage nicht ausreicht, sondern eine orthographische Beeinflussung für die gesamte Schreibweise Mölners in diesem Punkte anzunehmen ist.

Die hochdeutschen Einflüsse erstrecken sich in erster Reihe auf die Vokale, besonders auf nd. *î*, während die Konsonanten weniger berührt werden. Und zwar findet sich schon seit den ersten Eintragungen 1504 und ziemlich regelmäßig seit 1506 Ersetzung des *î* durch *ei*. Diese Erscheinung, für die bei den Berliner Schreibern auch sonst große Neigung besteht (vgl. S. 97 und 251), kann nur orthographisch, kein lautlicher Übergang sein, da das Berlinische nach Ausweis der heute noch nd. gebliebenen Teile dieses Sprachgebiets keine Neigung zur jüngeren Diphthongierung zeigt. Hier wird noch jetzt *î* gesprochen. Aber Mölner schreibt z. B. *ſein, mein, ſie ſein* oder *ſeint, geliekoſſt* und *geleikoſft* (1505), *vp boſtimpte teidt, ſleitige, malteydt* usw. Dementsprechend erscheinen auch bei ihm die Namen *Schonenſleyt* (= *Schonenſlit*), *veyth ſwarte*, für *Nigemann* tritt *Neigemann*, für *Levin Leſſein* auf. Dagegen bleibt satzunbetontes *by* zwar der Tendenz entsprechend, die im heutigen Berlinischen häufig gebrauchte Wörtchen wie *ik* und *det* bewahrt hat, aber entgegen Mölners sonstiger Richtung, die gerade in solchen Partikeln gern dem Hochdeutschen weicht. Sonst ist *î* nur sehr selten geblieben.

Nicht so konsequent ist die Schreibung *au* für *û*, das sich nur in *Hauß* findet und auch nur n e b e n der monophthongischen Form[1]). N i e m a l s aber steht *eu* etwa für *u* = mhd. *iu*.

Ein weiterer vokalischer Wechsel, der sich ebenfalls schon bei den Vorgängern dieses Schreibers (S. 97 f.) in Ansätzen findet, ist das Verhalten von *ŏ: ŭ*. Im Berlinischen war *ŭ* in offener Silbe und vor *r* > *o* geworden, sonst blieb *u*. Dagegen schreibt Mölner *Burgermeiſter*[2]), *durch, vrkundt, Brandemburg; mochte, ſonderheit* u. s. f.

---

1) Hiermit auf einer Stufe steht es wohl, wenn Mölner neben *ſruwe* auch *ſrawe* schreibt. Die Sprechform in Berlin war wohl *ſru(w)e*. Vgl. S. 261 Mölner braucht *ſruwe* im Gegensatz zu der in Berlin üblichen Orthographie *ſrowe, ſrouwe*.

2) Vgl. S. 257 f.

Wenn von *welich, /olich* die Formen mit *k, welk, /olk (/ulk)*, seit 1506 nicht mehr zu belegen sind, so ist dieser Übergang doch vielleicht daraus zu erklären, daß *—lich* wie das Pronomen *fich* zu allen Zeiten schon mittelniederdeutsch *ch* statt *k* zeigte. Abgesehen von diesen *ch* in *—lich, fich* sind hochdeutsche Konsonanten nur vereinzelt: 1504 *virten*, 1507 *teile*[1]), 1509 *pferden, pfunt*, ferner *dagezeit*, 1 mal *fchepfen* und wenige andere Spuren.

Daneben sind es gewisse häufige Partikeln, die am frühesten z. T. ganz konsequent hochdeutsch gebraucht werden. Neben *edder* stand *oder (ader)* nd. schon immer, später aber wird bei Mölner auch *van* ganz durch *von* verdrängt, *wu* durch *wie*. Schon 1506 kommt *keyghen* (gegen) vor[2]), seit 1512 schreibt er *gegen vnd wider*. Die hochdeutsche Form hat er in späteren Jahren in *darnach, darumb, do/elbs, vber* (und *awer*). Besonders die Pronomina werden früh durch die hochdeutschen ersetzt. Schon 1507 findet sich *wer* (nd. *wie*), 1508 ist das Possessivum *ire* (nd. *ore*) zu belegen. Daß stets *fein mein* usw. geschrieben wird, ergibt sich aus seiner Neigung für *ei* statt *î*. Ebenso heißt es *vnfers, vnfern;* seit 1510 sind die hochdeutschen Demonstrativa *difer* (Gen. *dits*), *dife (diefe)* zu belegen, während der Artikel *der* (nd. *die*) schon seit 1506 überwiegt. Schon 1505 kommt *er* vor und ist zu allen Zeiten, allerdings nicht so ausschließlich wie die übrigen hochdeutschen Fürwörter, sondern nur n e b e n *he*, zu finden. Das heimische *em, en* (ihm, ihn) wechselt zunächst (1511) mit dem mitteldeutschen *om, onn*, später (1521) dringen die Formen mit *i (ine)* durch. Auch *es, etwas* erscheint in der fremden Lautgestalt.

Weniger stark ist die Neigung, den hochdeutschen Einflüssen nachzugeben, beim Verb. Vereinzelt treten neben den niederdeutschen Formen *thun* und das Partizip *ge/chen, ge/chenn* (nd. *ge/chin*) auf. *hebben* ist im Infinitiv und den konjugierten Formen ziemlich fest, selten nur ist *hat* (nd. *het*) zu belegen, häufiger *gehabt* (nd. *gehat*). Dagegen stimmt *fein* durch die orthographische Neigung für *ei* (Inf. und 1. und 3. Pers. Plur. des Präs.) zum Hochdeutschen, während das niederdeutsche *is* vielleicht auch auf lautlichem Wege[3]) in *i/t*

---

1) Übrigens behält sonst Mölner, auch in hd. Briefen, anlautend *d* öfter bei, z. B. *andeyll* 1509.

2) *kegen* ist auch früher schon im berlinischen Nd. gebräuchlich.

3) Wohl durch die Neigung des Berlinischen bei dentalem Auslaut denVerschlußabsatz als *t* stärker zu artikulieren. Bei nachlässigeren Schreibern

mit dem Hochdeutschen zusammenfällt. Für das in Berlin und auch in vielen nieder- und hochdeutschen Dialekten übliche *gewest* braucht er dagegen stets *gewesen.*

Die Eintragungen Mölners gewähren daher etwa folgendes Bild: *Item wer ein knakenhoffer tho kollenn werdenn will, der fall gewenn viij merckifch Schock in die buffe vnnd vir pfunt was vnnd feynenn kumpenn eine malteydt* (K. Stadtb. 1522) oder *Dictus vnnd Mattheus gutte gebruder feint erfchenen vor richter vnd fchepen In rechter gehegender dingeftat Vnd hebben aldo femptlich vnd fonderlich folich erwe, als ehn vann thomas gutten Irem bruder feligenn erfflich angefallen, Jores Schumacker In vormuntfchap feiner Elichen husfruwen gantz quidt, ledich vnnd los gefet vnnd hebben domit alle vnnd Igliche gerechtickeit, fo fie an ohrs gnants . . . bruders nagelaten gudern gehabt, daran auegefedt.* (K. Schb. 1520).

Bei jenen früher gekennzeichneten hochdeutschen Bestrebungen des Gerichts, in dem die hochdeutschen Schriftstücke, die den Schöffenbucheintragungen zugrunde liegen, sich von Jahr zu Jahr mehrten, war auch Mölner oft vor die Aufgabe gestellt, einen hochdeutschen Vertrag abzuschreiben oder inhaltlich in einer kurzen Notiz wiederzugeben. Und daher finden sich mitten unter seinen niederdeutschen Eintragungen auch seit 1508 zuweilen Abschriften hochdeutscher Vorlagen[1]). Aber diese Erklärung reicht nicht für a l l e hochdeutschen Einzeichnungen ungezwungen aus. Denn da, wo der Schreiber nur Inhaltsangaben macht, stand ihm die Wahl der Sprache tatsächlich in vielen Fällen frei, und in solcher Lage entscheidet er sich anfangs fast ausnahmslos für das Niederdeutsche. Seit 1518 beginnen jedoch hochdeutsche Eintragungen häufiger zu werden. Seit 1521 bleiben nur noch die alltäglichen kurzen allgemein gehal-

---

werden solche *t* sehr oft geschrieben. (S. auch im heutigen Berlinisch *andaft < anders, befondaft < befonders, emt < ebent < eben* usw.) Heute sagt man allerdings in Berlin wieder *is,* nicht *ist,* aber diese Aussprache könnte sekundär erst wieder in der engen Verbindung des Hilfswortes mit einem konsonantisch anlautenden Wort entstanden sein. Vgl. hierzu S. 288 f.

1) Wie Mölner bei solchen Abschriften zuweilen verfuhr, war schon S. 189 geschildert. Solche Abschriften nimmt er z. B. 1508 von einem Vertrag der Stauffmels, der Söhne des aus Sachsen stammenden kurf. Rates, 1513 von einem Vertrag des Blankenfeldes mit dem Vertreter der Fugger in Gegenwart kurfürstlicher Beamter, 1516 von der Verschreibung Stublingers usw., also stets Fälle, in denen hochdeutsche Grundlage fraglos ist.

tenen Angaben ohne näheren Einzelheiten (z. B. ein Bürger hat einen *freden tho Baftiann pulemans nagelatenn gudt vmb ij fchock awer alle fein gudt bowagen vnnd vnbowagen* oder *Synt erfchenen vor Richter vnd Schepen vnnd hebben Michel groten to ohren vulmechtigen anwalden gemackt In der Sacke gegen* .), die er während seiner langjährigen Tätigkeit in jeder Gerichtssitzung im gleichen Wortlaut geschrieben hat, niederdeutsch, während alle längeren, genauer spezifizierten Verträge oder Inhaltsangaben, die nicht so mechanisch einzutragen waren, hochdeutsch sind. Daß hier zuweilen nd. Konsonanten noch zum Vorschein kommen, besonders gern *d* = hd. *t* oder im Wortinnern *w* = hd. *b* *(halwen)*, ist erklärlich. Dem Einfluß der hochdeutschen Kanzleiperiode kann er sich mit der Zeit doch nicht ganz entziehen, und da er zweisprachig ist, so ist die Möglichkeit, daß die ständige hochdeutsche Einwirkung schließlich auch in freiem Gebrauch hochdeutsche Vermerke veranlaßt, natürlich vorhanden.

Wie verhält sich nun dieser niederdeutsche Schreiber da, wo er hochdeutsch schreibt?

Während in seinen niederdeutschen Schriften die Vorliebe für *ei* statt *î* auffallend ist, hat er seltsamer Weise in seinen hochdeutschen Briefen von 1509 und 1516 überwiegend Monophthonge, auch in solchen Wörtern, in denen er im Niederdeutschen vielfach *ei* schreibt. Z. B. findet sich 1509 *wißen* (weisen), *fchribenn, wifheit, gelich, erfchinen* (= Inf.) neben *fleis, Dieweill* usw. Bei stetem Gebrauch von *euch, ewern* bleibt dagegen *truwen*. Daß er in der Verteilung von *e* und *ei* nicht sicher ist, ist verständlich. Er hat *leibenn*[1]) (Leben), aber *Zeger, ertzegenn*. Nicht besser ergeht es ihm in bezug auf den Konsonantismus. Er schreibt *andeyll* (Schb. 1507 *teil!*), *vortreden* (für *vortreten*) und im Briefe von 1509 beide Male *bruter (bruder)*. Während er nd. nur *ift* setzt, findet sich hier *is*. Offenbar fühlt er sich damals im Hochdeutschen noch nicht ganz sicher, und im Bestreben, den niederdeutschen Laut durch den hochdeutschen zu ersetzen, wählt er gerade die Formen, die er niederdeutsch n i c h t braucht. Auch die Scheidung von Dativ und Akkusativ gelingt

---

1) Bei den niederdeutschen Schreibern der späteren Zeit ist die Schreibung *ei* für *e* sehr beliebt. Mölner macht diese Mode im ganzen nicht mit. Die einzigen Wörter, in denen er stets *ei* für *e* setzt, sind *heit* (für *het*), *keyghen* (gegen).

ihm nicht immer[1]). So schreibt er *auß vnnßern offenenn brieff* (während eine Konstruktion wie *Irem Naturlichem Brutter* auch im Mitteldeutschen stark verbreitet ist). Dieses Schwanken nimmt später, d. h. also je länger die hochdeutsche Korrespondenzsprache in Köln obligatorisch ist, mehr und mehr ab. Besonders die Monophthonge schwinden fast ganz. Doch findet sich immerhin noch in einem Briefe 1527 *Durchluchtigßte* (und neben *Heiligen* auch *Hilligen*).

Also mußte zu Ende seines Lebens auch dieser Schreiber, der sich so lange gegen die Annahme der fremden Schriftsprache gesträubt und, soweit es ihm erlaubt war, an der Muttersprache festgehalten hatte, den Forderungen der neuen Zeit seine Zugeständnisse machen.

———

Dadurch, daß der letzte Abschnitt des Schöffenbuchs 1525—29 nur im Kölner Teil erhalten ist, lassen sich die einzelnen Schreiber, die Berliner Obergerichtsschreiber und der Kölner Stadt- und Gerichtsschreiber von den Unterschreibern nicht weiter so klar wie bisher scheiden, zumal auch seit dem Zurücktreten des Schreibers η der Berliner Obergerichtsschreiber sich nicht mehr durch seine oberdeutsche Schriftsprache vor den anderen auszeichnet. Als die wichtigsten, die zuerst neben η und Mölner, dann wohl als ihre Nachfolger tätig sind, erscheinen der Schreiber ϑ, der seit 1525 nachweisbar ist und später die Stelle des Kölner Schreibers einzunehmen scheint[2]), und Michael, der zuerst Ende des Jahres 1526 im Schöffenbuch zu beobachten ist und vermutlich für den Schreiber η später eintritt.

Der Schreiber ϑ ist von Geburt ein Niederdeutscher, dem — besonders im Beginn seiner Tätigkeit — noch gar manche niederdeutsche Form bei hochdeutscher Schriftsprache unterfließt. Aber wenn Karl Mölner bewußt am Niederdeutschen festhielt, so strebt ϑ allein die hochdeutsche Schriftsprache an.

Der Schreiber Michael, der auch seiner Abstammung nach dem hochdeutschen Gebiete anzugehören scheint, läßt von Anfang an über den mitteldeutschen Charakter seiner Schriftsprache keinen Zweifel.

———

1) Über die Unterscheidung des Dativs und Akkusativs in der Substantivflexion und beim Artikel in jener Zeit ist § 185 zu vergleichen.

2) Seine Handschrift findet sich auch im Kölner Stadtbuch.

So hat denn, nachdem die verschiedensten Formen der hd. Schriftsprache nacheinander hier Eingang gefunden hatten, auch die Gerichtskanzlei den Anschluß an die mitteldeutsche Sprachform gewonnen, durch die sie nun der Stadtkanzlei näher steht, und die naturgemäß allen hochdeutsch schreibenden Beamten niederdeutscher Abkunft am nächsten liegt, von ihnen gepflegt wird, nicht nur von dem Schreiber *ϑ*, sondern auch von den Unterschreibern, die, wie oben bemerkt, in den letzten Jahren, in denen uns eine Beobachtung möglich ist, vorwiegend und zuletzt d u r c h a u s hochdeutsch schreiben[1]).

Fragt man nun, wie sich die niederdeutschen Unterschreiber überhaupt seit 1509, seit der Anstellung hochdeutscher Oberschreiber, verhalten haben, in einer Zeit, in der die offizielle Schriftsprache hochdeutsch ist, so wird man drei Gruppen unterscheiden müssen, 1. die wirklich niederdeutschen Schreiber, bei denen hochdeutsche Formen nur ganz vereinzelt vorkommen, dann 2. die Niederdeutschen, die (vgl. S. 194) als hochdeutsche Schreiber eingeschätzt werden müssen. Zwischen diesen beiden Gruppen stehen 3. diejenigen, die zwar die hochdeutsche Schriftsprache anstreben[2]), aber teils noch nicht fähig sind, sie völlig durchzuführen, teils auch neben hochdeutschen Buchungen vereinzelt, wo kein bestimmter Zwang durch die hd. Vorlage ausgeübt wird, in freien Angaben über den Abschluß eines Vertrages die Muttersprache anwenden. Manche nicht rein hochdeutsche Eintragung mag auch in ihren niederdeutschen Spuren durch einen niederdeutschen Rezeß noch beeinflußt sein. Die nd. Reste sind sehr verschieden stark bei den einzelnen Schreibern, teils (so besonders in früheren Jahren) ergeben sie eine Art Mischsprache, teils sind es weniger durchgreifende orthographische oder seltene lexikalische Rückstände. Besonders bleibt *awer* (über) sehr

---

1) Den mitteldeutschen Anschluß beweisen Schreibungen wie *o* für *au*, *e* für *ei* (*erbkoffe, tel, mefter, flefcher*); *dd* nach kurzem Vokal *(widder, odder)*; Zerdehnung (*eher* er, *meher, viher* 4); Vorsilben *bo-, vor-*; *brenghen; wo, wu* (wenn, ob), *keyghen* (gegen) und ähnliche Formen, die natürlich bei einigen stärker gehäuft, bei anderen seltener auftreten.

2) Und solche treten schon seit 1510 'auf. ʻEsʼ läßt ʼ sich übrigens nicht beobachten, daß die Schreiber etwa im Kölner Teil neben Mölner (von dem allerdings die meisten Eintragungen stammen) sich anders verhalten als im Berliner Teil unter hd. Oberschreibern.

vielfach im hochdeutschen Text[1]). Einige Schreiber setzen die Monophthonge bei hd. Konsonantismus, andere halten, was leicht erklärlich ist, anlautendes *d* ziemlich fest. Ein Schreiber bewahrt auf konsonantischem Gebiete anlautendes *d* und inlautendes *w* (für *b*) gern. Es würde zu weit führen, die individuellen Verschiedenheiten aufzuzählen.

Sehr häufig bemerkt man, daß die Schreiber bei Antritt ihres Amtes zunächst den Versuch machen, sich der offiziellen Sprache der Kanzlei zu nähern, dann aber, sobald ihnen die Art des Betriebes nicht mehr fremd ist, sich mehr gehen lassen und stärker die eigenen Formen anwenden, um schließlich entweder, wo die Grundlage dazu vorhanden ist, sich doch noch der allgemeinen, herrschenden Sprache anzuschließen, oder, wo dies nicht der Fall ist, bei ihrem Idiom zu verbleiben.

Ich greife zwei Beispiele heraus, die dies erläutern sollen. Als der niederdeutsche Unterschreiber λ (1511—25) sein Amt antritt, macht er den Versuch, die Sprache seines Vorgesetzten, des mitteldeutschen Schreibers ε nachzuahmen, z. B. *Peter Jacob von Stettin hat vulſſmechtigk (!) maket   In der ſachen Her czu thunde hat czu kalen aub (!) der boldekynne huß.* Aber nach kurzer Zeit gibt er seine erfolglosen hochdeutschen Versuche auf und wendet sich dem ihm allein geläufigen Niederdeutsch zu. Seit etwa 1518 (d. h. in einer Periode, als, wie oben dargestellt, die hochdeutschen Bestrebungen überall kräftiger zu werden scheinen) bemerkt man bei ihm neue Versuche, hochdeutsch zu schreiben, etwa: *valentin ſirle Iß Erſchenen vor richter vnd ſchepphen vnd gebeyſpracht daß huß, ſo bey dem grauwen kloſther leyt, daß der burgermeiſter het gekoſt Clawes ſughe   von balczer czymerman, [nycht aub thugewen[2])] das Huß nicht aufZugeben, daß geſche myt willen vnd myt wiſſen uallenthyn ſyrle.* Diese neuen Versuche brechen zwar nicht so schnell ab wie die ersten, enden aber schließlich doch wieder mit einem Siege des Niederdeutschen. — Anders verläuft die Entwickelung bei dem Schreiber ϱ (1518—24 nachweisbar), der von vornherein auch des Hochdeutschen mächtig zu sein scheint. Auch auf ihn scheint zunächst das Vorbild des Obergerichtsschreibers einzuwirken. Aber

---

1) Während sich in niederdeutschen Texten auch *vber* findet. S. unten S. 198 Anm. 1.

2) Die eingeklammerten Worte sind im Text durchstrichen.

bald heißt es nicht mehr, *X habet pacem vber* sondern auch *tho Y*, dann tritt die Kompromißform zwischen *vber* und *awer* ein, *aber*, endlich auch das niederdeutsche *awer*. Je länger er im Dienst ist, je häufiger und dadurch weniger sorgfältiger die Eintragungen werden, um so öfter tritt die Muttersprache hervor. Wo er zunächst von einer *Rechenschaph* sprach, erscheint bald danach *Rekenschaph*, neben *nachgelaſſen gut* steht' *nagelaten gut* usw. Schon 1519 finden sich zwischen hochdeutschen Eintragungen, die nur niederdeutsche Spuren bewahren, am gleichen Tage geschriebene niederdeutsche, in denen hochdeutsche Reste selten sind. *(. iſt erſchinen vor richter vnd ſchepenn vnd het awergeucn ſinen vetter torban ebell alle dat genige, dat teuß ebel het von ſinent wegen entphanngenn van gerat ſullen vnnd van anderenn)*. Eine Zeitlang liegen so hochdeutsch und niederdeutsch im Kampfe, dann aber tritt entschieden die fremde Schriftsprache hervor. Seit etwa 1522 sind niederdeutsche Rückstände Ausnahmen, und höchstens die Vorliebe für die Monophthonge, die er lange festhält, fällt noch als Abweichung von den meisten hochdeutschen Schreibern auf. Schloß man z. B. früher bei ihm einen Vertrag *vp eine rekenſchaph* und vor den *ſcheppen*, so geschieht es nun *vſſ ein rechnunge* vor den *ſcheppſen* usw. —

Bei Beobachtung der hochdeutschen Eindringlinge in der Sprache der Schreiber, die bewußt niederdeutsch schreiben w o l l e n (und wohl auch nur niederdeutsch schreiben k ö n n e n), fällt — wenn man von den oben erwähnten Versuchen absieht — zunächst auf, daß hochdeutsche Formen den Text durchaus nicht so häufig durchsetzen, wie man bei den Einwirkungen der Umgebung annehmen würde. Es sind hauptsächlich zwei Kategorien von Wörtern, die bei den meisten niederdeutschen Schreibern öfter hochdeutsch vorkommen. Einmal sind es solche Ausdrücke, die in den häufig einzutragenden Buchungen immer wiederkehren, so in den Nachlaßangelegenheiten *nhagelaßen, nachgelaſſen, nochgeloſſen, nochgelaten*, ferner *wie* in den Formeln *wie ſich in dem rechten eigent vnde gebort* oder *wie ſich daß behort ynn rechte*, wo auch von manchen Schreibern *daß* übernommen ist, die im Texte *dat* schreiben; ebenso *X habet pacem czu Y* bei Schreibern, die sonst *tho* oder *thu* gebrauchen, und schließlich die vielfachen Versuche einer Übertragung des *ower (awer)*, das sich in fast jeder Eintragung wiederholte *(X het einen ſreden ower Y ower ſchock)* und das sich auch als *ober, aber,*

häufig *vber* findet[1]), wobei das seltsame Verhältnis zu bemerken ist,
daß die zweite Präposition öfter als *vber* auftritt als die erste, so daß
die hd. und die nd. Form nicht selten in einer Buchung steht. Dieses
vber und *czu* führt schon zur zweiten Gruppe von Wörtern über, den
häufig gebrauchten Partikeln, die hochdeutsch in die nd. Eintragungen
zuweilen eingesprengt sind. Während aber bei Mölner die hochdeutsche
Form, zu der er einmal übergegangen war, meist beibehalten wurde,
ist die Anwendung bei den Unterschreibern selten ganz konsequent.
Es handelt sich wieder vornehmlich um Pronomina *der*, *er*, *in* (= ihm
und ihn), *iren*, *feyn*, *das*, *was* und, wohl durch das berlinische *det*
beeinflußt, *des (deys)* als Nom. Sing. Neutr. Von Präpositionen kommen außer den oben erwähnten häufiger *durch (durgh)*, *zu*, *bey*,
auf (vff)[2]) vor, auch *gegen*, *von*, *nach*, die in Berlin nie gefehlt haben.

Von 14 niederdeutschen Schreibern, deren Gebrauch ich beobachtet habe, haben zwei *hat* durchgeführt, die übrigen schreiben
die Form vereinzelt oder garnicht. *hebben* wird nie durch *haben*
ersetzt. Öfter kommt *ift*[3]) und *fein* vor.

Versuche, den hochdeutschen Vokalismus herzustellen, sind im
Gegensatz zu Karl Mölners Bestrebungen selten[4]). Der Konsonantismus ist außer in der allgemein üblichen Endung *-lich* und in *fich*
nur bei drei Schreibern etwas stärker beeinflußt, z. B. steht *b* für
w in *fülber*, *wibes*, *gelabit* (gelobt), *t* für *d* in *mutter*, *motterlich* (bei
einem Schreiber der öfter *o* für das berlinische *u* = *uo* hat). Verschobenes *p* ist wohl in *ffplitich* (pflichtig) bei dem Schreiber ξ
(1512—16) oder in *furmuntfcaff* bei dem schon genannten λ gemeint.
Die Form *gebrugen* bei demselben Schreiber deutet vielleicht den
Spiranten an.

Im allgemeinen ist also bei den niederdeutsch bleibenden Schreibern die Zersetzung nicht groß, kaum größer als in niederdeutscher
Zeit[5]), und betrifft mehr einzelne Wörtchen, als daß etwa in dem

---

1) Ein 1512—16 tätiger nd. Schreiber ξ hat anfangs *ower*, *awer*, *aber*
neben *vber*, seit 1515 nur *vber*. Andrerseits behalten aber nd. Schreiber, die
hd. schreiben, gerade *awer* gern noch bei, s. S. 196.

2) Auch in der Schreibung *aub* liegt wohl der Versuch, die hochdeutsche
Form herzustellen.

3) Vgl. S. 191 Anm. 3.

4) Über die beliebte Schreibung *ei* für *e* und für auslautendes *i* (*fey*,
dey) vgl. S. 246 § 12 und S. 251 f. § 26.

5) Vgl. S. 96 ff.

Bestreben nach Umsetzung ins Hochdeutsche der einzelne Laut
ersetzt würde. —

Man sieht, daß die niederdeutschen Schreiber dem eindringenden
Hd. verschieden gegenüberstehen. Alle wandeln die kleinen Partikeln,
aber Mölner richtet außerdem seine Vokalschreibung z. T. nach dem
Hd.; dagegen halten die Gerichtsschreiber meist die niederdeutschen
Laute fest.

Auch bezüglich ihres Anschlusses an das Hochdeutsche verhalten
sich die niederdeutschen Schreiber in hochdeutscher Zeit nicht gleichmäßig. Die einen bleiben ganz bei der Muttersprache, ein Mann
wie Karl Mölner schreibt hochdeutsch nur, wo es nötig ist, die dritten
endlich wenden sich mit mehr oder weniger Gelingen dem Hochdeutschen zu. S i e allein sind zuletzt noch tätig, und jene Schöffen-
bücher, die rein niederdeutsch 1503 einsetzten, schließen trotz einiger
niederdeutscher Überreste, deren Bewahrung der enge Verkehr mit
der Bevölkerung veranlaßt oder begünstigt, im ganzen als hochdeutsche Bücher ab. Während die ersten hochdeutschen Gerichtsschreiber
aus fernen Gebieten herbeigerufen werden mußten, stehen nun —
soweit wir bei dem Mangel eines Berliner Schöffenbuchs für die letzte
Zeit schließen können — auch für die hochdeutschen Buchungen
hauptsächlich heimische Kräfte zur Verfügung, die sich die vereinzelten niederdeutschen Entgleisungen wohl nur im Innendienst erlaubt haben werden. In den mir bekannten Briefen findet sich n i e
eine nd. Form. Aber auch der zeitweise ausgesprochen oberdeutsche
Charakter ist geschwunden, seit märkische Schreiber an erster Stelle
beschäftigt werden.

Wenn nun auch die Überlieferung 1529 abbricht, so können
wir doch vermuten — und diese Vermutung findet ihre Stütze im
Briefverkehr und in allen sonstigen Kanzleiäußerungen[1]) —, daß
die Entwickelung, die nun mit stärkerer Heranziehung heimischer
Kräfte in den Obergerichtsschreiberstellen eingesetzt hat, in gleicher
Weise fortgeschritten ist und von den letzten niederdeutschen Bestandteilen sich befreiend, eine Schriftsprache ausbaute, die unver-
kennbar mitteldeutschen Charakter hat. Auf diese Weise trifft die
Gerichtskanzlei mit der lange vorangeschrittenen Stadtkanzlei zusammen.

---

1) Über das Ratsbuch und seine Verträge s. S. 183.

Die aus der Gerichtskanzlei hervorgehenden Briefe sind, seit hochdeutsche Schreiber angestellt sind, allein hochdeutsch.

Nachdem nun in Stadt- und Gerichtskanzlei die hochdeutsche Sprache völlig durchgedrungen ist, will ich im Folgenden die Hauptzüge der Schriftsprache kurz hervorheben, wie sie, nachdem der Kampf zwischen hochdeutsch und niederdeutsch beendet ist, um die Mitte des 16. Jahrhunderts sich ungefähr in Berlin darstellt[1]). Damals sind als Ober- und Unterstadtschreiber in Berlin Lorenz Zachisch[2]) und Johannes Schmid[3]) tätig. Kölner Stadtschreiber ist Hieronymus Heinz.

Der Kölner Schreiber unterscheidet sich ein wenig von den Berliner Kollegen, indem er bisweilen neben *ei, nicht* auch *ai, nit* schreibt, und die *e*, die er mehrfach hinter *u* setzt, scheinen nicht bloße Dehnungszeichen zu sein, da sie sich sonst wohl wie bei Zachisch auch hinter andern Vokalen finden würden[4]). Doch führt Heinz diese der kaiserlichen Kanzleisprache entstammenden Eigenheiten (die damals auch in andern Kanzleien Eingang gefunden hatten[5]), z. B. schreibt auch einer der kurbrandenburgischen Schreiber jener Jahre[6]) *ai, ue, nit*) nicht regelrecht durch. Er schreibt *mayſter* und *meyſter, wayſe* und *weiſe, brueder* und *bruder. ue* steht verhältnismäßig öfter als *ai,* aber es gibt ganze Briefe von ihm, in denen solche oberdeutschen Spuren ganz fehlen. Ein tiefergehender Unterschied besteht zwischen ihm und den beiden Berliner Beamten nicht, sei es, weil Heinz' Beziehungen zur kaiserlichen Kanzleisprache zu oberflächlich und äußer-

---

1) Gestützt ist diese Darstellung auf Briefe, Urkunden und die Eintragungen ins Ratsbuch.

2) Er selbst schreibt seinen Namen im Ratsbuch (fol. 135 b und 225 a) *Lorentz tſchachiſch),* was wohl *Zachiſch* bedeutet, zumal Küster, Altes und Neues Berlin II 446 in dem in den Turmknopf der Nikolaikirche gelegten Schreiben 1538 den Namen *Zacheſisch* liest, und er in einem Vertrag mit den Johannitern 1539 *Zcarhuß* genannt wird, also mit *Z.* Zur Wiedergabe des *z* durch *tſch* vgl. die umgekehrten Schreibungen im Stadtbuch, z. B. Fid. 164 *tzarne* und *ſcharne.* S. auch S. 297 § 124.

3) aus Straußberg.

4) Dieser schreibt *paer, hoeſ, guet.* Übrigens ist sonst die Andeutung der Länge durch nachgesetztes *e* weder in niederdeutscher noch in hochdeutscher Zeit in Berlin sehr üblich.

5) v. Bahder, Grundlagen des neuhochd. Lautsystems S. 9.

6) Vgl. S. 67 Anm. 1.

lich waren, sei es, weil die Kanzleisprachen sich damals einander überhaupt genähert hatten, und so stammen die Beispiele zu dem folgenden Überblick über die Hauptpunkte der damals in Berlin-Köln geltenden Schriftsprache ebenso gut aus den von ihm wie von den beiden andern gefertigten Schreiben. — Am wenigsten von diesen dreien vermag Schmid den Niederdeutschen zu verleugnen, bei dem, allerdings außerordentlich selten[1]), noch Formen wie *der oldiſte ſone, vorhuden*, oder mit niederdeutschem Vokalismus *dieſulbige* und wenige andere Reste zu belegen sind[2]).

a > o nur in *do, dor—*. Aber auch hier kommen häufig Formen mit *a* vor. Ferner auch vor Nasal: *ohn* (ohne), *montages*. *a* für gewöhnlicheres *o* nur bei Zachisch in *ſal* und *ap*, sonst heißt es *ſoll, ob*. Außerdem steht *o* nur sehr selten: *nopper* Nachbar (bei Schmid), *obent* Abend (bei Zachisch), *hot*.

Kurzes *i* bleibt, wird weder in offener Silbe noch vor *r* zu *e*.

Bei Beobachtung des Verhältnisses von kurzem *o (ŏ)* und *u (ü)* ergibt sich, daß *o (ŏ)* in offener Silbe herrschend ist: *genomen, komen, ſone (> ſon)*. Vor Nasalverbindung wechseln *o* und *u: Monch, ſonder, abeſunderunge, ſunnabent*, und *ſonnabent, gunſtig, gonſtig, vorgunſt*. Vor Liquidaverbindung überwiegt *u: durch, Burger, ſurſt, ſulle, ſulch* (auch *ſolch*). Hierher gehören die Partizipien der starken Verben der Klasse III: *vorſturben, wurden*.

i = ie: ſiben, aber *ſiebentzigk, ſchrieſſtlich* und besonders in den Partizipien der starken Verben I: *vorſchrieben, geliehen, geflieſſen; diße, diſe* und *dieſe*.

û und *ou* sind zu *au, aw* geworden. Nur in *ouch* bleibt einige Male *ou* neben *auch* (besonders bei dem überhaupt am stärksten mitteldeutsche Besonderheiten aufweisenden Zachisch). Die umgelautete Form herrscht in *heupt*. *vorkauſſer* und *vorkeuſſer* stehen nebeneinander, *vorkeuſt* und *vorkauſt*. Neben *auſ, auß* wird *vſſ, vß* gebraucht.

Mhd. *iuw > eu* (nur im Schöffenbuch findet sich in einer Eintragung im letzten Jahre 1529 *naw*): *new, brewpſanne, brewgereth*.

e für *ei* steht nur in *zwentzigk* neben *zweintzigk* und *zwantzigk* und in *zwe* (aber Gen. und Dat. *zweier, zweien*).

____

1) und nur im Ratsbuch.

2) Über die gleichzeitigen Verhältnisse in der kurfürstlichen Kanzlei vergleiche S. 67 ff.

Umlaut des *a* ist *e*. Bei Schmid und bei Heinz kommen vereinzelte Versuche vor, auch den Umlaut von *o* und *u* zu bezeichnen, *peurtig* (gebürtig), *Geuterbock* (Jüterbock), *Reudiger* (Rüdiger), *Coeln* neben *Coln*. Zuweilen begegnet die nicht umgelautete Form in *vnderthanig, ſamptlich, vaterlich*.

Synkope des auslautenden *e* ist sehr häufig bei zweisilbigen Wörtern mit langer erster Silbe, *ſach, ohn, wolt, ſolt*, findet sich aber auch nach Kürze. Dagegen aber mit *e: ſchriſfte, teſtamente. e* bleibt stets in der Endung — *unge.* Die mehrsilbigen Substantive auf *r* (für *l* steht mir kein Beispiel zur Verfügung) werfen das *e* der Flexionsendung nicht immer ab, *Burgermeiſter* und *-meiſtere, gebrudere, fiſchere*, doch fehlt es häufig vor einem *n* der Endung. Neben *ſrawe* steht auch außerhalb der Proklise *ſrau*. Gern fällt *e* vor *s* aus. Wo der Vokal in dieser Stellung erhalten ist, wird er durch *i* wiedergegeben. Sonst vertritt *i* den unbestimmten Vokal der Endung nur noch vor *r. e* schwindet auch, jedoch nicht immer, wenn der Konsonant der Endung mit dem Stammauslaut übereinstimmt, *berichtt* steht neben *entrichtett, wirtt* neben *wirdett. e* in der Vorsilbe fehlt regelmäßig in *gnant* (so lautete diese Kanzleiform auch schon niederdeutsch) und meist in *pleiben*, wo anlautendes *b* selten ist. Neben *gleich* findet sich *geleich.*

Die Konsonantenverstärkung kommt bei allen Konsonanten vor, am meisten aber bei *t, ſ, k, n* und *ſ (wirdett, gehabtt, Seitte*, stets *gutten; kauff; Vortragk, Vorſtandt* usw.). Besonders beliebt ist die Anfügung von *h: Rath, gewher, vheſt, nhu, bowhonet. h* in *genohmen* ist wohl Dehnungszeichen[1]). *Sz* steht auch im Anlaut *Szelig, Szon.*

Anlautend werden *d* und *t* geschieden[2]); im Inlaut steht hinter *r* und *l* meist *d*, hinter *n d* oder *t: hinten, vnten, vnden, vndir, ſorder, eldiſten.*

Anlautendes *b* wird mehrfach durch *p* ersetzt.

Doppeltes *d* nach kurzem Vokal steht z. B. in *widder.*

s ist vor Konsonanten außer *t* und *p* ausnahmslos zu *sch* geworden.

Als Vorsilbe wird *vor—* häufiger als *ver—* gebraucht, sehr selten ist *ſur—.* Neben *be—* begegnet die Vorsilbe *bo— (bowhonen* bewohnen).

---

1) Vgl. Fabian Frangk, Orthographia Deutsch 1531 B ij, B iij.

2) Doch hat Zachisch die auch im Obersächsischen vorkommende Form *vorterben* (verderben).

Die Diminutivform wird durch —*lein* und —*lin* gebildet.

Die Verwandtschaftsnamen werden stark und schwach flektiert.
Man findet Gen. *ſeins vatern, ſeins brudern,* Dat. *ſeinem brudern;*
aber auch der Singular von *ſone* lautet

Nom.	*der ſone*	oder	*ſon*
Gen.	*des ſonen*		*ſones, ſons*
Dat.	*dem ſonen*		*ſone*
Akk.	*den ſonen*	„	*ſon.*

Auch zu dem **Neutrum** *das erbe* ist der Genitiv *des erben* zu
belegen. Ebenso heißt es in der Anrede *Beſondere gonſtige Herren
vnd gutten ſreunden* (so Heinz 1548 Staatsarch. Danzig C. IV [217 12])
oder *ſreunde. Zall* kommt bei Schmid noch wie niederdeutsch als
Maskulinum vor.

Der Superlativ wird auf —*ſt* oder —*iſt* gebildet.

Die Adverbia gehen auf —*lich* oder —*lichen* aus.

Das persönliche geschlechtliche Pronomen bildet den Dativ
S. *ime*[1]*), im Akk. S. *ine, inen,* Dat. Plur. *ine, inen* mit wahrscheinlich rein orthographischen Doppelformen. Der Dativ des Reflexivs
lautet — wohl durch den niederdeutschen Gebrauch begünstigt —
ſich, nur bei Heinz finde ich einmal *im.* Gen. Sing. des Demonstrativs ist *dits.* Ebenso lautet der Nom. Akk. Sing. des Neutrums.
Als Relativum dient *ſo,* das auch als konditionale Konjunktion
vorkommt. Unter den Indefiniten ist *ymandts* und *yeder* zu nennen
(stets mit *y,* nicht *j* geschrieben). Dazu die Dative *yederm, yederer,*
Akk. *yedern.*

wu (ob, wenn) wird von *wie* (wie) geschieden.

Beim **Verb** fällt der Gebrauch der flektierten Infinitivs, und
zwar mit der Endung —*de,* besonders auf. Schmid gebraucht die
flektierte Form ausnahmslos, bei Zachisch kommt auch schon manchmal die unflektierte Form vor: „*Sol vnd magk ſulle gewalt haben
Inen zu pfandende*" Ganz besonders fest bleibt *zu thunde*[2]). 3 Pers.
Präs. Sg. kommt oft zweisilbig vor *er helfſet, leſſet.* (Vgl. nd. *helpet.*)
Es war schon oben bemerkt, daß bei den starken Verben I.
keine Ausweichung des *ī* > *e* mehr auftritt: *erſchinen, (erſchienen),
geſchriben, geſchnitten,* und daß in III. vor Liquidaverbindung *u* häufig
ist: *wurden, vorſturben, vorhulſen* usw., aber *beſolen* mit dem

---

1) Vgl. Frangk, Orthographia Deutsch. 1531 Wittenberg B ij b.
2) Vgl. den nd. Gebrauch § 204.

mitteldeutschen Ausfall des *h*. Aus IV. war schon auf die wohl mit langem Vokal anzusetzende Form *genohmen* verwiesen. (Dazu stimmt die Schreibung des ersten Kämmerers 1504 *genómen*.) In VI. ist zu bemerken, daß in *schlagen y* auch in den Infinitiv gedrungen ist. Das Partizip zu *heben* heißt noch *gehaben*. Wie weit im übrigen die Ausgleichsbewegung schon vorgeschritten ist, läßt sich nicht sagen, da Praeterita so gut wie garnicht zur Verfügung stehen.

Von *gehen, stehen* werden die gedehnten Formen *gehet, stehet* angewandt. Ebenso heißt es *haben, lassen*.

Üblicher als *bringen* ist *brengen*.

Praesens Plur. von *sein* ist *wir, sie seindt*, seltener *sein*. Zu *haben* lautet das Partizip *gehabt*, zu *sein: gewesen* und *gewest*.

mochte und *muchte*, *mogen* und *mugen* stehen nebeneinander. Daß Zachisch gegenüber dem sonst üblichen *soll sollen, sall sollen* braucht, war schon erwähnt. Zu *wissen* gehört das Partizip *gewust*.

blieben, plieben[1]) wird noch ohne *ge—* gebraucht. Außerdem findet sich das Partizip *zukomen*, aber *gekomen*. Neben *gegeben* steht *geben*.

Die sogenannten rückumlautenden Verben sind im reichen mitteldeutschen Umfange vertreten: *gestrackt, geschanckt, gesatzt, gewanth, bedackt, gelart, gekart* usw. Freilich stehen nur Partizipien, nicht Praeterita zur Verfügung.

Es liegt also hier eine Kanzleisprache vor, die deutlich auf mitteldeutscher Grundlage beruht, und in einer Zeit, in der die Kanzleisprachen sich einer Art Gemeinsprache genähert haben, sowohl der kursächsischen wie der kurbrandenburgischen Geschäftssprache nahe steht. —

Einige syntaktische Erscheinungen seien noch hervorgehoben. Wenn z u w e i l e n[2]) im Gebrauch des Artikels ein Irrtum vorkommt *(zu dem gedachten guttern* oder Akkusativ *Irem ßone,* Dativ *vor ein ersam Rath),* so verraten sich hierin wohl die niederdeutschen Schreiber. Dagegen ist der Gebrauch der starken oder schwachen Form des Adjektivs, gleichviel ob der Artikel davor steht oder nicht, auch hochdeutsch. Auch Luther sagt *des morgendes*

---

1) Vgl. S. 202.

2) Jedenfalls seltener, als man annehmen würde. Vgl. die nd. Entwickelung § 185. Bei mitteldeutschen Schreibern, auch in der kurbrandenburgischen Kanzlei, ist starkes Adj. hinter dem bestimmten Artikel, starkes oder schwaches in der Anrede sehr üblich.

tages, die bunte böcke. So heißt es hier *der durchlauchtigſter vnd Hoch-geborner Furſt, die Erbarc Rethc, die andcre mcine Vorſchrcibungen.* In der Anrede wechseln wie schon im Niederdeutschen, wie aber auch in hochdeutschen Kanzleien starke und schwache Formen *Beſundere gunſtige Hern vnnd gutten ſreunde.* Fügungen wie *alt holcz, halb pſunt,* die man aus dem niederdeutschen Gebrauch erklären könnte, kommen auch in mitteldeutscher Kanzleisprache vor.

Der vielfache Gebrauch des flektierten Infinitivs auf —*de* (s. S. 203: *Scindt wir Zu thunde erbottigk*) unterscheidet die Berliner von den meisten hochdeutschen Kanzleien, die in jencr Zeit meist —*de* oder —*ne,* die Zeichen der Flexion, abgestreift haben. Viel-leicht begünstigt auch hier der niederdeutsche Gebrauch die Erhaltung der Endung[1]).

Das Participium Praeteriti ist im absoluten Gebrauch seltener als das des Praesens, das seinen Platz im Relativsatze *(ſrawlichen Schmuck auſ Iren leib gehorende)* hat und auch dazu dient, die Gleichzeitig-keit der Handlung anzugeben *(Euer   ſchreiben   haben wir des Inhalts leſend(e) vorſtanden).*

Sehr beliebt ist die Umschreibung mit *thun,* wie sie schon von Bretschneider, dem das folgende Beispiel angehört, gern angewandt wurde: *ſo mir van den vann Dantzig Her ſliſſen thut.*

Nicht selten ist trotz einer vorangehenden Partikel gerade Wort-stellung im Hauptsatz: *Solchs wir Ew. Erſ. nicht haben wiſſen zu bergen.* —

Die ersten hochdeutschen Schreiber standen in stilistischer Be-ziehung dem Gebrauch der kurfürstlichen Kanzlei fern. Die S. 72 ff. erwähnten Punkte traten zunächst hier nicht hervor. Nur in der Gerichtskanzlei waren zuweilen mehrgliedrige, aber im Unterschiede von der Landeskanzlei meist zweigliedrige Formeln bemerkbar, je-doch wurden sie viel seltener als in jener angewandt. Unter Georg Bretschneider beginnen jene Kanzleimoden sich auch hier einzustellen, aber, wie es scheint, nur in seinen juristischen Schreiben[2]). In seinen sonstigen Briefen für den Rat sind sie kaum zu belegen.

Bei den hier ausführlicher behandelten drei Schreibern kommen diese stilistischen Eigenheiten vor, ohne aber je so um sich zu greifen, wie in der Kanzlei Joachims I. und seiner Vorgänger. Daß übrigens,

---

1) S. § 204.
2) Staatsarch. Danzig 1517. 23 B 130.

soweit ich dies übersehen kann, die Vorliebe für Synonyma unter Joachim II. zurückgegangen scheint, war S. 73 schon angegeben.

Die Frage, wie weit etwa die zahlreichen jetzt auftauchenden Formularien und Rhetoriken die Entwickelung der hochdeutschen Kanzleisprache in der Berliner Kanzlei beeinflußt haben, kann ich hier nicht weiter verfolgen[1]). Jedenfalls sind in der Übergangsperiode prinzipielle Unterschiede in den Briefformeln der ersten hochdeutschen und der letzten niederdeutschen Schreiber nicht zu bemerken. Ich stelle einige gleichartige Einleitungs- und Schlußformeln aus Briefen nebeneinander. Die Abweichungen innerhalb der niederdeutschen Periode sind hier nicht größer und nicht geringer als die zwischen niederdeutscher und hochdeutscher Zeit. Große in den Stil einschneidende Änderungen waren allerdings nicht n o t - w e n d i g , weil die in hochdeutschen Kanzleien gebrauchten Formeln überhaupt nicht stark von denen der niederdeutschen Schreibstätten abwichen.

Schlußformel: 1454

des wy ʋmme Juwe Erſamicheyt war wy mȯge gerne wedder ʋordinen.

1478

.. uillen wy ʋmme die gemelde Juwe Erſame wyſsheit Im glyken ʋnde andern med fruntlicher willicheit nha ʋnnſen ʋormogen alle tyd gerne wedder ʋordynen.

1494

wil ick altidt In glicken ʋnd ʋil mer andern ʋnd grotern willich ʋordinen ʋnd warmeth Ick Juwer wiſheiden ʋil gvallen ʋnd Nutzbar dinſt dhun kunde Bin Ick ſunderlich gantz gnegeth.

1513 (Th. Tham)

Das wollen wir vmb euch In gleichem ſall Zuuordynenn geſliſſen ſein.

1517 (G. Bretschneider)

Das wollen wir widerumb euch In gleychen oder groſſern ſhellen ... Zuuorſchulden ʋnnd Zuuordynen ſein geſliſſen.

1538

Das wollen wir wiederʋmb kegen E. E. W. gleichs ſahls vnd Inn einem groſſern Zuuordienen alletzeit gneigt ſein.

---

1) Die Bekanntschaft mit Fabian Frangks Büchern wäre in Berlin, wo Frangk 1520/25 als Lehrer des jüngeren Sohnes des Kurfürsten weilte, (vgl. Müller Quellenschr. u. Gesch. d. d. Unterrichts S. 389) wohl möglich gewesen. Seine Vorschriften weichen naturgemäß nicht sehr stark von dem Berliner Gebrauch ab, zumal er auch manche Freiheit zuläßt *(Doch wil ich vmb diß mit nymands zancken / weils villicht beider ſeits mag gehalten werden oder Iſt beider ſeits in vbung vnd recht)*. Doch läßt sich ein bestimmter Anschluß an Frangk nicht nachweisen. Frangks ȯ, u̇ sind in Berlin nicht, e̊ erst später in Gebrauch, c ist nicht wie bei Frangk auf Fremdwörter beschränkt, und so gering auch die Unterschiede sein mögen, so decken sich auch die Angaben des Kanzlei- und Titelbüchleins nicht ganz mit den berlinischen Formeln.

Eingangsformel 1454.

vnſe medegeſworner .. het vns ange-
richt, wu

1494

peter heckt .. hᵒth my borichtet, dat .. [1]

1513 (Th. Tham, der über-
haupt noch am stärksten zu den Nd.
stimmt).

Merten Botzman hat vnns bericht, wie ..

Etwas abweichend

1540 (Zachisch)

Der vorſichtige Johan Erhart .. ge-
langet an vns mit berichtt, wie

1548 (H. Heinz)

Es bericht vns Caſpar moller .. daß.

1517 (K. Mölner)

Ick geue Iw thoerkennen, wie

1517 (Bretschneider)

wir geben euch zuerkennen, wo ...

Diese Beispiele lassen sich vermehren[2]. Bemerkenswert ist ein Vergleich zwischen einem Briefe Karl Mölners, einem jener niederdeutschen Briefe in interner Sache, wo er lange bei der Muttersprache bleiben darf, und des Schreibers ε in gleicher Angelegenheit[3]. Ich stelle auch diese beiden Briefe gegenüber und lasse nur ganz kurze Stellen aus, die sachlich so abweichen, daß der Vergleich nicht möglich ist.

1517 (K. Mölner)

Wy Burgermeſter vnnd Rathman der
Stede Berlin vnnd Collen Bekennen
vnd dhun kunt offentlich vor vnns
vnſer nakamen vnnd ſunſt Jdermenig-
lich, [4])

dat wy vmb vleytiger bede
vnnd anligender nodt willen Hans
ſchultken vnſers dorps Stralow vorwanter
vorgunth vnnd erloueth hebben, dat he
vp Borchart matthis where darſulweſt
tho Stralow vp Einen rechten weder-
kop vorkopen mach denn vorſtenderen
alhir tho Sanct. Gertruden twintich
groſchen Jerlichen tyns vor vier ſchock

1519 (ε.)

Wir Burgermeiſter vnd Rathmanne
der Stette Berlin vnnd Colln Bekennen
vnd thun kunth offintlich vor aller-
meniglich, die dißen vnnſernn briff ſehen
horen ader leſen, das wir vnnſerm ver-
wanthen Dames Siwicken zu Stralow
vmb ſeinen anligenden notten vnnd
vleyſſiger bette willigen vergundt vnd
erlobt haben, das er ein ſchock Jer-
licher Zynns vmb Zwelff Schock Heupt
ſumm auff ſein vher zu Stralow denn
Erſamen ...[5]) vorſtendern Zu Sanct.
Gertruden zu Kolln vff einen rechten
widerkauff verſchriben magk,

---

1) Übrigens heißt es aber auch in einem kurfürstlichen Schreiben von 1459 *vns hat bericht der anndechtiger .. Er Nicolaus krul .., wie*

2) Über das Eindringen des hochdeutschen *öffintlich* war schon früher gehandelt worden. S. 98 f.

3) Beide im St. A. B. Zu den hochdeutschen Spuren in Mölners Brief vgl. S. 190 ff.

4) Die von ε gebrauchte Formel ist auch in niederdeutscher Zeit nicht unbekannt, wenn auch M. sie hier nicht anwendet.

5) fehlen nur die Namen der Vorsteher.

<table>
<tr><td>

Houetſumme, vorgunen ınnd erlouen
ehm dat ınnd gcuen tho ſolichen weder-
kop ınnſern willen ınnd rulborth In
craſſt ınnd machl dits briues, doch
alſo dat He

       oder ſeine eruen ſ die Houet-
ſumme bynnen vier Jaren ıngeuerlich ſ
wederumb aueloßen vnd to ſich bringen
. . . . . alles getrewlich vnd ungeuerl ch.
Tho vrkunt mel des Rads von Collen
Junior Secret, des wy vnns Hir Jnne
ſemptlich gebruckt Hebben vorſegelt[1].

</td><td>

vergonnen ınnd erlobenn Im das
ınnd geben Zu ſolichem widerkauſſ
ınnſern willen ınnd rulbort In craſt

      dits ınnſers briues, doch alſo
das gnanter Dames Siwicke oder ſeine
erben ſſolichen Jerlichen Zynns zum
ſchirſten ſie konnen ınnd mogen ſ wi-
derumb Zu ſich bringen als getrewlich
ınd ıngeuerlich . . . . .
zuurkunt mil des Rads zu kollenn
Junior Secret des wir vns Hirin
gebraucht haben verſigelt[1].

</td></tr>
</table>

Man sieht, daß die Übereinstimmung vollkommen ist. Nur in
der Wortstellung weichen die Schreiber ab und zwar, bezeichnend
genug, nur an der Stelle, die den Gegenstand der Ermächtigung enthält, für die also keine gemeinsame Vorlage vorhanden war. Eine
so vollständige Gleichheit wird sich natürlich nicht häufig konstatieren lassen, schon darum nicht, weil Urkunden genau des selben
Inhalts wie in diesem Falle nicht oft zum Vergleich stehen werden, und
weil bei größeren Zeitunterschieden und einem Schreiberpersonal,
das in den verschiedensten Gegenden Deutschlands vorgebildet war,
der Stil einer Kanzlei, auch wenn sie weniger durchgreifende sprachliche Veränderungen durchmacht als die Berliner, nicht immer gleich
bleiben k a n n, zumal nicht in einer geistig so regen Zeit, wie es der
Anfang des 16. Jahrhunderts war. Ich glaube aber, daß man aus
der Tatsache, daß der in mitteldeutschen Landen heimische Schreiber ε die gleiche Urkunde ausstellt wie sein aus Berlin-Köln gebür-
tiger Kollege zwei Jahre früher, und daß er nicht seinen eigenen Stil
hineinträgt, doch soviel wenigstens entnehmen kann, daß die fremden
Schreiber sich dem herrschenden Gebrauch des Berliner Urkunden-
stils nicht prinzipiell entzogen, und daß man bei Aufgabe des
Niederdeutschen mit der formellen Überlieferung nicht sogleich brach.
Allerdings wird die Sicherheit dieses Schlusses etwas beeinträchtigt
dadurch, daß das zum Vergleich stehende niederdeutsche Schreiben
erst sehr spät ist und von einem Schreiber stammt, der vielfach
hochdeutsch schreibt. Aber man muß doch andrerseits annehmen,
daß wenn Mölner auf Grund eines hochdeutschen Formulars ge-
arbeitet hätte, dies in der Urkunde gerade so zum Ausdruck hätte

---

1) Es folgt nur noch das Datum.

kommen müssen, wie es im Schöffenbuch in den auf hochdeutschen Originalen beruhenden Abschriften und Inhaltsangaben der Fall ist.

Wie verhält sich nun die Gerichtskanzlei in diesem Punkte, den stilistischen Beziehungen zwischen der hochdeutschen und der niederdeutschen Zeit?

Genaue Feststellungen sind hier nicht leicht, weil die Eintragungen, wie oben gezeigt war, oft nicht auf Erlasse des Stadtgerichts zurückgehen, sondern sich vielfach an die diesem übergebenen Schriftstücke halten. Nicht immer aber ist es möglich, deren Autorschaft sicher festzustellen. Daher wird man hauptsächlich die Form der allgemein zusammenfassenden Angaben ins Auge fassen müssen. Bei diesen aber bleibt selbst noch in den letzten Buchungen der Wortlaut häufig dem der niederdeutschen Zeit gleich. Die Formeln für viele Fälle sind allerdings mannigfaltiger geworden als früher, aber besonders die in hochdeutscher Sprache schreibenden Beamten, deren Heimat auf norddeutschem Boden liegt, bewahren den alten Wortlaut ziemlich treu.

1503 (Lussow)	1521 (ζ=süddeutscher Schreiber.)	1529.
Hans Bochow van Spandow Ist gekamen In fulgehegeder banck vor Richter vnd Schepen vnd het fulmechtig gemackt Jacob Hanneman In alle ßynen ßaken to dunde vnd to lathen In der allerbesten wyßen vnd forme, wu fich Im rechte geeghen vnd geborth[2].	*Jochim Schum Castner Zcu angermundt ist erschinen vor Richter vnd schoppen in voller gehegter panck vnd hath volmechtig gemacht Mattheus Massow (Ine den fachenn fo er Zu Greger tuchritz nachgelaffen gutternn[1])Ine der aller peftenn form vnd weiß vnd maß wie fich das zum Rechten eigentt vnd gepurtt [Zu Greger tuchritz nachgelaffen guttern].*	*Hans reinke* *hat volmechtig gemacht peter wannemaker In der Sachen, So er mit . . Zu thun hath In der beften form und weife wie Sichs Zŵ rechte eigent vnd geburth.*

---

1) Die eingeklammerte Stelle ist durchstrichen.

2) Ich setze zum Vergleich eine Vollmacht aus dem kurfürstlichen Gericht (allerdings von 1484) her. Die Unterschiede sind naturgemäß sehr gering, beweisen aber doch, daß die Berliner Tradition ihre eigene Formelsprache hatte: *Hans Milow Zu hoenfchonhufen hath von fein vnd Barbara vnd Magdalenen feiner vnmundigen fwefter wegen Paul Ebell borger Zu*

1503 Lussow	1512 e (mitteldeutscher Schreiber.	1527.
Andreas wedige vor- *willeth fich eynen freden* *Jegen Sebaftian Smedicke* *ßo hoch als vj fchock vnd* *awer alle fyn guth be-* *wagen vnd vnbewagen.*	*Merten Kickepuß vor-* *williget fich einen frede* *henningh fchäl So hoch* *als xij fchöck vber al fein* *gut bewagen vnd vnbe-* *wagen.*	*Valtin Newindorff vor-* *willigt fich einen friden* *Merten Tornow* *vber alle fein* *guth bewagen vnd vnbe-* *wagen.*

Daneben finden sich aber zum Schluß unserer Überlieferung auch schon Eintragungen und Verträge, in denen die in der Sprache des „kaiserlichen" Rechtes üblichen Formeln auftauchen. Z. B. die Einleitungen *Zu wiffen   Die Irrigen Gebrechen zwifchen kleger an einem   beclagten anders teils   In Irrigen fachen zwifchen   Ift entricht vnd entfcheiden in beywefen .*   oder der Eingang eines Testaments 1524: *Czu wiffen allermenniclich was ftandes vnd wirdicheit die feint, geiftlich ader Weltlich, Das heuth montages nach der elffthufent Junckfrauwen tage des morgens vm fegers nugenn Der erfame vnnd furfichtige Hans geberth Burger Zum berlin in feinem eigenn Hawße ingefurth ane eingerley Hulff vnd ftab Zw den verordenten vnd gefatzten, die czw richter Jherarth fwullenn, Borcharth fchriuer vnd afmus golno fchephenn, auß ßeiner ftuben bis an die furthur in der ftralowefchen gaffen gegangenn, Sie gutlich entphangenn vnd gebeten, mit Inne in fein Hauß vnd fthubenn Zwghein, das alßo gefchein. In dem hat gedachter Hans geberth angefangenn   usw.* In den im Ratsbuch verzeichneten Verträgen ist die neue Form schon durchaus üblich.

Fremde Rechtsausdrücke, auch ganze lateinische Zitate finden sich nun[1]), bei den verschiedenen Schreibern allerdings in verschiedenem Maße vorkommend.

perlin volmechtig gemacht zu gewyn vnd verluft In der fachen czwifchen In vnd andern, fo das verlaffen erbe Ern Baltafar Siuerftorff etwen pfarrer Zu? feligen Innen oder In anfproch haben, einzumanen etc. Actum Coln an der Sprewe am montag nach Assumpcionis marie anno etc. lxxxiiij. G. St. A. R. 78 19. fol. 70.

1) In einem Briefe an den Kurfürsten (Staatsarch. Danzig C IV [28 911]). 1524 werden die *debitores principales* genannt und weiter heißt es *weill fie fich felbfchuldich folchen gelt mir Zugeben conftituiret vnd vorpflichtet, Racio dictat equitas fwadet et Jus confirmat, wie dan die vonn Dantzigk woll wiffen, das vor Inen die von Braunsberg Judicialiter bekant Habenn . . .* Hier mag wohl aber auch die humanistische Zeitströmung sich wirksam erweisen, S. 144.

Wenn auf diese Weise allmählich der Stil der Gerichtssprache umgebildet wird, so wird man hierin weniger eine Wirkung der sprachlichen Umwälzung überhaupt als vielmehr ein Resultat der Rezeption des römischen Rechtes erblicken[1]).

So war denn in Stadt und Gerichtskanzlei der Sieg des Hochdeutschen entschieden, und' die Verdrängung des Niederdeutschen aus der Kanzleisprache war so energisch, daß, als in der ersten Hälfte des 17. Jahrhunderts die Berlin betreffenden alten Urkunden in Abschriften gesammelt wurden, der Abschreiber schon für nötig

---

1) Die naheliegende Frage nach dem Verhältnis der vom Schöffen-gericht ausgehenden Schriftstücke zu denen des Hof- und Kammergerichtes und nach etwa zu konstatierenden Beeinflussungen durch das letztere vermag ich nicht zu beantworten. Ganz abgesehen davon, daß solcher Vergleich auch juristische Schulung voraussetzt, ist das mir zur Verfügung stehende Material nicht nur zeitlich, sondern besonders seiner Art nach zu verschieden. Im Schöffenbuch z. B. fehlt zunächst vollständig die direkte Form des Ausspruchs der Räte, wie sie der Band R. 7819 (G. St. A.) in reicher Menge bietet. (Abgedruckt sind Verträge zwischen 1476 und 85 (94) bei Raumer II, z. B. Nr. XXII S. 133 *In der Sachen zwuſchen . . . Sprechen vnd urteilen wir* oder Nr. XXXVI S. 141 *In clage, Zuſprache, Antwert, gegenrede etc. Iſt erkant recht . . .* Vgl. z. B. auch LXXV, LX, LIV, XLVIII usw.) Selbt wenn 1508 der Schreiber *y* einen Eingang hat, der gleiche Anlage des Rezesses zeigt und daher gleiche Weiterführung erwarten läßt, so geht er doch völlig anders vorwärts, nicht zum Schiedsspruch, sondern zu den Vertragsartikeln *(In Errigen ſaken ſo ſych betho her tuſken . . . geholden, Iſs na mannichfaldiger vorgſlagenne gutteliger hange-lunge tuſken den parten vorlaten vnnd bewilliget wu na folget vnnd ſso, dath peter ſadeler kamen iſs vor richter vnnd ſcepen vnnd heth ſich aller gerechtigheyt an edder thoſprake, ſo he tho den angetegeden Huße angemathet vnd to hebbene vormeynde, gantz vortegen loß vnnd awe geſeth, dar newen ock bewilliget dat . . .* In den letzten Jahren (seit 1527) begegnet öfter die Form des Entscheids *(In Irrigen ſachen zwiſchen iſt entricht vnd entſcheiden In beywe/en Georgen Poppen . . . volgender meynunge vnd alſo, daß gedachter peter berge-mann . . .)* aber auch hier wird, wie mir scheint, stets die Form des Vertrages zur Weiterführung gewählt. Der Unterschied mag schon dadurch gegeben sein, daß die Schöffenbucheintragungen hauptsächlich Akte der „freiwilligen" Gerichtsbarkeit festlegen. Gemäß dieser inhaltlichen Verschiedenheit ist natürlich auch der formale Unterschied vorhanden. Dementsprechend fehlt im Schöffenbuch auch ganz jede auf den Gang der Verhandlung selbst Bezug nehmende Formel (Hofgericht z. B. *nach beyder parthey rede vnd widerrede, verhorung, getzeugknus, sag vnd gnughaſſten vorbrengen* oder

hielt, einige Ausdrücke des Textes am Rande hochdeutsch zu glossieren:

Joweliken:	*ichlichen*	*ilcke:*	*ichliche*
witliken:	*wißentlich*	*werde:*	*wirthe* (dignitas)
gewefen:	*angewiefen*	*prame:*	*fchiffe*
lihen:	*beleihen*	*vorboden:*	*aufbieten*

dat nymand na der letzften klocken tavernen full: zügern,
verweilen (!) echt: abermahl[1]).

VIII. Spuren des weiteren Vordringens
der hochdeutschen Schriftsprache.

Die Sprache der Kanzlei steht natürlich abseits von der Sprache der Bevölkerung und kann von dieser ganz verschieden sein. In einer Zeit, in der die Berliner Kanzlei schon hochdeutsch schrieb, hat die Bevölkerung noch lange niederdeutsch gesprochen. Doch darf man nicht übersehen, daß jene Kulturströmungen, von denen früher die Rede war, auf weitere Kreise einwirken mußten. Der Frage, in welcher Weise dies alles die Umgangssprache der Bevölkerung bestimmte, wird man natürlich nicht nahetreten können,

---

Raumer II Nr. LXXI S. 157. usw.). Diese findet sich nur ganz ausnahmsweise in späteren Jahren, z. B. in dem S. 210 erwähnten Testament, das unter Einfluß des römischen Rechts abgefaßt ist. Auch in den in beiden Gerichten üblichen Rechtsausdrücken glaube ich Unterschiede zu bemerken R. 784 1501 auch R. 7819. z. B. Raumer II Nr. LXVI werden die Parteien als *cleger* und *antworter* unterschieden. Wo solche Gegenüberstellung in den letzten Jahren im Schb. vorkommt, heißt es: *cleger, beclagter* oder nur *eines — anders teils.* Auch die Bezeichnung *machtmann* (Schb. *procurator, bevulmechtigter anwalt)* finde ich nur in Hofgerichtsentscheiden. Daß aus dem Hof- und Kammergericht auch Verträge hervorgehen, ist natürlich, aber die meisten mir zur Verfügung stehenden Verträge stammen aus dem 15. Jahrhundert, d. h. aus einer Zeit als die Überlieferung des Schöffenbuchs noch nicht eingesetzt hat, und zudem ist Berlin damals noch niederdeutsch.

1) Das „Copiarium" befindet sich im Berliner Stadtarchiv. Die Datierung erfolgt nach der Berufung auf Cernitius, der „Archivi Electoralis quondam Registrator" genannt wird. C. gab sein Werk „Decem e familia Burggraviorum Nurnbergens. Electorum Brandenb. eicones" 1626 heraus. Der andere Kopialband des Berliner Archivs, der unter dem tüchtigen Kölner Stadtschreiber Georg Otto begonnen wurde, geht in seinem größten Teil in die zweite Hälfte des 16. Jahrhunderts zurück.

aber man wird nach dem Einfluß fragen dürfen, den die hochdeutsche Kanzleisprache auf die schriftlichen Äußerungen der Einwohner ausübte, nach der Entwickelung der Schriftsprache in den Kreisen, die außerhalb der Kanzlei standen.

Es liegt in der Art des hierfür zu benutzenden Materials, daß dies nur zufällig erhalten und deshalb sehr lückenhaft auf uns gekommen ist. Daher wird sich kein so klares Bild ergeben können, wie es sich für die Kanzleien zeichnen läßt, aber es zeigt sich jedenfalls, daß die hochdeutsche Schriftsprache sehr früh über die offizielle Schreibstätte hinaus ihren Weg in weitere Kreise fand. Zwar stammen, wie zu erwarten, die meisten hier zur Verfügung stehenden Schreiben aus den patrizischen Häusern, doch haben sich auch in Briefen, Quittungen und Rechnungen von Handwerkern einige Dokumente erhalten, die es ermöglichen, daß das Resultat nicht zu einseitig erscheint.

Unter den vorhandenen Schreiben aus Bürgerkreisen finden sich solche, die[1]) von Stadt- oder Gerichtsschreibern geschrieben sind und daher (außer wenn Karl Mölner sie abfaßt, der ja sehr lange Zeit hindurch nur auf besonderes Verlangen hochdeutsch zu schreiben scheint) für diese Zwecke ohne Beweiskraft, und andere, die vom Absender als eigenhändig[2]) gekennzeichnet sind. Auf diese stützt sich der folgende Versuch, die weitere Ausbreitung der hochdeutschen Schriftsprache auf Grund der uns gebliebenen Reste zu zeigen.

Im ganzen 15. Jahrhundert wird der Briefwechsel natürlich niederdeutsch geführt. Daß freilich ein Kaufmann von der Bedeutung Thomas Blankenfeldes bei Bedarf ebenso gut hochdeutsch wie niederdeutsch schreibt, war schon erwähnt. Sonst aber ist die Muttersprache stets auch die Sprache des schriftlichen Verkehrs, selbst noch bei einem Manne wie Peter Brackow, der durch sein Amt als Hofrichter und seine vielfachen Beziehungen zum Hofe der Sprache der landesherrlichen Behörden doch besonders zugänglich gewesen sein könnte. Dennoch scheint es, daß um die Jahrhundertwende schon vereinzelt in den Reihen der vornehmen Berliner Geschlechter das Hochdeutsche als

---

1) Z. B. St. A. B. 1042, 1043 usw.

2) Die Blankenfeldes beschäftigen eigene Schreiber. Die von diesen abgefaßten Schreiben ziehe ich natürlich hier mit heran als Belege für die in patrizischen Kreisen gepflegte Schriftsprache.

Schriftsprache angenommen wurde. Ein hochdeutscher Ehevertrag zwischen der Tochter des Berliner Bürgers Hans Krewitz mit einem Brandenburger Bürger vor Berliner und Brandenburger Zeugen 1494 in Brandenburg geschlossen[1]), der von dem neustädtischen Schreiber Petrus Teydener in das Brandenburger neustädtische Schöppenbuch im gleichen Jahre eingetragen wurde, geht vielleicht, da das Niederdeutsche in Brandenburg erst beträchtlich später aufgegeben wurde als in Berlin, und zumal Teydener[2]) stets niederdeutsch schreibt, auf die Berliner Partei zurück[3]).

Das reichhaltigste Material für die Übergangszeit gewährt ein Aktenbündel, das dem Blankenfeldeschen Haus aus der Zeit nach dem Tode Thomas Blankenfeldes entstammt, und das sowohl Schreiben in Prozeßangelegenheiten beim kurfürstlichen Gericht aus dem Jahre 1506 enthält wie Verrechnungen von Thomas' Witwe Margarete Blankenfelde mit ihren Söhnen Franz, Andreas und besonders Johann, dem Bischof von Reval, aus den Jahren 1512/16. Es ist vor allem interessant dadurch, daß es das Verhalten derselben Persönlichkeit in offiziellen und in privaten Niederschriften zeigt. Die zwei Briefentwürfe, die wohl vom Bischof selbst stammen, sind wie alle seine deutschen Schreiben[4]) natürlich hochdeutsch, können aber bei dem Bildungsgang und der Laufbahn dieses Mannes für die allgemeinen Berliner Verhältnisse nicht in Betracht kommen. Für Margarete Blankenfelde sind zwei Schreiber tätig, von denen der Hauptschreiber auch schon zu Lebzeiten ihres Mannes für diesen beschäftigt war.

---

1) Abdruck bei Stölzel, Urkundl. Material a. d. Brandenburger Schöppenstublakten I 38 nach Cod. N 3 R. A., Bl. 8 v. 9 in Brandenburg.

2) Nach einer gütigen Mitteilung des Herrn Stadtarchivars Prof. Tschirch in Brandenburg a. H. sind „davor und dahinter niederdeutsche Eintragungen von desselben Schreibers Hand von 1488 bis 1495 fol. 5—9." „Es ergibt sich... daß ein niederdeutsch redender Schreiber an der betreffenden Stelle eine hochdeutsche Urkunde eingetragen und mit niederdeutscher Überschrift und Nachschrift versehen hat."

3) Weniger befremdend ist es, wenn (Stölzel a. a. O. I 62) 1507 der Ehevertrag zwischen der Tochter des Berliner Ratsherrn Jakob Mölners und dem Mitglied des Berliner Rats, Thomas Freiberg in Frankfurt im Hause von J. Mölners Bruder, dem Doktor und Pfarrherrn Matthäus Mölner, hochdeutsch beurkundet wird.

4) Vgl. R. A III 113. 116.

Die juristischen Schreiben teilen sich in zwei Gruppen: Schriftstücke, die direkt als Eingaben an das Gericht bestimmt, auch äußerlich
in die übliche Form gekleidet waren[1]), und Konzepte für
solche offiziellen Dokumente. Die erste Gruppe ist durchaus hochdeutsch, und selten ist eine niederdeutsche Entgleisung zu bemerken,
dagegen sind die Entwürfe in einer Mischsprache geschrieben, die
als niederdeutsch, mit stark· hochdeutschem Einschlag, stellenweise
auch schon als hochdeutsch mit niederdeutschen Resten zu bezeichnen ist[2]).

Ein ähnliches Verhältnis findet sich in den Abrechnungen für
die Söhne. Niederdeutsche Partieen, in die nur selten eine hochdeutsche Form wie *(ge)geben, gerechent* eingedrungen ist[3]), wechseln
mit fast rein hochdeutschen von der Hand desselben Schreibers[4]),
oder niederdeutsche und hochdeutsche Eintragungen stehen beliebig
neben einander. So heißt es bei der Buchung einer Summe, sie
sei *vor bucher* ausgegeben, in der folgenden Reihe dem *buchbinder
to Berlin vor boker.* In der gleichen Abrechnung wechselt *Item vj
gulden blieff ick Ehm schuldich von der Rekenschap* und *Restat
mir Andreas schuldich Bleibet* zu guter rechnungk. Bald steht
der hochdeutsche Artikel *der*, bald der niederdeutsche *dy*, und es ist

---

1) Z. B. *Auff Clage Peter Schapelows, Achim Woldeckenns   In vor-
mundeschafft vnnd vonn wegenn Irer Hawsfrawen*
     Bittet Erstlich die Thomas Blanckfeldyn
oder: *Die Thomas Blanckenfeldin mit vorbehaltungk aller vnnd ichliger gerichts
frieheyth vnnd wes ir Zum rechtenn Noth Claget sye am Dinstage nach Conver-
sionis pauli anno sexto*
     Item Hanns von Bredow   Ist or schuldich

2) z. B. *Szo het he vp dat nyge geret, darvp Ick ehm gelŏhneth, trifft upp
vij fl R xx gl. Szo he my nu von der fruwen nicht gelozet, Hebbe ick ŏr mŏthen (!)
de Hopts. mit den tinsen betalen vnnd lopt vp xv fl R iiij ort von anderthalff
Jar Luth Siner verscribungk, de he noch selbst by sich heth, vnnd dath dy Dinck
Sich alzo holdenn vnnd nicht anders, stelle Ick up sin Eigen Gewissen, vnd he
werdt des nymer benhemen. Vmbe sulcher schult willen ist he offtmals gefurdt
vor m. g. Hrn. Camer Recht, my ist auer bisher keine betzalungk gescheen wy
wol   oder: Vmbe sulcher Schult willen ist He Drey Michahel gefurdert, my
aber bis her keyne betzalungk gethaen, wy wol er Seine botschafft by my gehadt.
kan Ich des mynen, nach deme Ich den Lŭten schuldich, nicht lennger Embern...*

3) Aber stets *ken* oder *kegen* vor dem Ortsnamen bei Richtungsangaben.

4) z. B. *Hir vff habe Ich Entfangen wie hir Nachfolget. Nemlich j schock
brochte ein Mhann von botzow, Dannenberch genennet, von deme lhene von
Nŏwen.*

kaum eine Form vorhanden, die nicht in beiden Sprachen zu belegen
wäre, und das obwohl die einzelnen Abrechnungen nicht in verschiedenen Absätzen zu verschiedenen Zeiten, sondern meist in einem
Zuge geschrieben scheinen. In m a n c h e n Fällen mag man wohl
eine Einwirkung durch eine zu grunde liegende Rechnung[1] annehmen
oder eine zur Zeit des Vorfalls selbst (der manchmal mehrere Jahre
hinter den uns erhaltenen Rechnungen zurückliegt) genommene Aufzeichnung, deren hoch- oder niederdeutsche Sprache vielleicht den
Schreiber beeinflußt, der die Schriftstücke zusammenstellt.

Nähere Angaben darüber, in welchen Fällen etwa das Hochdeutsche auftritt, lassen sich für die Posten in den Rechnungen, in
denen der Wechsel ganz willkürlich erscheint, nicht geben. Dagegen
ist aber in den formelhaften Einleitungen[2] und Abschlüssen[3]
in den späteren Teilen der Aufzeichnungen ganz entschieden das
Hochdeutsche stark vorgedrungen und hat an dieser Stelle das
Niederdeutsche so gut wie ganz verdrängt.

Bei der Ersetzung niederdeutscher Formen durch hochdeutsche
zeigt es sich, daß der Blankenfeldesche Schreiber oft die alten Vokale
bewahrt, dagegen die Konsonanten konsequenter verschiebt. Er
schreibt *tziet* (Karl Mölner *teidt*), *bliebt*, *tzome*, *pfyle* (aber auch *pfheyle*,
Pfeile). Aus diesem Bemühen, die hochdeutsche Konsonantenstufe
zu erreichen, erklären sich dann Schreibungen wie *vij pfar Stege-*
reypff oder *Stibel*[4]) (Stiefel), während in *Gebitze* bei einem niederdeutschen Schreiber *tz* auch den spirantischen Laut bezeichnen
kann, nicht Affrikata sein muß. — Andrerseits sind aber auch *Reymen*,
kannengeyffer (Riemen, Kannengießer) zu belegen.

Zieht man nun das Resultat der bisherigen Erörterungen und
nimmt man noch eine niederdeutsche Quittung der Margarete
Blankenfelde[5]), vom Blankenfeldeschen Hauptschreiber ausgestellt,
1506, hinzu, so wird man schließen, daß dieses Patrizierhaus,

---

1) Solche Rechnungen von Handwerkern liegen noch einige Male den
Akten bei (s. unten).

2) Z. B. *Der Hochwerdige In Godt Vatir vnnd Her Herr Johann Bifchoff*
Zu Reuell meyn hertze lieber fonn Ift mir fchuldich wu hir Nach folgt
oder *Hierauff hadt mir Sein ff. g. lasen betzalen wie Nach folgt*

3) *Bliebt mir myn Herr von Reuel fchuldich von vffgemelter Summa . .*
alle tziet tzu guder Rechenungk.

4) Vgl. jedoch hierzu S. 174 Anm.

5) G. St. A. R 612.

wo es sein mußte oder vorteilhafter war, wie in den Tagen der Blüte, als noch Thomas an der Spitze stand, hochdeutsch schrieb, so in den für das Kammergericht bestimmten Klagen, dagegen niederdeutsch, wo die Sprache freistand, allerdings ein Niederdeutsch, das so stark hochdeutsch durchsetzt war, daß man nicht immer entscheiden kann, ob hier n o c h niederdeutsch mit hochdeutschem Einschlag oder s c h o n hochdeutsch mit niederdeutschen Resten geschrieben wurde, ein Niederdeutsch, das an gewissen Stellen zuletzt dem Hochdeutschen entschieden gewichen war.

Was wir aus späterer Zeit an Urkunden aus dem Blankenfeldeschem Hause kennen, ist hochdeutsch, z. B. 1524[1]) eine Urkunde des Dominikus Blankenfelde[2]).

Ein ähnliches Verhältnis, insofern die niederdeutsche Sprache, an der der Schreiber wohl noch immer festzuhalten glaubt, so stark vom Hochdeutschen überwuchert ist, daß man höchstens noch von einer Mischsprache reden kann, ist mir nur noch in einer Urkunde des Kölner Bürgers Eggebrecht Schum[3]) begegnet, die dieser 1511 für

---

1) Am selben Ort, G. St. A. R 612.

2) Und hd. sind auch nach den bei Zimmermann, Z. f. p. G. u. Landeskd. 20 gegebenen Proben die Briefe von Thomas Blankenfeldes Tochter Katharina Hornung an ihre Schwester Barbara Döring und ihren Gatten Wolf Hornung. Doch sind diese Briefe nicht von Katharina eigenhändig geschrieben, sondern von den verschiedensten Schreibern, bald kurfürstlichen, bald — wenn sie hinter dem Rücken des Kurfürsten schrieb — von irgend welchen Personen, denen sie Vertrauen schenken konnte. Die Briefe sind Ende der zwanziger Jahre in Berlin-Köln abgefaßt.

3) Domarchiv in Berlin. Anfang und Schluß dieses Briefes lauten: *Vor aller menniglich dar dyſſe bryff varkompt, dy enn ſehen ader horenn Leßen bekenne ich Eygebrecht Schum vnnd ſals ſeynn vulmechtiger anſgewalter Ern Thomas des Jungern vnnd Sygemundt Schum, meyner bruder, vor vnß vnnd vnnſſe erwenn, dat ick vonn meynenn vnnde der ſuluen meyner ſbroder wegen mit wyllen vnnd vorloue myner 'gnedigisthen Hernn der marcgrauen etc. tho eynem rechten vnnd redelickenn wederkope vorkofft hebbe vnnd verkope . . . . . des thu merer ſvrkunde vnnd tuchniß aller vorgeſchreuen ſtugk hebbe ik Eygebrecht Schum min Signett vor my, myne broder vnd vnße eruen yn ſuller macht vnd mit wytſchapp hengen thun hy vnden an dyſenn briff, der gegeben iſth thu Berlin Nach Chriſti gebordt Feſſtein Hundert vnd im elfften Jarr Freitagk vor Sant Nicolays tage deß Heiligen byſchoffs.*

So stark hochdeutsch durchsetzt wie diese beiden Teile ist der übrige Brief nicht. Es ist bezeichnend, daß auch hier wieder das Hochdeutsche an den Stellen einsetzt, in denen die Formeln vor allem ihren Platz haben.

seinen Schwager, den Berliner Ratsmann Matthis Ladow ausstellt.
Alle übrigen Schreiben aber aus den ersten Kreisen der Stadt, sind,
soweit ich sie kenne, hochdeutsch. Gewiß gelingt es noch nicht allen,
die fremde Sprache fehlerlos zu schreiben. Noch 1527 hat Fabian
Wins stark mit Schwierigkeiten zu kämpfen[1]), und Formen wie *fer*
und *dercht* (für, durch = nd. *vôr, dôrch*), *eydermenichtlicht (yder-
meniglich), aunden* (unten) usw. zeigen, welche Mühe ihm die hochdeutsche Schriftsprache macht. Auch Claus Markus wird seine eigen-
händige hochdeutsche Quittung[2]) noch nicht ganz leicht. Aber nicht
das ist hier das Ausschlaggebende, sondern die Tatsache, daß sie bestrebt sind, nicht in der Muttersprache, sondern hochdeutsch zu schreiben, gerade so wie die vielen Mitbürger, denen es besser gelingt,
bei denen nur selten ein niederdeutscher Rest verrät, wie neu diese
Schriftsprache hier noch ist. Von Joachim Reiche (Ryke), z. B.
der 1496—1517 († 1518) das Bürgermeisteramt in Berlin bekleidet
hat, sind n u r hochdeutsche Briefe erhalten, so schon 1507[3]), 1508[4])
usw., ebenso von seinen Söhnen Johann, Hieronymus und Joachim
(Dieser ist Richter unter Hans Tempelhof[5]). Thomas Schum, der
Bruder des vorher genannten Eggebrecht, ein Mann mit gelehrter
Bildung, schreibt 1507 hochdeutsch[6]), und hochdeutsche, zum Teil
als eigenhändig bezeichnete Briefe liegen uns von den Gröbens[7])
vor 1514, von Jürgen Brugk[8]) 1515, von dem Stadtrichter Hans
Tempelhof 1513, 1518, 1519, 1525[9]) und seinem Bruder Jürgen[10]) 1536,
von Antonius Wins 1522, 1524[11]), von dem Kölner Bürgermeister

---

1) G. St. A. R 61 20.

2) G. St. A. R 61 12.

3) G. St. A. Urkd. Berlin-Köln 82.

4) B. Schb. 148 (139). Ferner Briefe im Staatsarch. Danzig. 23 B. 122

5) Staatsarch. Danzig (1516) 23 B 115, (1519) C IV 13, (1525) C IV 13, 14,
(1526) G. St. A. R 61 17, (1549) Fid. II 389, (1554) G. St. A. R 61 17, (1514) B.
Schb. S. 146 (136). In einer, wie es scheint, eigenhd. Quittung des jüngeren
Joachim Reiche 1526 (G. St. A. R 61 17) bleiben nur ganz verschwindende
nd. Spuren *(hebbe, halwen, gegewen)*.

6) G. St. A. Urkd. Berlin-Köln 83.

7) St. A. B. 1056.

8) G. St. A. R 61 2.

9) Staatsarch. Danzig 23 B 146. C IV (25 102) B. Schb. 128 (118), R.
A XVIII 436.

10) G. St. A. R 61 19.

11) Staatsarch. Danz. C IV (28 909 u. 28 911).

Hans Piris 1535[1]), den Berliner Bürgermeistern Melchior Funke[2])
1537, Klaus Fuge 1531[3]), dem Gastwirt Thomas Liedicke 1533[4])
und noch anderen, deren Zahl natürlich von Jahr zu Jahr wächst.
Es kann also kein Zweifel sein, daß die führenden Geschlechter der
Stadt sich die Kanzleineuerung schnell zu eigen machten, einige wie
die Reiches schneller und energischer, andere allmählicher. Wie kräftig aber die Bewegung war, zeigt sich, wie mir scheint, auch darin,
daß schon so wenige Jahre nach der Einführung des Hochdeutschen
in der Kanzlei die Sprache derer, die noch niederdeutsch schrieben,
so stark zersetzt ist, wie oben geschildert war. Daß es auch Männer
gab, die an der alten Schriftsprache festhielten, so lange sie konnten,
wäre schon als selbstverständlich anzunehmen, selbst wenn es das
Verhalten Karl Mölners nicht ausdrücklich bezeugen würde[5]), aber
die Tatsache, daß die überlieferten Schreiben fast ausschließlich hochdeutsch sind, beweist trotz dieser Nachzügler, wie schnell die hochdeutsche Schriftsprache von einem weiteren Kreise aufgenommen wurde,
und selbst, wie die Blankenfeldeschen Rechnungen zeigen, bis in die
Sprache der privaten Aufzeichnungen und Notizen drang. Die
jüngere Generation, die ihre Bildung vielfach in Frankfurt erworben
hatte, stand der Neuerung sicher empfänglich genug gegenüber.

Es ist auch bezeichnend, daß die Rykes sich selbst nur noch
Reiche oder Reich nennen, Thomas Schum seinen Namen in Schaum
umsetzt. Der Vorname des Bürgermeisters Kulepatz wird nie in
niederdeutscher Form „*Dames*" gegeben, die bei Männern aus den
unteren Schichten oft zu belegen ist.

Es liegen aber auch einige schriftliche Mitteilungen vor, die
nicht aus den oberen Kreisen der Stadt, sondern aus der breiten
Masse der Bevölkerung, von Handwerkern, stammen. Diese werden

---

1) Er ist allerdings kein Berliner (Kölner Bürgerbuch 533) G. St. A. R 61.

2) Schon seit 1515 im Rat. G. St. A. R 61 6.

3) Auch er ist kein geborener Berliner. Bb.1506.

4) G. St. A. R 61 11.

5) Auch aus der Eintragung eines Vertrages des späteren Bürgermeisters Merten Thurike, des Stiefvaters des Richters Dobbergatz mit einer
Verwandten 1525 (Schb. 519), die, obwohl durch den hochdeutschen Schreiber
η geschrieben, zahlreiche niederdeutsche Spuren aufweist, muß man auf ein
nd. Original schließen. Hieraus kann man vielleicht einen Rückschluß auf
Merten Thurikes Sprache tun. Auch der Priester Urban Rücker schreibt
1529 noch nd. (Schb. S. 561).

natürlich noch seltener selbständig sein als die bisher besprochenen Schriftstücke. Zumal bei den Quittungen liegt, selbst wenn sie mit der *eigen'Hant* geschrieben werden, die Möglichkeit nahe, daß sie an eine Vorlage angelehnt sind[1]). So wird die hochdeutsche Verschreibung des kurfürstlichen Harnischmeisters Diktus Lettin 1507[2]) in der kurfürstlichen Kanzlei verfaßt sein. In andern Fällen ist die Schrift eines Stadt- oder Gerichtsschreibers zu erkennen, die natürlich die ihnen eigene Schriftsprache anwenden[3]). So kommt es, daß auch hier das Hochdeutsche früh auftritt. Wenn aber Asmus Kanitz 1516[4]) von der Hand K. Mölners einen Brief in der fremden Schriftsprache schreiben läßt, so muß man bei der mehrfach gekennzeichneten Stellung dieses Schreibers zur hochdeutschen Kanzleisprache (einen Brief für Simon Meißner schreibt er 1517 z. B. nd.) doch annehmen, daß hier auf besonderen Wunsch des Absenders hochdeutsch geschrieben wurde.

Als eigenhändig bezeichnet sind die hochdeutschen Quittungen von Hans Kelner[5]) 1518, Jürgen Posse[6]), dem Sohn jenes Hans Posse, der noch Schreiberhilfe in Anspruch nehmen mußte 1540, und wenn Hans Bergestorff 1534[7]) in seinem eigenhändigen hochdeutschen Schreiben niederdeutsche Spuren *(duchtig, dage, hillige winachten)* durchschimmern läßt, so zeigt das, daß er, falls selbst

---

1) Dieser Möglichkeit gegenüber ist zu betonen, daß in den meisten vorher genannten Fällen bei Klaus Marcus, Jakob Grieben, Hans Piris, Klaus Fuge, Joachim Reiche u. a. Stil oder [Orthographie von der vom Schuldner — in diesen Fällen stets den kurfürstlichen Behörden — gebrauchten Form deutlich abweichen, oft auch nd. Spuren die Selbständigkeit des Schreibers beweisen. Ob etwa in einigen Fällen das Streben mitspricht, für den Kurfürsten und seinen Rentmeister hochdeutsch zu schreiben, ist natürlich nicht zu entscheiden.

Nicht in Betracht kommen hier die Handwerker, die aus hd. Gebieten nach Berlin gekommen sind, z. B. der Federmacher Hans Fende, der 1537 (R 616 G. St. A.) natürlich hd. schreibt.

2) G. St. A. R 61 11.

3) Z. B. für den Kachelofenmacher Ambrosius Goldschmidt (G. St. A. R 617) 1518, den Täschner Hans Abel [(G. St. A. R 611) 1521, Hans Posse 1525 ff. (G. St. A. R 612), der Kürschner Egidius Mehrer 1538.

4) G. St. A. R 61 10.

5) G. St. A. R 61 10.

6) G. St. A. R 612.

7) G. St. A. R 612. Für die spätere Zeit gebe ich keine Belege weiter. Niederdeutsche Schreiben sind mir nicht begegnet.

eine hochdeutsche Vorlage zu grunde lag, derselben nicht sklavisch folgte, sondern im stande war, sie sich inhaltlich anzueignen.

Es tritt also auch in den Schreiben, die von Angehörigen der unteren Stände erhalten sind, die hochdeutsche Schriftsprache früh hervor, nicht nur in solchen, die von berufsmäßigen Schreibern niedergeschrieben sind, sondern auch in den eigenhändigen, nicht nur in den Quittungen für den Kurfürsten und seinen Rentmeister, sondern auch in Rechnungen, für die die Annahme hochdeutscher Einflüsse durch eine Vorlage natürlich viel ferner liegt als für die Quittungen. Es sind nämlich einige Rechnungen[1]) im Original zwischen den Blankenfeldeschen Papieren erhalten. Der Aussteller einer hochdeutschen Rechnung über Zucker, Zimmet, Ingwer, Nelken usw. ist nicht genannt, auch nicht das Jahr der Ausfertigung; doch wird man diese wie die folgenden undatierten Rechnungen dem Zusammenhange nach in das Jahr 1515 oder 1516 setzen müssen. Auch *Gores Smyth der czamacher* (Zaummacher) *Zcw kolen* stellt seine Rechnung hochdeutsch aus, während sein Fachgenosse Asmus Golnow noch niederdeutsch schreibt, aber wenn sich hier schon *Syelz* und *ſyſtz* (sitzt) findet, der masc. Artikel *der,* der neutr. Artikel *das,* wenn *vber gurt* und *crucz gurt* neben *vber gort, crucz gort* und *halffter Zugell* genannt werden, so sieht man auch dadurch wieder, wie sehr die niederdeutsche Schriftsprache im Zurückgehen war.

Freilich, wenn uns auch kaum niederdeutsche Äußerungen aus Handwerkerkreisen im Original erhalten sind, so wird man doch noch weniger als bei den höheren Kreisen annehmen, daß an einem Orte, wo doch unzweifelhaft die Umgangssprache noch niederdeutsch war, nun überall die hochdeutsche Schriftsprache s o f o r t die niederdeutsche verdrängt hätte. Die vorher gekennzeichneten Spuren im Schöffenbuch, die bis in die letzte Zeit reichen, beweisen, daß die Muttersprache wenigstens in Verträgen nachweisbar noch 1529 vorkam. Allerdings, würden wir eine Fortsetzung des Schöffenbuchs besitzen, so würden hier unzweifelhaft auch solche letzten Reste niederdeutscher Verträge so wenig vorhanden sein wie im Ratsbuch, und sie würde sicher dazu beitragen zu beweisen, was uns jetzt nur

---

1) Nur wird man zweifeln müssen, ob diese Rechnungen immer eigenhändig geschrieben sind. Die schöne Handschrift in der Rechnung von Gores Schmidt wird man kaum einem Sattler des 16. Jhd. zutrauen können.

hochdeutsche Quittungen, Briefe[1]) und Rechnungen zeigen, daß schon in der ersten Häfte des 16. Jahrhunderts die fremde Schriftsprache für den schriftlichen Verkehr in allen Schichten des Volkes Geltung besaß.

Schule[2]), Predigt, Verkehr mit den hochdeutschen Mitbürgern, mit den durch die prunkvolle Hofhaltung Joachims II. angezogenen Fremden mußten weiter wirken, um die Verdrängung der niederdeutschen Schriftsprache, die Zersetzung der niederdeutschen Umgangssprache zu befördern, zu der auch die immer größer werdende Zahl der Berliner beitrug, die ihre Bildung in hochdeutschen Gegenden vervollkommneten oder auf Geschäftsreisen und der Wanderschaft dorthin geführt wurden.

Im Jahre 1540 schon kann Heinrich Knaust, der Rektor des kölnischen Gymnasiums, seine Übersetzung „*Von dem leben vnd vnſterbligkeit der Seelen | Ein seer ſchöner vnd nützlicher bericht | des hochgelarten Philippi Melanchthonis*", die Hans Weiß in Berlin gedruckt hat, den beiden kölnischen Bürgermeistern und dem Rat widmen[3]) und die *in usum Scholę sue Colonie ad Sueuum* 1541 hergestellte Übersetzung von Moibans „Summa Christianismi" ist natürlich hochdeutsch[4]).

Am Dreikönigstage 1541 wurde in Köln Knausts Weihnachtsspiel wohl durch Schüler seiner Schule aufgeführt, das dem *Rat vnd gantzer Gemeine zu wolgefallen auch der lieben blüenden jugend zu nutz vnd gut   angerichtet vnd gehalten war*[5]). Auch alle späteren Spiele, von denen wir in Berlin wissen, scheinen hochdeutsch

---

1) Z. B. läßt 1531 die Bürgersfrau Anna Brunslow hochdeutsch nach Zerbst schreiben (St. A. Zerbst Z II 334).

2) Über das Schulwesen vgl. Fid. II 345.

3) Hermann Michel, Heinrich Knaust, Berlin 1903. S. 47.

4) Summa Christianismi Ambrosio Moibono Theologo doctissimo Autore, Aiecta est Germanica interpretatio per Henricum Chnustinum Hamburgeñ in usum Scholę sue Colonię ad Suenum. Anno MDXLI.

5) Der Titel des bei Hans Weiß 1541 gedruckten Stückes ist „Ein seer schön und nützlich Spiel von der lieblichen Geburt vnsers Herren Jesu Christi Zu Coln an der Spree gehalten durch Henricum Chnustinum Hamburgensem Anno MDXLI". 1862 ist es durch G. Friedländer neu herausgegeben. Auch in Spandau wurde schon 1549 ein hochdeutsches Weihnachtsspiel von dem dortigen Pfarrer Chr. Lasius aus Straßburg gespielt (M. F. 18 S. 196). Zum Datum 1541 vgl. Michel, a. a. O. S. 277 f.

gewesen zu sein. Die Berichte melden von Aufführungen unter Leitung des Eislebeners Georg Pondo[1]), von dem einige hochdeutsche Werke erhalten sind. Daß die von den jüngeren Mitgliedern des kurfürstlichen Hauses und ihren Gespielen 1589 dargestellte *Kurtze Comedien von der Geburt des Herren Chriſti*[2]) von einem unbekannten Verfasser hochdeutsch ist, ist selbstverständlich.

Als Nikolaus Volz, der Berliner Buchdrucker, 1585 eine Bearbeitung des in Niederdeutschland beliebten Stoffes von der Zähmung des bösen Weibes veröffentlicht, da ist es nicht etwa das niederdeutsche Fastnachtsspiel[3]), sondern die von Martin Schmidder in Anlehnung an das niederländische „Moorkensvel"[4]) hergestellte Komödie in hochdeutscher Sprache, die er nachdruckt[5]).

Und noch eine andere Spur kann dazu beitragen, die immer stärkere Verdrängung des Niederdeutschen zu beweisen: die Wahl der Sprache für die Grabschriften. Küster hat in seinem „Alten und Neuen Berlin" eine große Anzahl Grabschriften aus den alten Ber-

---

1) In den chronikartigen Aufzeichnungen der Kölner Stadtschreiber in der Kölner Bürgermatrikel sind zwei solche Aufführungen angegeben: 1580. Am 5. April *Comoedia de vera Amicitia Damonis et pythiae in Curia Coloniensi acta* und 1585 am 20. Juni hat *Georgen Pondow Thumb Chuſter die Comoediam von den 3 Mennern Im ſewrigen Oſſen vſſm Collniſchen Rathhauſe agiert.* Vgl. Goedeke, Grundriß [2] II S. 394, dessen Angaben nicht in allen Teilen richtig sind. A. D. B. 26 407.

2) ed. G. Friedländer 1839, neuerdings auch Leipzig bei Reklam. Nur die Hirten sprechen wie üblich niederdeutsch. Über dieses Niederdeutsch vgl. S. 233 f.

3) Vgl. J. Bolte und W. Seelmann, Niederdeutsche Schauspiele (Drucke des Vereins f. nd. Sprachforschung 4) Einleitung S. *18 sowie Seelmann, Mittelniederdeutsche Fastnachtsspiele (Drucke d. Vereins f. nd. Sprachf. 1) S. XIV ff.

4) Nd. Schauspiele S. *9 ff.

5) „Das New Morgens Fell. Von der Frawen herſchung / vnd gebiet der Weiber vber jhre Man / Ein luſtige vnnd Nůtzliche Comedia oder Schawſpill / Dem Heiligen Eheſtandt vnd Eheleuten Zu Ehren vnnd wolfart gemacht. Durch Meiſter Martin Schmidder von Holtzwyler Bürger vnnd Schůlmeiſter zu Důren / Im jahr vnſers Herrn Tauſent Fünff hundert zwey vnd achtzich den Erſten May. Gedruckt zu Berlin / bey Nickel Voltzen / Anno MDLXXXV". Der Berliner Nachdruck bewahrt die zahlreichen ripuarischen Eigenheiten, Übergang des $u > o$ vor Nasalverbindung, *Hondt, Montgen*, oftmals unverschobenes *p* im Anlaut, in der Gemination. Auslautend $b > ſ, g > ch$ usw. Auch ein Wort wie *kallen* (sagen, im Reim auf zerfallen) ist in Berlin kaum verstanden worden.

liner Kirchen wiedergegeben. Natürlich können diese allein über den Gebrauch in patrizischen Kreisen belehren und werden sie nur einen Ausschnitt aus dem ursprünglich wohl vorhandenen Material bieten, aber auch sie weisen uns wieder auf die gleiche Zeit für den Übergang, auf den Anfang des 16. Jahrhunderts. Die letzte niederdeutsche Inschrift, die Küster kennt[1]), ist für die 1503 verstorbene erste Gattin Wilke Blankenfeldes hergestellt. *Anno Domini Duſendt viſſhundert / vnd in dem drŭdden Jar am Mandage Nach Lucie iſt in Godt ver-ſtorben Barbara / Peter Otten Dochter von Hertzeberg / ein Hußſrowe geweſen Wilcke Blanckenſeld / der Gott gnedig ſy.* Aus späterer Zeit (z. B. Nikolaikirche 1516 hd. Mitteilung über die Renovierung einer Kapelle, Marienkirche 1517 hd. Grabschrift für Hans Brackow) sind neben lateinischen nur hochdeutsche Inschriften überliefert.

So war die hochdeutsche Schriftsprache im auswärtigen Verkehr wie überhaupt in allen Niederschriften der Berliner Stadtkanzlei schon im ersten Jahrzehnt des 16. Jahrhunderts ganz durchgedrungen; aber auch in der Gerichtskanzlei und in der Kölner Stadtkanzlei, die länger an der Muttersprache festhielten, war mit dem Ablauf des ersten Drittels des 16. Jahrhunderts die niederdeutsche Kanzleisprache geschwunden. Schnell hatte das Hochdeutsche als Schriftsprache auch in weiteren Kreisen Fuß gefaßt und endlich auch als Umgangssprache den Sieg errungen, so daß heute nur wenige Spuren noch Zeugnis davon ablegen, daß Berlin einst niederdeutsches Sprachgebiet war.

---

1) 11 604. Vgl. auch Diterich, Berlinsche Kloster- und Schul-Historie. Berlin 1732 S. 21. In der Klosterkirche, die sonst noch eine ganze Anzahl Grabsteine und Tafeln aus dem 16. Jahrhundert besitzt, konnte man mir übrigens über den oben genannten Grabstein keine Auskunft geben. Ich zitiere daher nach der Angabe bei Diterich.

II.

Laut- und Formenlehre der mittelniederdeutschen Schriftsprache in Berlin.

Das Dialektgebiet, dem das Berliner Niederdeutsch angehörte, umfaßte — in ganz groben Zügen gezeichnet — etwa den größeren südlichen Teil des heutigen Regierungsbezirks Potsdam. Im Osten über diesen Landesteil hinausgehend umschließt es noch den Oderbruch und den größeren Teil der Nordmark. Im Norden sind als ganz u n g e f ä h r e Scheide der heutige Finow- und Ruppiner Kanal anzugeben. Im Westen liegen der N. O. des Osthavellandes, östlich etwa der Linie Cremmen-Nauen, und das Westhavelland außerhalb des Bezirks. Brandenburg ist dem Gebiet noch zuzurechnen. Im Süden reichte es wohl bis zur niederdeutschen Grenze. Die Grenzbestimmung ist dadurch erschwert, daß mnd. Urkunden aus den meisten Orten nur sehr mangelhaft überliefert sind, sodann aber auch, weil die Urkundensprache im Mittelalter nicht überall zu den heutigen Verhältnissen zu stimmen scheint. Um ein Beispiel zu geben, so sind in den Urkunden von Gransee, das heute as. *ô* und *ê* entsprechend nur *ô* und *ê* kennt, erst seit dem Ende des 15. Jahrhunderts *o* und *e* durchgeführt. Vorher überwiegen *i* und *u*. Entweder hat hier die Schriftsprache unter dem Einfluß des südlichen Gebietes gestanden, oder die Grenzlinie ist durch Dialekteinwirkungen von Norden her verschoben, da ja nd. Einfluß aus dem Süden später nur sehr gering sein konnte.

Die Mundart scheint in ihren Grundzügen Beziehungen zu dem Niederfränkischen zu haben[1]). In Übereinstimmung mit den Angaben Bremers im Grundriß III 898 führe ich u. a. die Vertretung von

---

1) Ich betone dies besonders noch im Hinblick auf einen in der Märzsitzung 1909 im Allgemeinen Deutschen Sprachverein in Berlin gehaltenen Vortrag über „Berlinisch und niederdeutsch", der mir allerdings leider nur durch ein Referat der Voss. Zeitung vom 2. 4. 09 bekannt ist, und in dem darauf hingewiesen wird, daß das „Einfallstor beim Eindringen der westelbischen Kultur und Sprache nun naturgemäß besonders die Altmark" gewesen sei, „andere Einflüsse, wie etwa von seiten der niederfränkischen Ansiedler oder der anderen ostelbischen Kolonialbevölkerung, treten dagegen völlig zurück". An eine Beziehung des Berlinischen zum Altmärkischen ist nicht zu denken. Wenige Beispiele aus der Zahl der Abweichungen werden genügen, um diese

germ. *ô*[1]) durch *uo* > *uə* an, von germ. *ê* und *eu* durch *iə*, Übergang des *nd* > *ŋg*, Erhaltung des *n* vor *s*[2]). Ich füge noch hinzu, daß auch die ursprünglich im Berlinischen übliche Form der Verneinung, die noch bis in das Stadtbuch hinein erhalten ist, *en geyn* ist[3]), und auch die Bewahrung des Präfixes *ge—* im Participium Praeteriti stimmt mit dem Fränkischen überein. Einzelne Angaben über die oben angedeuteten und einige weitere Punkte werden bei der Darstellung der in Betracht kommenden Laute gegeben werden.

Die mittelniederdeutsche Schriftsprache hatte nicht vermocht, alle lokalen Eigentümlichkeiten zu verwischen, so daß eine berlinische Urkunde leicht unter andern mittelniederdeutschen zu erkennen ist, aber ihr Einfluß auf die Orthographie ist doch deutlich sichtbar, z. B. wenn die Berliner Kanzleisprache allein die Konsonantengruppe *nd* schreibt, während die gesprochene Sprache nur *ŋg* kennt, oder wenn statt der in Berlin üblichen Sprechformen *frue (fruwe)*, *düſſe*[4]) usw. die allgemein mnd. schriftsprachlichen *frowe, deſſe* erscheinen, wenn das heute dem Dialekt nicht fehlende *trecken* in der Schriftsprache stets durch *tin* ersetzt wird.

Angabe zu stützen. Das Altmärkische bewahrt wie altsächs. germ. *ô* und *ê* 2, die im Berlinischen zu *ue* > *uə* und *iə* geworden sind. Altmärk. *nd* = berlin. *ŋg*. In der Altmark wird das Partizip ohne *ge—* gebildet, berlinisch mit *ge—* usw. Und selbst im Jerichowschen Kreise (Krause, Nd. Jb. XXI, XXII), wo teilweise *ô* > *ua*, *ê* > *ie* herrscht, ist, um nur dies zu erwähnen, *nd* > *nn*, nicht *ŋg*, *ge* > *e* geworden. — Nach den Zusammenstellungen bei Jellinghaus, Die niederländischen Volksmundarten, steht von den nfrk. Mundarten der südliche Teil, etwa das Gebiet, das jetzt politisch zur Rheinprovinz gehört, am nächsten. — Gegen nfrk. Beziehungen spricht sich Teuchert aus, Zschr. f. d. Mundarten 1907 S. 108 f. Vgl. aber § 82, 179 ebenda.

1) Durch wagerechten Strich über dem Buchstaben bezeichne ich den tonlangen Laut, durch ein Zirkumflex den langen Vokal.

2) Dagegen kann ich den ebenda angeführten Schwund des auslautenden unbetonten —*n* nicht belegen.

3) Urkunde 1321: *en ghen dync*, Vertrag von 1322: *gheman* = niemand, *ghene* usw. Stadtbuch *engeyn* = kein.

4) Diese Formen werden nicht nur durch die heutige nd. Sprache in der Umgegend Berlins verbürgt, sondern sie finden sich auch in den für den internen Kanzleidienst geschriebenen Büchern bei nachlässigeren Unterschreibern oder bei einem so unabhängigen Schreiber wie Karl Mölner.

Vereinzelt finden sich allerdings Schreiber — und zwar sind es fast ausschließlich im Schöffenbuch tätige Unterschreiber —, die nicht, wie in Berlin üblich, *buk, bruder*, sondern *bok, broder* schreiben. Man wird in ihnen entweder Nicht-Berliner sehen oder, wenn man in Betracht zieht, daß auch der Kölner Eggebrecht Schum, der sicher *bruəder* sprach, (in seinem stark hochdeutsch zersetzten Briefe) zwischen *broder* und *bruder* schwankt, so mag in dem einen oder anderen Fall vielleicht auch eine Annäherung an die allgemeine mittel-niederdeutsche Schriftsprache auch in diesem Punkte vorliegen.

Bezüglich der Schreibung sei nur weniges[1]) vorausgeschickt.

Nach der üblichen mittelniederdeutschen Orthographie wird nur der Umlaut von *a* konsequent bezeichnet, und zwar erscheint er stets als *e*.

Versuche, den Umlaut des *u* und *o* anzudeuten, fehlen nicht vollständig, aber sie sind besonders in älterer Zeit sehr selten. Wohl finden sich im Stadtbuch vereinzelte *ŏre, bŏme* (ihre, Bäume) u. a. m. oder in einem Briefe 1417 *kŏrtliken, mŏgen* usw., aber es sind doch stets nur Ausnahmen. Etwas häufiger scheint die Bezeichnung des Umlauts seit dem Beginn des 16. Jahrhunderts beabsichtigt zu sein. Wenigstens fasse ich Formen wie *kurſeurſte, ßeulger (hundert gulden* bei demselben Schreiber) oder *eoren, aer, aem* in dieser Weise auf[2]). Um jene Zeit aber macht sich der Umlaut noch in anderer Weise geltend: Es begegnen jetzt auch schon vereinzelt Formen, die man vielleicht noch nicht als Entrundung, mindestens aber als Versuch, den umgelauteten Vokal darzustellen, ansehen muß. Sie finden sich zunächst bei ungeübten Schreibern wie Fabian Wins *ſer, dercht (= ſŏr, dŏrch)*, dann auch einige Male im Schöffenbuch *gilden, Bedicker, perſenlich, mechten*. Und wieder sind es hier hauptsächlich die Namen, für die keine feste Orthographie vorliegt, und die daher sprachliche Wandlungen leichter reflektieren können. So schwankt die Schreibung im Namen der *Inſlobinne* oder *Inſlewinne*, zwischen *Jacob pricze* und *prucze (pruſſe)*[3]). Der gleiche Schreiber setzt in derselben Zeile *kubeler* und *kybeler (kibbeler)*. —

---

1) Auf die diakritischen Zeichen, die *u* von *n* scheiden oder *v* als Vokal kennzeichnen usw., gehe ich natürlich nicht ein.

2) Bei andern Schreibern freilich hat ein vorgestelltes *e* kaum diese Bedeutung. So schreibt ein Gerichtsschreiber zwar *ſackſeurre* aber auch *ſeull*. Vergleiche übrigens die Umlautsbezeichnung bei Heinz S. 202.

3) Hd. Schreiber, die den Namen umsetzen, schreiben *Prieße* oder *Preuße*.

Jene einem *e* ähnlichen Zeichen über dem Buchstaben, die zuweilen diakritische Bedeutung haben, selten auch den Umlaut zu bezeichnen scheinen, dienen noch den verschiedensten anderen Zwecken: Manchmal — übrigens nicht immer nur da, wo der Raum drängt — sind die auslautenden *e* hochgestellt und dabei, wie es bei allen hochgesetzten Schreiberzeichen zu beobachten ist, nicht an die richtige Stelle, d. h. hinter den letzten Konsonanten, sondern etwas vorgerückt, so daß Fidicin in seiner Ausgabe des Stadtbuches Formen wie *altār* (= *altare* wie sich aus analogen Fällen ergibt) fälschlich in *altaer* auflösen konnte. Daß aber dies *e* in vielen Fällen als auslautendes *e* gedeutet werden muß, beweisen unzweideutige Formen wie *ẙ* (S. § 15, 102), *dĕm, gewĕr*.

Neben Liquida scheint das höher gestellte *e* auch einen Sproßvokal anzudeuten, wie er oft wohl in solchen Fällen in das Wort gesetzt wird: *wilhellem, friberich, hellenbrecht, Willicke, volligt* (folgt). So ist wohl *warp*[1]), *arm* im Stadtbuch zu erklären. Entsprechend ist *geclāgt* sicher in *geclaget* aufzulösen[2]).

In andern Fällen ist das *e* vielleicht als Vokaldehnungszeichen aufzufassen: *ſtānde, lŏs, ĕr* (ehe).

Doch wird man überhaupt nicht immer einen Grund für dieses *e* suchen dürfen. Etwa in *wŏl* kann z. B. *e* keine der angegebenen Bedeutungen haben. Vielfach wird man kaum mehr als eine Schreibermode darin sehen, der die einzelnen Schreiber in sehr verschiedenem Grade nachgeben. Bei einigen fehlt dies *e* so gut wie ganz, andere, besonders Nikolaus Mölner, können sich nicht genug tun in diesem Zeichen, so daß es falsch wäre, für jeden Fall eine Erklärung zu suchen. Sie versagt z. B. bei Schreibungen wie *Strĕnghe, wās* (Wachs), *mĕlden, wĕrcken*.

Im Hinblick auf diese Formen wird man auf eine Schreibung *rĕken* (rechnen) und entsprechende Fälle, in denen dem freien *ē* ein *e* zugefügt ist, bei diesem Schreiber kaum Gewicht legen dürfen und wird jedenfalls darin nicht einen Ansatz zur Fixierung diphthongischer Aussprache, wie sie tonlanges *ē* jetzt entwickelt hat *(eä)*, erblicken müssen.

Denn auch in der Bezeichnung der Diphthonge ist die berlinische Kanzleisprache ungenau. Die Mundart besaß

---

1) Anders Siewert a. a. O. § 51 5.

2) Zumal die Partizipien mit erhaltenem *e* die üblichen Formen sind.

sicher damals die beiden Diphthonge *uo* > *ue (uə)* und *iə* als Reflexe des as. *ô* (bezw. in V. P. C. u. kleineren as. Denkmälern[1]) und im Anfrk. *uo*) und der verschiedenen as. Laute, die im sonstigen Mnd. in *ê* zusammengefallen sind[2]). *ue (uo)* wird regelmäßig nur durch *u* wiedergegeben[3]), für *iə* steht *i* und *ie* gerade so wie für den Monophthongen *î*.

Die in vielen Gegenden Niederdeutschlands gebräuchliche B e - z e i c h n u n g d e r L ä n g e durch Hinzufügung eines *e* oder *i (Raed, Raid)* ist in Berlin nicht üblich. Nur bei dem Dekan des Kalands, Jacob Biesterstorp, 1486 scheint die Neigung für diesen Schreibgebrauch zu bestehen. In den Kanzleien ist diese Schreibung sehr selten[4]). Nur neben *i* ist *e* häufiger.

Über die Durchführung der weit verbreiteten Kanzleimode der etymologisch nicht berechtigten Doppelschreibungen von Konsonanten vgl. § 65 f.

Vergleicht man Berliner Schriftstücke aus dem 14. Jahrhundert, besonders aus dessen letztem Viertel, mit solchen aus den ersten 75 Jahren etwa des 15. Jahrhunderts, so drängt sich ein Unterschied auf. Im 14. Jahrhundert treten hochdeutsche Einflüsse zwar in geringem Umfange, aber doch vollkommen deutlich hervor, die später nicht mehr zu beobachten sind. Nicht bei allen Schreibern klingen in gleicher Weise hochdeutsche Einwirkungen durch, aber jedenfalls sind doch seit der Anwendung der d e u t s c h e n Schriftsprache solche Spuren zu belegen. Hierzu sind allerdings *ſich* und die Endung *—lich*, die zu allen Zeiten (schon 1322) gebraucht werden, nicht zu rechnen. Vgl. § 127. Die Urkunde von 1331 (Fid. IV₁₂) mit *yren* (im 15. Jahrhundert *oren*), *der* (5 Mal in diesem Schreiben), *ouk* ist freilich nicht im Original erhalten. 1352 (R. A X₂₄₈) lauten die Pronomina *ir, diſſen* (sonst ist in Berlin *deſſen* schriftsprachlich), in den Endsilben erscheint *—i—*, 1381

---

1) Holthausen, As. Elementarbuch § 94.

2) Nur *ê (ei)* < germ. *ai* ist nicht zu *iə* geworden.

3) Über Spuren des Diphthongen vgl. § 50.

4) Etwas anderes ist die Schreibung *ey* anfangs nur für *ê* < *ai* später für jedes *e*. Über diese s. § 12.

(Fid. II 86) *vnſerme, heiligen,* 1383 (Fid. II 88) *ſente* (berlinisch *ſünte*)[1]). In einem Briefe des älteren Thile Brügge 1374[2]) heißt es nicht nur *Ich, ſich, nach, alde, ſie ſullen, inſigel,* ferner *witſchaſt,* sondern vor allem auch benutzt er die Formeln *Bekenne openlich*[3]) und weiterhin … *die en ſehen odir horen leſen* … Auch *gutlichen vulkomelichen vnde gentzlichen* mit dem um diese Zeit mnd. sonst noch nicht gebräuchlichen *ch* im Inlaut (§ 127) dürfte von der hd. Urkundensprache beeinflußt sein, ebenso *gentzlich vnde clerlich.* Als unbestimmter Endsilbenvokal tritt —*i*— neben —*e*— auf. 1379 (Fid. II 84) schreibt er ebenfalls *dy̆ en ſehn oder horen leſen, an diſſen brieſſ der gebin iſt nach gotis gebort Sibbentigiſten Jare des erſten Suntages, ſolde* und *ſolden.* Auch in der Urkunde seines Sohnes[4]) über den Verkauf des Gerichtes an die Stadt Berlin heißt es *Ich, och*[5]). Man vergleiche ferner hd. Spuren in Fid. I 226 1404 Urkunde des Peter Fredericstorpp, Fid. I 251 1409 Eid des Peter Lugow usw.

Vor allem aber treten in den ältesten, zu Ausgang des 14. Jahrhunderts geschriebenen Teilen des Berliner Stadtbuchs hochdeutsch beeinflußte Formen hervor. Besonders wichtig scheint mir, daß im Stadtbuch die Schreibung *ſal, ſolen (ſullen)* sehr häufig ist, die auch in Urkunden des 14. Jahrhunderts nicht fehlt (Schon 1322 heißt es *ſal ſolen* neben *ſcal ſcolen,* vgl. ferner die oben angeführten Fälle), während im 15. Jahrhundert die üblichen Formen *ſchal ſchullen (ſcholen)* sind[6]). Auf mitteldeutschen Einfluß weist auch das nicht seltene Vorkommen des Endsilben-Vokals —*i*—. Der erste Stadtbuchschreiber schreibt vorwiegend *ouk,* s. § 40, sogar *ouch* und *och.* Neben den entsprechenden niederdeutschen Schreibungen steht

---

1) Nach den Abdrucken in den verschiedenen Urkundenbüchern scheint eine viel größere Auslese zur Verfügung zu stehen. Aber die meisten dort aus dem 14. Jahrhundert datierten Urkunden stammen aus dem Stadtbuch, und ihre Sprache gehört dem ersten Stadtbuchschreiber an, oder sie sind, wie z. B. die Polizeiordnung von 1334, späten Kopiarien entnommen und daher hier unbrauchbar.

2) G. St. A. Urkunden Berlin-Köln 36.

3) Vgl. hierzu S. 98 f.

4) G. St. A. Urkunden Berlin-Köln 40.

5) Wie wenig hd. Formen dagegen die viel zahlreicher vorliegenden Urkunden des 15. Jahrhunderts lange Zeit bieten, war S. 96 ff. dargestellt.

6) Neben denen *ſal* s e h r selten in den ersten 75 Jahren des 15. Jahrhunderts steht.

z. T. ziemlich häufig *gekouft* (§ 40) *ader, nach, von, gegen* und *kegen, keyn* (und nd. *iegen*). Neben *bukeken* heißt das Diminutiv auch *bukelyn* (Fid. I 51). Für nd. *metser* wird *meſſer* gesetzt, neben *holden* auch *halden*, einige Male findet sich *u (ü)* vor *r (burger)*. Außer *truwelik* kennt das Stadtbuch auch *treuweliken*. Vereinzelt begegnen die Pronomina *ire, in* (z. B. Fid. I 100). Es ist bezeichnend, daß S. 94 ff. von den Angaben Siewerts über „Hochdeutsches in den Berliner Urkunden" fast allein die dem Stadtbuch entstammenden Beispiele beachtet werden konnten.

Einige von der Schriftsprache auch im 15. Jahrhundert fest-gehaltene Formen sind wohl als Zeugnisse dieser hochdeutschen Beeinflussungen in der Urkundensprache anzusehen. Im Stadtbuch schon steht neben *en geyn* auch *keyn*[1]), das im 15. Jahrhundert allein gebraucht wird. Das vorher mehrfach zu belegende *dus, aldus* ist voll-ständig durch *ſo*[2]) verdrängt. Wenn das Futurum nie durch *willen, bliven* oder ein entsprechendes Verb, sondern nach hochdeutscher Weise durch *werden* umschrieben wird, so mag auch dies aus jener Periode stärkeren hochdeutschen Einflusses herrühren. Und so wird es auch erklärt werden müssen, wenn in den Urkunden öfter *dicke* als *vacke, hin-der* als *achter* begegnet. *genante* ist in der Kanzleisprache auch weiterer nd. Gebiete üblich. Diese hochdeutschen Spuren würden an sich wenig bedeutungsvoll erscheinen, aber sie werden gewichtiger, so-bald man in Betracht zieht, daß sie in derselben Zeit auftreten, in der, wie oben (S. 29 f.) ausgeführt war, die hochdeutsche Schrift-sprache im Urkundenwesen der märkischen Städte noch ein erhöhtes Ansehen zu besitzen schien. Die letzten Spuren der Autorität, die das Hochdeutsche lange in niederdeutschen Landen ausübte, dür-fen wir wohl in diesen hochdeutschen Eindringlingen sehen.

---

1) Daneben *neyn*, meist nur an Stellen, die auf andern Rechtsbüchern beruhen. S. 234. Da bei solchen abhängigen Stellen, die Möglichkeit nicht ausgeschlossen ist, daß gewisse Formen auf die Vorlage zurückgehen, so habe ich mich in den oben gegebenen Beispielen nur auf diejenigen beschränkt, die in freier Niederschrift begegnen. Nur für *halden* ist zu bemerken, daß diese Form hauptsächlich in der Rechtsdarstellung (S. 234) vorzukommen scheint. Zu *gat, ſtat* in denselben Teilen des Stadtbuchs vgl. § 13.

2) *ſus* ist nur im 14. Jahrhundert zu belegen. Später allein *ſo*.

Das Material zu der folgenden Darstellung bieten die in den Berlin-Kölner Kanzleien entstandenen Briefe, Urkunden, Bücher. Ich habe davon abgesehen, die Verse des Totentanzes aus dem Ausgang des 15. Jahrhunderts in der Marienkirche zu Berlin als Belege heranzuziehen; denn in der vorliegenden Gestalt finden sich zu viele Abweichungen nicht nur von der Urkundensprache, sondern auch von den in weniger strenger Schriftsprache niedergeschriebenen Eintragungen, die sich auch nicht durch das heutige Platt dieses Gebietes stützen lassen. Seelmann[1]) hat auf Grund der Reime *hyr : ber* 333/34 *ghevyret : rvſelcret* 311/12, die auf die berlinischen Formen *bier, ruſelieret* weisen, *scheyr : partyer* (mhd. *partirære, partierre,* französisch *barateur*), 349/50, den Schluß gezogen, daß der Dichter ein Märker, wohl ein Berliner Kleriker, gewesen sei. Das scheint auch mir angesichts der überwiegend dem Berlinischen nahestehenden Sprachformen des Denkmals durchaus wahrscheinlich. Freilich, das Reimwort *gader (alle gader)* : *vader* 87/88 kann ich sonst niemals im Berlinischen belegen[2]). Wenn dagegen statt des märkischen *geweſt* der Dichter *geweſen* braucht, so beweist dieser Reim (übrigens schreibt auch Karl Mölner *geweſen*) nichts für oder gegen die Dialektbestimmung; wichtiger ist das Partizip *weſen* 221, 303, 308[3]). Seelmann hat weiter aus den angeführten Reimen 311/12, 333/34, 349/50 geschlossen, daß der Maler diesem Dialektgebiet nicht angehörte. Auch in *konde : stunde* 285/286 rührt sicher dies dem Berlinischen fremde *konde* von ihm her. Die übrigen Reime können keinen Beweis liefern. Außer den schon angeführten Formen sind der Sprache Berlins die folgenden fremd:

1. *e* für *i (ie)*[4]).

ſeet 55, *ik ſe* 349, *leue* 57, *leueſte* 70, *vorveret* 295, *erſte* 323.

---

1) Nd. Jb. 21 81 ff. Ich zitiere nach seinem Abdruck des Totentanzes O. S. 95 ff.

2) Ein einziges Mal (Urkdbuch v. Lübeck XI, S. 100) *vorgadderinge* Versammlung, was aber als üblicher Ausdruck für die Hansaversammlungen entlehnt sein könnte. *gader* selbst ist nie in Berlin zu belegen.

3) V. 303, 308 steht *weſen* nicht im Reime, scheint mir aber besonders 308 durch das Versmaß gesichert.

4) Es ist aber zu bemerken, daß die Formen mit *i* resp. *u* durchaus daneben vorhanden sind. Z. B. *lyſſ* 200, *liue* 285, *buk* 19,40 usw.

2. *o* für *u* *(= uo)*.

hode 159, *rope* 350 (aber sonst *rupe*), *doget: ioghet* 321/322, *kroghe* 312 (aber *Krugerſche*), *ko* 324, *gode* 297.

3. *teghen* 64 (berl. *ieghen*), *neene neyn* 176, 202, 278, (berl. damals nur *keyn*), *wultu* 301, *du wult* 325 (berl. *wilt*), *haldet* 199 (berl. *holdet*), *dus* 297 (berl. *ſo* in dieser Zeit), *hedde* (Konj. Prät. berl. *hadde*) 131. Die Nachsilbe —*ſchop* (*Rekenſchop* 299) lautet in Berlin stets —*ſchap*. Neben den Bildungen der 2. Pers. Plur. des Verbs auf —*en* kommen drei Fälle vor, in denen die in dieser Gegend ganz unbekannte Endung —*t*, —*et* steht *gy ſchult* 63, *moghet gy* 112, *gy ſparet* 292.

Somit zeigt der Totentanz eine Sprache, die nicht dazu dienen kann, die aus der Kanzleisprache gewonnenen Schlüsse zu erhellen und zu stützen[1]). Manche Formen mögen dem Dichter angehören, manche dem Maler (vielleicht wie Seelmann annahm, die *o* und *e* statt berlin. *u* und *i*), anderes einer Vorlage des Dichters (vielleicht die Reimwörter 87/88 usw.), und endlich mag moderne Übermalung durch falsche Lesung noch manche Fehler hineingetragen haben. Jedenfalls gibt die Dichtung in der vorhandenen Gestalt kein vollständig treues Bild des Berlinischen, und es erscheint daher vorsichtiger, den Totentanz in dieser Übersicht nicht zu Belegen heranzuziehen, deren Ausbeute selbst in günstigem Falle bei diesem kurzen Denkmal zudem nicht groß gewesen wäre. —

Tümpel hat in seinen „Niederdeutschen Studien" für den Berliner Dialekt das Berliner Weihnachtsspiel von 1589[2]) herangezogen, dessen Verfasser für die Hirten niederdeutsche Sprache beabsichtigt. Augenscheinlich hat der Dichter selbst nicht plattdeutsch gesprochen. Das geht aus Formen hervor wie *Vtt gantten hertenn, die* (= hd. *der!) ganten werlet Herr vnne Helandt, ein grodett wunder, heſſe gy* (habt ihr), *heppen, hebben, habben* neben *haben, thun nigen kingeken itt* (= *is* < *iſt*) *mi ſin, treppe* (treffe), *tigen* und *tiken* (zeigen), *lupen* (laufen), *mick* (mich) und vielen andern.

Doch scheint der Verfasser seine niederdeutschen Kenntnisse im berlinischen Sprachgebiet, möglicherweise in Berlin selbst, erworben zu haben, da seine plattdeutschen Formen, soweit sie nicht durch mangelndes Verständnis dem niederdeutschen Sprachcharakter

---

1) Im Gegenteil kann bei einer kritischen Behandlung die Sprache des Totentanzes ihr Licht nur durch die Urkundensprache erhalten.

2) Vgl. S. 223.

überhaupt widersprechen, die dort gehörte, damals wohl auch schon stark zersetzte Sprache wiederzugeben scheinen[1]), so daß man dies Spiel soweit heranziehen wird, als man dort manchmal eine erschlossene Sprechform bestätigt sehen wird. Dagegen würde man zu weit gehen, wenn man die *ihren, ihm, ir*[2]) und andere Beispiele[3]) dieses Stückes, in dem zahlreiche hochdeutsche Worte und Sätze den niederdeutsch beabsichtigten Text durchziehen, als typisch für das Berlinische um 1589 hinstellen wollte. Das Weihnachtsspiel kann h ö c h s t e n s b e s t ä t i g e n , aber nicht beweisen. —

Von den zur Verfügung stehenden Urkunden konnten diejenigen, deren Überlieferung nur aus zweiter oder dritter Hand erfolgt ist (vgl. S. 24 und S. 95 f.), hier nicht in Betracht kommen. Wo es irgend möglich war, sind Originale benutzt worden. Aus dem Berliner Stadtbuch ist die Rechtsdarstellung, die Siewert, Die niederdeutsche Sprache Berlins von 1300—1500, als gleichwertig mit dem übrigen betrachtet, als Material nur mit großer Einschränkung herangezogen worden, da diese kein selbständiges Werk des Berliner Schreibers ist, sondern auf verschiedenen Rechtsquellen beruht. Spuren des fremden Textes, mag er auch in das Berlinische umgeschrieben sein, sind deutlich vorhanden, und im folgenden ist mehrfach darauf Bezug genommen, welche Stelle die Rechtsdarstellung gegenüber dem sonstigen Text in irgend einer grammatischen Frage einnimmt. Auf zahlreiche Abweichungen aber, z. B. in lexikalischer Hinsicht (so kennt nur die Rechtsdarstellung *san, stund* [Mal, sonst berlinisch *werf*], *iehen* usw.), ist dabei noch nicht einmal verwiesen. Nur auf die Vorlage muß z. B. Fid. I 92 *schweuefche* schwäbische zurückgehen mit dem einzigen *schw—*, das im gesamten 14. und 15. Jahrhundert in Berlin vorkommt. Dagegen gehören die übrigen Teile des Stadtbuches, die Eidesformeln, Verzeichnisse der städtischen Einnahmen und Ausgaben für Besoldungen, die Wiedergabe landesherrlicher Privilegien, soweit sie Über-

---

1) Dafür sprechen die *ng* für sonstiges *nd : fingen, kingeken, wungerlich* usw. wie, *hä* (er), das außerhalb des Berlinischen vielfach *we, hie* lautet, *u* in *fuckt, (f) rupen* usw. Allerdings findet sich auch *hefft* (berl. *het*), *glig.* aber *ligwol*, neben *lyfe* auch *leue*, doch überwiegen die Berliner Eigenheiten weit in diesem hd.-nd. Gemisch, in dem der Verfasser wohl zusammentrug, was er in verschiedenen nd. Gegenden gehört hatte. Unverständlich ist auch für Berlin das konsequente *fk* im Anlaut (Berlin: *fch*).

2) Tümpel, Nd. Studien S. 93.

3) Z. B. Tümpel, a. a. O. S. 14. 58.

setzungen aus dem Lateinischen sind, die Ratsverordnungen, Verträge und Statuten, die Verzeichnisse der bestraften Verbrechen, endlich die Rentenbriefe frühen Berliner Schreibern an. Und auf diese, hauptsächlich auf die Tätigkeit des ersten Stadtbuchschreibers, bezieht sich die Quellenangabe „Stb." Die Übersetzungen der Urkunden sind nicht nach dem Ausstellungsjahre, sondern als Teile des Stadtbuches im Text angeführt. Sie sind also vom Ausgang des 14. Jahrhunderts zu datieren. (Vgl. übrigens Clauswitz in der Vorrede zu seiner Ausgabe des Stb. S. XXI.)

Die Orthographie habe ich im folgenden bei Zitaten so belassen, wie sie das Schriftstück hatte, dem diese entnommen sind. Da, wo es sich nur um allgemeine Beispiele handelt, habe ich eine Normalschreibung durchgeführt, der die Buchstaben zugrunde gelegt sind, die etwa um die Mitte des 15. Jahrhunderts am häufigsten zur Wiedergabe des betreffenden Lautes benutzt werden. Einer Erklärung bedürfen nur die folgenden:

$ey = \hat{e} < ai$

$i = 1)\ \breve{\imath}$ $2)\ \hat{\imath}$ $3)\ i\partial$ (§ 28 ff.)

$o = 1)\ \breve{o}$ $2)\ \bar{o}$ (dafür habe ich nicht, wie es später üblich wird, a gesetzt) $3)\ \ddot{o}$

$u = 1)\ u$, für u im Anlaut (in den Urkunden v geschrieben) steht u. $2)\ \ddot{u}$, $3)\ uo\ (ue) < \hat{o}$ (§ 50) und Umlaut hiervon [1].

$g = 1)\ g$ $2)\ gh$

Ebenso sind alle h nach Konsonanten der besseren Übersichtlichkeit wegen fortgelassen (§ 65), die nicht lautgesetzlichen Doppelkonsonanten (§ 66) vereinfacht, nur vor t (§ 66) ist ff beibehalten, da f sehr viel seltener als ff in dieser Stellung ist. Der labiale Spirant ist der leichteren Lesbarkeit wegen intervokalisch v geschrieben (§ 86), anlautend vor Vokal v, vor Konsonant f. Im allgemeinen ist die Auslautsverhärtung durchgeführt.

Wenn bei der Angabe älterer Verhältnisse das überlieferte As. zum Vergleich herangezogen ist, so ist dies nur ein Notbehelf. In

---

[1] Hier den Diphthongen einzuführen, wäre eine zu starke Abweichung von der überlieferten Schreibung.

Ermangelung einer genauen Entsprechung mußten die nächstverwandten bewahrten altniederdeutschen Mundarten benutzt werden. Auf Abweichungen ist an ihrer Stelle hingewiesen. Bei den S. 225 f. gekennzeichneten Beziehungen zum Ndfrk. durfte zuweilen neben dem reicher überlieferten As. auch das Anfrk. und das Mnl. zu Vergleichungen herangezogen werden.

I. Lautlehre.

A. Vokale.

1. Vokale der Hauptsilben.

a.

§ 1. *a* wird geschrieben für:

1. ursprüngliches *ă* in geschlossener Silbe. § 2. 3. 4.
2. ursprüngliches *ă* in offener Silbe > *ā*. §. 5.
3. *â*. § 6. 7. 8.
4. In späterer Zeit für *o* und *ō* in offener Silbe (*ō*, *ŏ*). § 7.

§ 2. *ă* in geschlossener Silbe bleibt *a: man, land.*

§ 3. *ă* > *o* I. vor *l* + Dental: *holden, olde.* Dieser Übergang war vor dem Beginn der Überlieferung abgeschlossen. Schon in askanischer Zeit heißt es stets *Woldemar, Liuenwolde.* Wenn daher in der in Berlin gegebenen Urkunde von 1322 (S. 26) zwar *holden* aber stets *alden* erscheint, so kann dies entweder wie bei den vereinzelt auch in anderen Urkunden und im Stadtbuch vorkommenden Fällen auf den früher gekennzeichneten hd. Einflüssen beruhen, oder die Formen sind aus dem Schwanken des Schreibers zu erklären, der eine feste Norm der deutschen Schriftsprache noch nicht gefunden zu haben scheint, wie aus mehreren Punkten hervorgeht. (§ 80 und S. 279). In *gewalt* ist meist *a* erhalten.

altar behält stets fremdwortliche Gestalt.

Durch Systemzwang bleibt *a* in *du ſchalt* bewahrt.

Umlaut im Komparativ zu *old* ergibt sich aus der Form *ölderen* in einem Transsumpt von 1451, das die Umlautszeichen außergewöhnlich gut setzt. Dem entspricht im heutigen Platt des Dialektgebietes[1]), dem Berlin einst angehörte *elder* resp. *ölder* (Weihnachts-spiel: *Oellern*).

Anm. Für Dehnung des *a* vor *r* + Dental mit nachfolgender Verdunklung des Vokals findet sich noch nirgend eine Spur. (Zu *jegenwordich* vgl. unten II.) Freilich wird auch das tonlange *ā*, das in späterer Zeit sicher einen *o*-Gehalt hatte (§ 7), und dessen lautliche Entwickelung mit der des *a* vor *r*-Verbindung Ähnlichkeit zu haben scheint, stets *a* geschrieben.

ă > o II. Durch Einfluß eines vorangehenden *w*: *jegenwardich > jegenwordich*. Ebenso in Namen: *Wolborgen*, während im Datum die lateinische Form *Walburgis* erhalten bleibt.

jegenwordich ist nicht etwa als Verdunklung des *o* vor *r* + Dental aufzu-fassen, denn in allen andern Fällen wird in dieser Stellung noch *a* geschrieben: *garde, warden* usw.

Auf Einfluß des *w* beruht wohl auch die Nebenform *wor—* zu *war—* in Zusammensetzungen, *worinne, worumme*, wo sie im Nebenton stand. Von ihr wird dann zuweilen das korrelative *dor—* beeinflußt: *dorinne, dorumme*. Aber z. B. in einem Brief von 1479 neben *dorumme* noch *darto*. Und so wechseln *o* und *a* hier vielfach.

Anm.: *o* erscheint auch stets in *Rivol* (hd. gewöhnlich *Reinfall*) als Name eines Weines. Doch liegt hier wohl kein lautlicher Übergang vor, sondern Entlehnung mit *o* (D. Wb. VIII Sp. 700 f.).

Wechsel von *van* und *von* ist seit frühester Zeit zu beobachten. Zuweilen stehen beide Formen im gleichen Schreiben. *van* ist jedoch stets die verbreitetere und für die meisten Schreiber des 15. Jahrhunderts die e i n z i g e Form.

---

1) Zu Vergleichungen ziehe ich verschiedene Dialektaufnahmen aus dem S. 225 umgrenzten Gebiet aus heutiger Zeit heran. Es kommen besonders in Betracht Siewert, Die Mundart von Besten, Nd. Jb. 33 S. 9 ff. und Seelmann, Die Mundart von Prenden, Nd. Jb. 34 S. 1 ff. Klein-Besten liegt in der Nähe von Königs-Wusterhausen ungefähr 35 km südlich von Berlin. Doch bemerke ich aus eigener Erfahrung dazu, daß das Platt dort sehr im Zurückweichen ist und nur noch von sehr wenigen Personen gesprochen wird. Der Dialekt von Besten entspricht aber dem Berlinischen mehr als der von Prenden, 4 Meilen nördlich von Berlin, das der Sprachgrenze nicht fern liegt. Um nur auf einen Punkt zu weisen: P. unterscheidet zwischen *ai* und *ē*, die nach Seelmann aus *ai* vor *i* oder vor andern Vokalen differenziert sein sollen. Davon ist in Berlin keine Spur, ebensowenig in Besten oder sonst im Gebiete. Aber im allgemeinen stimmt die Mundart von Prenden doch so zu Berlin, daß sie wohl zum Vergleich herangezogen werden darf. Ich zitiere ferner Thyrow und beziehe mich dabei auf eine im Dialekt abge-faßte Darstellung des Hirtenlebens in Thyrow in der Nutheniederung, ungefähr 30 km südlich von Berlin (im Archiv der Brandenburgia XI), die trotz

§ 4. I. *a > e* in *men, denne, det, wente* und *wen, derſ*[1]) in nebentoniger Entwickelung.

men wird in der Enklise noch weiter zu *me* gekürzt, das häufig
mit dem Verb zu einem Worte verschmilzt: *vnde dat gelt bringhet
me in eyner Summa, vnde men geſt deme Schriuer   eynen groſchen   Vp dy ſelue tyt zo gheit men in dat Schuhuß.* (Kölner
Stadtb.)

Neben *denne* sind Formen mit *a (danne)* kaum zu belegen:
*Dy Borgermeiſter vraghet: Byſtu der Borgherſchapp Begherende? So
ſprekt he: Ick bin. Denne Seth dy Borgermeiſter   (Kölner Stadtbuch.) Denn vnde nicht ehr ſal deſſe wederkopp doet ſyn* (1480). *Wy
hebben ock   . gebeden .   , dat vns denne ſine gnaden beſtedigen wolde*
(1442).

Wenn *det* im ganzen nicht allzu häufig begegnet, so liegt das
daran, daß das schriftsprachliche *dat* beibehalten wurde. Daß die
Form vorhanden war, beweist nicht nur ihre Erhaltung bis in die
Gegenwart, sondern auch die Anwendung wieder bei den unsorgfältigen Unterschreibern im Schöffenbuch. Man schließt einen Vertrag *awer det gelt, dat .   .* (1506) und das Vorhandensein der Sprechform *det* zeigt sich endlich auch darin, daß die ungeübten Gerichtsunterschreiber, die hd. zu schreiben versuchen, öfter für den
neutralen Artikel im Nominativ *des* gebrauchen, z. B. schon 1507
bei dem Schreiber *β:*   *hot vorloſßen Peter kaſav v ſchock*

---

aller sprachlichen Mängel doch durch die Angabe moderner Formen den übrigen
Dialektdarstellungen als Stütze dient. Wo ich andere Orte nenne, beruhen
die Angaben auf mündlicher Auskunft. Unter nmrk. verstehe ich die von
Teuchert, Zschr. f. d. Mda. 1907 S. 103 ff., 238 ff., 320 ff., 1908 S. 23 ff.
beschriebene Mundart des größeren Teiles der Neumark, die ich, da sie bis
auf wenige ganz geringe Unterschiede mit dem Berlinischen übereinstimmt,
einige Male ergänzend heranziehe.

1) Das heutige Berlinisch besitzt noch *denn* (= dann), *wenn* (wann),
det, derſ, dagegen *man* (abgesehen von dem hd. Pronomen) in der Bedeutung
nur, bloß. Bei *derſ* spricht möglicherweise die Stellung des *a* vor *r* mit, da unter
allen Praeterito-Praesentia gerade *derſ* und *der* im Nd. *e* haben können. Daß
a vor *r* palatal gesprochen wurde, beweist auch die Schreibung *Berckow <
Barkow,* die für *Brackow* öfter begegnet. Übrigens ist der Übergang des *a > e*
in den obengenannten Wörtern im ganzen nd. Gebiet zu beobachten. An ein
Eindringen des *e* aus dem umgelauteten und entrundeten *(dörven > derven)*
Plural kann nicht gedacht werden, weil *e* in *derſ* schon seit den frühesten Zeiten
begegnet.

auff des gerichte zu nigenhabe. det ist auch in der Funktion des Relativs und der Konjunktion, wenngleich selten, zu belegen.

Anm. *dat, det* wird im Nebenton noch weiter verkürzt zu —*id*, —*t*: *vp dat id gud weder in der ſtad regiſtrum kome* (Stadtb. S. 47) (§ 117,2).

wen, wente ist aus verschiedenen Quellen hervorgegangen: 1) = as. *hwan; wenner = hwan êr: wenner dy meyſtere vth den backwerke den verndel tinß . bringhen. Deme kulebodele geſt men, wen he den Borghern vorkundighet* (K. Stb.) 2) = *wan* außer: *Ick en weyt nicht wen alle gut vp deſſe tyt* (K. Stb.) oder *myn wen* (B. Stb.). 3) *wente* und *wen = hwanda, hwan*, denn, weil: *Wente di geſunde menſche mach nicht weſen lange tyt ane brod, . vmme dat hebbe wi . (B. Stb. Bäckerbrief v. 1272). 4) *wente* = mhd., mnd. *wante* bis: *vnd derlouen den des werkes wente an dy Cumpen* (ebenda) Selten sind Nebenformen mit *a*: *Deſſen wederkopp mach Peter Hanneman wedder aſſkopen, wan en des luſtet.* 1481.

derſ und *bederſ.* Zu *der* vgl. § 217 Anm.

Im Nebenton ist wohl auch das nd. allgemein verbreitete *werſ* (Mal) = mhd. *warp, warf* in der Verbindung mit Zahlen[1]) *eynwerſ, mannichwerſ* entstanden. In der Rechtsdarstellung finden sich daneben noch einige *warſ.*

II. *a > e* **d u r c h U m l a u t.** Auch Sekundärumlaut in *mechtig, ergeſten (ölderen* § 3) ist schon im Stadtbuch durchgeführt. (S. P. B. B. VII 33 f. § 4.)

Die Umlautbezeichnung fehlt in einigen Fällen, so

1. fast immer in *panden, pandinghe* (Schb. S. 46), dagegen findet sie sich im Substantiv *pand: pende* und *penden.*

2. 1442 *voranderunghe.* (Vgl. aber hierzu S. 39.)

3. Sehr häufig in *erkantniſſe*[2]), [*erkantnüſſe* (K. Stb.)] *bekantniſſe* 1484 und fast in jeder Urkunde. Seltener, z. B. Bäckerbrief von 1272 im Stadtb., *kenntniſſe; bekentnys* 1487, 1491.

Auch der Lautübergang in *jegenwordigen* § 3 setzt voraus, daß kein Umlaut vorhanden war. Über die Verhältnisse im Singular des starken Verbs vgl. § 204.

Anm.: Heute kennen die märkischen Dialekte ein überoffenes *ā*, das Seelmann für Prenden Nd. Jb. 34, S. 4 charakterisiert. Siewert sagt in seiner

---

1) Auch hier könnte die Stellung vor *r* wirksam gewesen sein außer der Nebentonigkeit.

2) Auch hd. fehlte bei diesem Suffix der Umlaut, vgl. Braune, Althochdeutsche Grammatik[2] § 27, Anm. 5, Paul Mhd. Grm.[7] § 40 Anm. 3.

Darstellung des Bestener Dialekts nichts hierüber, aber daß der Laut dort ebenfalls gesprochen wird, z. B. *änte* Ente, kann ich aus eigener Erfahrung bestätigen. Es ist möglich, daß auch hier dieser Laut gemeint ist, dessen Bezeichnung, da er *a* näher steht als sonst der Umlaut, ebenso mangelhaft ist wie die des *ō* und *ü*. Erstaunlich ist nur, daß z. B. *enden, mehtig* stets mit *e* geschrieben werden.

4. Der Opt. Prät. von *hebben* lautet stets *hadde*. *Hebben wy der wegen vnſen Schencken gefraget, oſſt he ennige ſate hadde ader wüſte, die to Czerweſt gehoreden* 1476. Auch die as. Form war nicht umgelautet. (Holthauſen § 80. 416.)

Sekundärer Umlaut in *perrer, ſedeler, mekeler* usw. *megede > meide, —heſtig (handteſtig)*.

Neben *mange* steht *menge, mengerleye*.

Anm.: Gegenwärtig kennt das Gebiet Umlaut in *enger* ander, *engerſ* anders. (Vgl. aber S. 275 und Anm. 1.) Im Mnd. findet sich immer die Form mit *a*, *ander*, die wohl die kanzleisprachliche war. Vereinzeltes *ender* finde ich außerhalb der offiziellen Urkundensprache auf einem Zettel, der G. St. A. R 78 15 zufällig erhalten ist: *ender haluen ſchepel* = anderthalb Scheffel (Notierungen des Lehnträgers über den Umfang seines Lehens zwecks Ausstellung des Lehensbriefes in der Kanzlei). Beispiele für *enger* 1661, 1694 s. S. 275.

§ 5. *ă* in offener Silbe > *ā*. Die Dehnung tritt ein ohne Rücksicht auf die Endsilbe, wie die heutige Entwickelung lehrt, sowohl bei *ă* wie bei den übrigen Vokalen: *mǭăken wǭătər, hẹmel* usw.)

Auch dieses *ā* ist durch Umlaut > *ē*[1]) geworden, so in Berufsangaben, z. B. *korkenmeker*. Doch ist die nicht umgelautete Form *—maker* viel häufiger. Beide Bildungen werden übrigens neben einander von dem gleichen Schreiber gebraucht.

Über die weitere Entwicklung dieses *ā* vgl. § 7.

§ 6. *â* wird stets durch *a* wiedergegeben, *jar, rat*.

§ 7. In der Folgezeit ist der Laut *â* m i t *ā* u n d *ō < o*[2]) z u s a m m e n g e f a l l e n: *lǭătn* lassen, *rǭăt* Rat (Nd. Jb. 33 S. 13 § 27) = *mǭăkən, wǭătər* (eben da§ 6) = *jenǭăm* genommen, *jebrǭăkən* gebrochen (ebenda § 22).

Für die gleiche Entwickelung der drei Laute scheint die gemeinsame Grundlage auch in der mittelniederdeutschen Schriftsprache

---

1) Siewert, Nd. Jb. 33, § 8 gibt Umlaut des *ā* durch *ē* wieder genau wie *ė < e* oder *i*. Vgl. aber S. 244 Anm. 1.

2) Diese Entwickelung gilt nur für *ō < wgerm. o* nicht für *ō < u*.

schon zu Tage zu treten [1]). Aus der Schreibung im späteren Mnd. in der $\bar{o} < o$ stets durch a wiedergegeben wird, zeigt sich, daß dieses $\bar{o}$ später eine hellere Aussprache hatte. Da aber in dem Produkt der Entwickelung des $\hat{a}$, $\bar{a}$ im Osten des niederdeutschen Gebiets überall ein o-Gehalt nachweisbar ist, so wird man annehmen, daß andrerseits dieses $\bar{a}$ nicht einen Laut repräsentiert wie das heutige schriftsprachliche a, sondern es war dunkler gefärbt, so daß dieses dunklere $\bar{a}$ mit dem helleren $\bar{o}$ ungefähr zusammentreffen mußte. Dieser Prozeß des annähernden Zusammenfalls, der dann weitere gemeinsame Entwickelung veranlaßte, war jedenfalls in einem Dialekt [2]) vollendet zu einer Zeit, in der die Schriftsprache dieses Gebietes $\bar{o}$ überwiegend durch a wiedergibt. Das tritt nicht überall gleichzeitig ein. Lübben stellt z. B. in seiner mnd. Grammatik S. 15 Spuren „schon im Anfange des 15. Jahrhunderts, vielleicht auch schon früher" fest. Diese nehmen zu seit der Mitte des 15. Jahrhunderts, in dessen letzter Hälfte er „a und o in buntem Wechsel" konstatiert, „bis im folgenden Jahrhundert das o anfängt zu verschwinden" Dagegen gibt Franck in seiner Rezension von Lübbens Grammatik Z. f. d. A. 26 Anz. S. 317 an, daß der Übergang $\bar{o} > a$ am Niederrhein bedeutend vor dem 15. Jahrhundert eintritt. Nach Nerger, Grammatik des meklenburgischen Dialekts § 28. 31. 168 entziehen „dem tonlangen $\bar{o}$ viele Wörter sich durch Übergang des $\bar{o}$ in $\bar{a}$ seit etwa 1400" (§ 31), und im Laufe des 16. Jahrhunderts ist $\bar{o}$ ganz dem $\bar{a}$ gewichen (§ 168).

In Berlin finde ich a für $\bar{o}$ ganz durchgedrungen seit 1464. Frühere Beispiele aus dem 14. und 15. Jahrhundert sind immer nur vereinzelt. Seit 1464 dagegen kommen o-Formen nur noch selten vor, bei einigen Schreibern garnicht, bei andern neben überwiegendem a. In einigen Wörtern ist o beliebt, besonders in *nakomelinge*

---

1) Ich behandle an dieser Stelle auch $\bar{o}$, das eigentlich erst in einem späteren Paragraphen zu besprechen ist, weil ich sonst gezwungen wäre, Erscheinungen, die so eng zusammengehören wie die vorliegenden, zu trennen. Zudem fügt sich ja überhaupt auch der Schreibung nach $\bar{o}$ in den Abschnitt, der das geschriebene a behandelt. Nach der gleichen Erwägung werde ich auch im folgenden mehrfach Laute aus der Gruppe, zu der sie ihrem Ursprunge nach gehören, zu derjenigen ziehen, zu der sie sich durch ihre Entwickelung stellen.

2) Es können natürlich nur die Dialekte in Betracht kommen, in denen $\bar{a}$, $\hat{a}$, $\bar{o}$ tatsächlich durch lautlichen Wandel zusammengefallen sind, und die die Schreibung a für $\bar{o}$ nicht rein orthographisch übernommen haben.

(aber Inf. *kamen*; der Umlaut braucht das *o* nicht geschützt zu haben, vgl. unten), oft auch *Inwoner*. Doch stehen beide auch mit *a*. Die Orthographie bleibt stets hinter der gesprochenen Sprache zurück. Vollends in diesem Falle, wo *o* nicht nur durch die traditionelle Schreibung, sondern auch durch den tatsächlichen *o*-Gehalt des Lautes geschützt wurde. Man wird also annehmen, daß spätestens schon um die Mitte des 15. Jahrhunderts das *ō* mit hellerer Färbung, das *ā*, *â* mit *o*-Färbung gesprochen wurde. Diese letztere Annahme wird direkt bestätigt durch eine Schreibung *gemockt* bei einem 1520/21 tätigen Unterschreiber im Schöffenbuch *(gemockt < ge-māket)*.

Doch nochmals sei darauf hingewiesen, daß im 14. Jahrhundert Spuren des beginnenden Übergangs nicht vollständig fehlen. Besonders beachtenswert scheint mir in dieser Hinsicht ein „*terra Obule*" (Fid. II 83) „Havelland" in dem 1375/77 angefertigten Landbuch Karls IV. Der Kölner Stadtbuchschreiber 1443, der sonst. *ō* und *ā* natürlich noch scheidet, schreibt konsequent *afet* Obst.

Nicht so ausschließlich wie für *ō* wird *a* für *ō̄* geschrieben. *aren* < *ō̄ren* schreiben nur wenige Schreiber, regelmäßig nur der Schreiber γ (Schb. 1508/9). Der Wechsel von *ower* und *awer* ist wohl anders aufzufassen, vgl. § 46 Anm. 2. Mehrfach findet sich *Calen*, z. B. 1485. Häufiger ist *Colen, Colne, Coln*.

In späterer Zeit, ganz besonders am Anfang des 16. Jahrhunderts, als die offizielle Schriftsprache schon hd., die Tradition der mittelniederdeutschen Schriftsprache also schon durchbrochen war, wird vor allem im Schb., wo im allgemeinen nachlässiger geschrieben wurde als in Urkunden, die Schreibung *a* für *o* vielfach auf Formen übertragen, bei denen sie unberechtigt ist. Das Nebeneinander von *gots : gades, geborn : gebaren* oder verschiedenen Formen des gleichen Paradigmas, in denen bald *o*, bald *a* geboten war, mußte zu orthographischem Ausgleich auffordern. Dieser trifft auch die aus *u* entstandenen *ō*, besonders *fane* ist vielfach zu belegen, ferner die *o* in geschlossener Silbe, *kerckhaff* neben *kerckhoff, gebarner* geborner, neben denen in der Flexion *(haue, gebaren)* Formen mit *a* lautgesetzlich stehen. Aber weitergehend erscheinen dann auch *hach, hag,* hoch, *fchak* Schock. Allerdings sind solche Formen nicht oft zu belegen.

Selten steht im Stb. *brochte* neben dem gebräuchlichen *brachte*. Hier aber geht *o* auf die ursprüngliche Nasalierung zurück. *brochte* ist Nebenform zu *brachte*.

§ 8. Umlaut des *â* = *ê* (geschrieben *e*): *ierlik, weren*.

In den Verbalklassen IV und V sind im Plural die umgelauteten Formen des Optativs in den Indikativ das Präteritums eingedrungen: *quemen, weren* (§ 208). Dies *e* geht nie zu *i, ie* über, wie Tümpel PBB. VII 53 § 24 dies vereinzelt im S. O. seines Gebietes kennt. Auch die von Graupe, De Dialecto Marchica quaestiunculae duae (Berl. Diss. 1879) S. 13 festgestellte häufige Schreibung des *i* für *ê* < *â* im Plur. Prät. besonders im nördlichen Teile der Mark ist in Berlin nicht üblich. (Fid. II 182 *wiren* in einer Urkunde, die nicht der Berliner Kanzlei entstammt.) Vgl. aber zur Aussprache des *ê* S. 247 § 14.

Anm.: Einige Male findet sich im Stb. *marggreue*, sonst heißt es stets wie in den fürstlichen Urkunden aus Köln *marggraue*.

e.

§ 9. *e* steht für

1. altes *e* in geschlossener Silbe. § 10.
2. Umlaut von *a*. § 4 II.
3. altes *i* vor *r*. § 20.
4. Abschwächung des *î*. § 25.
5. altes *ĕ* in offener Silbe > *ē*. § 11.
6. altes *i* in offener Silbe > *ē*. § 11. 21.
7. Umlaut von *a, ā, â*; *a* im Nebenton. § 4. 5. 8.
8. *ê* < ug. *ai*. § 12. 14. 15. 16.

Alle ursprünglich verschiedenen Endungsvokale sind in *e* zusammengefallen. (Aber *deftu* neben *defte* § 43.)

Die sonst mittelniederdeutsch angesetzten *ê* aus den mannigfachsten Quellen (as. *ê* = ahd. *ea, ia, ie*, as. *io, eo*, Fortsetzung von —*eha*—) erscheinen im Berlinischen als *i (ie)* und werden daher unter *i* behandelt.

Über *e* als Schreiberzeichen für verschiedene Zwecke s. S. 228.

e in Nebensilben S. 262.

§ 10. Altes *e* in geschlossener Silbe bleibt *e*: *fes, helpen*.

ĕ > *ö* neben Labial nur in *fromde* (d. h. *frömde*), aber *veffte*.

ĕ > *i* § 23.

Der in andern nd. Dialekten häufige Übergang des *e* > *a* vor *r* + Konsonant, der übrigens auch nmrk. ist (Teuchert, a. a. O. § 72, 74), ist dem Berlinischen fremd. Über die Aussprache des *a* vor *r* s. S. 238 Anm. 1.

§ 11. *ĕ* und *ĭ* in offener Silbe > *ē*[1]): *lēven, gēve*, ferner die Prät. Plur. und Part. Prät. der 1. Ablautsreihe: *erſchenen, geſchreven, gebleven*. Vgl. im übrigen § 21.

ē > *ō* (geschrieben *o*) neben Labial in *ſoven* (d. i. *ſäöven*), *ſoventig*. Dies ist im 14. Jahrhundert vollzogen. In neuniederdeutschen Dialekten hat sich *ſes* an *ſöven* angeglichen > *ſös*. In den Berliner Schriftstücken heißt es noch stets *ſes*.

§ 12. Das einzige *ê*, das außer in entlehnten Wörtern im Berlinischen vorkommt, ist das aus ug. *ai* hervorgegangene (= ahd. *ei* und unter bestimmten Bedingungen *ê*). Auffallender Weise wird das *e*, das hd. *ei* entspricht, weit überwiegend *ey, ei* geschrieben. Ausnahmen sind sehr gering, etwas häufiger nur bei *ed* (Eid) im Stb. und besonders *twe* (vgl. aber auch hd. *zwene*). Selten steht *ey* für *e* in älterer Zeit, hauptsächlich bei Andreas Mölner: *eilike* (Fid. I 222, 1401), *meir* (Fid. I 222, 223), *hey* 1405, *eywige*. Nie aber ist *ey* für *e* = umgelautetes *â* zu belegen. Noch während eines großen Teils des 15. Jahrhunderts sind die hd. *ei* und *e* entsprechenden nd. Laute in der Schreibung ziemlich gut getrennt. *geleygen, gebeyde* in einer Urkunde von 1417 ist ganz ungewöhnlich. Die Scheidung zwischen *ê* < *ai* und tonlangem *ē* erklärt sich durch Verschiedenheit der Aussprache[2]), ob aber ein phonetischer Unterschied zwischen *ê* < *ai* = hd. *ei* und *ê* = Umlaut des *â*, vor allem zwischen *ê* = hd. *ei* und dem aus gleicher Quelle stammenden *e*

---

1) Für die weitere Entwickelung ist folgendes anzugeben: Für *ē* < *e* und umgelautetem *ā* setzt Siewert, Nd. Jb. 33, § 11 und 8,2 langes offenes *ẹ̄*, als gegenwärtige Aussprache an. Für *ē* < *i* § 17, 2 b langes geschlossenes *e* oder offenes *ẹ̄*, sodaß alle drei *ē* in *ẹ̄* zusammenfallen könnten. Für *ē* < *e* und *i* führt er außerdem die Aussprache *eä* an (§ 11 und 17, 2 b Anm.) Aber diese Angabe scheint nicht genau. Soweit ich aus eigener Beobachtung urteilen kann, liegt allen drei Fällen *eä* zugrunde < *ē*. Doch stehen sich beide Komponenten des Diphthongen so nahe, daß bei schnellem Sprechen der eine den andern aufsaugt, und ein Monophthong zu entstehen scheint, wie er — wenigstens in Besten — bei der jüngeren Generation, soweit diese überhaupt noch niederdeutsche Formen kennt, allein gesprochen wird, während die ältere (und so ist es für andere Orte überhaupt anzusetzen) Diphthongen hat. Vgl. auch Nd. Jb. 34, S. 9. § 19. 20, wonach auch für Prenden *ē* < umgelautetem *ā* und *ē* < *i, e* zusammenfallen. Auch nmrk. (Teuchert, § 33, 34, 35) entwickeln sich alle drei *ē* gleich.

2) Über die geschlossene Aussprache des *ê* vgl. § 14. Zu *ſey̆* neben *ſehe* vgl. S. 246 Anm. 1 und bes. § 101.

in *lêren, êlike, mêr, êr,* usw. bestand, entzieht sich der Feststellung. Für Prenden glaubt Seelmann verschiedene Entwickelung zu bemerken, je nachdem ug. *ai* vor *i* oder vor anderm Vokal stand. Im ersten Falle sei prendisch *ai* entstanden, sonst *e.* Diese Differenz liegt hier sicher nicht vor. In der mnd. Schriftsprache läßt sich nicht beobachten, daß in Berlin *ey* nur vor ursprünglich folgendem *i* geschrieben worden sei. Die jetzige Berliner Aussprache, die nach ostmitteldeutsch-sächsischem Muster (S. 173 Anm.) zwischen *e* < *ai* und *ei* < *î* scheidet, kann hier keine Auskunft geben. Aber Besten und Thyrow haben *ei* für j e d e s *ai,* ebenso die Neumark (Teuchert § 50). Die Regelung in der Schreibung legt die Frage nahe, ob nicht vielleicht hierin wieder hochdeutsche Einflüsse zu sehen sind, ob nicht vielleicht, durch das Beispiel hochdeutscher Orthographie veranlaßt, das hd. *ei* entsprechende *e* durch *ey* bezeichnet wurde, und diese Schreibung dann von der berlinischen Schriftsprache traditionell weitergeführt ist, auch nachdem die Autorität der hochdeutschen Schriftsprache nicht mehr bestand. Dies ist um so mehr anzunehmen, als z. B. Kahle, Die mittelniederdeutsche Urkunden- und Kanzleisprache Anhalts im 14. Jahrhundert. Leipz. Diss. 1908, § 99 ff. für Anhalt angibt, daß nach anfänglicher *e*-Schreibung seit der zweiten Hälfte des 14. Jahrhunderts doch wohl unter hd. Einfluß, dem Anhalt ziemlich stark ausgesetzt war, *e* und *ei* = hd. *e* und *ei* geschieden sind. Doch ist andrerseits zu beachten, daß, wie Franck § 25 feststellt, auch im mittelniederländischen Gebiet *ê* = hd. *ê* völlig durchgeführt ist, während für den hd. *ei* entsprechenden Laut *ei* und *e* nebeneinander bestehen. Franck führt dies auf zwei Schichten der Monophthongierung zurück.

Erst um die Mitte des 15. Jahrhunderts treten auch statt *ey* die *e* in der Orthographie ein wenig häufiger auf. 1454 z. B. im selben Brief *theyger: irtegen, meyſter* und *meſter.* Stets jedoch bleibt *ey* die überwiegende Schreibung. Später macht sich eine Erscheinung, die in andern Gebieten schon viel früher zu belegen ist[1]), seit Ende des 15. Jahrhunderts einsetzend und bei den niederdeutsch gebliebenen Unterschreibern im Schöffenbuch überhand nehmend, sehr auffallend geltend. Jedem *e,* gleichviel welches Ursprungs oder

---

1) Z. B. in Anhalt 14. Jahrhundert (Kahle, D. mnd. Urkunden- und Kanzleisprache Anhalts im 14. Jahrhundert. Leipz. Diss. 1908; § 23). Vgl. Tümpel PBB. VII § 19. Auch in hd. Gebieten ist die Erscheinung bekannt.

in welcher Stellung es sei, kurzem, tonlangem oder langem *e* in hoch-
oder nebentoniger Silbe, kann ein *i* zugefügt werden. Manche
Schreiber bleiben in engen Grenzen (bei Karl Mölner heißt es z. B.
allein *keyghen* und *heyt* [*het* = hat] mit *ey*), andere aber kennen keine
Schranken. Aus dem Schöffenbuch stammen z. B. die Schreibungen
geweyſt, ſeydeller Sattler, *meykelleyr* Mäkler, *veyſſe* Wiese, *abbeteyker,
geylth, ſreyden, deys* des, die Namen *Ebeil* Ebel, *Ccreyr* Zerer, *grcyger,
eyraſmus* usw.

Man könnte zwar versucht sein, wenigstens die *ey* für *ē* als Ausdruck des Diphthongen aufzufassen, der sich an dieser Stelle entwickelt hat. Aber das ist unwahrscheinlich in Anbetracht dessen,
daß sonst die Diphthonge *(uo, iə)* nie bezeichnet werden, und daß
diese Schreibung gerade im Schöffenbuch besonders häufig vorkommt,
dessen unsorgfältige Unterschreiber in offiziell hochdeutscher Zeit
schon mehrfach charakterisiert sind. In den niederdeutschen Urkunden findet sich, solange solche vorhanden sind, die Schreibung nur in
begrenztem Umfange z. B. 1479 *ſteyde, boſcheydigen*. Vgl. auch S. 244.
Etwa in *geylth* Gleitlaut zwischen *e* und *l* anzunehmen, wie er sich in
westniederdeutschen Dialekten tatsächlich entwickelt hat, ist für dieses Gebiet nicht angängig. Man wird daher hierin keine lautliche Erscheinung erblicken, sondern nur eine orthographische Kanzleimode,
die in andern Gegenden ebenfalls, nur meist früher, zu beobachten ist.

§ 13. Außer *ey* = hd. *ei* kennt die berlinische Schriftsprache
ey noch an wenigen andern Stellen.

I. Durchaus üblich ist die Schreibung *leyn, leynliken* usw. In
diesem Falle sind aber *e* und *i* auf zwei Silben zu verteilen (= hd.
lêhen). Vgl. auch as. den Dativ *lehene*. (As. Gen. V. 173.) Dem entspricht es, wenn sich auch Schreibungen wie *lehynware, lehynsrecht*
oder *leen* finden (*ee* zur Bezeichnung von *ê* ist [außer in *he, hec*]
ganz ungebräuchlich[1]).

In gleicher Weise ist *orveide* als *vê—ede* (vgl. mhd. *urvêhede*)
aufzufassen.

II. Als zweisilbig sind wohl auch *ſteyt, ſteyſt* und *geyt, geyſt* zu
lesen, die analogische Neubildungen nach den thematischen Verben

---

1) Über die Zweisilbigkeit in *ſee, ſeÿ* und *ſehe* nach den obliquen Kasus
vgl. § 101.

sind[1]). Mit diesen geht das in der Flexion nahe verwandte *dun* mit *deyst, deyt* zusammen. Zu *van* kommt mehrfach die Form *veyt* vor.

fteyft, geyft, deyft sind nicht auf Berlin beschränkt, sondern finden sich auch in andern hd. und nd. Dialekten. (Lübben § 60. 52. 48, Nerger, Grm. d. mekl. Dialekts § 112.) Während aber z. B. im Mecklenburgischen *stêst, stêt, gât, dôst, dût*, noch bis ins 16. Jahrhundert danebenstehen, sind *fteyft* usw. in Berlin die unbestrittenen Bildungen. Für den diphthongischen Charakter dieses *ey* spricht die Schreibung *ey* auch in den Dialekten, die für *ê < ai* sonst *e* setzen, und die heutige Aussprache *ei*, nicht *e*.

III. *ey* ovum, Plur. *eygher* mit ursprünglichen *jj* hat stets *ey*.

IV. *ey* findet sich zuweilen als Produkt der Kontraktion von —*egi*— (§ 134): *sleyt < sleget, seyt < seget, Meydeborch < Megedeborch;* häufiger aber steht in diesen Fällen *e flet* und besonders *fet* usw.

V. *ey* in *teyn*. Vgl. § 33.

§ 14. *ê* = hd. *ê* scheint stark geschlossene Aussprache gehabt zu haben, wie sich aus der schon öfter als Beleg herangezogenen Schreibung der Namen zeigt. Der Name „Zerer" erscheint im Schöffenbuch vielfach als *Czierer*, der Vorname „Grete" fast ständig als *Grite*, auch *Margarite*. Hier bleibt jedoch bei der Anlehnung an die lateinische Namensform öfter *e*. Das heute zu den Vororten Berlins gehörige „Tegel" heißt 1361 *Tygel*[2]), in späterer Zeit mit einem Versuch, den hochdeutschen Konsonantismus herzustellen, *Cziegel*.

§ 15. In den folgenden Wörtern war das Produkt aus *ai* nicht *ê*, sondern *i*:

siele, sile (Seele). Vgl. § 102. So auch mnfr., Franck, Mittelniederfränkische Grammatik § 40 *siele*.

irste. Franck, a. a. O. § 40, 81.

twier. Ebenda.

ye yo, y und die abgeleiteten Formen *ymand, nymand, ydermaan* usw. Über den phonetischen Wert vgl. § 102.

§ 16. Kürzung des *ê* vor Doppelkonsonanz: *emmer* (Eimer); *hêlage > hêlge > helge > hilge, hillige; twêntig > twentig > twintig*. In den beiden letzten Fällen wirkte vielleicht die Nebentonigkeit mit.

i.

§ 17. Mit *i* wechselt in der Schreibung *y*, das besonders für *î* und als zweiter Bestandteil von *ey*, aber auch für *i* zumal in Tonsilben

---

1) Nur die Rechtsdarstellung kennt einige Male *ftat, gat, dut*, hat aber sonst die gewöhnlichen Formen.

2) R. A 11 56, 58.

und im Anlaut eintritt. *i* wechselt ferner mit *ie*, z. B. 1374 in einem Briefe Thile Brügges *bie* (bei), 1322 *ſie* und *ſi*, ebenso *die* und *di*, Ein Unterschied zwischen *iə* und *i*, der lautlich vorhanden gewesen ist (vgl. § 28), ist in der Schreibung nie zu bemerken. Es heißt *brive* und *brieve*, *dinſt* und *dienſt* usw. Für anlautendes *i* erscheint auch *j*.

i, bezw. einer der eben erwähnten Buchstaben, wird geschrieben für:

1. altes *ĭ* in geschlossener Silbe außer vor *r*, § 18; *i* > *e*, *ē* § 19, 20, 21.

2. *ī* < *e* § 16, 23.

3. altes *î* § 24, 25, 26, 27.

4. *ê* in Namen § 14.

5. als Vertreter des Lautes, der im allgemeinen in mnd. Dialekten als *ê* erscheint (§ 28—35) und zurückgeht auf:

    I. germ. *e₂* = as. *ê*, ahd. *ea*, *ia*, *ie*,

    II. den Vokal der ursprünglich reduplizierenden Praeterita mit hellem Stammvokal im Praesens.

        Beide Gruppen kommen as. in V. P. C. mit *ie* vor (Holthausen § 92).

    III. germ. *eu* vor *a*, *e*, *o* außer vor *w* > as. *eo*, *io*.

    IV. den Vokal der ursprünglich reduplizierenden Praeterita mit dunklem Stammvokal im Praesens.

    V. ug. *ai* in *sile* usw. (§ 15.)

    VI. ursprüngliches —*eha*.

    VII. Sonstige im As. vorhandene *eo*, *io* aus verschiedenen Quellen, as. *kneo; eo; ſior*.

6. *i* als Dehnungszeichen s. S. 229.

7. *i* als Endungsvokal s. S. 230.

§ 18. Altes *i* ist in geschlossener Silbe geblieben: *ik, wil, ſinden*.

§ 19. *it* > *et* in der Enklise, *ſyet. et* wird in dieser Stellung oft weiter verkürzt: *wert ok*.

§ 20. *ī* > *e* vor *r*: *kerke, he wert, kerſten* (schon 1322 durchgeführt). Hierher gehören die st. Verben der III. Klasse, deren Stamm auf *r* + Konsonant ausgeht: *vorſteruet*.

Nicht ganz so weiten Umfang hat der Übergang *i* > *e* vor *l* + Konsonant. Zwar heißt es *helpet, ſcheldet, auegedelget* (Fid. I 246) und im heutigen Dialekt des Gebietes *melk*. Neben *pelgerynne* im Stb. steht *pilgrym* in fremdwortlicher Gestalt. Aber andrerseits kommt allein *willen, wilde, bilde* vor (*belde* nur in der Rechtsdarstellung) und *sulver*, das natürlich auf *silver* zurückweist. Dem entspricht es, wenn die heutigen Dialekte *ſchilp, jebilde* usw. haben. In *helpet, scheldet* dürfte der Vokal der übrigen Präsens- und Infinitivformen hergestellt sein, da mnd. der Ausgleich teils lautgesetzlich (s. z. B. § 21 oder oben *i* vor *r* sowie § 207), teils analogisch (§ 204) in weitestem Umfange vorhanden ist. So bleiben als sicher *gedelget, melk* (*pelgerynne*, könnte auch ursprünglich *ē* gehabt haben), also Verbindung von *l* und Guttural. Außerdem kommt nur *belſemſat* Fid. I. S. 201 in Betracht.

§ 21. *ĭ* in offener Silbe > tonlanges *ē*. Über den heutigen Lautwert vgl. S. 244 Anm. 1. Dies Lautgesetz trifft den Plur. des Prät. und die Partizipien der I. Klasse der starken Verben, *geſchreven, gebleven* usw., ferner den Singular des Präsens der IV. und V. Klasse *he nemet, geuet*, so daß hier lautgesetzlich im Singular und Plural der gleiche Vokal steht. Der Vokal des Präsens ist dann auch auf den Sing. des Imperativs übertragen, *vornem*, jedoch wahrscheinlich zu *ĕ* gekürzt. Bei Synkopierung des *e* der Endung bleibt der neue Vokal (aber *ē* > *ĕ, nempt, geſſt*) meistens. Doppelformen finden sich bei einer Reihe von Partikeln: *mede, med, met, mit* (*mit* gebraucht regelmäßig nur der Schreiber *E*, sonst herrscht *med* vor). Schon 1322 *met*.

Eine in Berlin nicht zu belegende Langform setzen voraus *bet (bed)* bis, *hen* hin.

Die verschiedene Entwicklung *mede* (> *med*): *mit*, beruht auf satzphonetischen Gründen. Im adverbiellen Gebrauch, als Pausaformen entwickeln sich *mede, bete, hene, vele*; im Nebenton *mit, vil*. Für Berlin kommt *vil* nicht in Betracht. Aus *mede* usw. entsteht *med* usw. im neuen nebentonigen Gebrauch in der Anlehnung an das Substantiv, besonders wenn dies mit Vokal beginnt.

Tondehnung liegt ferner im Pronomen vor:

$$ime > ēme > ĕm, ĕn$$
$$ine > ēne > ĕn$$
$$ire > ēre.$$

Diese Form ist in der Urkunde von 1322 noch zu belegen[1]). Überall sonst ist sie schon verdrängt durch *ore*[2]), die einzige sonst in Berlin vorkommende Form des Pronoms.

---

1) Vgl. aber § 80 und 86..

2) D. h. *ōre.* Tümpel, Nd. Studien S. 93 gibt für Berlin nur Beispiele von Formen mit *i*. Aber seine Belege sind nicht einwandsfrei. Die Polizeiordnung von 1334 ist aus dem im 17. Jahrhundert angefertigten Kopialbuch ab-

Die mehrfach begegnende Schreibung *are* (vgl. S. 242) läßt Tondehnung *ōre* erkennen.

In *williken* trat die Synkopierung vor der Tondehnung ein.

§ 22. *ĭ* wird in einigen Fällen > *ü* (geschrieben *u*).

I. Vor *l* + Labial in *sülver* Silber, *sülf* und dessen Ableitungen. *ſülf* (geschrieben *ſulf*) ist Nebenform zu dem in den Urkunden üblichen *ſelf* und den dazu gehörigen Bildungen. Nach der Verteilung von *ſelf* und *ſulf* in den vorliegenden Schriftstücken möchte ich *ſulf* für die Sprechform, *ſelf* für die Kanzleiform halten. *ſülf* geht natürlich auf *ſilf* zurück (vgl. PBB. VII 45 § 15).

hulpe bestand schon im As. und Anfrk. als Nebenform.

II. Einfluß der labialen Doppelkonsonanz liegt vor in *ümmer*, *nümmer*, wo *i* < *eo*, *io* hervorgegangen ist. § 102.

III. Labialisierung des Vokals unter Schwund des *w* tritt ein in *tuſchen*, *ſuſter*. Hierzu finden sich die Nebenformen *twiſchen* und *twuſchen*, *ſweſter*.

IV. *i* > *ü* *(u)* in vereinzelten anderen Fällen:

rint > *rünt* (Rind). So *(runt)* stets im Stb., auch Fid. I 264 ff., wo Fidicin *Rinderen* druckt. In einer Urkunde von 1331 (Fid. IV 13) wird die Form *rynd* gebraucht. Doch geht der Druck nicht auf das Original zurück. (Prenden: *rünt*. Nd. Jb. 34. S. 7, § 12. Auch sonst mnd. und mndl.)

Dies *ü* ist vielleicht in den flektierten Formen vor gutturalem Nasal entstanden (§ 81).

Das Präteritum *ſchunde*, das neben der gewöhnlichen Form mit *i* zweimal vorkommt (Fid. I 191), ist vielleicht wie *rünt* aufzufassen, oder es liegt hier Einfluß des starken Verbs vor, eine Art Kontaminationsform. Nach D. Wb. IX Sp. 190 ist gegenwärtig das Verb überall stark „*ſchinnen, ſchunn, ſchunnen*“.

drudde dritte (d. h. *drüdde* usw.), *druttein; druttich* (wo *ĭ* < *î* gekürzt ist). Doch fehlen besonders im ganzen 14. Jahrhundert die Formen mit *i* daneben nicht, die sich durch stets neue Angleichung an *dri* verstehen lassen und daher in *dridde* am häufigsten begegnen. Den Anstoß zu diesem Übergang gab hier wohl *drüttein* < as. *thriutein*

---

gedruckt. Der Vertrag der Valekes von 1364 und das Schreiben von 1352 gehören zu den vorher charakterisierten Schriftstücken, in denen ich hd. Beeinflussung zu sehen glaube. (—*i*— in Endsilben, *diſſe*, *alde* und ein paar andere kleine Ausweichungen dieser Art.) Die Beispiele aus dem Weihnachtsspiel kommen natürlich überhaupt nicht in Frage; sie sind hd.

mit Kürzung des *ü*, und die neben einander stehenden Formen mit *i* und *ü* glichen sich gegenseitig aus.

Nebenform zu *deſſe* ist *duſſe (düſſe)* < *diſſe*, eine über das ganze Gebiet verbreitete Form. § 171. Die Möglichkeit einer Erklärung des *ü* gibt Holthausen, Die Soester Mundart § 401, Anm. 2.

sancti > *sente* > *sinte* > *sünte (sunte)*. *Sunte* ist die allein in Berlin gebräuchliche Form.

Zu Ausgang unserer Periode scheint ein *š* (s. § 121 ff.) auf *i* einzuwirken. Wenigstens findet sich um die Jahrhundertwende einmal *vuſch* (früher stets *viſch*) und in der ersten Hälfte des 16. Jahrhunderts zweimal bei hd. schreibenden Berlinern *tuſch* (Tisch). *düs* Tisch kennt auch die heutige Mundart von Prenden (Nd. Jb. 34, S. 7, § 12 e).

Nicht hiermit in Verbindung zu bringen ist *luſchen* in dem Fachausdruck *Kalck luſchen*, da dieses *u (ü)* schon seit ältester Zeit vorhanden ist. Es steht im Berliner und Kölner Stadtbuch. (Prenden *lüšen*. Nd. Jb. 34, S. 6, § 11 e.)

§ 23. Zur Entstehung des *ĭ* in *almiſſe* Almosen wirken Nebentonigkeit und Anlehnung an *miſſe* zusammen.

Aus folgendem *st* erklärt sich *i* < *e* in *giſteren* und in *ſwiſter*, der Grundform für *ſuſter*. Vor *ss* wurde *e* > *i* in *wiſſel*.

§ 24. Altes *î* bleibt *î*, sowohl in germanischen Wörtern, *swin*, *ſri*, wie in Lehnwörtern, *win*. *î* ist auch in *viſ* erhalten, wo es aus *im* vor Spirant entstanden ist.

§ 25. *î* wird gekürzt in *vîſte*, *vîſtein*, *vîſtig* > *veſſte*, *veſſtein*, *veſſtig*.

Für die Adverbialendung —*lîken (—lîk)* sind Schreibungen mit *e*: —*leken*, —*leke* so überaus vereinzelt, daß man wohl hier Bewahrung der Länge annehmen muß. Vgl. § 60 und 127.

§ 26. Auffallend ist die Neigung, seit dem Ende des 15. Jahrhunderts (Schreiber *G* 1499 *weiſenn*, *ſeinen*, *ſein* neben *wiſen*, *ſin*) *î* durch den hd. Diphthongen zu ersetzen, eine Neigung, die nicht nur bei dem genannten Schreiber, sondern ganz besonders bei Karl Mölner (vgl. S. 190) zu Tage tritt. Da dies Gebiet *î* nicht diphthongiert (s. Nd. Jb. 33, S. 14, § 31 *is*, *lîf*, *šrîwer*, *šwîn*, *wîze* usw.), so kann dies *ei* nur aus den Beeinflussungen durch hochdeutsche Orthographie erklärt werden. Dazu würde es stimmen, daß diese Erscheinung erst

zu einer Zeit auftritt, in der der hochdeutsche Einfluß w i e d e r
beginnt, sich geltend zu machen, und besonders häufig ist bei einem
Schreiber, der zu Zeiten selbst hochdeutsch schreibt.

Anm.: Dagegen k ö n n t e n die übrigens nur s e h r selten auftretenden
dey, ſey (die, sie), einen lautlichen Hintergrund haben. Wenigstens kennt der
Klein-Bestener Dialekt (Nd. Jb. 33, S. 12, § 19 ebenso Tyrow, vgl. auch Nd.
Jb. 34, S. 18, § 62) als betonte Form des Fürworts *mei, dei, jei, wei* (mir,
dir, ihr, wir; diese finde ich im Mnd. Berlins nie) und *zei* sie. Falsche Analogie liegt sicher vor in einem vereinzelten *weil* = will (im Sehb.), ebenso
in *wey* = wie, wohl auch in *ik vorſei* = *vorſy* (versehe) 1494.

§ 27. Zwischen *î* und folgendem Vokal entwickelt sich ein
G l e i t l a u t *nige*, ebenso nach *ey, beygerſche* (§ 135).

§ 28. Aus den in § 17,5 erörterten Quellen hat sich in der größeren
Zahl der mittelniederdeutschen Dialekte der auch für das Altsäch-
sische (Heliand Mon.) belegte Monophthong *ê* entwickelt, im Berlinischen der D i p h t h o n g *iə*. Die Handschriften sagen über die
diphthongische Natur dieses Lautes nichts aus. Da schon (§ 17) im
14. Jahrhundert *i* und *ie* beliebig wechseln, so würde man wahrscheinlich, wie in der nhd. Monophthongierungsperiode, den monophthongischen Charakter des Lautes hieraus ableiten wollen. Man
darf aber tatsächlich hierin nur die im Mnd. übliche ungenaue Schreibweise (vgl. S. 228 f.) sehen. Denn der Diphthong, der schon altnieder-
fränkisch und altsächsisch in den Handschriften V. P. C. sowie den
meisten kleineren Denkmälern belegt ist, ist auch wieder im heutigen
Plattdeutsch des Gebietes vorhanden. (Vgl. Nd. Jb. 33, S. 13, 16,
§ 30, § 49,2. Nd. Jb. 34, S. 13, § 30, 31, Arch. d. Brandenburgia XI
im Text). Daß hier zuerst eine Monophthongierung, dann eine Diphthongierung in genau demselben Sinne stattgefunden hätte, ist
natürlich nicht anzunehmen, sondern es ist eine ununterbrochene
Tradition vorauszusetzen, auch wenn die ungenaue Schreibung diese
nicht zum Ausdruck bringt. Überdies haben wir für *uo* < german. *ô*,
dessen Entwickelung der hier besprochenen parallel zu gehen scheint,
in einer Berliner Urkunde des 13. Jahrhunderts (vgl. § 50) eine, wie
ich glaube, sichere Bezeichnung des Diphthongen. Auch die § 102, II
geschilderten orthographischen Gebräuche werfen ein Licht auf die
Schreibweise *i, y* für *io* oder *ie*.

Ein Unterschied etwa zwischen vorauszusetzendem *io* und *iə*
wird nirgend gemacht (außer *yo* je § 102), und wir werden für die
Zeit unserer nd. Urkunden wohl nur mit *ie* noch zu rechnen haben,

da die stärker abweichenden Komponenten $i + o$ doch vielleicht zu genauerer Wiedergabe aufgefordert hätten, vor allem aber sprechen auch die oft begegnenden Formen (vgl. § 102) *iewelik, yewelik* und 1487 *gewelik* für die Annahme, daß nicht mehr *io* sondern *ie* gesprochen wurde. Auch hd. reicht ja der Übergang *io > ie* in eine viel frühere Zeit zurück. Möglich ist es auch, daß die mitteldeutsche Orthographie, die seit dem 13. Jahrhundert *ie* und *i* nicht mehr schied, auch in dieser Weise in der Frühzeit, in der mitteldeutscher Einfluß in Berlin mir wahrscheinlich ist (s. S. 229 ff.), den willkürlichen Wechsel zwischen *i* und *ie* begünstigt. In der Folgezeit aber konnte diese Schreibung nicht etwa durch Einflüsse der mittelniederdeutschen Schriftsprache aufgehoben werden, da diese hier keinen Diphthongen, sondern *ê* schrieb.

§ 29. *i, ie* (geschrieben *iə*) ist hervorgegangen aus German. *ê2*; diesem haben sich die *ê* in Lehnwörtern angeschlossen: *tigel, brif, prifter.*

§ 30. Dieser Diphthong erscheint auch im Präteritum der ursprünglich reduplizierenden Verben mit hellem Stammvokal im Präsens *raden, he rit, heiten, he hit; holden, he hild.* Im Stb. (Ausgabe von Clauswitz S. 206) findet sich aber auch noch das Praeteritum *vel* zu *vallen*[1]). Zu *van, vangen* kennt das Stadtbuch neben *fingen,* z. B. Fid. I 191 1402 *fengen* (aber stets *gingen*). Im 15. Jahrhundert habe ich nur *fingen* (z. B. 1479 *wu wy anfingen*) gefunden. Vgl. § 211.

§ 31. *i, ie (iə)* geht ferner zurück auf den Laut, der im As. als *eo, io* erscheint und < wgerm. *eu* vor *a, e, o* entwickelt ist: *liue, dinen, kifen.*

Vor *u, i, j* ist *u* (d. h. *ü*) aus germ. *eu* entstanden: *lude, beduden, dudefch* deutsch.

Die gleiche Entwickelung nimmt ursprüngliches *e* vor geminiertem *w: euw > iuw > uw (= üw).* Es scheint nicht, daß die Formen, in denen dies *w* vor *a, e, o,* stand, sich der analogischen Angleichung entzogen haben. Jedenfalls heißt es stets *truwe* als Substantiv wie als Adjektiv. Nur das Stadtbuch kennt neben den überwiegenden *u*-Formen auch einige *eu: treuwe, getreuwen, treuweliken,* die aber vielleicht anders (nach S. 231) zu erklären sind.

Der Berliner Bürgermeister Jakob Wins schreibt 1494 zweimal *getrowlich* statt des üblichen *getruwelich,* eine Form, die zwar dem Berlinischen, aber

---

1) Fidicin druckt an dieser Stelle I 190 *vil.*

nicht dem Mnd. überhaupt fremd ist. Vgl. Tümpel PBB. VII § 30. Ferner zum Mndl. Franck § 66.

Zu *niuwi* existierte as. (Holthausen § 105. 168) die Nebenform *nige*. Diese allein gilt für Berlin, § 100.

In den Pronomina *jw, juwe* ist i natürlich neben *gy* konsonantisch.

Anm.: Bei K. Mölner und einigen Schöffenbuchschreibern begegnet vereinzelt *nuge* im Namen, z. B. *Nugendorp* neben *Nigendorp* (und *Neiendorp*). Ein bei Mölner einige Male vorkommendes *luwe* ist aber in der Formel *vnſer luwen ſruwen* möglicherweise durch *ſruwen* hervorgerufen. Heute heißt es in Klein-Besten (Nd. Jb. 33, S. 16, § 49 2, 50 2a *lĩewer*) während *nĩe* (ebenda § 49 1) wegen der in diesem Dialekt üblichen Entrundung zweideutig ist. Dagegen weist prendisch *nai* mit Diphthongierung im Auslaut nur auf *nige* zurück.

§ 32. *i, ie (ia)* steht im Präteritum der ursprünglich reduplizierenden Verben mit dunklem Stammvokal im Präsens. II. *rupen, he rip; lopen, he lip.*

§ 33. *i, ie (ia)* entspricht dem aus —*eha*— entstandenen as. *io (ia, ie)*. (Holthausen § 102, Franck, Mittelniederländ. Grm. § 40.) *sin, geſchin.* Da diese Verbalgruppe im Vokal in vielen Formen mit den st. Verben II zusammenfällt, erklärt sich eine gelegentliche analogisch gebildete Form *geſchut* (Fid. I 134). Jedoch ist diese wie alle Formen mit *ü* im Präsens (§ 206) nur in der Rechtsdarstellung zu belegen. Sonst wird stets *geſchit* gebraucht.

Dagegen heißt das Zahlwort nicht, wie zu erwarten, *tien* (so tatsächlich mndl. Franck § 239), sondern stets *teyn.* Man wird in diesem Falle um so eher an eine Verdrängung der heimischen Form durch die anderer mittelniederdeutscher Dialekte denken, als gerade Zahlwörter durch die Verbindungen des Handelsverkehrs leicht entlehnt werden.

Ich schließe hier die Fortsetzung von *ſchu (ſihu)* an, für die sich natürlich stets *ve* (so auch schon as.) findet, da nur die Verbindung —*eha*— *ie* ergab. (Mndl. *vie* und „vielleicht öfter" *vê*, Franck § 40.)

§ 34. Auch *ĕo < ĕw (knĕo)* ist zu *ie* geworden. Vgl. § 102.

§ 35. *i, ie (ia)* steht stets in *vir.* Auffallend oft findet sich bei *vir* über- oder nebengeschriebenes *e.* Von *vir* ist *virde, virteyn, virdel* abgeleitet, während *verndel* (beide im Stadtbuch und sonst oft) wohl den übrigen Dialekten entlehnt ist. (Vgl. § 33). Lautgesetzliche Entwickelung wäre möglich, falls man annimmt, daß auch

ie vor Doppelkonsonanz zu *i* gekürzt werden könnte *(*viərndel >
vīrndel > verndel mit Übergang des *i > e* vor *r*). Doch ist dies
nicht wahrscheinlich mit Rücksicht auf *virdel*, wo in diesem Falle
die Kürzung des *iə > i > e* ebenso hätte erfolgen müssen[1]). Durch
die Verbindung mit *vir* ist *virdel* nicht mehr geschützt, als es ein
etwa anzusetzendes **viərndel* wäre.

§ 36. **V o k a l e   d e r   P r o n o m i n a.** *he, wy* wir; wer, *dy.*

Wenn im Berlinischen bei der sonst üblichen Entwickelung des Diphthongen *iə* gegenüber dem *e* der andern Dialekte die Form *he* herrscht, so wird
sich dies aus dem vorwiegend nebentonigen Gebrauch erklären, während in
andern Teilen des mittelniederdeutschen Gebietes die hochtonige Form durchgedrungen ist. (Vgl. die Verhältnisse in der as. Genesis, die auch den Diphthongen
ie hat, wo dagegen *he,* wenn auch nicht die einzige Form, aber doch häufiger
ist als *hie*[2]).

In *wy* (wir) hat sich wie stets im Berlinischen altes *î* erhalten.

Der Artikel im Mask. Sing. heißt wie der des Femin. und der Artikel im
Plural aller Geschlechter *dy (die).* Hier hat im Gegensatz zu der Entwickelung
von *he* die haupttonige Form gesiegt, was für das Demonstrativum wohl verständlich ist. Sehr seltenes *de* ist Verkürzung aus *dy* (§ 169). (Auch hier
findet sich ein ähnliches Verhältnis in der Genesis, wo neben überwiegendem
he doch *thie* häufiger ist[3]).

Auch das Interrogativum hat die Form *wy (wie)*, die sich im korrela-
tivem Gebrauch zu *dy* durchsetzen konnte.

o.

§ 37. *o* wird geschrieben für

1. *ŏ* und für *ŏ* in geschlossener Silbe § 38.

2. *ŏ (ŏ) < u (ŭ)* vor *r* § 44.

3. *ŏ < ō* vor sekundärer Doppelkonsonanz § 39.

4. *ŏ < a* hinter *w* § 3.

5. *ŏ < a* vor *ld, lt* § 3. Lag hier möglicherweise zunächst *ô* vor,
so ist der Vokal jedenfalls später kurz, sicher zu einer Zeit, als *ld > ll*
überging. (Das Weihnachtsspiel hat *hollet < holde it, olle*, das noch
heut in Berlin existiert, usw. s. § 78 Anm.)

6. *ŏ < e* neben Labial in *frömden* § 10.

---

1) Auch in *virteyn* usw. wird *iə* nie gekürzt. Vgl. dagegen *drutteyn, dritteyn.*

2) Vgl. Bruchstücke d. as. Bibeldichtung aus der Bibliotheka Palatina
herausgeg. v. Karl Zangemeister und Wilhelm Braune. Heidelberg 1894, S. 77 f.

3) Ebenda S. 88.

7. $\bar{o}$ *($\bar{\bar{o}}$)* < *o* *($\bar{o}$)* in offener Silbe. Hierfür tritt später die Schreibung *a* ein § 7.

8. $\bar{u}$ < *u* in offener Silbe § 46.

9. $\bar{\bar{o}}$ < *ē* neben Labial in *souen* § 11.

10. *ô* < ug. *au* § 40.

11. *ô* < *a* + *o* § 102.

Anm.: German *ô* (= hd. *uo*) ist in Berlin *uo* > *ue*, geschrieben *u*, und wird daher erst unter *u* (§ 50) behandelt.

§ 38. *ŏ* in geschlossener Silbe bleibt im allgemeinen, sowohl *o* < ug. *u* vor *a* und *o* *(gŏld)*, wie *o* in Lehnwörtern *(kŏp)*.

Schon das As. zeigt die Neigung für *u* nicht nur, wie ahd. vor Nasalverbindung, sondern auch in einer Anzahl weiterer Fälle, wo ahd. *o* steht (Holthausen § 88). Im Mnd. überhaupt und so auch im Berlinischen findet sich nur *u* vor Nasalverbindung (z. B. *beſunderen, ſunnavend, he kunde* [aber *wy konen* § 217], *bokummert*, alle Participia Praeteriti der Klasse III a); aber auch die Verbindung *l* + Konsonant fordert *u: gehulpen* (as. *geholpan*), *geſchulden, wulſ, mulkenmarkt, ſchuln (:ſchōlen)*.

Ausnahmen sind *holt, gold*, stets mit *o*. In *molner* (d. i. *mōlner*) sind —*ln*— erst sekundär zusammengetreten. Zu *ſcholde* vgl. § 46, Anm. 1.

§ 39. *ŏ* in offener Silbe > *ō* § 7.

ō vor sekundär zusammengetretener Doppelkonsonanz > *ŏ*. Dieser Fall tritt ein, wenn durch Synkopierung im Präsens 3. Pers. Sing. das *e* der Endung fällt *kōmet* > *kŏmpt*. (Dieselbe Erscheinung für *ē* > *ĕ* § 21.)

§ 40. Ursprüngliches *au* ist in allen Fällen zu *ô* kontrahiert: *ôge; kôp*. Entsprechend werden die mit Umlaut gesprochenen Formen *bome, verkopen* (= im heutigen Platt *verkepen*) mit *o* geschrieben.

Während *e* < *ai* zeitweise beinahe ausnahmslos *ey* geschrieben wurde, ist die gewöhnliche Schreibung für den vorliegenden Laut *o*. Im 14. Jahrhundert kommt namentlich im Stadtbuch *ou* vor, aber meist nur in *ouk* und *vorkouſt. ouk* begegnet auch noch 1409, 1417 in Briefen. Danach ist es nicht mehr zu belegen. 1467 steht ein vereinzeltes *houch* hoch. Gerade in *ouk* und *verkouſt* kommt *ou* auch sonst vor. Kahle, a. a. O. § 137 kennt z. B. *ou* dort in denselben Wörtern (außerdem in *clouſter*, das aber in Berlin nie mit *ou* geschrieben wird). Der Auffassung, daß *u* hier Dehnungszeichen sein könnte, steht der sehr beschränkte Gebrauch entgegen. Auch daran, daß etwa *ouk*, wo es mit Nachdruck gesprochen wird, zweigipflige Aussprache des Vokals entwickelt haben könnte, die die Schreibung in dieser Weise wiederzugeben versucht, wird man nicht denken, da ja diese Schreibweise nicht auf *ouk* allein, sondern auch auf *kouſt* angewandt worden ist. Es liegt hier sicher nur eine orthographische Erscheinung vor, genau wie in der Schreibung *ey* für *e*.

§ 41. *a* mit geminiertem *w* > *auw, ouw, aw, ow* in *houwen (knokenhouwer), drouwen, drouwinge, drouwerede, houwes* (Gen. zu „Heu"). Einzelheiten hierüber s. in § 100.

u.

§ 42. *u* wird geschrieben für

1. *u (ü)* (< germ. *u* vor *i, j, u*) in geschlossener Silbe oder vor Nasalverbindung oder vor *l +* Konsonant § 38, 43.

2. *ŭ* < *i* in bestimmten Stellungen § 22.

3. *â* § 31, 48.

4. *û* § 49.

5. *uo (üe)* > *ue (üe)*, das aus germanischem *ô* entwickelt ist. § 50, 51, 52.

Die Schreibung wechselt zwischen *u, v, w*. Anlautend wird der Vokal durch *v*, sehr selten *u*, inlautend und silbeanlautend durch *u*, auslautend durch *u* oder *w*, seltener *v* wiedergegeben.

§ 43. *u (ü)* findet sich z. B. in *luſten* (gelüsten); *gebunden; wulle* (Wolle). Auslautendes *u*, das sonst stets zu *e* geworden ist, ist bewahrt in *deſtu* in der Verbindung *deſtu bat*.

§ 44. *u (ü)* > *ŏ (ō)* vor *r*-Verbindung: *Borger, ſorſte, kortlich, Brandenborg, orkunde, gebort.*

Für *u* vor einfachem *r* steht mir aus dem berlinischen Mnd. nur das Beispiel *vor (=vŏr)*, in dem erwähnten Briefe von 1527 wie in den heutigen Dialekten *ſer*, zur Verfügung < *ſuri*. Doch ist die Konkurrenz der Nebenform *ſora* > *ſor* wohl mit ins Auge zu fassen. Beide Formen sind im Dialekt zusammengefallen. In der Vorsilbe ist entrundetes *var—* (Holthausen § 86) nur ganz vereinzelt zu belegen. Jedenfalls gehört es dem Gebiet nicht an.

§ 45. Es läßt sich nun die Beobachtung machen (vgl. S. 97 f., 190), daß in einer Reihe von Wörtern gelegentlich schon sehr früh, schon längere Zeit bevor hochdeutsche Spuren sonst häufiger auftreten, der lautgesetzlich zu erwartende Vokal *u*, resp. *o* durch *o*, b e z w. *u* e r s e t z t wird, wodurch sich diese Formen der hochdeutschen Verteilung von *o* und *u* nähern, wie sie etwa in der kurfürstlichen Kanzlei bestand. Doch besitzt diese selbst zeitweise im 15. Jahrhundert auch Formen wie *borger, dorch* (vgl. S. 63 und 67), während in der kursächsischen Kanzlei *o* für *u* überhaupt die Regel im 15. Jahrhundert ist.

Man wird, glaube ich, trotzdem keine andere Erklärung finden können als die schon S. 97 f. angedeutete, daß Schreibungen wie *Burger, Burgermeyſter, Brandenburg* usw. auf Einflüsse aus den Urkunden der kurfürstlichen Kanzlei zurückgehen, wo ja doch die *u*-Formen meist die überwiegenden waren, und wo sich *ſurſte, Brandenburg* in jedem Titel, *burgermeyſter* in jeder Adresse wiederholte und daher dem Stadtschreiber ganz geläufig sein mußte. Schreibungen wie *durch, ſollich* erklären sich aus der schon mehrfach hervorgehobenen Anpassungsfähigkeit gerade der kleinen Partikeln. Und wenn *Sonnavend*[1]*), Sondag* früh mit *o* geschrieben werden, so spielt hier die auch schon S. 98 erwähnte Tatsache hinein, daß gerade die Datumangaben früh hd. beeinflußt sind. Aber angesichts der um jene Zeit im Mitteldeutschen herrschenden Inkonsequenz in der Schreibung von *u* und *o* ist es freilich nicht ganz klar, warum man an dieser Stelle *o* wählte, es sei denn, daß gerade diese Form als der heimischen Sprache fremd stärker auffiel, ebenso wie im anderen Falle *ſurſte, burgermeyſter*.

Jedenfalls wird das Eintreten des nicht eigentlich nd. schriftsprachlichen Lautes dadurch begünstigt, daß *u* und *o* sich wohl in der Aussprache ziemlich nahe standen. Denn wenn auch die traditionelle Orthographie im allgemeinen die Laute genau scheidet, so zeigt sich bei der Wiedergabe von Namen vielfach Schwanken. Der Name „Melchior Funke" findet sich bei λ als *Foncke;* der kurfürstliche Rentmeister tritt in den Schriftstücken der Berliner Kanzlei bald als *Nicolaus Tum,* bald als *N. Tom* (übrigens auch *Czaum, Czom*) auf; der Name *Krull (Krüll?)* kommt als *Kroll, Król,* vor, für *Putelitz* schreibt man *Bodelicz.*

---

1) Kahle, Mnd. Urkundensprache Anhalts § 81 c, sieht hierin einen Lautübergang und stellt fest, daß *u* vor *nn* leichter $>$ *o* wird, als vor andern Nasalverbindungen. Doch finde ich in Berlin weiter keinen Beleg hierfür. und auch Kahle nennt keinen anderen Beleg als *ſondach* und *konen.* Aber *konen* mit einfachem *n* ist anders zu erklären (§ 217), und *ſondach* ist wohl kaum aus der ganzen Reihe, wie sie oben charakterisiert ist, zugunsten des für das Nd. erst zu konstruierenden Lautgesetzes herauszulösen.

§ 46. *u (ū)* in offener Silbe > *ō (ō̄)*, *ſone, ſlotel, ovel, ſcholen* (und *ſchullen, ſchuln), mogen*[1]). Dies *ō* muß von dem aus wg. *o* gedehnten *ō* verschieden gewesen sein, da es (von einigen Fällen analogischer Übertragung in späterer Zeit, die hauptsächlich *ſane* = *ſone* betreffen, abgesehen) nie durch *a* bezeichnet wird. Vereinzeltes *ſalen* ist natürlich Angleichung an den Singular *ſal.*

Anm. 1: Die Praeterita der Praeterito-Praesentia aus den Ablautsreihen III und IV haben dem mnd. Lautgesetz entsprechend *u   kunde* (§ 38, zu *muchte* aus der V. Reihe vgl. § 217). Nur *ſcholen* hat auch *ſcholde* trotz der *l*-Verbindung. Gerade dies Verb hat aber allein in der ganzen Gruppe eine Nebenform mit *u, ſchullen*, im Infinitiv. Daher ist hier wohl an gegenseitigen Ausgleich zu denken. Nach *ſchulde* wird *ſchullen*, nach *ſcholen ſcholde* gebildet.

Anm. 2.: Wenn neben *ower* auch *awer* steht, so sind vielleicht tatsächlich ursprünglich zwei Formen anzusetzen, ein auf die *u*-Form zurückgehendes *ower* d. h. *ōwer* und *awer* < *ower* < *ōbar*. Heute existieren märkisch nur Fortsetzungen einer umgelauteten Form. Vgl. P. B. B. IX 683. (Doch könnte vielleicht auch *awer* als *ōwer* aufzufassen sein, wie *are* als *ōre*.)

§ 47. *u (=ü)* steht stets in *ſrunt.* Ob dies *u* kurz war, ist nicht zu entscheiden.

§ 48. *u* für *û* z. B. in *lude*, vgl. § 31. Aus anderer Quelle stammt *u (= û)* in *hude, huden* heut.

§ 49. *u* entspricht altsächsischem *û: hûs, hût* Haut, auch aus lateinischem *û, mûr(e)* Mauer.

§ 50. Wie germ. *ē₂ > ie* im Berlinischen diphthongiert ist, so *ō > uo >* in heutigen märkischen Dialekten *uə*. Bei der nachlässigen Bezeichnung des Diphthongen in der mittelniederdeutschen Schreibung kann es fraglich erscheinen, ob ein heutiges *uə* Fortsetzung des im Altniederdeutschen belegten *uo* sei. Hier liefert, wie mir scheint, die älteste uns erhaltene Berliner Urkunde einen sicheren Beleg für die diphthongische Natur des Lautes. In dieser kurz nach der Mitte des 13. Jahrhunderts gegebenen Mitteilung Berlinischen Rechtes an die neue Stadt Frankfurt[2]) wird in einem eingesprengten deutschen Wort *ŏ* geschrieben: *Similiter qui ſalsa et nequam emptione seu mendicione promeruerit ſedem in ſede que dicitur „ſcupſtŏ̆l“ arbitrio conſulum et iudicio eorum ſubiacebit.* *ŏ* wird nun allerdings in hd. Handschriften gern für *ou* geschrieben. Diesen Lautwert

---

1) Die Infinitive haben wohl Umlaut. Heute heißt es *seln* usw. § 217.

2) B. Ub. S. 8, wo aber das fragliche Wort ungenau wiedergegeben ist. S. aber den photolithogr. Abdruck in der Beilage zur Berlin. Chronik.

kann es natürlich an unserer Stelle nicht haben: Es kommt aber nach Weinhold, Mittelhochdeutsche Grammatik § 137 auch für *uo* vor, so in der Wiener Genesis. S. d. bei Hoffmann, Fundgruben II S. 10 ff., z. B. *tŏn, gŏte, gerŏchet, mŏte, bŏch*, neben *ů* und *uo*. Niederdeutsche Beispiele für *ŏ* = *uo* gibt Holthausen § 94 Anm. 1. Aber selbst wenn wir diese direkten Belege nicht hätten, würde das Bemühen des in der Wiedergabe deutscher Wörter völlig ungeübten Schreibers hier einen Doppellaut darzustellen, schon Beweis genug für die Aussprache sein. Daß hier nicht bloß ein diakritisches Zeichen vorliegt, zeigt die Schreibung des *u* in der ersten Silbe des Wortes und im gesamten lateinischen Text.

Ich glaube übrigens, Versuche zur Bezeichnung des Diphthongen auch in einigen späteren Urkunden noch zu finden, (z. B. 1322) in denen die Schreibung *ů* hauptsächlich für *uo* zu stehen scheint, doch ist dies nirgend konsequent genug durchgeführt, um als Beweis herangezogen werden zu können.

Die Übereinstimmung des *uo* in as. und altniederfränkischen Dialekten mit *uə* in dem heutigen plattdeutschen Gebiete in der südlichen Hälfte der Mark macht es klar, daß dieses *uo* (und das gleiche gilt für das früher behandelte *iə*) nicht durch hochdeutsche Beeinflussung hier schriftsprachlich eingedrungen ist, sondern daß es aus altniederdeutscher Entwickelung hervorgegangen ist. Einen Beleg für das Vorhandensein des Diphthongen in der Zwischenzeit zwischen den ältesten und den jüngsten Quellen bietet jene erste Berliner Urkunde. Man wird daher für die Aussprache dieses *u* in Berlin *uo*, oder schon *uə* anzusetzen haben.

In einem einzigen Falle kommt, allerdings sehr selten und fast nur im Stadtbuch, auch Schreibung mit *o* vor: in *don* tun. Die gewöhnliche Form ist *dun*. Wenn in der Rechtsdarstellung (z. B. Fid. I 80) außerdem auch *hertogedom* zu finden ist, so sind diese —*dom* allein an dieser Stelle für Berlin ohne Beweiskraft. Neben ihnen steht das heimatliche —*dum* übrigens im gleichen Abschnitt (z. B. in dem genannten Abschnitt Fid. I 81).

Umlaut dieses *u* wird *u* geschrieben und lautete, da heutige plattdeutsche Dialekte des Gebietes *iə* haben, wohl *ǖə*.

§ 51. *o* und *u* wechseln in

1) *to, tu* (*te, tote* kommt nie vor). Im Stadtbuch scheint *tu*, ebenso im Kölner Stadtbuch, dagegen bei der Mehrzahl der übrigen

Schreiber *to* bevorzugt zu werden. Bei dem Schreiber *E* ist die Verteilung etwa so, daß er *tu* in der Verschmelzung mit dem Artikel, sonst *to* gebraucht: *tum Berlin, ſpyſe thur klocke,* aber *to einen rechten wederkope, to orem altare, to Berlin, to orkunde, antoheuende.*

Bindende und ausnahmslos geltende Angaben aber sind dies nicht, und diese lassen sich auch kaum geben.

2) *wo* und *wu* (wie). *wo* ist seltener als *wu*. Im letzten Viertel des 15. Jahrhunderts ist *wy (wie)* schon vielfach für *wu* eingetreten, z. B. 1479. 1499.

§ 52. Von den im Mnd. vorhandenen beiden Formen *frouwe* und *fruwe* ist *fruwe* in der Urkundensprache selten, erscheint aber bei dem aus Berlin stammenden Schreiber Karl Mölner, bei dem schon mehrfach die Anwendung von Formen erwähnt war, die in der offiziellen Kanzleisprache zurücktreten. Der Gebrauch von *fruwe* gerade bei diesem Schreiber führt im Verein mit der Tatsache, daß die heute plattdeutschen Teile des Gebietes „*fru*" haben oder Formen, die auf „*fru*" zurückgehen müssen, auf die Sprechform *fru(w)e* für Berlin.

2. Vokale der Nebensilben.

a. Vokale der Vorsilben.

§ 53. In nebentoniger Stellung ist der Vokal der Vorsilbe vielfach abgeschwächt. Den dumpfen Klang desselben sucht man in der Schreibung mehrfach zum Ausdruck zu bringen.

be—. Nebenformen sind *bo—* und *bu—. bu—* ist am seltensten zu beobachten und überhaupt nur in älterer Zeit, im Stadtbuch (Fid. I 228), in Urkunden 1409, 1424. Alle drei Belege betreffen das Wort *bukenne. bo—* dagegen begegnet häufiger seit der zweiten Hälfte des 15. Jahrhunderts. Vielfach ist *bo—* im Schöffenbuch zu finden. Zu allen Zeiten aber überwiegt *be—.* Auch Schreiber, die *bo—* gebrauchen, halten daneben oft in der gleichen Urkunde an *be—* fest. Selten fällt der Vokal aus, in *bſundern* 1485. 1499. 1478. Belege in andern Wörtern habe ich nicht bemerkt.

ge—. Nicht ganz so selten fällt *e* in der Vorsilbe *ge.* Besonders Nasal oder Liquida scheinen den Ausfall zu begünstigen: *medewerckgnoten* (Kölner Stb. 1443), *glaweth* (gelobt), *gmacketh, gnyten,* sehr oft in *glik* und in dem der hochdeutschen Urkundensprache entlehnten *gnant*. Auch vor andern Konsonanten ist Fehlen des *e* zu bemerken, *gdacht, gholden, gbeden*. Doch ist als regelmäßige Form nur *ge—* anzusetzen. Bemerkenswert ist es, daß im Unterschiede zu andern niederdeutschen Dialekten, aber in Übereinstimmung mit dem Niederfränkischen das Participium Praet. stets die Vorsilbe *ge—* hat (auch in den heutigen märkischen Dialekten) und diese wird so sehr als Präteritalzeichen empfunden, daß sie ausgedehnt ist auf die Partizipien, die um diese Zeit im Hd. noch ohne *ge—* gebraucht werden. Es heißt *gekomen, gebleven* usw. Und während die hochdeutschen Urkunden der Zeit zwischen *geben* und *gegeben* schwanken, ist in Berlin *gegeven* üblich. Ganz vereinzelt nur steht einmal eine Form durch die mittelniederdeutsche Urkundensprache beeinflußt ohne *ge—* (Vgl. § 204).

vor— vertritt mhd. *für—, vor—, ver—*. (Als Sprechform ist wohl *vōr—* anzusetzen, ebenso wie für die Präposition *vōr*). Ausnahmsweise steht *var* (§ 44), selten ist auch *ver—*.

er—. Nebenformen *ir—, der—* stehen vereinzelt in der ganzen mnd. Zeit neben *er*. 1481 findet sich z. B. bei demselben Schreiber *derlouet* und *erlouen, erlouinge*. *derſaren* 1454, aber *irſaren* 1470.

ent—. Die Form *ant*, die ihr *a* im Hochton bewahrt hat, kommt noch in *antwerdt* und den zugehörigen Wörtern vor. Sonst ist *ent—* überall durchgedrungen. Vor Labial tritt zuweilen phonetische Schreibung ein: *entſangen (entſan)* und *emphangen*. Eine nicht sehr häufige Nebenformen zu *ent—* ist im 14. Jahrhundert (bis zu dem ersten Stadtbuchschreiber) *vnt—*. Die erste deutsche Urkunde von 1322 hat z. B. *vntſa (dat he ſulke penninge vntſa, dat he   .)* Im Stadtbuch heißt es z. B. *vntſetten* entsetzen, *vntlyuet* entleibt usw.

Ein hd. „*zer—*" entsprechendes *tu—* kann ich nur einmal in *tugan* (zergehen, Rechtsdarstellung) belegen.

β. Vokale der Mittel- und Endsilben.

§ 54. Vorangestellt seien einige Bemerkungen über das Verhalten d e s V o k a l s *e*, der im Mnd. für unbetonte Mittel- und Endsilben besonders in Betracht kommt.

Auslautendes *e* ist im Nominativ erhalten:

1. Bei den *ia*-Stämmen: *herde ; bedde, gewedde ;* auch im Participium Praesentis: *Byſtu begherende ?* (K. Stb.) *He hebbe eynen*

vader wonende tu Czerweſt. Eyn ridende man. Doch ist *e* gefallen in
der Endsilbe *er < âri (eri, iri)* falls der Stamm nicht auf *l, r*
oder *n* ausging (§ 55,8): *ſchriver.*

Über die *wa*-Stämme mit langem Stammvokal vgl. § 101, mit kurzem
Stammvokal § 102.

2. Bei den *ô*-Stämmen: *bede, sukede; truwe; sibbe.*

Zu den *ô*-Stämmen gehören auch die Bildungen auf —*inge*
(im Stadtbuch —*unge*): *bewillinge, beteringe, vorgevinge, ſettunge.*

3. Nach den *î*—, auch nach den *i̯ô*-Stämmen flektieren as.
die Substantiva auf —*nessi,* —*nissi,* —*nussi,* d. i. berlinisch —*niſſe:*
hinderniſſe, bekantniſſe. Erst gegen Ausgang des 15. Jahrhunderts
kommt vereinzelt —*nis* vor: *bokentnys* 1487, *beheltnis* 1499. Im
Berlinischen sind diese (§ 151) wohl den *i̯ô*-Stämmen zuzurechnen.

4. Bei den kurzsilbigen *i*- und *u*-Stämmen, deren Stammvokal
nicht *a* ist: *kore < kuri, broke < bruki, ſteke < ſtiki; ſone, ſrede,
lede < lidu.* Vgl. § 153. Zu *ve* s. § 33.

5. Bei den *n*-Stämmen: *hertoge, ſorſte, bode; tunge, wunde,
strate; herte, oge.*

6. *e* findet sich in der entlehnten Endung —*îe: proveſtige* Propstei,
ſulrige, bodellige, sonst in Fremdwörtern: *altariſte.*

e ist sehr fest im Dativ aller Nomina.

Über den Wechsel der zweisilbigen und einsilbigen Form *mede :
med : mit* vgl. § 21. Meist bleibt *e* unangetastet in *vmme. vnde* steht
seltener als *vnd.* Bei den Adverbien fehlt *e* schon zuweilen, z. B.
1479 steht *gerne* und *gern* nebeneinander (S. § 192).

e als Sproßvokal s. S. 228.

§ 55. Synkopierung des *e*.

1. *e* in der Endung —*et,* Präs. 3. Pers. Sing. aller Verben ist
meist erhalten. Die synkopierte Form überwiegt für *wert* wird,
geſſt < gēvet (selten *giſſt*), *sprekt* und *sprecht, nempt, het* (heißt), *kompt,
let, holt < holdet.* Auch *koſſt (= köſt)* ist häufiger als *kopet.* Vgl.
hierzu § 215. Neben *bliuet* steht *bliſſt.* Sonst aber sind die vollen
Formen stärker im Gebrauch, auch bei Verben, deren Stamm auf
Dental ausgeht: *vindet, luſtet, berichtet; benumet, behoret, dunket,
levet, vorſtervet* usw. Es scheint danach, als ob es sich bei den vorwiegend synkopierten Verbformen um besonders häufig gebrauchte
Wörter handelt.

Anm.: Ein zuweilen belegbares *vint* kann zudem nur der mnd. Schriftsprache entnommen sein, da *vindet*, d. h. *vivget* nie *vint* ergeben hätte.

2. Im schwachen Präteritum bleibt der Mittel- und Endvokal
e meist erhalten und ist da, wo er ursprünglich lautgesetzlich gefallen war, analogisch (so häufig schon as., Holthausen § 460) sehr
oft wieder hergestellt (s. § 213): *vorenigeden, ſchenkede, ſugede*.
e fehlt öfter, wie es scheint, nur neben Liquida oder Dental: *he warde,
arbeide, vurde, vorderde, apenbarde, wandelde. antwerde* hat meist
Ausfall des *e*. Vgl. andrerseits auch *vorbodede, begerede, gehorede*.

3. Im Infinitiv steht die volle Form: *twyſelen, to vorhandelende*,
aber auch *to vordern*.

4. Im Participium Praeteriti stehen die synkopierten Formen
ebenfalls hinter den vollständigen zurück, sind aber nicht s o selten
wie in den bisher behandelten Fällen. Auch bei stammauslautendem
Dental sind die (z. T. vielleicht nur analogisch in der Schriftsprache hergestellten) vollen Formen oft vorhanden: *bericht* und
berichtet, geclagt und *vorclaget, vorplicht* aber *geſtiſtet*. Aber wäre nicht
auch *gemāket* tatsächlich gesprochen worden, so wäre ein heutiges
gemockt, dessen *o* auf Tondehnung beruht, unmöglich. Doch auch
obgemelden (s. unter 5), *auerantwert*. Nach einer auf Nasal oder
Liquida ausgehenden Nebensilbe ist Synkopierung nicht selten:
vorteykent, gebetert. geweſet heißt es nur in älterer Zeit, sonst *geweſt*.
Zu *gekoſſt* s. § 215. Der Gebrauch ist bei den verschiedenen
Schreibern individuell verschieden.

5. Im System der Deklination ist zu bemerken, daß die hochdeutsche Regel über den Verlust des flexivischen *e* nach *r* und *l*
in bestimmter Stellung wie überhaupt für das Mittelniederdeutsche,
so auch für das Berlinische nicht in dem Umfange gilt wie für das
Hochdeutsche. Es heißt *Borgermeyſtere, gudere, eckere, ketele, ſedele*.
Doch ist daneben auch der Plural *Borgermeyſter* belegt, § 141 ff.
Besonders vor *n*, also im Dativ Plur., ist *e* in diesen Fällen oft
synkopiert. (Über *e* vor der Genitivendung —*s* s. unter 6).

Bei den auf —*en* ausgehenden Wörtern tritt in der Endung
—*en* fast stets Synkope ein: *in vorgangen tiden*.

6. Sehr üblich ist Ausfall des *e* bei dem —*es* des Genitivs besonders nach Nasal oder Liquida: *deyls, wins, ſomers, koppers,
parchems, komels, jars*, neben *wines, jares*, aber auch *rechts, gots*. § 141.

7. Synkopierung eines mittleren *e* nach *n* liegt vor in *eyme, ſinne* (§ 84).

8. Synkopierung des ersten *e* ist auch üblich bei den auf Nasal oder Liquida ausgehenden Nomina auf —*ere*: *kelreknecht, dinre, malre, telre, dunredage, armboſtirre.* § 143.

§ 56. **Einfügung von** *e* findet sich vor der Diminutivendung, ausgehend wohl von den Substantiven, wo *e* lautgesetzlich stand: *bukeken, stedeken, vetken* und *veteken, huſeken.* Bei Wörtern, die wie *bukeken* auf *k* im Stamm ausgehen, wurde wohl auch solches *e* ursprünglich übernommen, um die Endung vom Stamm zu trennen. (Im heutigen Berlinischen übereinstimmend mit vielen nd. Dialekten wird in solchem Falle hinter *k* ein *s* eingeschoben: „*Sticksken*" Stückchen.)

§ 57. Vielfach werden in unbetonten End- oder Nebensilben **andere Vokale zu** *e* **abgeschwächt.**

a: *Thomes (Dames), Stendel* Stendal, *borger(t), deken* Dekan *kumpenn* Kumpan, *ſelczen.*

i: *Merten, iſſet* < *is it* und überhaupt *it* > *et, is* > *es.*

o: *Melcher, greger.*

§ 58. Über das Auftreten von *i* **für** *e* **in Endsilben** s. S. 229 f.

§ 59. Synkope des *i* ist selten. In *hilghe* liegt der Ausfall des *a* oder *i* schon vor der Kürzung des *ê* > *e* > *i*. Das übliche *hillige* ist eine jüngere Form; *ennige* > oft *enge, engerleye; overge.*

§ 60. Über das sehr seltene Vorkommen der Kürzung in —*liken* (*lichen*) vgl. § 25. Doch fehlen auch synkopierte Formen nicht ganz: *redelken* < *redeliken, bilke* < *billike (malk* s. §. 82).

§ 61. Unbetontes *o* findet sich als *u* in *Jacup.*

B. Konsonanten.

Allgemeines.

§ 62. Die **Auslautsverhärtung**, die sowohl das As. wie das Altniederfränkische kannte, ist auch für das Berlinische seit frühester Zeit anzunehmen. Das lehrt die Schreibung der in die lateinischen Urkunden der ältesten Periode eingestreuten deutschen Wörter, z. B. 1309 *lantdinc.* Und es geht ferner aus der verschiedenen Entwickelung hervor, die —*nd*— im Inlaut und im Auslaut genommen hat (s. § 81), und die eine frühe Auslautsverhärtung voraussetzt.

Es mußten sich im Berlinischen im Inlaut und Auslaut die folgenden
Laute entsprechen:

inl. *d* = ausl. *t*

w (v) = *f*

j, ʒ (geschr. *g*) = *ch (χ, x)*

vg (geschr. *ng*) = *vk*

vg (geschr. *nd*) = ,, *nt* § 81.

In der Schreibung ist aber die Auslautsverhärtung konsequent nur
für den Wechsel *w : f* (vgl. über diesen § 86) zum Ausdruck gekommen,
abgesehen von den wenigen Fällen, wo *f* auch für den inlautenden
stimmhaften Spiranten gebraucht wird. Nicht selten, aber bei
weitem nicht so ausschließlich wie *f* für *w* im Auslaut, steht auch *ch*
entsprechend inl. *g.* Sonst wird in Angleichung an die übrigen Formen der Konsonant des Inlauts ziemlich häufig geschrieben. Diese
Orthographie tritt allmählich zugunsten einer mehr phonetischen
zurück. Aber noch um 1475 sind *tid, ftad, med, radman* usw. vielfach zu finden. Da diese Schreibung in der Aussprache nicht begründet ist, so ist es erklärlich, daß *d*, denn um *d* handelt es sich
hauptsächlich, auch oft für etymologisch berechtigtes *t* eintritt.
Dem Stb. entnehme ich z. B. die Formen *wed* weiß, *had* Haß, *id*
es usw. oder 1448 *nud* Nutzen. Im letzten Viertel des 15. Jahrhunderts
ist, wie erwähnt, die phonetische Schreibung *t* die Regel. Einzelheiten hierüber s. § 115. Seltener ist *g* für *ch : dorg, hog, gefchag.*
Im letzten Falle könnte aber Anlehnung an die übrigen Formen
mit inlautendem *g* die Schreibung bestimmt haben. *g* für *k* steht
öfter in *fchog.*

§ 63. **Stimmhafte Laute werden** in stimmloser
Nachbarschaft **stimmlos.** *Frederickftorp* (§ 116), *hofftpele, he
gefft < gevet < gibid, plecht < pleget.*

Andere Assimilationen, z. B. *mb > mm,* s. bei den betreffenden
Konsonanten.

Anm.: Der Übergang *kt > cht, pt > ft, tt > ss* ist schon urg. Seine Spuren
sind in den Formen *fuchte,* usw. (§ 215) deutlich. Alt ist auch der Übergang in *verkoft* (§ 215), vielleicht auch in *fprecht* neben *fprekel* (§ 128).

§ 64. **Doppelkonsonanz** wird im Auslaut gekürzt:
manne : man, alle : al, wy willen : wil wy.

§ 65. Doch wird die vorhergehende Regel durchkreuzt, anfangs
noch wenig, im Laufe der Entwickelung etwas stärker, durch die

Konsonantenhäufung, die 1. in sprachgeschichtlich unberechtigter Doppelschreibung eines Konsonanten oder in Hinzufügung eines der Artikulationsstelle nach verwandten Lautes (*kk, ck, gk* usw.) oder 2. in Hinzufügung eines *h* besteht. Beide Arten der Konsonantenhäufung kommen von Anfang an vor. Die verschiedenen Schreiber bevorzugen teils die eine, teils die andere Art. Schon in der ältesten von Berlin ausgegangenen Urkunde findet sich *Inninghe* mit *cg* zur Unterscheidung des Verschlußlautes vom Spiranten und mit *h*. Die wenigen in die lateinischen Urkunden versprengten deutschen Wörter bieten fast ausnahmslos weitere Belege für die Hinzufügung von *h: beth* 1280, *morghen/pracke* 1284, *bur/caph* 1288. In den deutschen Briefen der Folgezeit ist *h* nach Konsonant nicht so häufig, wie man hiernach erwarten sollte, fehlt aber zu keiner Zeit. Es scheint besonders hinter *g* (s. unten) und hinter *t* zu stehen. Einige Beispiele aus dem Stadtbuch sind *ge/ethte, sthoue, sethten, vth, thu.* In *vhe*, das weit überwiegend mit *h* geschrieben wird, soll *h* wohl mißverständliche Lesung des *v* hindern. — Die Schreibung *h* nach Konsonant wird häufiger in der zweiten Hälfte des 15. Jahrhunderts. Auch jetzt steht *h* besonders nach *g* und *t*, vor allem im Anlaut: *thit*, im Wortauslaut: *meth, Din/th;* aber auch nach *n: nhemeliken, nha, manhen, Inwonher*, nach *d: dhun*, nach *m: mher, mhanen;* vereinzelt nach *f: /hone*, öfter nach *p* im Auslaut: *wilme/torph* usw. Der vorausgehende oder folgende Vokal scheint dabei bedeutungslos; er kann kurz *(thin/e, heth)* oder lang sein *(mher, guthliken);* auch Konsonanten können voranstehen *(/ampthliken),* die Silbe betont *(nhemen)* oder unbetont *(nemhen)* sein.

Eine besondere Stellung nimmt *gh* ein, das zunächst nur vor *e* selten vor *i* und (mit *ch* wechselnd) im Auslaut steht. Der erste deutsche Brief aus Berlin, ein Städtebündnis von 1321, hat bis auf verschwindende Ausnahmen stets *gh* in dieser Stellung. Freilich, die zweite Urkunde von 1322 bevorzugt einfaches *g*. Im ganzen aber ist die Bemerkung zu machen, daß *h* nach *g* vor *e*, zuweilen auch vor *i*, und im Auslaut häufiger und früher gesetzt wird als nach andern Konsonanten, höchstens mit Ausnahme von *t*. Vor anderen Vokalen erscheint *gh* erst spät. Seit 1470 etwa kann man *ghude, ghulden, ghan*, neben einfachem *g* in dieser Stellung belegen, d. h. also zur selben Zeit, zu der überhaupt *h* nach Konsonanten stärker auftritt. Dies *gh* kann hier natürlich nicht den Zweck haben, spirantische Aussprache des *g* anzudeuten, da ja *g* in jeder Stellung Spirant ist. Es wird auch kaum die Aussprache des *g* vor hellem Vokal von der vor dunklem geschieden haben; denn die Aussprache von *gheven* (d. i. *jewen* mit palatalem stimmhaftem Spiranten), *oghe* (d. i. *oʒe* mit gutturalem stimmhaften Spiranten nach dunklem Vokal), *Inninghe* (mit Verschlußlaut *g*) ist ja viel stärker unterschieden als etwa *gut* (d. i. *juət*) von *gheven (jewen)*. Man würde eher Scheidung im ersten Falle erwarten als im letzten. Denn diese Aussprache werden wir wohl angesichts der übereinstimmenden Verhältnisse in Berlin und dem plattdeutschen Dialektgebiet (außer der Neumark, die, jedoch nur im Anlaut, einen jüngeren Lautstand hat,) als spätestens innerhalb der mnd. Schriftperiode eingetreten annehmen müssen, da Berlin natürlich bei jüngerer Entwickelung nicht mit dem plattdeutschen Gebiet zusammengegangen wäre[1]). Reichte die ursprüngliche Unterscheidung in der Aussprache des *g* vor hellem oder dunklem Vokal noch in die mnd. Schreibzeit hinein, so könnte sie sich freilich in dieser Verteilung das *g* und *gh* wiederspiegeln. Doch wäre in diesem Falle wohl *gh* vor *i* ebenso regelmäßig geschrieben wie vor *e*. Vielleicht auch hat historische Orthographie noch ältere Verhältnisse festgehalten. Doch könnte auch in der hd. und nd. weit verbreiteten Schreibung *gh* vor *e* und *i* Übertragung vorliegen aus den Schreibstätten, wo *g* vor *e* und *i* tatsächlich noch anders gesprochen wurde als vor *a, o, u*. Es wäre auch denkbar, daß etwa *h* (vgl. die überwiegende Schreibung *vhe* für *ve*) die Vokalisation des spirantischen *g* vor den ihm nahestehenden Lauten *e, i* hindern sollte. Von hier aus ist es dann übertragen auf die nicht spirantischen *g* in der Stellung vor *e*. Dagegen mag *gh* im Auslaut beeinflußt sein durch das mit *gh* wechselnde *ch*. Der vorhergehende Laut, der — jedenfalls in der heutigen Aussprache — die verschiedenen Spiranten, *j* und *ʒ*, hervorruft, ist für die Schreibung des *g* ohne Bedeutung. Es heißt z. B. im Kölner Stadtbuch so gut *eynoghich, daghe*, wie *mittelmetighen, weghenne*.

§ 66. Stärker macht sich besonders im letzten Teil unserer Periode die zweite in diesem Zusammenhang erwähnte Erscheinung

---

1) Auch die in § 132 angegebenen Verhältnisse zeigen zwar eine Scheidung in der Schreibung *g:j*. Da aber diese nicht vom folgenden Vokal abhängt, beweisen auch sie für eine von diesem unabhängige Aussprache des *g* in Berlin.

geltend, die K o n s o n a n t e n v e r d o p p e l u n g. Schon 1374 schreibt Thile Brügge *danck, vpp, geſcheſftes, aſſyclecht.* Und die Neigung zu Doppelschreibungen nimmt nach und nach zu, wird aber bei den niederdeutschen Schreibern nie so auf die Spitze getrieben, wie es in manchen hochdeutschen Kanzleien der Fall ist. Wenn auch sonst noch ein oder der andere Laut hie und da verdoppelt wird, so trifft die Doppelschreibung doch zunächst hauptsächlich die stimmlosen Laute *p, ſ* und in geringerem Maße *k (ck, gk).* Bei *t* ist anfangs weniger *tt* als *th* üblich. Doch fehlt auch *tt* nicht ganz. Vgl. im Stb. z. B. *wentte, ſuntte.* Die Media *d* ist oft verdoppelt in *wedder.* Hier aber scheint, nach der heutigen Aussprache zu schließen, tatsächlich kurzes *e* in geschlossener Silbe vielleicht im Anschluß an *edder* vorgelegen zu haben, das nicht *ē* geworden ist. Auch sonst wird ein stimmhafter Laut zur Bezeichnung der Kürze manchmal doppelt gesetzt, z. B. in *nemmet* mit *ĕ* aus der synkopierten Form *nempt.* Einige Male findet sich im Stb. die Vorsilbe *vnn—.* Sonst aber werden zunächst nur die Wörter mit etymologisch berechtigter Geminata mit Doppelkonsonanz geschrieben *bidden, hebben, emmer.* Die Verdoppelung greift in der zweiten Hälfte des 15. Jahrhunderts etwas stärker um sich und erfaßt nun auch andere Konsonanten häufiger: *ll: gemahell, n : gelanngt, vnns, wetenn, ſihnn.* Über Verdoppelung von *ſ* s. § 120, über *dt* § 115.

Besonders beliebt ist zu allen Zeiten *ſſ* vor *t: gifſt, vorkoſſt, ſtiſſtinge,* sowie *pp* und *ſſ* im Auslaut. Es scheint, als ob später manche Schreiber, z. B. *E,* auslautende Doppelkonsonanz mit inlautendem einfachen Konsonanten wechseln lassen, z. B. im gleichen Briefe *kopp* Kauf, aber *kopes* 1481. Auf diese Stellung sind jedoch die Verdoppelungen nicht beschränkt. Sie stehen hinter Konsonant: *hulppe, dorppes, tovornn, twelſſ, kercken,* hinter kurzem und langem Vokal oder Diphthong: *hoſſ, glick, briſſ,* in betonter und unbetonter Silbe: *nott, vnnſenn, Ingeſegell.* Kaum zu belegen sind sie hinter tonlangem Vokal[1]), wohl deshalb, weil sie dort den Lautwert verändert hätten (s. o. *nemmet*). Nicht häufig ist Doppelschreibung im Anlaut, wo sie hauptsächlich in Namen vorkommt: *llaurencz, ſſabian, ſſrederick, ſſallentin.* Nur ein Gerichtsunterschreiber schreibt im Schb. auch *ſſruwe, ſſrede* usw. Im übrigen ist auch bei den sorg-

---

1) In *witſchappe* ist nach dem Nom. kurzer Vokal vorhanden.

losen Schöffenbucheintragungen eine Zunahme der Konsonantenverdopplung in jener Zeit nicht mehr zu bemerken.

Die Beobachtung, daß gerade stimmlose Laute im Auslaut und
vor *t* zunächst und am konsequentesten verdoppelt werden, scheint
es zu erweisen, daß hier ein phonetischer Grund vorliegt, da diese
Laute in diesen Stellungen mit scharfem Absatz gesprochen werden,
der vielleicht durch die Doppelschreibung gekennzeichnet ist. Von
hier aus konnte dann die Verdoppelung, unterstützt durch die or-
ganisch vorhandenen Doppelkonsonanten, besonders wenn keine Geminata mehr gesprochen wurde, weiter verbreitet werden.

§ 67. Die Erscheinungen des grammatischen Wechsels s. in § 202.

1. Liquiden.

r.

§ 68. *r* entspricht as. *r* aus germ. *r* und *z: rat, crve, dorp;
gekoren, mer*. Im Anlaut steht *r* auch für altes *hr : ring, rupen*.

Auslautendes *r* bleibt auch nach ursprünglich langem Vokal
erhalten: *war, dar, er, mer*.

§ 69. Beim Zusammenstoß von *l* und *r̥* ist „durch Vervoll-
ständigung des Alveolenverschlusses" (Bremer, Deutsche Phonetik
§ 77 Anm.) vor der Artikulation des *r* ein Geräusch entstanden, das
durch *d* in der Schreibung fixiert ist. Eine Form *alderwenigeſt* mit *d*
begegnet zuerst 1436 freilich in nur „gleichzeitiger Abschrift" Fid. IV₁₅₀.
Danach kann ich Formen mit *d* allerdings erst im Schb. seit 1505 wieder
belegen, *alderbeſten* bei verschiedenen Schreibern, während es z. B.
im Stb. *alreleye*, im K. Stb. *kelre* usw. heißt. Man wird doch an lautliche Tradition zwischen der im 15. Jahrhundert überlieferten Form
und den späteren denken müssen und annehmen, daß nur in der
Schrift das kanzleisprachliche *aller* siegt, dem alle übrigen Formen
von *al* zur Seite stehen. Wenn gerade *aldr̥—* in zusammengesetzten
Worten vor konsonantischem Anlaut zuerst, früher als alle sonstigen
Bildungen *—ldr̥* oder *—ndr̥* erscheint, so erklärt sich dies daraus,
daß in *aldr̥beſte* usw. *r* nicht wie in *kelre* durch Vokal gestützt war.
In diesem Zusammenhang seien auch die Namensformen *Molder-
knake, ſweſtermolder* aus dem Schb. genannt. Daß diese Formen nicht
isoliert oder entlehnt sind, beweisen die heutigen Dialekte, die zwischen
n oder *l* und *r̥* regelmäßig *d* haben (Thyrow: *ender* einer, *kender* keiner,
Schwender = mnd. *ſweynre, mölder* Müller. Ebenso Besten: Nd. Jb.

33, S. 17, § 56, Prenden Nd. Jb. 34, S. 25, § 78a, S. 26, § 80 b). Die Entwickelung kann aber nicht weit über die Zeit der ersten überlieferten *d*-Schreibungen zurückgehen, da die Form *mölder* < *möldr* < *mölr* < *mölner* Assimilation des *n* an *l* voraussetzt, die selbst erst im 15. Jahrhundert eingetreten sein wird. (§ 78.) Allerdings kommen neben der Vorsilbe *er—* Nebenformen *der—* (*derkennen*) schon im 14. Jahrhundert vor, in denen *d* nach auslautendem *l* oder *n* bei ungestütztem anlautenden *r* entstand. Doch ist es fraglich, ob diese der Sprache angehören oder nur Entlehnungen sind.

§ 70. Aus diesen Verhältnissen muß man, wie dies von vornherein nicht anders zu erwarten ist, auf alveolare Aussprache des *r* in Berlin schließen, wie sie die märkischen Dialekte noch heute besitzen (Nd. Jb. 33, S. 21, § 78, Nd. Jb. 34, S. 5) im Gegensatz zu dem in Berlin jetzt üblichen uvularen *r*. Doch beginnt man wohl wenigstens zu Ausgang unserer Periode das hinter Vokal vor Konsonant, besonders Doppelkonsonant, stehende *r* flüchtiger zu sprechen ohne daß die Zungenspitze die Alveolen berührt. Im Schb. kommen Schreibungen vor wie *koſſener*, Kürschner, *armboſt*, *armboſtirer* und *armboſtirre* (daß hier mit Metathese (§ 71) *borſt* zu grunde liegt, beweist *o* < *u* vor *r*) und Namensschreibungen *Keſtigen* für *Kerſtien*, *Bochgert* (Borchard), *Obenn* (*Orben* Urban), *Gerat* (Gerhard). Im Schb. S. 262 ist zweimal auf derselben Seite *r* in *Jurghen* nachträglich übergeschrieben. Ähnliche Verhältnisse im Mnd. Lübben S. 41 f., im Mhd. (*r* vor *ch* nimmt gutturale Aussprache an und verhallt, vgl. oben *Bochgert*) s. bei Weinhold, Mhd. Grm. § 214.

In dieser Richtung muß man wohl auch die Erklärung für die Form *dorchter* 1409 suchen, so daß bei Verflüchtigung des *r* nach Vokal vor dem gutturalen Spiranten hier umgekehrte Schreibung vorliegt. Freilich ist so früh sonst kein zweites Beispiel für eine derartige Aussprache vorhanden.

Ein Gegenstück zu dieser Schreibung bietet der Name des Schreibers „Zachiſch“ in einem von den märkischen Johannitern 1539 geschriebenen Briefe in der Form „Zcarhuß“ mit *r* für *ch*. Hier sind auch die im Schb. mehrfach begegnenden hd. *hirnar* zu erwähnen, wo freilich auch das erste *r* nicht ohne Wirkung auf die Schreibung geblieben sein mag.

§ 71. Metathese des *r* ist regelmäßig in *Kerstien, Kersten*. Im übrigen ist sie nicht allzu häufig: *ſruchte* Furcht, *bernen* brennen, *verſch* frisch, *armborſt* Armbrust. Neben *Brackow* kommen die Namensformen *Barckow, Berckow* vor. Aber es heißt z. B. stets *dridde, drudde* nie *derde; druttich* nie *dortich*.

§ 72. Ein neues *rr* entsteht durch die § 55,8 erwähnte Synkope bei den Substantiven mit stammauslautendem *r: armboſtirre* neben *armboſtirer, ſackſurre* usw.

Im Anfang des 15. Jahrhunderts (z. B. Fid. I 232 f.) kommen die Genitive *irre* < *irer*, *virre* < *virer*, *orre* < *orer* (z. B. *thu orre twiger lyue*) hauptsächlich nur bei einem Schreiber im Stb. vor.

§ 73. *r* war as. nach kurzem Vokal durch *j* nicht verdoppelt. Ebenso heißt es berlinisch *ſweren*.

§ 74. *r* > *l* durch Dissimilation § 76.

r steht in grammatischem Wechsel mit *s* § 202.

l.

§ 75. *l* entspricht altem *l: land, wulſ, deil*. *l* ist stets erhalten, auch in *alſe, als*, das heute im Dialekte unter dem Nebenton zu *as* geworden ist (Nd. Jb. 33, S. 21, § 77). Gefallen ist *l* nur in dreifacher Konsonanz: *werltlik* > *wertlik*, das dann auch weiter zu *werlik* reduziert werden kann, z. B. Schb. S. 39 (29).

Im Anlaut vertritt *l* auch ursprüngliches *hl: lude* laut, *laden*.

Für altes *wl* im Anlaut stehen Beispiele aus der mnd. Periode in Berlin nicht zur Verfügung. Vgl. übrigens § 98 und zur Entwicklung von *ſile* § 15.

§ 76. Durch Dissimilation tritt *l* für *r* ein in *martel* (*in der martel weken* Fid. I S. 261), *merteler* (*der hilligen merteler* sehr häufig in Datumsangaben). Neben *barbirer* kommt im Schb. auch *balbirer* vor. *l* für ursprüngliches *r* steht auch in *plumen*.

§ 77. Durch Dissimilation wird *l* > *n* in *knovelloch* Knoblauch.

§ 78. *ll* entspricht as. *ll*, das auf verschiedene Quellen zurückgehen kann: *wulle ; wille*. Im Auslaut und vor Konsonant wird *ll* vereinfacht: *wy willen: wil wy* (§ 64); as. *elleban* entspricht ein berlinisches *elſ*.

Anm.: In der mnd. Schriftsprache Berlins wird noch stets *ld* geschrieben. Vielleicht ist aber intervokalisches *ld* gegen Ausgang der Periode schon *ll* gesprochen worden. Vgl. außer den noch heute in Berlin bewahrten Formen *olle* < *olde, molle* < *molde*, denen die Überlieferung des Weihnachtsspiels entspricht (*hollet* < *holde it, Oellern, kolle* kalte), auch schon im Schb. die Schreibung des Namens „Böldicke“ gelegentlich als „Bollieke“. Die aus dem Anfang des 16. Jahrhunderts stammende Aufschrift einer Urkunde mit dem Ortsnamen *Bollenſtorſſ* gegenüber *Boldteſtorſſ* in einer zweiten Urkunde ist zu vergleichen. Der Dialektbezirk kennt dieselbe Entwicklung.

Schwieriger noch ist der Übergang *ln* > *ll* zu erkennen, den wir für die Entwicklung *möldr̥* § 69 voraussetzen müssen, weil die Wörter mit sekundär zusammengetretenem —*ln*— sehr selten sind. In der Rechtsdarstellung kommt 3 mal der Gen. Plur. *elne*[1]) vor gegenüber *elleboge*. Im übrigen Stadtbuch aber, im freien Text, heißt es *elle*. Hier wäre nun die Möglichkeit vorhanden, daß das im Niederdeutschen, wie es scheint, nicht sehr übliche Maß ebenso wie *Groſchen* (§ 124) hd. Entlehnung sei. Denn gegenüber diesem schon Ende des 14. Jhd. assimilierten *ln* steht während der ganzen mnd. Periode *molner*, nur 1406 einmal als Name (?) *Moller*, sonst aber bleibt bis ins Schöffenbuch hinein *molner*. Erst 1522 finde ich hier zum ersten Male die Namensform *Moller*. Trotzdem muß die Assimilation des —*ln*— schon im 15. Jahrhundert angenommen werden wegen des erwähnten Lautüberganges in *möldr̥*, der sie voraussetzt. Wenn im K. Stb. 1443 *negſt der molnen* steht, aber in einem Zusatz zu dieser Eintragung aus dem Anfang des 16. Jahrhunderts *keygen der molle*, so hat vielleicht der erste Schreiber seine Form gerade so an *molner* (< *molener* < *muleniri* aber *môle* < *muli*) angeglichen, wie sein Nachfolger die seine an *moller*. Doch ist dies zu unsicher, um eine chronologische Bestimmung hieran zu knüpfen.

2. Nasale.

§ 79. *n* entspricht altem *n: nacht, meynen, geven; ſunne; engel, drinken;* im Anlaut auch altem *hn*—: *hnigen*. Auf —*mn*— geht —*nn*— zurück in *nennen*. *n* < *m* im Auslaut § 83 und bes. § 185.

§ 80. Im überlieferten As. ist in den drei Gruppen *nþ, ns, mſ* der Nasal unter Nasalierung des vorhergehenden Vokals geschwunden, während das Altniederfränkische *n* erhalten hat: *uns, unsa, munt, tende* usw. Im Berlinischen steht mir für Nasal + ſ nur das Wort *viſ* zur Verfügung mit seinen Ableitungen *veſſte, veſſtich, veſſtein*. Vgl. aber über Zahlbezeichnungen § 33.

Vor *d* < *þ* steht stets *n*, wie überall im Mnd. Es heißt *ſinden, ander, rund*. Über die Weiterentwicklung der Gruppe *nþ* > *nd* s. § 81. Allein *tegede* wird als Fachausdruck „der Zehnte" neben dem Zahlwort *teynde: teyn* angewandt. Die Form *tegende* mit *n* fehlt nicht ganz, z. B. Fid. I 36, steht aber stark hinter *tegede* zurück.

Während die Gruppe *nþ* auf dem gesamten nd. Gebiete nach dem Übergang des *þ* in *d* das *n* aufweist, haben die in ursprünglich sächsischen Landschaften gesprochenen westelbischen Dialekte doch *ûs ûſe, gôs* bewahrt. Berlin hat wie das Niederländische auch hier die

---

1) Es wäre höchstens möglich, daß dieser aus *ellene* kontrahiert ist. Doch ist dies nicht wahrscheinlich.

Formen mit *n*: *uns*, *un/e*, *gans*, *gen/e*, z. B. *gen/e* Fid. I S. 30. (Vgl. in der heutigen Mundart [Thyrow, Zorndorf, Besten, Prenden, Neumark] *jans*, *jänse*.)

Allerdings in der ersten deutschen Urkunde, die in Berlin gegeben ist, der Beurkundung eines Vertrages von 23 märkischen Städten 1321 (Fid. II 21), steht durchgängig *v/e* usw., aber in a l l e n sonstigen Schreiben, schon aus dem folgenden Jahre 1322 wird nur *vns*, *un/e* gebraucht. Diese e i n e Urkunde mit den Formen ohne *n* kann, glaube ich, nicht gegen alle anderen Zeugnisse sprechen, zumal sie auch sonst das nichtberlinische Pronomen *ye* (berlinisch *gy*) gebraucht. Diese fremden Formen sind wohl so zu erklären, daß zunächst noch ein Schwanken im stärkeren Anschluß an Mundart oder Schriftsprache bestand, ehe man die feste Norm gefunden hatte. So schreibt z. B. auch der Schreiber der Urkunde von 1322 *bre/* und *brei/*, aber 1321 das berlinische *bry/*. (Vgl. auch S. 279.) Daß man aber gerade *v/e* 1321 wählt, ist leicht zu begreifen: So schreibt der damalige Protonotar der letzten askanischen und ersten wittelsbachischen Regierungsjahre, Hermann von Lüchow.

§ 81. In der Verbindung *nd*, aus germ. *nd* oder *nþ*, wird dentales *n* zum gutturalen, *nd* > *ng*. Geschrieben wird zwar der Schriftsprache folgend stets *nd*. Aber eine Anzahl Verschreibungen, besonders Entgleisungen und Flüchtigkeiten im Schb., beweisen, daß der gutturale Nasal der märkischen Dialekte keine junge Entwicklung ist, sondern schon mnd. vorhanden war. So wenn S. 177 (168) von einer *bo/terbingerinne* die Rede ist, S. 309 (300) von dem *Selwinger*, wenn der Name „Pundel" S. 45 (35) *pungel* geschrieben wird oder in umgekehrter Schreibung mehrmals (S. 204. 205 [195. 196]) die Frau des „Michel Engel" als *Endelinne*, „Klingenberg" als *klyndenberg* erscheint. Auch in einer Urkunde von 1461 (Fid. II 243) entschlüpft dem Schreiber das nicht schriftgemäße *hinger*, in einer andern aus dem gleichen Jahre (R. S. 315) *vngchingerd*. Über die bei Johannes Nether in den Kämmereirechnungen wechselnde Schreibung *glinge*, *glingde*, *glinde* s. S. 172. Ein einziger Schreiber, der 1508—9 tätige Gerichtsschreiber *γ*, verwendet konsequent nicht das übliche schriftsprachliche *nd*, sondern schreibt *ng*.

Die Herkunft des *nd* ist, wie die heutigen Dialekte beweisen, gleichgültig. Es heißt ebenso *jelive* gelinde, */iven* wie *biven*. Auch tritt der Übergang nicht, wie im waldeckischen Dialekt (Bauer-

Collitz, Wörterbuch der Waldeckschen Mundart S. 84* f.), nur nach palatalem Vokal ein. Es heißt heute *ik wuwer mi* ich wundere mich. Vgl. auch die oben angeführte Schreibung *pundel — pungel* und die in der Anm. 2 angeführten Beispiele aus Kremmen. Ob Teucherts (§ 170) und Seelmanns Beobachtung (Nd. Jb. 34, S. 23, § 72 d), daß im Dialekt der Neumark und von Prenden der Übergang *nd* > *w* nach *a* nicht stattgefunden habe, auch für Berlin Gültigkeit hatte, ist zweifelhaft, da der genannte Schreiber *γ* auch *hangelunge* Handlung schreibt, was um so mehr ins Gewicht fällt, als diese Orthographie ja nicht allgemein, sondern phonetisch ist. Allerdings hat er auch die Formen *ander* und *mandel (mandel groſchen)*. Aber diese beiden Wörter haben wenig Beweiskraft, da *ander* sicher schriftsprachliche Form war (mundartlich heißt es heute, in dem gesamten Gebiet *enger*[1]), und daß diese Form alt ist, zeigt ein M. F. 1882, S. 24 mitgeteilter Drohbrief aus Bernau, wo 1661 sich *en enger* findet. Ebenso hat das Kremmener Hochzeitslied *enger*). Auch *mandel* ist der Schriftsprache entnommen, ist übrigens als Münzmaß sonst in Berlin gar nicht üblich.

Der Übergang *nd* > *w* findet nach Ausweis der Dialekte nur statt, wo *nd* stammhaft in betonter Silbe steht, nicht wo *n + d* sekundär zusammentreten. So heißt es heute in Besten *kinde < künde* = in der Urkundensprache *kunde*. Ebensowenig weisen die Participia Praesentis und die flektierten Infinitive eine Spur des gutturalen Nasals auf. Es heißt jetzt *tu dīŋnə, tu fiwənə* zu tun, zu finden. Auch ein Wechsel, wie *komen* und *komende* im Partizip des Präsens und Infinitiv ist nur bei dentalem *n* möglich.

Auslautendes *—nd*, das durch die Auslautsverhärtung zu *—nt* geworden war, hat als *—nt* (vgl. *winter*) den Übergang nicht mitgemacht: *kint* aber *kiwere*, *hant* aber *hewe* usw.[2])

---

1) So in Thyrow, Zorndorf, Besten. Prenden, das nahe der Sprachgrenze liegt, weicht hierin wie in einigen andern Kleinigkeiten ab (S. 237) und hat das zum Hd. stimmende *ander* und *aner*.

2) Vgl. im Kremmener Hochzeitslied *ungerwehns, Stungen* aber *Hund, rund*. Für Prenden gibt Seelmann Nd. Jb. 34, S. 6, § 10 b *hāndə, bāndə* (überall sonst *bewe* Bänder) an, die wohl auf Angleichung an den Singular beruhen. Nach S. 23 § 72 d scheint aber daneben auch die lautgesetzliche Form *hewe* noch zu existieren. *hewe* heißt es auch im Fläming (Stier, Über die Abgrenzung der Mundarten im Kurkreise S. 7).

Aus den vorstehenden Angaben ergibt sich wenigstens eine relative Chronologie für den Beginn des Übergangs *nd > ŋg*. Er muß stattgefunden haben 1. nach dem Eintreten der Auslautsverhärtung (§ 62), 2. nach dem Übergang des *þ > d*. Für diesen fehlt allerdings die Möglichkeit genauerer Zeitbestimmung in unserm Gebiete. Zu Beginn der Urkundenüberlieferung ist er schon durchgeführt (§ 114).

Zu Ende des 15. Jahrhunderts scheint dieser Lautübergang nicht mehr lebendig zu wirken. Wenigstens erscheint der Name des Apothekers Johann Zehender (so heißt er in der kurfürstlichen Anstellungsurkunde [G. St. A. R 78 16 fol. 352 v.]), der 1488—1514 in Berlin tätig ist, im Sehb. fast immer als „Zenner" (< *Zender* < *Zehender*). Danach müßte ein um diese Zeit aufgenommenes „zender" nicht mehr zu „zeŋger" geworden sein. Freilich ist es möglich, daß die Aussprache „Zenner" auf den süddeutschen Apotheker selbst zurückgeht.

Selbstverständlich ist das in der Verbindung —*nŗ* entstandene —*ndr* nicht > —*ŋgr* geworden.

§ 82.   a. *n* tritt ein in:

1. *allent* (heute in Berlin *allens*).

2. Sehr häufig steht im Schb. in der üblichen Angabe der Gerichtsstätte *in gehegender Dingebank*. Diese Form ist wahrscheinlich hervorgerufen durch gegenseitige Beeinflussung der beiden Attribute *in vulkomender gehegender Bank* < *vulkomener gehegeder* und von hier aus weiter verbreitet: *in vulgehegender Bank*. Sonst ist Einfügung von *n* im Partizip Prät. selten. In einer Urkunde 1479 *vorbenumendes*, wo wohl an Einwirkung des Partizips Präs. zu denken ist. Vgl. den entgegengesetzten Fall, Einfügung von *d* im starken Partizip wohl aus demselben Grunde, in *dy nagelatende wedewe* einmal im Schb.

3. Die Ordinalzahlen *achtende, elftende, twelftende* neben *achte, elfte, twelfte* sind unter dem Einfluß von *sovende* und *negende* entstanden. Entsprechend *achtentich* durch Einwirkung von *soventich* und *negentich*.

4. In *darsselvens* (z. B. Fid. I, S. 32, aber *darsselves* Urkunde 1481 u. a. m.) ist *n* wohl dadurch begünstigt, daß bei *self* in der Stellung hinter dem Beziehungswort nicht nur die schwache Flexion den Sieg davon trägt, sondern auch das *n* der übrigen Personen sogar in den Nom. Sg. dringt. So heißt es z. B. auch *he selven, sulven*[1]).

b. *n* fällt:

1. Meist im Plural des Verbs vor folgendem Pronomen: *hebbe wy*. Nur wenige Schreiber behalten das durch *wy hebben* gestützte

---

1) Ergänzend zu D. Wb. VII 900 f. bemerke ich, daß auch in Berlin die Maßbezeichnung *oßel*, nicht *noßel* ist.

n bei. Bei den Praeterito-Praesentia auf *l*, *schol wy*, *wil wy* fällt auch das nun in den Auslaut getretene *e*.

Auch sonst fehlt *n* manchmal, aber doch nur vereinzelt, während in der oben besprochenen Konstruktion Schwund des *n* die Regel ist: *gy wille vndyrrichten* 1476 . *gy den fuluigen vndyrrichten wolde dat . .* 1479, *wy kunt erlangen* 1479. Die Möglichkeit, daß der Nasalstrich fehlt, ist natürlich in einzelnen Fällen vorhanden.

2. Zuweilen im enklitischen Pronomen: *men* > *me* (§ 4).

3. In *in eyn fampt* neben der Form *infament* mit bewahrtem *n*.

Dagegen ist *n* in der Endung —*ing* auch in Wörtern mit vorhergehendem *n* erhalten. Eine Form *pennich*, die bei Ausfall des *n* notwendig entstehen müßte, ist nur ein einziges Mal (1447) zu belegen. Auch heißt es noch heute in Prenden *pennivk* (Nd. Jb. 34, S. 27, § 81). Allein in *honich*, das meist mit *ch* geschrieben wird, ist Ausfall des *n* zunehmen. Von diesem Wort existiert auch der synkopierte Genitiv *honges*. Ein solcher kommt von den übrigen Wörtern auf —*ing* nie vor.

4. *n* assimiliert sich dem benachbarten Konsonanten: *a*: Assimilation an *l* § 78 Anm., *β*: *mannogilik* > *mallik* > *malk*, *γ*: im Kompositum vor dem anlautenden Konsonanten des zweiten Gliedes: *wiman* < *winman*. In *rivol* ist das Fehlen des *n* gegenüber der hochdeutschen Form wohl ursprünglich. Vgl. D. Wb. VIII 700. *δ*: *n* > *m* neben Labial § 84.

m.

§ 83. *m* entspricht altem *m*: *man*, *min*, *nemen*, *ik nam*.

Der Übergang des auslautenden *m* > *n* hatte schon as. begonnen. *m* bleibt in der Schrift noch bewahrt:

1. wenn es nicht ursprünglich im Auslaut stand: *dem* neben *deme* = as. *themu* und *them*, aber *den* im Plural = as. *them* und *then*. Jedoch ist die Bewahrung des *n* an dieser Stelle im Mnd. in Berlin wohl nur orthographisch. Tatsächlich war (vgl. die Belege § 185) *m* in nebentoniger Silbe, auch wenn es nicht ursprünglich im Auslaut stand, wohl schon zu *n* geworden. S. im übrigen über die Pronomina § 185, die Adjektiva § 187. Das —*m* der Endung im Dat. Plur ist natürlich überall zu *n* geworden.

2. Ursprünglich auslautendes *m* bleibt, wenn *m* in den flektierten Formen des Wortes im Inlaut steht: *ik bin*, aber *ik nam*, *quam*. Fidi-

ein druckt zwar neben dem Genitiv *parchems* (Fid. I 16) S. 13 im Stb. *parchan*, aber das Original hat nur den Nasalstrich, der auch *m* bedeuten kann. Die einsilbigen Substantive gehen stets auf *m* aus: *pram, arm, bom, helm* und —*dum: marggrauedum.*

§ 84. *m* entsteht durch assimilatorische Vorgänge: *m < n* vor Labial.

1. Vor *m: eyneme > eynme > eymme* und mit Kürzung der Doppelkonsonanz nach langem Vokal *> eyme.* Entsprechend *ſineme > ſime.* In *an deme > amme* bleibt *mm* nach kurzem Vokal zuweilen. Doch begegnet häufiger *ame.* Ebenso *ime.*

2. Vor *b.* Der Übergang wird vielfach auch in der Schreibung dargestellt: *Brandemborch, thokumſſtich, vmbillige* (jedoch öfter in dieser Vorsilbe *vn—*), *emboden,* aber meist *entſangen.* Dagegen heißt es sowohl im Kölner wie im Berliner Stadtbuch nur *henp*[1]). Jedenfalls hat hier ein Vokal zwischen *n* und *p* die Assimilation gehemmt. Für Thyrow wird die Aussprache *hanep* angegeben. Vgl. auch mecklenburgisch *hennip* Nerger, Grammatik des meklenburgischen Dialektes § 117. Das Wörterbuch von Lübben-Walther führt überhaupt nur *hennep* an.

§ 85. —*mb*— ist nur noch in *vnbe* — hier allerdings bis in die letzte Zeit — bewahrt. Aber daneben steht stets überwiegend *vmme.* Andere auf Formen mit —*mb*— zurückgehende Wörter kennen kein *b* mehr. Es heißt stets *bokummert, emmer, lemmeren.* Hierzu auch der Sg. *lam.* Dagegen ist *b* bei nebentoniger Silbe erhalten: stets *ambacht* (Die Rechtsdarstellung kennt auch Fid. I 123 *tunete vnd tymber,* aber im freien Text Fid. I 14 steht — mit anderer Bedeutung — *tymmer*).

3. Labiale.

p, b, ſ, w (v, u).

§ 86. Die Labiale *p, b, ſ, w* sind konsequent nur im Anlaut des Wortes oder der Tonsilbe sowie in der Gemination geschieden: *pand, vorpendet; bin, gebunden; wy, bewiſen; vordern, tovorn; appel; hebben.* Geminiertes *w* erscheint als *uw: houwen* und *hauwen.*

---

[1]) Einmal *hemp* bei Fid. ist Druckfehler. Das Original hat auch an dieser Stelle *henp.*

Nicht häufig steht im Anlaut *w* für *v (f)*, ein Wechsel, der wohl nicht lautlich ist, sondern von der verschiedenen Schreibung des inlautenden labialen Spiranten her zuweilen auf den Anlaut übertragen wurde. Im gesamten niederdeutschen Gebiet[1]) sind Schreiber zu beobachten, die zwischen *v* und *w* nicht überall scheiden. In Berlin sind es wieder wenige Schöffenschreiber (z. B. *λ worvilt* neben *vorwilt, wan vilmeſtorph, viwes, veyſſe* Wiese), die *v (f)* und *w* nicht immer aus einander halten. Die Urkundensprache mit ihrer sorgfältigeren Orthographie kennt diese Nachlässigkeiten nicht. Dagegen begegnet sie mehrmals im Stb., z. B. Fid. I S. 3 *tu wyndene* zu finden, S. 58 *bichtwaders* oder S. 11 f., wo in wenigen Sätzen die Schreibungen *wiſſche, viſches, ſiſſches* vorkommen. Doch sind diese Ausweichungen im ganzen nicht häufig. Über das Verhältnis von *ſ : v* vgl. § 108.

Im I n l a u t aber ist antevokalisch nur *p* und der labiale Spirant zu scheiden: *kopen, helpen*, aber *geven, erve, hove, wulves, brives, ewig, narwe*. Denn der aus altem *b̄* fortgesetzte stimmhafte labiale Spirant ist antevokalisch nach Vokal wie nach Konsonant mit dem labialen stimmhaften Spiranten *ſ* < germ. *ſ* und mit *v* in Lehnwörtern zusammengefallen. Die Schreibung ist meist *u, vorſtoruen, bliuen*, seltener *v, levende*, nicht häufig zunächst *w*, das aber später zu Ausgang der mnd. Periode *u* und *v* verdrängt (s. § 99). Auf wenige Schreiber beschränkt ist an dieser Stelle *ſ, beroſet, baſen, gaſe (giſſt vnd gaſe)*. Vereinzelt findet sich *ſſ*, besonders nach *r : erſſe, geſtorſſen*. Dagegen wird der auf *w* beruhende Spirant immer durch *w* wiedergegeben und ist vielleicht zu Beginn unserer Periode noch nicht wie am Ende lautlich mit dem andern Spiranten zusammengefallen. Weiteres hierüber s. § 99.

N a c h   s i l b e a n l a u t e n d e m   K o n s o n a n t e n ist *p* bewahrt: *ſpreken*. Der Spirant wird an dieser Stelle meist *w* geschrieben: *twelſ, twey, boſwaren*, selten *v: tvelſ* 1491. Hinter *k, q* überwiegt die Schreibung *w* stark über *u : qwam, qweme, qwitantzie*. Der Schreiber von 1322, der noch keine feste Orthographie hat (vgl. S. 236, 274), schreibt *twey, tuintich : tve, tvintich, gheſvoren*.

A u s l a u t e n d entspricht das Verhältnis der labialen Laute dem im Inlaut. *p* bleibt bewahrt. *b̄* und *ſ* ergeben den gleichen

---

1) Auch im hd. Sprachgebiet: Weinhold, Mhd. Grm. § 174.

stimmlosen Spiranten, *kop; wif, ik screyf, hof, brif.* Auslautendes
b nach *m* ist schon analogisch geschwunden in *lam.* Tritt die stimmhafte Spirans in den Auslaut, so wird gern *ff* geschrieben: *avegan,
auegan,* aber *affgan.* Ebenso *hove, houe,* aber *hoff.* Vgl. § 66. Auslautendes *w* dagegen ist nach Konsonant und nach langem Vokal
geschwunden. Spuren davon finden sich schon as. (Holthausen
§ 280 2). Daher heißt es stets *smer, êhaft.* Doch wird die Entwicklung
durch analogische Bildungen vielfach durchkreuzt (§ 101). Über die
Entwicklung von *ĕ* + auslautendem *w* belehrt *kny, knyes.* Weiteres
s. § 102.

Vor *t* unmittelbar fallen alle Labiale in dem gleichen Laut *f*
zusammen (s. aber § 87), der an dieser Stelle besonders gern *ff* geschrieben wird: *kofft, gefft, crafft.* Jedoch ist der Übergang *pt > ft*
vielleicht nur auf *kofft* (§ 215) beschränkt. *ft > cht* § 109.

Der stimmlose labiale Verschlußlaut *p.*

§ 87. Nach § 86 ist *p* in jeder Stellung (außer vor *t* in einem
Falle), geblieben: *pand, fchepel, lopen, helpen, werpen, glimpes, appel,*
aber *kofft,* das Partizip *gekofft.* Durch Systemzwang besteht daneben
kopet, gekopet und *kopt, gekopt* (§ 215). Aber überall sonst ist nur *p*
belegt: *lopet, lopt.* Freilich ist auch die synkopierte Form nur in
wenigen Wörtern wie *kofft* stets üblich (§ 55,1). Demgemäß heute
lept, šlept aber *keft, fərkeft, jəkeft* (Nd. Jb. 33, S. 18 § 60).

§ 88. *p* vor *s* ist geschwunden: *falter, falm.*

§ 89. Assimilation des *p* kommt gelegentlich in *uffard* vor in
der gerichtlichen Formel *uffard und affard.*

§ 90. Der Übergang vom labialen *m* zum Explosionslaut *t*
wird durch ein *p* fixiert, wenn sekundär durch Ausfall von *e* in dem
§ 55,1 angegebenen Falle *m* neben *t* steht. Es heißt *nemet (nemmet)*
aber *nempt, komet* aber *kompt.*

§ 91. Die Schreibung *ph* ist natürlich wie *gh, kh, th* aufzufassen,
d. h. als Wiedergabe des Verschlußlautes. Wenigstens kenne ich
in Berlin den sonst nd. vorkommenden Gebrauch von *ph = f* nicht.
(Vgl. R. A, IV 295 *uphte* [Ruppin], XII 387 *Burggraphen* [Freienwalde]
usw.). Daher scheint sowohl im Berliner wie im Kölner Stadtbuch
gebräuchliches *entphangunge, entphangen, entphan* dem Hochdeut-

schen nachgeschrieben zu sein, obwohl wir sonst bei dem Schreiber des Kölner Stb., Nikolaus Mölner, kaum hochdeutsche Spuren finden.

Es ließe sich aber, allerdings mit geringer Wahrscheinlichkeit auch, vom nd. Standpunkt aus erklären: *enfangen* > *emfangen* > *empfangen* mit Einsetzung von *ent* > *entpfangen* > mit Identifizierung von *ph* und *pf* nach hd. Weise *entphangen.*

§ 92. Wechsel von *p* und *b* s. § 95.

Der stimmhafte labiale Verschlußlaut *b.*

§ 93. *b* wird im Anlaut einer haupt- oder nebentonigen Silbe geschrieben: *borger, arbeit, ambacht.* In allen übrigen Fällen ist altes *b̄* Spirant, der inlautend stimmhaft, auslautend stimmlos ist: *geven, erve, wif. b* hinter *m* im Inlaut und Auslaut ist nicht mehr vorhanden (§ 85).

§ 94. Der Verschlußlaut findet sich auch in der Gemination: *hebben.*

§ 95. Es ist auffallend, daß zuweilen *b* für *p* eintritt. Nicht nur im Fremdwort *abboteker, abbeteker* wird meist *b* geschrieben, es steht z. B. auch 1479 im Partizip *gegreben* gegen sonstiges *gegrepen ;* bei Peter Lussow *grabengiter.* Andrerseits schreibt derselbe Schöffenschreiber den Namen des Barbiers „Eyben" einmal *ypen.*

§ 96. Analog der Schreibung —*mpt* < —*mt* wird die Aussprache bei sekundär zusammengetretenem *md* durch Einfügung eines *b* festgehalten: *frombde.*

§ 97. Assimilation des *bd* > *dd* in *hadde* kennen schon die kleinen as. Denkmäler (Holthausen § 221 Anm. 2).

Die labialen Spiranten.

I. Die stimmhaften Spiranten.

§ 98. Diese finden sich:

1. im Anlaut. An dieser Stelle ist die Schreibung stets *w.* Über seltenen Wechsel des *w* mit *v* s. § 86. Dieser Laut geht zurück auf *w* vor Vokal und vor *r* und auf anlautendes *hw: wy, water ; wrugen, wrake ; wat, wile.* Für den Anlaut *wl* fehlen mir Belege. Heute ist *wr* noch bewahrt. Dagegen gibt Seelmann zu mnd. *wlom* für Prenden Nd. Jb. 34, S. 30, § 88 b die Form *lü͞emeri͞χ* an.

2. nach silbeanlautendem Konsonanten, *twey, qwidt, gefworen* vgl. § 99.

3. im Inlaut.

Hier entspricht stimmhafter labialer Spirant

germ. *f*: *wulves*, *hoves*.

germ. *ƀ*: *erve*, *geven*.

germ. *w*: *ewig*.

germ. *ww*: *truwe*.

westgerm. *ww*: *houwes* (Gen. v. „Heu").

§ 99. Während des größten Teils unserer Periode bleiben die altem *w* und alten *ƀ*, *f* (lat. *v*) entsprechenden Laute in der Schreibung ziemlich konsequent als *w* und *u* (*v*, *f*, *ff* S. 279) geschieden: *wy*, *wif*, *wedewe*, *ewig*, *houwen* werden regelmäßig mit *w* geschrieben. (Eine Ausweichung ist selten, § 86.) *w* ist ferner überwiegend üblich in den silbeanlautenden Verbindungen *fw*, *kw* (*qw*, *kqw*), *tw* und *dw*, soweit dies nicht in *tw* übergegangen ist. Auch das Fremdwort *ewangelifte* zeigt *w*. Zu Ausgang der mnd. Periode ist die Scheidung viel weniger streng, *w* dringt vor. Im Schb. steht inlautend *w* kaum mehr seltener als *u* und *v*, an den Stellen, wo diese früher allein herrschten. Karl Mölner schreibt nach Liquida und Nasal fast immer *w*, nach Vokal oft noch *u*, aber auch Schreibungen wie *liewen*, *bliwen* sind nicht selten bei ihm. Es ist möglich, daß dieser Zusammenfall in der Schreibung auch schon den beginnenden Zusammenfall in der Aussprache widerspiegelt, der zu gunsten des labiodentalen Spiranten eintrat.

§ 100. Aus geminiertem *ww* hatte sich schon früh *uw* entwickelt, dessen *u* mit dem vorhergehenden Vokal eine Verbindung eingegangen war. Mit vorhergehendem *i*, das auch in **triuwa* (as. *treuwa*) analogisch nach den Formen, wo kein *a* folgte, oder lautgesetzlich vor *u* ohne Einwirkung des auslautenden *a* anzusetzen ist, verband es sich über *i-u* zu *û*: denn die ständige Schreibung *truwe*, *getruwe* ist wohl mit *huden*, *lude* (im heutigen Dialekt *lide*) auf eine Stufe zu stellen und so wenig wie in diesen Wörtern mit Diphthong *tri-u-we* zu lesen. (Vgl. § 31.) Eine abweichende Entwicklung hat *juwe* durch Anlehnung an *jw* und *gy* genommen.

Noch nicht befriedigend erklärt ist *nie*, *nige* schon im As. (dagegen anfrk. *nûwi*). Wo *a* zu grunde liegt, wechseln —*ouw*— und —*auw*—, —*ow*— und —*aw*— in der Schreibung. Das im As. gültige Gesetz (Holthausen § 168 Anm.) nach dem germ. —*awj*— über *auj*— zu *ôi* wird, läßt sich für unser Gebiet nicht nachweisen (s. aber unten).

Hier heißt der Gen. von „Heu" *houwes, drouwen* drohen mit germ. *wj*, ebenso wie *houwen* hauen mit germ. *ww*. —*awi* dürfte Umlaut ergeben haben, so daß in der Flexion —*ew*— und —*ouw*— wechselten. Das zeigt sich, wenn man die wenigen bewahrten derartigen Formen zusammenstellt: N. A. Sg. *tew* (= mhd. *zouwe, gezouwe*) und in einer nd. Überschrift bei Nether *hew*. Dat. Pl. *touwen* und Gen. Sg. *houwes* Dat. *houwe*. Dazu die heute allein gültigen Formen „Heu". Danach ist auch auf eine Flexion *tew *touwes *touwe tew*[1]) wie *hew houwes houwe hew* zu schließen. Dagegen ist im Verb ausgeglichen: *drouwede* drohte.

Im Waldeckischen ist nach Collitz a. a. O. S. 39* —*auw*— mit Monophthongierung zu —*oȝ*— geworden. Eine ganz entsprechende Form gewährt der Name einer Straße im ältesten Teil Berlins, *Krögel*, der im Stb. zweimal in der Form *crouwel* vorkommt. Hierin etwa ein Wirken des oben erwähnten as. Lautgesetzes zu sehen, geht nicht an. Für die gesamte mnd. Periode und nicht nur im berlinischen Nd., sondern auch im Mnd. überhaupt ist Diphthong + *w*, nie *j*, allein belegt. Außerdem ist die Herkunft des geminierten *w* in diesem Worte aus Mangel an einer gotischen Entsprechung überhaupt zweifelhaft. In den waldeckischen Formen ist —*oȝ*— eingetreten, ganz gleich welches *ww* zu grunde lag, *droȝen* drohen wie *hoȝen* hauen. Die Form wird sich daher so erklären, daß auch im ausgehenden berlinischen Nd. die Tendenz zum gleichen Lautübergang vorhanden war, der vielleicht auch in der länger bewahrten Volkssprache noch in die Erscheinung trat. Hiervon ist *Krögel* noch bis auf die heutige Zeit gekommen. (Vgl. zu dieser Entwicklung mit Bezug auf den Konsonanten § 105). Die prendischen Formen *stroin* usw. (Nd. Jb. 34 S. 15 § 42) sind dann aus **strewida* usw. (aber in der berlinischen Schriftsprache ist *drouwede*[2]) belegt) herzuleiten, falls sie überhaupt von Haus aus dem Dialekt zugehören.

§ 101. Wo inlautendes *w* in den Auslaut kam, war es schon as. zu *o, u* geworden. In dieser Stellung ist es nach Konsonant und nach langem Vokal gefallen: *smer, gar, gel ; e* Gesetz, *rerow* (der erste Teil des Kompositums ist aus *hreo* entstanden).

---

1) Dagegen in Königsberg (N.-M.) R. A. XIX 366 Nom. *tow* mit Ausgleich des Vokals.

2) Vgl. auch Fid. I 209 *Hans Frowdenberg seruus sutoris de Arnswolde*, sowie *šdrooʒn* (streuen) in dem nmrk. Heinersdorf (Teuchert § 67).

Im Inlaut ist *w* geblieben: *gerwer, erwete* (> heute in Prenden *erſte*, in Thyrow *erſe*, aber as. in der Ess. u. Fr. Hcber. *erito* Holthausen § 165. Vgl. ebenso Prenden *ſwalwe* gegen *swala* in den Oxf. Gl.)

Wie sich die Formen verhalten, bei denen das *w* > *o* im Nominativ gefallen, in den übrigen Kasus als *w* erhalten sein mußte, ist nicht ersichtlich. An allen Stellen, an denen *ſmer* im Stb. und in den Kämmereirechnungen vorkommt, steht die unflektierte Form, die in der Aufzählung möglich ist, z. B. Fid. I 14 *Steyn was, smer, talges oder garnes* S. aber in einer ruppinischen Urkunde: *van den ſmere.*

In Angleichung an den Nominativ ist *w* stets in den flektierten Formen von *ſee* gefallen. Die Scheidung zwischen dem Vokal des Stammes und der Endung wird dann oft durch ein eingeschobenes *h* angedeutet: *ſehe.* Aus den obl. Kas. wird die zweisilbige Form auch in den Nominativ übertragen: *ſee, ſehe, ſcÿ.* Zur Schreibung vgl. S. 246 § 13. — Stets wird das *w* orthographisch festgehalten in *Sprewe.*

Durch Ausgleich der verschiedenen Formen entstanden auch die Nominative *graw, blaw* auch *blawe.* Lautgesetzlich wäre *gra, bla.*

Anm.: Die Entwicklung von *eo* je, immer > *yo, y,* von *seola* > *sile* d. h. *(siəle)* geht mit der von *w* nach kurzem *e* zusammen. S. diese § 102, ferner § 15.

§ 102. Nach kurzem Vokal ist auslautendes *w* > *o* geworden, das sich mit dem vorhergehenden Vokal zum Langvokal, resp. zum Diphthongen verbunden hat: *strao* > *strô. kneo, knio* > *kny* (belegt *knyes* Fid. I 101, dazu das Verb *knylen,* Fid. I 143. Gemeint ist Diphthong, wie es auch heute noch in Prenden *knīͤ* heißt). Dieselbe Entwicklung haben schon im As. einige Wörter eingeschlagen, bei denen langer Vokal zu grunde liegt:

I. Einem gotischen *saiwala* entspricht as. *seola, siala,* berlinisch *sile (= siəle).*

II. Got. *aiw,* as. *eo, io* entspricht im Berlinischen *y, yͤ, yo.* Im Gegensatz zu der gewöhnlichen Schreibung des Diphthongen *iə,* erhält sich hier neben *y* die diphthongische Form *yo* auch in der Schreibung lange. Dies gilt aber nur für das Simplex. In den Zusammensetzungen wird, wie gewöhnlich, *ymand, nymand, yderman* u. s. f. geschrieben. Daß aber Diphthong gesprochen wurde, beweisen nicht nur die danebenstehenden *iewelik, yewelik, yeder* und sogar 1487 *gewelik,* sondern auch die in den Mundarten (Thyrow *jīͤdet* a. a. O. S. 95, Prenden *jīͤdər* a. a. O. § 31), heute noch bewahrten

Formen. Eine andere Entwicklung ist vor Labial eingetreten: Kürzung des *io*, *ie* > *i* und Labialisierung des *i*: *ümmer*, *nümmer*.

§ 103. In den Abkürzungen von „Matthäus", „Bartholomäus" und „Nikolaus", „Theus", „Meus" und „Klaus" setzt der zweite Vokal mit einer starken Engenbildung, wohl auch mit größerer Lippenrundung ein, so daß zwischen *e* und *u* der Halbvokal *u̯* beobachtet werden kann, der wohl schließlich in den Reibelaut *w* übergegangen ist. Schon im 14. Jahrhundert finden wir die Schreibungen *Thewus*, *Clawus*, *Mewus*. Der Vokal der Endung ist später oft zu *e* abgeschwächt, *Clawes*, *Pawel*. Einem *Mewus* wird *Drewus*, *Drews* nachgebildet. Diese Namen haben im Schb. auch öfter *b*: *Thebis* usw. Hier liegt kaum ein Übergang vor (vgl. S. 174 Anm.), sondern diese Formen sind wohl umgekehrte Schreibungen nach dem Hd. wo auch *b* geschrieben, aber bilabiales *b̲* im Inlaut gesprochen wurde.

Auch hinter *u* ist mehrfach *w* entwickelt: *fruwe* < as. *frua*. *w* in *buwen* ist schon älter. Später ist dies *w* wieder gefallen, so daß in heutigen Dialekten der ungedeckte Vokal diphthongiert werden konnte. Diese letztere Entwicklung ist aber jung, da auch ein nhd. „Stube" sie mitgemacht hat. (Nd. *ſtove* hätte nie zu *ſtauə*, so heißt es in Besten und Thyrow, werden können.)

§ 104. Dagegen ist ursprünglich vorhandenes *w* in einigen Fällen schon früher ausgefallen, und es hat sich zwischen den beiden Vokalen ein Gleitlaut *g* (§ 136) entwickelt: *berugen (dat he die ſake berugen late beth nah Oſtern)*. Auch das Partizip *vorhit*, das zu *hiwen* gehört, ist wohl als Neubildung zu **hien*, **higen* zu erklären. In *twie*, *drie* zweimal, dreimal, *vir* sind Formen ohne *w* schon alt.

§ 105. Nicht hiermit in Verbindung zu bringen ist eine Erscheinung, die nur im Schb. zu Tage tritt, wo bei den Namensformen keine traditionelle Orthographie den Schreiber band. So schwankt der Name „Anne Hoiferdes" zwischen dieser Schreibung und *hoigerdes*. Das richtige Verständnis ermöglicht eine dritte Schreibung desselben Namens *hoccherdes* 1515. Es wechselt also der stimmhafte labiale Spirant mit dem entsprechenden gutturalen. Aus dem Schb. ist ferner *Tempelhage* für *Tempelhove*, *Koltagen* für *Koltaven* zu belegen.

In diesen Schreibungen scheinen die Ansätze zu demselben Übergang des *w* > *ȝ* festgehalten zu sein, wie er in dem oben § 100 erwähnten Lautvorgang —*ouw*— > *ōȝ* im Waldeckischen vorliegt. Auf diese Weise ist auch der Konsonant in *Krögel* zu erklären: *cröuwel*

> *cröʒel.* Wenn heute *j* gesprochen wird, so ist dies wohl erst sekundär hervorgerufen dadurch, daß nach palatalem Vokal, sonst stets *j*, nie ʒ gesprochen wird. Begünstigt war die Ersetzung des ʒ durch den palatalen Spiranten vielleicht auch noch durch eine Art Dissimilation zwischen den nahe verwandten Lauten *r* und ʒ.

Allerdings geben die Dialekte uns keinerlei Anhalt für diesen Lautübergang. (Vgl. aber den Ortsnamen „Gardelegen, Gardeleben".)

Erwähnt seien noch die neuberlinischen Formen „Hagelstinte", „Hagelweg", die Hans Meyer, Der richtige Berliner[6] S. 42 und B. Graupe, Nd. Korr. IV [83] auf „Havel" zurückführen. Dafür könnte die Tatsache sprechen, daß nach Nd. Jb. 1878, S. 29 in Brandenburg a. H. „de krumme Hagel" bekannt ist.

§ 106. Unter Labialisierung des folgenden Vokals ist *w* geschwunden in *tuſchen, ſuſter,* die neben *twiſchen, ſweſter* gebraucht werden. *twiſchen,* das sich z. B. 1499 findet, war jedenfalls die schriftsprachliche Form, da *tüſchen, tiſchen* noch jetzt im Dialekt erhalten ist.

§ 107. Geschwunden ist der Labial ferner in *du heſt, he het.*

Anm.: Auf den schon lange vor der mnd. Periode restlos durchgeführten Schwund des *w* in *ſulk, kumen* > *komen,* sowie Schwund des *w* nach *h : ſin, lihen* gehe ich hier nicht ein.

D e r   s t i m m l o s e   l a b i a l e   S p i r a n t.

ſ (v, u).

§ 108. Der stimmlose labiale Spirant steht im Anlaut, im Silben- und Wortauslaut, vor *t* und *s.* In den letztgenannten Stellungen entspricht er dem stimmhaften Labial im Wortinnern vor Vokal *brives : briſ, brifs; geve: geſſt.* Im Silbenauslaut wird der Spirant stets stimmlos, unabhängig davon, was für ein Konsonant folgt. Es heißt *erſſnemen, enthoſſdunge.* Über die Schreibung dieses Lautes im Auslaut und vor *t* vgl. § 66. Im A n l a u t wird er durch *ſ* oder *v,* selten durch *u* wiedergegeben. *u* steht hauptsächlich, aber nicht ausschließlich, wenn eine Vorsilbe vorangeht, und zwar in älterer Zeit nicht ganz so selten wie später: *vnuorrucket* 1417, *bcuelen* 1431, *touorn.* Öfter steht auch dann *v.* Denn *v* ist zunächst die verbreitetste Schreibweise und steht vor palatalen und labialen Vokalen auch vor *u : vulbord, vulkomen* und vor Konsonanten, daneben in beschränkterem Umfange *ſ:* schon 1322 *vntſa* (empfange). — Wenn auch *ſ* öfter vor Konsonanten und *u* erscheint, *v* vor palatalen Vokalen, so ist doch zunächst strenge Scheidung zwischen *f* und *v* nicht zu beobachten. So heißt es 1417 im selben Briefe *vedder* und *fedderen*. In den Präpositionen und Vorsilben *von, van, vor, vor—, ver—* ist *v* durchaus die Regel, das von *u*, nie von *f*, vertreten wird. Allmählich dringt aber der Gebrauch durch, daß *f* vor *r, l* und *u*, sonst *v* bevorzugt wird. Um die Mitte des 15. Jahrhunderts, im Kölner Stb., ist dies zwar nicht ausnahmslos aber doch deutlich zu bemerken. In späterer Zeit gewinnt *f* immer mehr an Boden auch vor palatalen Vokalen.

Über *ff* im Anlaut s. § 66.

Über *ph* im Anlaut s. § 91.

§ 109. Den Übergang *ft > cht* kennt der moderne Dialekt nicht[1]). Ebensowenig scheint er dem Mnd. in Berlin anzugehören, da alle hierfür beizubringenden Beispiele nur dem ersten Stadtbuchschreiber angehören, keinem anderen Berliner Schreiber. Nur in einem Landtagsschlußprotokoll von 1345 Fid. IV 26 kommt noch *kummerachticheit* vor. Aber dieses hat auch sonst nicht-berlinische Formen: *greve (grave), hi (he), gefonden (gefunden), heft (het)* usw. Doch auch für den Stadtbuchschreiber sind das Regelmäßige Formen mit *ft*. Er schreibt *dufte, koft, kogeftich, handteftig* usw. Nur Fid. I 33 (vgl. I 107) *vp di luchter hand* und mehrmals *eyndreftich* neben *eyndrechtich*. Diese letztgenannte Form braucht übrigens nicht als umgekehrte Schreibung eines Schreibers, für den *ft = cht* war, angesehen zu werden. *eyndreftich* könnte auch durch die häufige Endung *—(h)eftig* beeinflußt sein.

Verbreiteter, und auch bei anderen Schreibern vorkommend, ist *achter*, das, sehr stark durch *hinder* zurückgedrängt, nicht oft gebraucht wird; *achter* ist übrigens im gesamten nd. Gebiet üblich und daher ohne Beweiskraft, ebenso *gefticht*, das als Fachausdruck entlehnt ist und „dioecesis" übersetzt. Der erste Stadtbuchschreiber hat aber auch *geftichtet* Fid. I 177. Nach Kahle, a. a. O. § 236 kommt *ftichte, geftichtet* usw. auch in anhaltischen Urkunden vor, wo sonst der Übergang *ft > cht* ebenfalls unbekannt ist. Nicht in Betracht können auch die verbreiteten juristischen Ausdrücke *geruchte* und *vnechte* kommen.

---

1) Nur in Thyrow *Helchta* Halfter.

Siewert zieht „Die niederdeutsche Sprache Berlins" S. 35 den Namen der an der Grenze von Alt-Köln belegenen Uferstraße „Friedrichsgracht" heran. Aber dieser Name geht nicht bis in die besprochene nd. Periode Berlins zurück, sondern die Straße selbst entstand nach Vogt, Die Straßennamen Berlins (Schr. d. V. f. d. G. B. Heft XXII, S. 24) erst 1681. Noch jünger ist der Name, der wohl auf die zu verschiedenen Malen nach Berlin gezogenen Holländer zurückgeht. (Vgl. den nahe gelegenen „Raules Hof", der nach dem holländischen Admiral Raule benannt ist, der in Diensten des großen Kurfürsten stand).

4. Dentale.

I. Dentale Verschlußlaute.

t.

§ 110. *t* entspricht as. *t: teyn, ik weyt, ſetten, ſitten.* Außerdem steht *t* in der entlehnten Form *genante* (S. 231). Über den Wechsel von *d* und *t* im Auslaut und den Übergang von $d > t$ im Auslaut und vor stimmlosen Konsonanten s. § 62, 63, 115, 116, 117.

§ 111. *t* ist hinzugetreten häufig in dem Namen *Torban (< Sünte Orban?)*. Zur Zeit der Anlage des Stb. (Fid. I S. 164) heißt das heutige „Tangermünde" noch „Angermünde" *(to Angermunde)*.

§ 112. Der hörbare Absatz des Verschlusses bei auslautendem Dental (Bremer, Deutsche Phonetik S. 47, 54) wird in einigen Fällen als *t* von der Orthographie festgehalten: Im substantivierten Infinitiv *met Innement vnnd vthgeuent* (K. Stb.). Hierzu wird z. T. im Anschluß an das Participium Praesentis (vgl. § 204) ein Genitiv mit dentalem Element geschaffen: *nha awegange ſynes lewendes* Schb. S. 2.

Ebenso ist *nergent, ymant, nymant, ſinenthalven, anderthalſ* zu erklären. Genitiv *ymandes*, Dativ *ymande*.

Auch *ſulveſt, ſelveſt* (nur im Schb.) ist auf die angegebene Weise aus dem starken Genitiv entstanden. Jedenfalls durch Übertragung zu erklären ist die Entstehung des *t* in *ſulſſtige, ſelſſtige.* *ſelſſt, *ſulſſt ist nicht vorhanden und sogar *ſulveſt*, wie erwähnt, nur spät zu belegen.

Sehr häufig ist dieses *t* bei den auf *ts (z)* ausgehenden Namen im Schb. Der Name *Qualitz* kommt ebenso oft als *Qualiſt* vor *(Qualitz >*

Qualitzt > mit Erleichterung der dreifachen Konsonanz *Qualiſt)*
oder *lintholſt knecht,* von *ſyt ſchatteſt weygen* (zum Nom. *ſyt ſchatte)*
dorknechſt (Gen. zu *dorknecht)* usw.

§ 113. Andrerseits schwindet auslautendes *t* öfter:

1) Besonders nach gutturaler und palataler Spirans zumal
in weniger sorgfältiger Schreibung wie im Schb.: *geſſ, gekoſſ* (dies
auch in Urkunden und im Stadtbuch nicht selten), *rechlich.* Auch
für die anhaltischen nd. Urkunden stellt Kahle, Die mittelniederdeutsche Urkunden- und Kanzleisprache Anhalts im 14. Jahrhundert,
Leipziger Diss. 1908, § 221, 222, gerade nach *ſ* und *ch* („selten nach
ſ", „relativ häufig nach *ch*") Ausfall des *t* fest. Vgl. auch Graupe,
De dialecto marchica quaestiunculae duae S. 31: „Memorabile est
quod post *ch* aliquotiens *t* a scribis omittitur". Dies gilt hier für die
ganze Mark. Aber auch sonst ist Fehlen des auslautenden *t* im Schb.
öfter zu beobachten in Verbformen wie *gemack, geegen* (eignet).

2) In *is* war das auslautende *t* schon vielfach as. geschwunden.
Erst zu Ende der Periode taucht, wohl unter hd. Einfluß, *iſt* auf,
doch nicht allzu häufig.

3) Gelegentlich ist Ausfall des *t* in einer Konsonantengruppe
bemerkbar: *Olſeten, hunderſten, ſamplig.* Entlastung der mehrfachen
Konsonanz oder ein dissimilatorischer Vorgang scheint auch in der
Gruppe *tst* (vgl. auch § 112) eine Rolle zu spielen, wenn wir z. B. im
Schb. S. 3 *retzen* < *redsten* < *redesten* lesen oder die auch as. belegten
leste (: *letczſte* im K. Schb.), *beste,* auch *groste.* In welchem Umfang
diese Erleichterungen eingetreten sind, ist kaum anzugeben, da
tz mehrfachen Lautwert gehabt zu haben scheint (§ 120).

4) Wenn dagegen der Plural des Präsens von *ſin* zwischen den
Formen *ſin* und *ſint* schwankt *(ſin* ist seit der Mitte des 14. Jahrhunderts zu belegen. Der erste Stadtbuchschreiber hat beide Formen.
Im Anfang des 15. Jahrhunderts überwiegt *ſin,* später tritt *ſint*
wieder stärker hervor), so ist hier wohl kein lautlicher Vorgang anzunehmen, sondern *ſin* wird durch Anpassung an den Konjunktiv
(vgl. die Entwicklungsgeschichte dieser Form im Hochdeutschen)
und an alle übrigen Verben, deren Plural stets auf —*n* ausgeht, entstanden sein, vielleicht auch unter hochdeutschem Einfluß. Für das
später wieder stärkere Auftreten von *ſint* war dann wohl die Einwirkung der mittelniederdeutschen, vielleicht auch der mitteldeutschen Schriftsprache maßgebend, deren Spuren ja im ausgehenden

Jahrhundert noch in anderen Punkten nachweisbar sind. (S. 94 f.)

d.

§ 114. *d* entspricht as. *d* und *th*, mithin hochdeutschem *t* und *d : dochter, dun, diſch; diſ, dry*. Ein *thaer* im Schb. ist natürlich nur Verschreibung für *dhaer*. Der Übergang von *th* > *d*, der in einigen nd. Gebieten erst spät von der Schreibung zum Ausdruck gebracht wird, war in Berlin schon vor dem Einsetzen der Überlieferung beendet. Nicht nur wird um 1300 *Wilmersdorp*, 1309 *lantdinc* geschrieben, sondern es steht auch zu Beginn des 14. Jahrhunderts schon *th* für *t*, wie *gh* für *g*, *ph* für *p*. In einer nach Clauswitz (Stadtbuch S. 73 Anm.) aus dem Anfang des 14. Jahrhunderts stammenden Abschrift der Kürschnerstatuts von 1280 steht im lateinischen Text das erklärende deutsche *beth*, das lateinisches „*ros*" („*rhus*") wiedergibt. Diese Schreibung steht mit *morghenſpracke* 1284 und *burſcaph* 1288 in einer Reihe.

§ 115. Über das Verhältnis von *d* und *t* im Auslaut vgl. § 62. Hier folgen noch einige Einzelheiten zu den dortigen allgemeinen Angaben. *d* scheint im Auslaut beim Substantiv, wo die obliquen Kasus häufiger daneben stehen, fester als beim Verb gehalten zu sein, aber auch Formen wie *botald*, sind in älterer Zeit nicht selten. Eine Art Vermittlung zwischen Aussprache und Schreibung, zwischen dem stimmlosen Dental im Nominativ und Akkusativ und dem stimmhaften im Genitiv und Dativ bilden vielleicht die auslautenden *dt*, falls diese nicht einfach wie *gk*, *ck* als Konsonantenverdopplung anzusehen sind. Doch spricht für die erste Annahme die Tatsache, daß *dt* sich überwiegend für ursprüngliches *d* findet in Formen, die in der Flexion Bildungen mit *d* neben sich haben. Häufigere Ausnahme ist nur *idt*. Bei Nicolaus Mölner 1443 ist die Verteilung so, daß er *dt* nach Konsonant, *kalandt*, *werdt*, setzt, dagegen *tt*, *th* nach Vokal. Diese Anordnung ist aber ganz individuell und findet sich bei andern Schreibern nicht. Hier kann *dt* jeder Art von Laut folgen, 1480 *Cleinodt*, *gewandt*, 1485 *godt*, *Radtmannc* usw. Zusammen mit *t*, *th*, *tt* verdrängen die *dt* die auslautenden *d* immer mehr.

§ 116. Außer im Auslaut ist *d* > *t* geworden:

1. Neben stimmlosen Konsonanten: *frederikſtorp*, *wilmeſtorp*, *deſtu*, *dinſtach*. Dies Gesetz trifft besonders die schwachen Praeterita

und Partizipien: *kopede* > *kopde* > *kopte* (> *kofte*), aber *apenbarde*, *wandelde* usw. S. auch § 117,2 und 3.

2. In der anlautenden Verbindung *dw* ist *d* oft zu *t* geworden, eine Verschiebung, die in vielen nd. Dialekten üblich ist. (Vgl. Collitz im Waldeckschen Wörterbuch S. 80*, Holthausen, Die Soester Mundart § 163.) *twang* Fid. I S. 4, 44. Vgl. auch *twile* < *di wile* Fid. I. S. 221, 223, 224.

§ 117. Für Übergang des intervokalischen *d* oder *dd* zu *r* oder Ausfall des *d* und Ersetzung durch einen Gleitlaut geben uns die berlinischen Schriftstücke nirgend einen Anhalt. Dies stimmt mit dem heutigen märkischen Dialekt in der näheren Umgegend, der *d* bewahrt hat, zusammen. Die Formen „*Bruers*", „*wier*" im Weihnachtsspiel werden daher den S. 233 f. gekennzeichneten mißglückten Versuchen zur Wiedergabe der Volkssprache zuzurechnen sein. 1. Nur *berve* < *bitherbi* hat stets Ausfall des *d*. Entlehnt ist wohl *verndel* § 35. In den Fällen, in denen *d* im Particip. Praes. schwindet *(vflitene wunden)*, liegt, wo es nicht überhaupt nur Schreibfehler sind, Vermischung mit dem flektierten Infinitiv vor. § 112. 204.

2. *d* fällt im enklitischen Artikel: *vort Irfte, vp it huß* (K. Stb.) *int Statbuck*. Vgl. § 4 I. Anm. Fest geworden ist dies in *ime, ame*.

3. Das anlautende *d* im Pronomen ist in enger Verbindung mit dem auslautenden Dental des Hilfsverbs verschmolzen: *fchaltu, biftu, heftu*. In dieser oder der § 117,2 geschilderten Weise ist auch *metter* mit *der*, *uter* aus der (beide schon 1321) zu erklären.

4. Stammauslautender Dental verschmilzt beim Verbum zuweilen mit dem Dental der Endung: *holdet* > *holt, werdet* > *wert*. Über den beschränkten Umfang der synkopierten Formen vgl. § 55.

§ 118. *dd* entspricht altem *dd* < *dj*: *bidden*, altem *bd* *hadde* (§ 97), ursprünglichem doppeltem Spiranten *edder*, einfachem *d* nach kurzem und wohl auch kurz gebliebenem Vokal: *weder* und *wedder*; selten ist *nedder* neben *neder* (§ 66).

§ 119. *nd* > *ng* § 81.

d als Übergangslaut zwischen *n, l* und *r* § 69.

Assimilation *ld* > *ll* § 78 Anm.

Die dentalen Spiranten.

Stimmhaftes und stimmloses s; $ſ$.

§ 120. Für s stehen den Schreibern eine große Anzahl Zeichen zur Verfügung: *ſ, s, z, ß, ſz, ſſ, ſß, ſſz, cz, c, tz*.

Im einzelnen ergibt sich ungefähr die folgende Verteilung: *ſ* und *s* scheiden sich so, daß *ſ* im Anlaut und Inlaut, *s* im Auslaut steht, wo es später stark durch *ß* eingeschränkt wird. *ſ* findet sich an allen Stellen, doch nur ausnahmsweise in der Gemination und im Auslaut: *ſone, vnſe, neſt, wilmerſtorp*, wo *ſ* zur nächsten Silbe gezogen wird, *ſnider, ſwin, ſtadt*. *ſ* vertritt auch in Fremdwörtern den die hd. Affrikata ersetzenden Spiranten, ebenso $t + s$ im Inlaut nach Konsonanten: Neben der fremden Form *czentener* steht *ſintener*, neben *czucker* schreibt man *ſucker*, ferner die Namen *Sacharias, Kuntze* und *Kunſe, Stentzel, Stencel* und *Stenſel* usw. Nach Vokal wird im Inlaut und Auslaut *ſſ* und *s* für den fremden Laut geschrieben: *kraſſen, plas*, wo aber *s* vielleicht auf romanische Entlehnung zurückgeht. Statt *ſ* schreiben manche Schreiber gern *z* (z. B. K. Stb.: *alzo, huze, zellen, zadel*, auch *zweren*. Für *ſ* und *s* steht, besonders für *s* im Auslaut in der zweiten Hälfte des 15. Jahrhunderts, sehr gern *ß*: *ßumich, ßeliger, tinße, kalkeß, gadeßhuß*, selten nur ist an diesen Stellen *ſz*. — *ſſ* gilt für die Gemination. Zuweilen wechselt es auch hier mit *ſ*. Andrerseits wird auch *ſß, ſſz* geschrieben: *almiſſen, deſſe* (§ 171), *vlaſſze* (Dat. von *vlas* Flachs), aber auch *deſß* z. B. 1454. Auf falscher Teilung beruht *Fredericksſtorp* 1481. — Wie in den oben gegebenen Beispielen neben dem der hd. Schriftsprache mit den Fremdwörtern zugleich entlehnten *cz* niederdeutsches *ſ* stand, so tritt, wenn auch sehr selten, *cz* auch für *ſ* ein: *czwin, czoven, Cziman* Simon. Denn sonst scheint *cz* den stimmlosen Spiranten bezeichnet zu haben. Das beweist die Schreibung von Ortsnamen *Czepernik, Czerweſt, Czynne, Cziten*, wo fast ausnahmslos *cz* steht. Auch kann *cz* im Inlaut mit *ſſ* wechseln: *Pruſſe, Prutze* und *Pricze* wird der gleiche Name im Schb. geschrieben. — Selten ist *c*, hauptsächlich, wie es scheint, in Fremdwörtern. Neben *Cziman* steht *Cimon, panßer* und *pancer, Stencel, Stentzel* und *Stenſel*. Als stimmloser Spirant erscheint *c* in *mecer* neben *meſſer* (hd. Entlehnung, denn die heimische Form ist *metser*), ebenso in *Bryccn* 1321 neben *Britzen* (d. i. *Briſſen* s. u.)

Daß daneben *c* auch für *k* steht, ist selbstverständlich. — Mehrfachen Lautwert hat *tz*:

1. In *gotzhus, lantzeberch*, im Vornamen *Petze* steht *tz* für *ts*.

2. Der Ortsname, den nd. Schreiber oft *Britzen* schreiben, wird von hd. meist als *Brieſſen, Brieſzen*, von Albrecht Achilles sogar einmal als *Briechſen*, (Priebatsch, P. C. I 275), gegeben, was auf einen nd. stimmlosen Spiranten schließen läßt. (Nd. *ss* setzt der hd. Schreiber in *chs* um wie *wassen: wachsen* usw.). Vgl. auch Lübben § 35. Dem entspricht im Schb. der Wechsel *Preſſel* und *Pretzel, Pruſſe, Prutze* und *Pricze* (bei hd. Schreibern *Prieße* geschrieben).

3. Neben *n* erscheint dies *s* stimmhaft (vgl. heute in Berlin *Krenſe* Kränze). Daher wechseln *Kuntze* und *Kunſe, Stentzel* und *Stenſel*.

Danach scheint *tz* sowohl Affrikata wie stimmlosen und stimmhaften Spiranten bezeichnet zu haben. Weil *tz* auch den Lautwert eines Spiranten hat, schreiben manche Schreiber, wenn *t* + *s* in Frage steht, zuweilen *tcz*, z. B. Nicolaus Mölner.

Daß daher vielleicht die Erleichterung in der Gruppe *tst* bei Superlativen, soweit nicht *t* durch die Formen des Positivs und Komparativs festgehalten wurde, öfter eingetreten ist, als die Schreibung *tz* erkennen läßt, war schon § 113,3 angedeutet.

§ 121. Bei der Frage nach der Entwicklung des *ſk (ſc)* muß man zwei Reihen scheiden: *ſk* im Auslaut und vor Vokal und *ſk* vor *r*.

1. Der Übergang *ſc* (dies ist die übliche Schreibung) > *ſch*[1]) muß vor Vokal und im Auslaut schon von Anfang unserer Überlieferung an vorausgesetzt werden, wobei allerdings in Betracht zu ziehen ist, daß gerade bei diesem Laut die historische Schreibung sehr lange bewahrt ist. Wenn die Wiedergabe bei Fid. II 23 richtig ist, wird schon 1321 *gheſchyn* geschrieben. In der mir im Original bekannten Urkunde von 1322 steht neben sonstigen *ſc* auch einmal *menſche*. 1374 ist überhaupt nur *ſch* vorhanden *beſcheiden, ſchulte, ſchelinghe*. In der Schreibung kämpfen die alten Formen noch sehr lange gegen die neuen. Obwohl schon von Anfang an neben *ſc* auch *ſch* vor Vokal vorkommt und diese Schreibung bald das Übergewicht erhalten hat, so kommen doch vereinzelt Formen mit *ſc* noch 1424 vor *ſculde, ſcok*,

---

1) Ich brauche zunächst, solange die Qualität des neuen Lautes noch unerörtert ist, für diesen nur das Schriftzeichen *ſch*.

neben *Bemiſcher*. Im Stb. ist *ſc* viel seltener als *ſch*. Am konsequentesten ist *ſch* vor *c* durchgeführt. Wie lange aber Nachwirkungen der alten historischen Schreibung bewahrt sind, zeigt das Schb., wo z. B. 1520 noch *biſkob*, 1522 *ſißker* sich finden und so noch in zahlreichen anderen Fällen aus derselben Zeit. Das zähe Festhalten an dem schon lange nicht mehr gesprochenen *ſk* in der Schrift wird natürlich durch Beeinflussungen der Schreiber aus d e n Dialekten, wo *ſk* im Inlaut und Auslaut bewahrt wurde, zu erklären sein. Für die U r k u n d e n s p r a c h e des 15. Jahrhunderts kommt außer in der erwähnten Urkunde von 1424 nur *ſch* in Betracht. Der Übergang findet an allen Stellen statt, im Anlaut, Inlaut und Auslaut.

Anm.: Von dem auch im Hd. eine Sonderstellung einnehmenden Hilfs-verbum „sollen“ kommen die Formen *ſcal : ſchal : ſal, ſcolen : ſcholen : ſolen* (resp. die *u*-Formen) vor, und zwar ist *ſc* hier auch z. B. im Stb., wo sonst *ſch* vor Vokal überwiegt, nicht selten, soweit dort nicht überhaupt die nd. Formen durch das md. *ſal ſollen* ersetzt sind. Doch läßt sich sowohl hier wie in der Periode des neuen Eindringens der Hd. bemerken, daß *ſchal ſcal* dem *ſal* leichter weicht als *ſcholen* dem *ſollen*.

2. Wenig später nur tritt der Übergang des *ſc* vor *r* $>$ *ſchr* in die Erscheinung. Wenn auch Thile Brügge 1391 zwar vor Vokal *ſch* aber *geſcreuen* schreibt, so hat doch schon das etwa um dieselbe Zeit angefertigte Stadtbuch meist *ſch* vor *r : nageſchreuen, ſchriuer, ſchrin* usw. In einer Urkunde von 1417 heißt es ebensogut *ſchriuer* wie *ſcholen*. Während aber die Schreibung *ſch* vor Vokal sehr früh bis auf wenige Reste, die nicht der Urkundensprache angehören, durchgedrungen ist, stehen *ſcr* und *ſchr* sehr lange auch in den Briefen und Urkunden nebeneinander. Noch 1470 kann man *ſcriſthliken, geſcreuen*, 1479 *ſcriuer* finden. Und noch später ist *ſcr* im Schb. durchaus nicht selten anzutreffen.

Statt *ſch* wird auch *ſg* geschrieben wie im Hd., eine Schreibweise, die hier, wo auslautendes *g* und *ch* vollständig zusammenfielen, wohl verständlich ist. Daß *ſg* = *ſ* ist, und *g* nicht etwa nur eine Modifikation des *k* darstellt, scheint mir aus der häufigen Schreibung des dem Hochdeutschen erst im 14. Jahrhundert entlehnten *groſgen* neben *groſchen*, ebenso *harniſg* (und *harnis, harnitz*) hervorzugehen, wo nie ein *k* zu grunde gelegen hat (vgl. § 124).

§ 122. *ſ* vor andern Konsonanten als *k*, vor *l, m, n, w* wird während der ganzen niederdeutschen Periode in der Schrift nicht durch *ſch* ersetzt. Aber Johannes Nether, der erste hochdeutsche Stadt-

schreiber, hat in den Kämmereirechnungen[1]) 1505—1508 mit Ausnahme einiger ſc nicht nur nach mitteldeutscher Schreibweise im
Gegensatz zur kurfürstlichen Kanzlei im hochdeutschen Text ſch
auch vor *l, m, n, w*, sondern auch in den nd. Resten. *(Vor thome
Sedele, ſtichleder, Schmer . . ., knakenhower, ſo noch dem houede ſchlach-
ten.)* 1511 schreibt Eggebrecht Schum[2]) stets ſch vor *w* (*l, m, n*
kommen nach ſ nicht vor), *Schuager, beſchueren, beſchuegt* geschwächt.
Im Schb. ist bei den nd. schreibenden Beamten ſ noch sehr üblich,
doch kommen auch einige ſch vor, z. B. 1516 ſchmeht. Die hochdeutsch
und mischsprachlich schreibenden Niederdeutschen haben nur ſch.

In dem heutigen märkischen Platt wird allein ſ gesprochen.

Es ist daher wohl möglich, daß *Sclothe* für *Slothe* in einer Urkunde
von 1499 nicht wie ſcl in früherer Zeit zu erklären ist, sondern als
ſch (wie ſc vor *r* den Lautwert des ſch hatte), da ja diese Aussprache
so kurze Zeit danach tatsächlich bezeugt ist. Dann müßte man natürlich 1499 auch schon ſch vor *m, n, w* annehmen, wenn auch die alte
Orthographie beibehalten wurde. Wahrscheinlich hatte also ſ vor
diesen vier Lauten jedenfalls um die Jahrhundertwende seine Aussprache verändert. Aber nach allgemein mnd. Schreibung behielt man
ſ bei. Die zugleich in der kursächsischen Schriftsprache geschulten
Schreiber wie Nether, die für diesen Laut ein anderes Zeichen zu
benutzen gewöhnt waren, wendeten dieses an. Aus ihrer Wirksam-
keit (Thomas Tham, Nethers Nachfolger, schreibt nur ſch), der die
hier schon lange gebräuchliche Schreibung des ſch < ſc entgegen-
kam, leitet sich wohl auch die Aufnahme des ſch vor *w, l, m, n*
her, für die wir nicht viel Belege zur Verfügung haben, weil die
nd. Quellen aus dem Anfang des 16. Jahrhunderts im Versiegen sind.

§ 123. Die Frage, wie ſp, ſt im Mnd. in Berlin gesprochen wurden, ob ſp, ſt etwa gleichzeitig mit ſ vor andern Konsonanten zu ſt
ſp wurde, ist mit dem zur Verfügung stehenden Material nicht zu
beantworten. Seelmann hat (Nd. Jb. 34, S. 27 f.) Pudors „Der teut-
schen Sprache Grundrichtigkeit und Zierlichkeit. Cölln an der Spree
1672" herangezogen, wo S. 6. angegeben ist, ſ dürfe vor *m, n, l,
w* nicht nach westfälischer oder pommerscher Art gesprochen werden.
Dagegen sei ſ vor *p* und *t* „mit einem ſibilo Gezische", d. h. „ohne
ch" auszusprechen. Seelmann will hieraus für die märkische Mundart

---

1) Im Bb. schreibt er auch einige Male *Smit*.
2) Über seine Schreibweise s. S. 217.

entnehmen, daß zu Pudors Zeit *s-t, s-p*, aber *šw* usw. gesprochen
worden sei, da er annimmt, wie „heute noch die provinzielle hochdeutsche Aussprache beim */p, /t* usw. die mundartliche gleicher
Gegend wiederspiegelt", so werden des Straußberger Predigers Angaben auf den Barnim, der ein Teil unseres Sprachbezirkes ist, zu
übertragen sein. Danach müßte man also, wenn dies Dialektgebiet
noch 1672 *s-p, s-t* spricht, diese Aussprache für unsere Zeit ganz
gewiß annehmen. Aber Seelmanns Schluß scheint mir doch nicht
zwingend zu sein. Zunächst ist Pudor überhaupt kein Straußberger,
sondern er stammt aus Guben[1]). Daß er aber seine grammatischen
Forderungen wohl sicher nicht der Sprache entnommen hat, die er
in Straußberg oder auch in Berlin (daß er zu Berlin Beziehungen
hatte, zeigen die Ehrengedichte in seinem Buche) von der Bevölkerung
hörte, geht daraus hervor, daß er auf derselben Seite, auf der er
seine Forderungen über die Aussprache von */* vor Konsonant stellt,
auch angibt, *g* sei vor *e* und *i* als Spirant, sonst als Verschlußlaut zu
sprechen „Gott, Gut, Gram, nicht aber jott, jut, jram". Das aber ist
doch kaum die Verteilung im Barnim gewesen. Vgl. § 65, sowie die unten
folgende Angabe Moritz' über die Aussprache zu seiner Zeit. Freilich
wendet Pudors Zeitgenosse Bödiker in seinem Buch „Grund Sätze
der Deutschen Sprache im Reden und Schreiben. Cölln an der Spree
1690" fol. B 5 b sich nur gegen Schottels Lehre, daß *ch* zwischen */* und
l, m, n, w fortfallen müsse und spricht nicht von */t* und */p*. Aber er
bezweckt auch nur eine Polemik gegen Schottels Schreibung: „Aber
man hat's hie billig bey der eingeführten Schreibart zu lassen",
sodaß */p, /t* nicht in Betracht kam. Aus Frischs Neubearbeitung
von Bödikers Buch (Berlin 1729) S. 4 geht deutlich hervor, daß für
ihn anlautend *šp, št*, inlautend *s—p, s—t* galt und aus Moritz' „Ueber
den märkischen Dialekt. Berlin 1781" S. 22 ff. ersehen wir, welche
Mühe er sich gibt, seinen Berliner Schülern wie den Verschlußlaut
g, so das nach seiner Ansicht allein richtige */—p* und */—t* beizu-
bringen, doch fürchtet er selbst, daß die Eltern und Freunde seiner
Schüler im Berlinischen Gymnasium „diese richtige Aussprache"
„vielleicht für Affektation halten" könnten. Aus diesen Ausführungen
ergibt sich, daß im 18. Jahrhundert *šp, št* in Berlin sicher fest ein-
gewurzelt war, und daß wir keinen Grund zu der Annahme haben, daß

1) Jöchers Gelehrtenlexikon 3. Teil. Sp. 1803.

diese Aussprache erst nach Pudor eingedrungen sei. Im heutigen Platt des Gebiets wird *šp*, *št* gesprochen, und dies wird neben der Entwickelung *sw* > *šw* usw. kaum auf den Einfluß der Hauptstadt zurückgehen. Sonst hätte man, wenn Berlin allein in Frage gekommen wäre, an Übernahme aus dem Hd. denken können. (Vgl. S. 173 Anm.) Allerdings hat das K. Stb. 1443 neben *gelu/chet* (gelöscht) zweimal die Schreibung *gelu/t*. Doch wird man den beiden vereinzelten Formen, die zudem für */t* = *št* an einer Stelle zeugen würden, wo sonst die Aussprache *s—t* geschützt ist, keine Beweiskraft zugestehen, sondern man wird sie in derselben Weise erklären, wie im Hd. vorkommende ähnliche Schreibungen: *s* und *š* standen sich in der Aussprache näher als heute, so daß eine verkehrte Schreibung leichter möglich war. (Vgl. § 124.)

§ 124. Ein Versuch zur Beantwortung der Frage nach der Aussprache des neuen aus */k* entstandenen Lautes kann über Vermutungen nicht hinaus kommen: Eine Schreibung */g* neben */ch* könnte dazu führen, die Aussprache */χ* anzunehmen. Wenn aber dieser Laut auch an Stellen steht, wo nie */k* zu grunde lag, so in *gro/gen*, das mit der Münze zugleich aus Böhmen übernommen ist, oder in *harni/g* (neben der historischen Schreibung *harnis*), so wird jedenfalls hier */g* einen einheitlichen Laut andeuten. Danach kann aber dies */g* nicht als Beweis für eine Aussprache */χ* dienen. Denn wenn hier */g* benutzt wird, so ist dies doch nur möglich, wenn es an allen Stellen, wo es sonst neben */ch* vorkommt (im In- und Auslaut; im Anlaut steht neben */ch* nur */c*, die historisch überlieferte Gruppe), denselben einheitlichen Laut darstellte, *š*, nicht */χ*. Von stärkerer Beweiskraft für die einheitliche Aussprache des Lautes ist vielleicht noch ein zweites: Im Stb. ist einige Male *cz*, *tz* für */ch* geschrieben: Stb. S. 44 *czarnen*, S. 47 *tzarne*, S. 64 *tzarnen* für und neben */charne* S. 124 *tzapel* für */chapel;* im Schb. findet sich *di/ßer* für *di/cher*, *kocktze* für *kocksche*. Zu vergleichen sind ferner umgekehrte Schreibungen, z. B. *bo/chen/piel* Fid. I 184 (aber *bo/et* Fid. I 46), Auch schreibt, allerdings erst in der Mitte des 16. Jahrhunderts, der Berliner Stadtschreiber Lorenz Zachi/ch, dessen Namen die märkischen Johanniter in einer Urkunde in der Form „*Zcarhuß*" wiedergeben, selbst „*t/chachi/ch*" (so zweimal im Ratsbuch). Vgl. auch die einige Male begegnende Form *ert/checamerer.* Die Schreibung *tz*, *cz*, d. h. stimmloses */* für */ch* und umgekehrt */ch* für */* und hd. *z* (= stimmloses *s*), die übrigens auch sonst in der Mark begegnet, scheint mir nur möglich, wenn */ch* ein einheitlicher Laut war. Die zuweilen vorkommenden *//ch* sprechen nicht hiergegen, da diese seltene Schreibung verglichen werden kann mit den *//*, die orthographische Varianten für */* sind. Eine Annahme, daß diese *cz* nur = */* stehen in umgekehrter Schreibung, da *sw* = *šw* bedeutet, erledigt sich einmal dadurch, daß in diesem Falle */*, nicht aber stets stimmloses *tz*, *cz* stehen würde und ferner, daß sie sich im 14. Jahrhundert finden, d. h. also zu einer Zeit, als an die Aussprache des *sw* = *šw* noch nicht zu denken war.

Fraglich scheint es, ob die seltenen Formen *dutz* (Stb. S. 1) neben *dude∫ch du∫ch* und *welß* ebenso zu erklären sind, oder ob etwa vor dem Übergang des *∫k* > *∫ch* eine Nebenform mit Abfall des *k* vor dem engverbundenen folgenden konsonantisch anlautenden Substantiv *(welßk win* > *welß win)* entstanden ist, deren Erhaltung begünstigt sein könnte durch die Genitivform, die bei Ableitung von Städtenamen neben dem Adjektiv besteht (z. B. in den Kämmereirechnungen *Franck∫ordts wyn*).

Zugleich scheinen diese letztgenannten Schreibungen noch einen weiteren Schluß auf den Lautwert des *∫ch* zu gestatten. Wir werden jedenfalls die für das Hd. wohlbekannte Tatsache, daß *s* und *š* sich näher standen als heute, auch für unser Gebiet annehmen, da nur so die genannten Ausweichungen zu erklären sind, und zwar nicht nur der Artikulationsstelle nach, sondern *š* wurde wohl auch mit weniger gewölbter Zunge und weniger stark gerundeten Lippen gesprochen als jetzt. Vgl. S. 297 § 123.

Doch kann das *š* zu einer Zeit, als *vü∫ch* (§ 22) entstand, von der gegenwärtig üblichen Aussprache nicht mehr sehr weit entfernt gewesen sein.

5. Gutturale.

Der gutturale stimmlose Verschlußlaut *k*.

§ 125. Altes *k* ist an allen Stellen des Wortes erhalten: *kind, kerke, ∫preken, ik*. Die Schreibung ist *k*; nur *k* vor *w* wird oft durch *q* oder *kq (kw, kqu, kw)*, *k* nach *∫* durch *c* bezeichnet. Ebenso wird *c* gern vor *r* und *l* geschrieben: *cra∫∫t, cri∫ti*, selten *chri∫ti, ∫ecret ;* an*clage, clein, cleinodt*. Die Schreibung *Coln, Colen, Calen* ist häufiger als *Koln* usw. Sonst steht vor Vokal öfter *k* als *c* (aber auch z. B. *carre, cupe*, Fid I S. 14). *ck* für *k*, das sich mit wachsender Vorliebe für Doppelschreibungen (§ 66) häufiger findet, ist an allen Stellen des Wortes üblich, ohne daß der vorausgehende Laut hier einen Einfluß ausübte. Mit *ck* ist gleichbedeutend, doch seltener auftretend, *gk : an∫ugken, angedrugkten*. Über einen anderen Lautwert des *gk* vgl. § 130.

Durch Auslautsverhärtung ist *k* in der Verbindung *ng* entstanden *gink, twank*. Die Orthographie bewahrt oft *g*. Das Stb. hat an dieser Stelle auch *ch : junch, ane∫anch*.

§ 126. *k* fehlt allgemein mnd. in *∫ünte* (§ 22).

§ 127. Seit Beginn der Überlieferung findet sich — auch dies eine in der mnd. Schriftsprache verbreitete Erscheinung — neben *∫ik* auch *∫ich*. Ebenso kommt z. B. schon 1322, neben —*lik* auch —*lich* und —*lig* vor. Anfänglich wird der Spirant nur im Auslaut gebraucht. 1322 steht ganz entsprechend einem *twintich, twintege∫ten* auch *iſlich, iſliken*. Der Auslaut bleibt stets die bevorzugte Stelle, wenn auch der Spirant später ebenfalls im Inlaut nicht fehlt. Der Schreiber *G* schreibt überhaupt nur —*lige*. Der Grund für das Vordringen des spirantischen Lautes in dieser Endung ist entweder in lautlicher Entwicklung zu suchen, in einer Verschiebung des *k* im Nebenton, oder es liegt eine Art Suffixtausch vor, eine Vermischung mit den Adjektiven auf —*ig* (—*ich*), ausgehend von denen auf stammauslautendes *l* wie *hillig, ſelig, willig*, die in ihrer Funktion von denen auf —*lik* nicht geschieden waren.

Auf hd. Einflusse (S. 230) ist die im 14. Jahrhundert, doch nicht in späterer Zeit, übliche Form *och (ouch)* zurückzuführen, ebenso *ich*, das auch nur im 14. Jahrhundert gebraucht wird.

§ 128. Schon ug. ist *k* vor *t* $>$ *χ* geworden. Daher kommen im Berlinischen *ſuchte, gewrocht* und *gewracht* zum Infinitiv *werken* vor (§ 63). Selten ist der Übergang des *k* $>$ *χ* in jüngerer Zeit, der vom Auftreten der Synkope abhängig ist. Belegbar ist nur *ſprecht* Stb. S. 1 u. ö. und einmal *brecht* in der Rechtsdarstellung. Aber sonst treten nur Formen mit *k* auf. Stets heißt es *maket, makede, gemaket (= gemāket* $>$ im heutigen Dialekt *gemokt)*, so daß die Frage auftaucht, ob nicht auch in *ſprecht* wie in *koſt* ein älterer Übergang anzunehmen sei.

§ 129. In der Verbindung eines auf —*ig* ausgehenden Wortes mit —*heit* wird statt des zusammenstoßenden *gh ch* geschrieben *willicheit*. Der Wechsel dieser Schreibung mit *ck, gk* beweist, daß die Aussprache *willic—(h)eit* war.

Der gutturale stimmhafte Verschlußlaut *g*.

§ 130. Der gutturale stimmhafte Verschlußlaut *g* existiert nur in der Verbindung mit *ɯ* und ist hervorgegangen: 1. aus *ɯg* : *lange, bringen*, 2. aus *nd (nþ)* : *hinger* (§ 81). Im Auslaut geht *g* in der ersten Verbindung in *k* über, wofür auch *gk* geschrieben wird. Aus dem Auslaut dringt *gk* dann in den Inlaut: *ſchillingke*. Ein Versuch, den Verschlußlaut zu bezeichnen, ist die Schreibung *Inningche* mit *cg* in der der ersten Berliner Urkunde wie an anderen Stellen.

Geschwunden ist *g* in *dinſtach, dinſendach*.

gg s. § 131.

Die gutturalen und palatalen Spiranten
g, j, ch.

§ 131. Diese Buchstaben entsprechen, da wir höchstwahrscheinlich die heutigen im Platt der Umgegend und in Berlin übereinstimmenden Verhältnisse auf die Vorzeit übertragen müssen[1]), folgenden Lauten:

g, j (i), und nur im Anlaut *y:* Der palatale stimmhafte Spirant im Anlaut, nach Konsonant und intervokalisch nach palatalem Vokal, § 132. Über den Lautwert, den möglicherweise *j* hatte, vgl. ebenda.

g, ch: 1. Der palatale stimmlose Spirant hinter palatalem Vokal vor *t, s* und im Auslaut § 133, 2. der gutturale stimmlose Spirant hinter *a, o, u* vor *t, s* und im Auslaut § 133. Vor Vokal nur in entlehnten Namen. Für beide tritt zuweilen *chg* ein: *Michgil, Jochgim.*

g: Der gutturale stimmhafte Spirant hinter *a, o, u* vor Vokal.

gg: Im heutigen Dialekt in Prenden, Thyrow und teilweise in Besten[2]) ist *gg* Spirant, und zwar palatal und guttural je nach dem vorausgehenden Vokal: Prenden: (Nd. Jb. 34, S. 24, § 73): *brüje* Brücke, *müje* Mücke (Thyrow: *mije*), *rüje* Rücken, (Thyrow *turüje* zurück), *zeje* Segge (ebenso Thyrow, Besten), *zeje* sage, *lejən, lijən* (alle drei ebenso in Besten und Thyrow), *roʒe* Roggen (Thyrow: Arch. d. Brandenburgia XI 113 „Rore, Roge, der; auch fast gesprochen Roch-chen“!) Es ist wahrscheinlich, daß die Spiranten in die mnd. Zeit zurückgehen und auch für Berlin anzusetzen sind. Jedenfalls beweist nie eine Schreibung das Gegenteil. Es findet sich nie *cg* für *gg*, wie es zur Darstellung des Verschlußlautes in —*ng*— nicht selten vorkommt.

§ 132. Verteilung von *g : j (i, y)*. *g* und *j*, die in der heutigen Aussprache sowohl in Berlin wie im nd. Dialekt des Gebiets außer

---

1) Vgl. S. 268. S. auch S. 296 die Angabe bei Moritz.

2) Für Besten gibt Siewert, Nd. Jb. 33, S. 18 *lejən, lijən, zejən* an, aber *migən, rigən, rogən.* Neben dieser letztgenannten Form existiert aber eine zweite, die auf Spiranten zurückweist, in Besten. Bei dem sehr starken Eindringen hd. Einflusses in dieser Gegend (vgl. S. 237 Anm. 1) ist es möglich, daß der Verschlußlaut hd. Einwirkungen sein Dasein dankt. *lijen* und *lejen* konnten *j* behalten, weil dies auch im modernen Berlinischen besteht, *zejen*, weil dies im Berliner Hd. nicht existiert. Der Annahme lautlichen Übergangs, zu der *migən* und *rigən* führen könnten, widersetzen sich die Verhältnisse in Thyrow und Prenden.

der Neumark zusammengefallen sind, sind in der Schreibung stets etymologisch streng geschieden. Nur *gy* hat wie in alter Zeit *g*. Abgesehen von wenigen unten zu besprechenden Fällen, die allgemein mnd. sind, wechselt *g* und *j* nur in einigen Personennamen zu Ausgang der Periode. *Goris* und *Joris*, *Georgen* und *Jurgen*, *Gordeler* und *Jordeler* (wo die Berufsangabe auch als Name dient). Stets heißt es *Jewert*. Es sind hier zwei Erklärungen möglich: Entweder hält der Einfluß der mnd. Schriftsprache *g* und *j* so fest auseinander, zumal die wenigen Ausnahmen dieselben sind, die im ganzen Gebiet vorkommen (Lübben § 40), oder man muß annehmen, daß *g* und *j* noch geschieden waren, vielleicht in der Weise, daß *g*, das, wo es stimmlos wird, mit *ch* wechselt, anlautend stimmhafter Spirant war, daß dagegen *j* entweder als Halbvokal *i̯* oder mouilliert gesprochen wurde. Für die Annahme eines lautlichen Unterschiedes spricht die Tatsache, daß selbst die flüchtigen Schreiber, die sonst in zahlreichen Fällen durch Entgleisungen die wirkliche Aussprache kund tun, nie *g* und *j* vertauschen. Zur Scheidung von *g, gh* vgl. § 65.

g steht in *dy gene*, oft mit *y* wechselnd in *gewelike* neben *iewelike*, wo der Übergang, falls ein solcher anzunehmen ist (s. o.), wohl mit der Verlegung des Haupttons in Verbindung steht. *gy* s. o.

j, i steht in *iegen* (< *tiegen*) neben hd. *kegen, keyn* und *gegen*. Dementsprechend wechseln *gegenwordige* und *iegenwordige*. Alle diese Fälle kennt auch Lübben § 40.

Der bei den Verba pura u. a. entstandene Übergangslaut[1] wird stets *g* geschrieben.

§ 133. Verteilung von *g* und *ch*. Schon von Anfang an, 1321, 1322, steht stimmloser palataler oder gutturaler Spirant im Auslaut stimmhaftem im Inlaut gegenüber: *tvintich : tvintegeſten, dach : daghe, tuchniſſe* und ebenso auch am Ende unserer Epoche *flitich : flitige* 1499. Inlautendes *ch* < *g* hinter Konsonant, wie es Kahle (a. a. O. § 237 *berche, bürcheren*) für Anhalt kennt, kommt nie vor, wohl weil der Spirant an dieser Stelle wie heute stimmhaft war.

Da in der Schreibung *g* und *ch* in *dach, wech* usw. mit *dag, weg* wechseln, so kann, wie *ch* für *g*, doch weit seltener, *g* für *ch* eintreten, *dorg, geſchag* § 62. Über *ſg* s. § 121. Häufig werden diese Schreibungen im Schb.: *Borgert, ſulmegtich*. Bei dem Schreiber *γ* ist *dorgh* usw. die Regel.

---

1) Vgl. PBB. XI 70 f.

g vor *t* wird *ch* geschrieben, z. B. in den Verben *plecht, ſecht* und *geſecht*. Die beiden letzten Formen bestehen aber nur im 14. Jahrhundert. (§ 216).

chg s. § 131.

Im vorstehenden waren die Spiranten nach ihrer orthographischen Verwendung betrachtet. Hier folgen noch einige Bemerkungen, die von der Entwicklung der Laute ausgehen.

§ 134. *g*: —*ege*— < —*egi*— < —*agi*— wird zu *ey, e*: *ſegede* > *ſede, ſeget* > *ſet* (geschrieben *ſeht, ſeth*), *geſeget* > *geſet (geſedt, geſeeth)*. Genauere Angaben § 216. *geleget* > *gelet (geleyt), ſleget* > *ſlet (ſleyt)*. *egede* heißt im heutigen Platt *ede*. Vgl. ferner *teydingen*. Selten ist im Schb. *geheyder* < *gehegeder*. Hierher gehört auch *Meydeborch* < *Megedeborch*. Bei dem ersten Stadtbuchschreiber allein begegnen *mayt, voyde*, die aber wohl nicht einheimisch sind.

§ 135. Neben *î* hat sich in zahlreichen Worten ein Gleitlaut, geschrieben *g*, entwickelt: *ſrie* (selten *ſrihe*) und *ſrige, twie* und *twige* stehen nebeneinander. In der dem Romanischen entlehnten Endung *îe* steht der Gleitlaut regelmäßig: *ketterige, touerige, boddelige*.

Das Gleiche gilt für *ey*: *allerleyge, beygerſche* bayrische, *meyger*. Dagegen geht *eygher,* — so findet sich das Wort ausnahmslos — auf geminiertes *jj* zurück.

§ 136. *g (= j)* erscheint als Übergangslaut zwischen dem stammauslautenden Vokal und dem der Endung: *megen* mähen, *segen* säen, *negen* nähen, *muge* Mühe, *kuge* Kühe.

Auch wo nach Ausfall eines Konsonanten zwei Vokale zusammenstoßen, tritt *g* ein: *berugen, ruge*. So ist wohl auch *neger, negeſt* > *negſt, nechſt* zu erklären. *geſchege* könnte durch das Präteritum *geſchach, *geſchegen* beeinflußt sein. Zu *tigen, ligen* vgl. § 202.

In den zu *hoch* gehörigen Formen *hoger, hogiſten, verhogen, Hogenſprewe* treffen verschiedene Bildungen zusammen: Ganz junge Ableitung zum Positiv *hoch* muß *hocher* in einer Urkunde von 1483 sein. Dagegen ist *hōja* (Thyrow), *hejer* (Berlin. Graupe a. a. O. S. 46) wohl wie *neger* gebildet. Dem entsprechend wird *hoger, hogi-*

/ten als *höjer, höjesten* zu lesen sein. Dagegen verhält sich wohl der erste Teil des Kompositums in *Hogen/prewe* zu *hoch* wie *togen* zu *toch*[1]). Wäre dies *g* etwa ein palatales gewesen *(hojen)*, so müßte es wie in *ruge* erklärt werden. Doch ist dies unwahrscheinlich.

Über den grammatischen Wechsel von *h* und *g* s. § 202.

§ 137. *ch*, der stimmlose gutturale und palatale Spirant, ist vor *t* und im Auslaut nach·Vokal und Konsonant erhalten: *floch* floh, *ge/chach* geschah, */ach* sah, *hoch, dorch, ambacht, recht*. In *beval* ist es gefallen unter dem Einfluß der Inlautsformen, in *na* kommt hierzu außerdem der Gebrauch als proklitische Präposition.

ch vor *s* hat sich dem *s* assimiliert: *was, /las, ses, wa/fen*.

h.

§ 138. *h* entspricht altem h im Anlaut: *hebben*, außer vor *w, n, l, r* § 98, 79, 75, 68: *wile, nigen, lachen, ring*. Anlautendes *h* ist ferner im proklitischen Titel *er* geschwunden.

In *hey/chen* = as. *ēskon* ist *h* schon früh angetreten. 1431 steht neben *ey/cheden gehey/chet*. Die für das Hd. übliche Erklärung des *h* unter Einfluß von *heißen* auf *hei/chen* bei lautlicher und funktioneller Ähnlichkeit beider Verben kann natürlich für *hêten* und *êschen* nicht in Betracht kommen. Möglich aber ist Entlehnung aus solchen hd. Gebieten, wo dies *h* früh durchgedrungen war.

Selten ist h vorgeschlagen wie Fid. I S. 44 *haz* Aas. Nur ein Schöffenschreiber, λ, hat öfter *h* im Anlaut zugefügt oder in anderen Fällen fortgelassen: *awer* Hafer, *hawer* über, *har* ihr usw.

h ist im Anlaut nebentoniger Silben gefallen: *koge/tich, wane/ftig, handte/tig; Gerat* Gerhard.

§ 139. Inlautendes *h* ist geschwunden in —*eha*— $>$ *ie*, § 33, —*aha*—, *slan, ent/an* (aber auch *slahen, ent/ahen, ent/angen*), in *lein, veide* § 13, im Silbenanlaut nach Konsonanten: *bevelen, bevolen*. Ersatz eines ausgefallenen *h* durch *g* § 202, s. auch § 136.

Anm.: */it* und *ge/chit*, wo nicht —*eha*— zu grunde liegt, sind als Ausgleichungen nach dem Plural des Präsens und dem Infinitiv zu erklären.

h muß schon früh (vgl. auch Holthausen § 218) im Inlaut in seinem Lautwert sehr reduziert gewesen sein, so daß es nicht nur, wie oben angegeben, schwinden konnte, sondern auch als rein orthographisches Zeichen ohne phonetische Bedeutung (vgl. *h* nach Konso-

---

[1]) Vgl. auch *hoyer* neben *hejer* in Berlin bei Graupe, a. a. O. S. 45.

nanten § 65, nach Vokalen z. B. *bohme* Stb. *ahn* 1480 u. dgl.) gebraucht werden konnte. Öfter hat es den Zweck, zwei nebeneinanderstehende Vokale zu scheiden, so in *sehe*, das in der Schreibung mit *see, seý* wechselt (§ 101), *wehe* u. dgl. Daß *h* auch im Auslaut und vor *t* nicht spirantische Geltung hat (der Spirant wird stets *ch, g* geschrieben), beweist der im 15. Jahrhundert übliche Wechsel *eeſtiſſtinge* und *chſtiſſtinge, geſehet, geſeht, geſect, geſedt* gesagt, ebenso *ſeht* und *ſcht, ſeet* sagt, vgl. 1516 *ſchmeht* Schmied. In späteren Zeiten begegnet einige Male „Zerdehnung": *Jeheger* (Schb.), *meher, wuhc* 1470. Doch ist sie vereinzelt und beruht in dieser späten Zeit vielleicht auf mitteldeutschem Einfluß.

II. Formenlehre.

A. Deklination.

1. Deklination der Substantiva.

§ 140. Durch den lautgesetzlichen Zusammenfall aller noch bewahrten unbetonten Endsilbenvokale in *e*, ferner durch den Ausfall des nach Konsonant stehenden antevokalischen *i̯* der Endung sind die flexivischen Unterschiede in den einzelnen Flexionsklassen sehr verringert, und damit ist die Möglichkeit analogischen Ausgleichs vergrößert. Ein as. *hirdi* z. B., das nach § 20 und § 54 im Berlinischen *herde* ergeben mußte, wird durch dies auslautende *e* im Nominativ den Substantiven der *n*-Flexion vergleichbar und, zumal gerade diese reich ist an Standesbezeichnungen (*hertoge, vorſte, here, bode* usw.), hierdurch in diese Deklinationsklasse gezogen. Bei andern Substantiven tritt dagegen ein Schwanken zwischen Maskulinum und Femininum entgegen: *see, tall*, zwischen Maskulinum und Neutrum: *menſche*. Innerhalb der gleichen Flexionsklasse sind durch die analogischen Einflüsse Unterschiede zwischen kurz- und langsilbigen Stämmen nicht immer mehr durchzuführen.

Im As. sind wie im Ahd. noch Reste des Instrumentalis vorhanden. Ein Instrumentalis liegt im Berlinischen nur noch beim Pronomen vor und auch hier nur in der einen Formel *deſtu bat*.

Bei Aufzählungen wird zuweilen das Zeichen der Flexion nicht allen Gliedern gegeben, z. B. *Steyn was, smer, talges oder garnes, vlas oder henp.* (Fid. I S. 14.) Von *ſteyn* ist der Genitiv abhängig. Oder

Desghelik ſchaltu vornemen van allen cleyner vnd gheringhe kopwar
alze van Vlaſſze, henpe, Smĕr, talch, Speck (K. Stb. fol. 7 b.)

Für die Flexion kommen die § 62 besprochenen Gesetze über
die Auslautsverhärtung in Anwendung.

Über das Verhältnis von Dativ und Akkusativ vgl. § 185.

Vokalische Deklination.
a— Deklination.

§ 141. Maskulina.

	a-Stämme.	*ia*-Stämme.		*wa*-Stämme.
Sg. N. A.	*dach*	*telre*	*borger*	*see (sehe seў)*
G.	*dages,-s*	*telres*	*borgers, — es*	*sehes*
D.	*dage*	*telre*	*borger, — e*	*sehe*
Pl. N. A.	*dage*	*telre*	*borger, — e, — s*	
G.	*dage*	*telre*	*borger, — e*	
D.	*dagen*	*telren*	*borgern (— en, -s)*	

Der Gen. Sg. endet oft nur auf —s, so besonders bei den auf —r ausgehenden ein- und mehrsilbigen Substantiven *jars, birs*, häufig auch bei den Substantiven auf *t* und *d: rechts, gelts, gots* und *godes*. Neben *briues* ist *brifs* nicht selten.

Im Dat. Plur. fehlt —e— zuweilen bei den auf *r* ausgehenden Substantiven, ganz besonders bei den mehrsilbigen.

§ 142. Wie *dach* geht die Mehrzahl aller Maskulina: *berch,*
win, got, viſch, rat, schilling, penning, honich (vgl. § 82 b.)

Selten kommt *tal* als Maskulinum vor, z. B. Fid. I 22 oder in späterer
Zeit 1517 noch Karl Mölner: *anno etc. Decimo ſeptimo des myndern talls.* 1478
ist auch *des pachtes* belegt. Sonst ist *pacht* stets Fem.: *vorſetener pacht.* Über
des tides, middewekes s. § 155. *markt* wird im Stb. als Maskulinum, *jarmarkt*
als Femininum gebraucht.

Umlaut im Plural neben der nicht umgelauteten Form haben *wagen,*
nagel: wagene und *wegene.*

§ 143. Bei den *ia*— Stämmen mußte nach § 54 die Endung
als *e* bewahrt sein: *weyte* Weizen, *keſe, herde* Hirt. Übergang von
herde zu den schwachen Substantiven, zu denen die meisten Standesbezeichnungen mit auslautendem *e* gehören, war § 140 erwähnt.
Auch von *weyte* kommen schon einige Male schwache Formen
neben den starken vor.

Bei den ursprünglich drei- und mehrsilbigen Nom. agentis mußte
Synkopierung in verschiedener Weise erfolgen, entweder nach § 55,8
bei stammauslautendem Nasal oder Liquida: *telre* mensurator, *ſulre,*
oder *ſiskari > ſiſcher*. Hiernach gehen die *ia* - Stämme entweder

im Nom. Akk. auf *e* aus oder auf Konsonanten: *borger, oltbuter, kremer, kruger, korſener, ſchoteler* usw.

Bei den letzteren, den konsonantisch endenden Substantiven, wird im Plural Nom. Akk. sehr häufig analogisch nach den *a*-Stämmen und den vokalisch ausgehenden *ia*-Stämmen das *e* hergestellt. Während des 14. Jahrhunderts, jedoch n i e im 15., werden Nominativ und Akkusativ, oft auch der Dativ Plur. bei diesen Substantiven auf —*s* gebildet. *Oltbuters, beckers, meyſters, gropers, gremplers* sind für den ersten Stadtbuchschreiber ganz geläufige Formen, die dagegen dem ein halbes Jahrhundert jüngeren K. Stb. ganz fehlen. Nur in der Anrede oder Adresse kann man die Form *ſorderers* Förderer noch später, z. B. 1479, finden. An dieser Stelle (sonst *ſrunde* § 162) steht auch *ſrundes* mit Übertragung des *s* von den erstgenannten Substantiven auf diese Personenbezeichnung. Zu *gunnern* s. § 158.

As. ist *altari* Mask., berlinisch Neutr.

§ 144. Die lautliche Entwicklung von *see* § 101. Neben der maskulinen Form kommt das Wort in genau derselben Bedeutung (= nhd. „der See") auch schon als Femininum vor, z. B. Fid. I 235, Fid. II 141. Fid. I 183 steht es als Femininum auch in der Bedeutung von nhd. „die See".

e Gesetz, Ehe ist im Unterschied vom As., in Übereinstimmung mit dem Hd. und Ags. Femininum § 153.

§ 145.   Neutra.

		a-Stämme	*ia*-Stämme.
Sg.	N. A.	*vat*	*gerichte*
	G.	*vates*	*gerichtes*
	D.	*vate*	*gerichte*
Pl.	N. A.	*vate*	*gerichte*
	G.	*vate*	*gerichte*
	D.	*vaten*	*gerichten.*

Im Dativ findet sich neben *huſe* die Form ohne *e*, *hus* 1464, 1476. In der Datumsangabe lautet der Dativ von *jar* zuweilen *jaren*: *In dem achtigſten jaren.* Hier liegt vielleicht ein Dat. Plur. zu grunde, der etwa durch die Zählung hervorgerufen sein könnte: *na criſts geborl virteynhundert jare und in dem achtigiſten jaren* ist kontaminiert mit *den achtig jaren*, zumal der erste Teil als Kardinalzahl gegeben ist. Dasselbe *jaren* kommt auch in hd. Urkunden vor. Wahrscheinlicher aber hat man es mit einer schwachen Bildung zu tun. Vgl. hierzu auch den Nom. Akk. *jare* im Stb. der als juristischer Terminus *jare und dag* erscheint *(jare und dag ſint ſes weken und eyn jar)*, auch *ouer eyn jare.*

Im Nom. Akk. Plur. besteht der im As. vorhandene Unterschied zwischen kurzsilbigen und langsilbigen Stämmen nur insofern als unter den langsilbigen einige Wörter zuweilen neben dem Plural auf *e* auch den alten Plural ohne Endung haben. Stets endungslos ist mir begegnet *ding, deyl,* ferner alle Maß- und Gewichtsbezeichnungen: *punt.* Zu *schock* kommt auch *schocken* vor. Sonst aber heißt es wie bei den ursprünglich kurzsilbigen *jare, gude, perde, worde, huse* usw., woneben Formen ohne *e (hus)* selten sind.

Die ursprünglichen *s*-Stämme haben die Endung —*er* im Nom. Akk. Plur. weit verbreitet. Es heißt nicht nur *eygher, hunre, runder, kelver, lemmer,* sondern *kleider, dorper, guder* (und *gude*), *buker* und *buke, huser, (huse, hus),* (wohl alle mit Umlaut anzusetzen), *kinder.* Diese Plurale kommen schon sehr früh vor. 1391 im Briefe des Thyle Brügge sind *dörperen, guderen* zu belegen. Im Stb. sind sie ganz üblich. Da diese Pluralformen gleichlautend sind mit denen der Maskulina auf —*er, borgere, inwonere, vischere, eckere,* die oft *e* als Pluralzeichen annehmen, so bildet man neben *guder* auch *gudere,* so daß die Plurale *gudere, guder, gude* und, allerdings gerade bei diesem Wort nicht gebräuchlich, *gud* neben einander existieren. Dementsprechend kommt wie der Dat. Plur. *borgers* usw. auch *husers* vereinzelt vor.

§ 146. Zu den *a*-Stämmen gehören die meisten Neutra: *glas, wif, lant, water, ambacht, alder, laken* usw. *linwant,* Gen. *linwandes* ist vielleicht auch Maskulinum.

§ 147. *ia*-Stämme sind z. B. *bedde, gewedde, gekrude, genechte, rike.*
Zu *nette* kommt nur ein schwacher Plural vor: *netten,* ebenso *erven* (Grundstück: *buden und erven*). Zu *werke (vir werke* = Gewerke) findet sich der Gen. Plur. *werken.* Schwacher Plural ist auch gebräuchlich zu „Stück": Nom. Akk. Plur. *stucken,* zu *bedde : bedden* ebenso zu *kunne.* — Ein *ia*-Stamm ist wohl auch **arbeyde,* Gen. *arbeydes,* Dat. *arbeyde.* Ebenso Gen. *armudes* (aber Fem. *orer heymude* 1454). Die Nominative kann ich nicht belegen. — Zu den *ia*-Stämmen gehören auch die Substantiva auf —*awi*—. Aus den überlieferten Formen Nom. Akk. Sing. *hew, tew* (= mhd. *zouwe, gezouwe*), Dat. Plur. *touwen* und Gen. Sg. *houwes,* Dat. *houwe* im Verein mit heute gesprochenem „Hou" ergibt sich die Flexion *hew, houwes, houwe, hew,* resp. *tew* (und *getouwe), *touwes, *touwe, tew,* Dat. Plur. *touwen.*

§ 148. Die Flexion der *wa*-Stämme ist nur sehr ungenügend belegt. Zu *kny* Gen. *knyes.* Dagegen ist *stro* wie *smer* (§ 101) stets ohne Zeichen der Flexion überliefert: *Von houwe, stro . von alreleye frucht* (Fid. I 30).

Feminina.

ô-Stämme.

§ 149. Nach dem lautgesetzlichen Ausfall des i mußten ô und iô-Stämme ganz gleich dekliniert werden. Durch den Zusammenfall aller Endsilbenvokale in *e* mußte der Singular einförmig werden, durch Ausgleich mit den schwachen Feminina auch der Plural.

Sg. N. A. *wiſe*   Pl. N. A. *wiſen*
G. *wiſe*   G. *wiſen*
D. *wiſe*   D. *wiſen.*

Zum Singular ist zu bemerken, daß der ursprünglich lautgesetzliche Nominativ ohne Endung sehr vereinzelt in adverbialen Formeln vorkommt *knechtewiß* (Fid. I 265), *tu der ſeluen wis, alſodane wis* usw.

In den Nom. Akk. Plur. ist, wohl nach dem Muster der *n*-Stämme, mit denen diese Klasse sich gern vermischt (s. u.), *n* eingedrungen. Ob der Ausgleich schon ganz vollzogen ist, ist bei dem seltenen Vorkommen dieser Formen nicht zu sagen. Nur bei den Substantiven auf *—unge* ist wenigstens im Stb. neben *—en* für den Nom. und Akk. Plur. und sogar auch für den Gen. Plur. *—e* bezeugt, vielleicht im Anschluß an die Mask. auf *—inc*, da *—unge* und *—inge* wechseln. (Im 15. Jahrhundert ist *—inge* die überwiegende Form.) Vgl. Fid. I 31 *viſ wonunge* neben Fid. I 27 *ſes wonungen* und ferner *Buyk der ouertredunge* (diese Lesung nach Clauswitz und Siewert) und der Nom. Plur. *ouertredunghe* Fid. I 178.

Übergang in die schwache Flexion ist häufig: *in der Eren*, Gen. *der miſſen, der ſylen, up der erden, eynen pram erden. wiſe* kommt im Schb. auch schwach vor: *in der allerbeſten wiſe* und *wiſen.*

§ 150. Zu den ô-Stämmen gehören die meisten Feminina: *bede, ere, erde, ſake, stunde, wile ; sukede* Krankheit, Seuche; *weringe, upſegginge, betalinge teringe* (s. zu diesen § 149).

§ 151. iô-Stämme sind *rede, sibbe.* Die auf *—niſſe* ausgehenden könnten auch *i*-Stämme sein: *hinderniſſe, geſengniſſe, bekantniſſe.* Doch spricht der Fid. I 9 belegte Akk. Plur. *bekentniſſen* für Zugehörigkeit zu den iô-Stämmen. — In die schwache Flexion übergetreten ist *brugge.*

Anm.: Siewert zählt § 100 diese Substantiva auf *—niſſe* zu den neutralen ia-Stämmen, völlig ohne Grund, da das feminine Geschlecht durch danebenstehende Pronomina oft genug bezeugt ist.

Die Substantiva auf *—inne* haben den Nom. nie auf *—in.* Sie bilden Gen. und Dat. auch schwach: *teigerinnen, pelgerinnen* und sind dann von den schw. Feminina nicht mehr geschieden. Hierauf mag eingewirkt haben, daß der Name der verheirateten Frau von dem des Mannes durch *—inne* abgeleitet wird (§ 165). Frauennamen werden schwach flektiert. Dies wird nun zunächst auf diese auf —*inne* gebildeten Namen, dann weiter übertragen, zumal die Klasse an sich schon so viel Berührung mit den *n*-Stämmen zeigt. Die Namen auf —*inne* selbst schwanken, so lange wir es beobachten können, zwischen starker und schwacher Form.

§ 152. Alte *wô*-Stämme sind *truwe, drouwe.*

Über den Gebrauch von *see* als Fem. vgl. § 144.

i · S t ä m m e.

§ 153. Die Maskulina dieser Gruppe stimmen völlig mit den *a*-Stämmen überein bis auf den Umlaut im Plural, dessen orthographische Wiedergabe allerdings durch den S. 227 erörterten Gebrauch gehemmt ist.

	Maskulina.	Feminina.
Sg. N. A.	*gaſt (hat, steke)*	*kraſſt (ſtad [ſtede])*
G.	*gaſtes*	*kraſſt*
D.	*gaſte*	*kraſſt (—e)*
Pl. M. A.	*geſte*	*kreſſte*
G.	*geſte*	*kreſſte*
D.	*geſten*	*kreſſten.*

Bei den langsilbigen Stämmen wie *gaſt* war *i* lautgesetzlich vor dem Eintritt des Umlauts gefallen, bei den kurzsilbigen, soweit sie nicht den Stammvokal *a* hatten, ist *i > e* erhalten: *bruki > broke, kuri > kore, ſtiki > ſteke.* Dagegen haben die kurzsilbigen mit dem Stammvokal *a* im Anschluß an die langsilbigen wie *gaſt* den auslautenden Vokal verloren, wie überall im Mnd. Es heißt nicht *hete,* sondern *hat,* nicht *ſlege,* sondern *ſlach* usw.[1]). Ein Paradigma *hat, hates* ist aber von *gaſt, gaſtes* nicht mehr unterschieden.

Eine andere Erklärungsmöglichkeit ist es, an eine dialektische Differenzierung zu denken, indem man annimmt, daß in einem Teil des as. Gebietes, dessen Denkmäler doch immer nur einen beschränkten Kreis umfassen, dieselben Verhältnisse eingetreten waren wie im Hd. Später ist dann verschieden ausgeglichen worden, indem von den Substantiven mit dem Stammvokal *a* im Anschluß an *gaſt* usw. nur die Kurzform schriftsprachlich wurde, während bei den übrigen die Langform durchdrang. Bei diesen war vielleicht durch Tondehnung der vokalische Unterschied zwischen dem kurzen Nominativ und dem Genitiv und Dativ (**ſtik: ſtekes;* ē und ō aus *i* und *u* sind schon von Anfang der Überlieferung an im Mnd. vorhanden) so groß, daß die Kurzform schon aus diesem Grunde dem Verfall ausgesetzt war. Übrigens ist ja

---

1) Von Substantiven mit anderem Stammvokal begegnet nur zu *kore* einige Male die Nebenform *kor.*

auch im Hd. nur bei den Substantiven mit *a* im Stamm die synkopierte Form restlos durchgedrungen. Eine Bestätigung dieser Ansicht scheint mir darin zu liegen, daß tatsächlich auch das überlieferte As. schon eine Spur der synkopierten Form aufweist in *bat*. Vgl. auch in dem Wer. H. den Plur. *ſtadi* (Holthausen § 292 Anm.). Auch im Anfrk. sind Nom. Akk. Sg. *urkuntſcap* belegt. Zum Vergleich könnte auch der kurzsilbige *u*-Stamm *lidu* herangezogen werden, der meist durch *lid* vertreten ist (Holthausen § 303 Anm.).

Zu *ſtad* kommt im Stb. einige Male die Nebenform *ſtede* vor. Im Gebrauch ist derselbe Unterschied wie zwischen nhd. „Stadt“ und „Stätte“. Berlin wird stets nur „ſtad“ genannt, dagegen: *in eyner openbar ſtede. Oſte eyne ledige ſtede gerunden werde, diſelue ſtede verorloue wi ſeluen tu vorkopene. Bi der ſtoue ſtede* usw. Die Langform ist auch erhalten in *beke* im Mnd. Doch kann ich für Berlin keinen Nominativ, überhaupt das Simplex nicht nachweisen, nur die im Landbuch Karls IV. im Barnim erwähnten Dörfer „*Schonenbeke*“, „*Mollenbeke*“, „*Swanenbeke*“.

Für die Flexion des Femininums ist noch zu bemerken, daß im Dat. Sg. neben der endungslosen Form zuweilen die Endung —*e* steht, meist in festen Verbindungen, *to tide, met kraffte, met witſchappe* usw. aber stets ohne Umlaut[1]. Es sind analogische Neubildungen nach adverbialen Verbindungen gleicher Art bei maskulinen Substantiven (s. § 155).

§ 154. Maskulina dieser Klasse sind: *gaſt, hat, ſlach; kore, broke, ſteke*. Nur im Plural existiert *lude*.

§ 155. Feminina sind *brut, gebort, gewalt, macht, not, tit* usw. Mit diesen wird auch *e* Gesetz gleich flektiert (§ 144). Zu *tit* kommt ein adverbialer Genitiv *des tides, eins tides* vor. Dieser ist nicht zu dem zwar mnd. vorhandenen aber in Berlin sonst nie nachweisbaren Maskulinum *tit* zu ziehen, sondern zeigt nur die typische Form des Adverbs, die von Stellen aus, wo sie ursprünglich berechtigt war, weiter verbreitet ist. Wie *des jares* im Jahre, jährlich, *des dages, des fridages* bildet man *des middeweken* oder *middewekes, des tides*. Vgl. auch *tu handes, tu hantz* oder (einmal Fid. I 251) *von notis wegen*.

Nominative auf *e* wie *ſchriffte* sind vielleicht durch *ja*-Stämme wie *geſchriffte* beeinflußt. Doch kommen solche Nominativformen auf *e* auch von Substantiven vor, wo dieser Grund nicht vorliegt. (Vgl. § 145.) Das *e* veranlaßt zuweilen Übertritt zu den schwachen Substantiven, z. B. 1499 *Iwer ſchrifften nach*.

Anm.: Für *i*-Stämme stehen mir Beispiele nicht zu Gebote. S. aber § 151. Die femininen Adjektivabstrakta werden auf —*ede* gebildet.

u-Stämme.

§ 156. Bei den kurzsilbigen *u*-Stämmen außer *vhe* (§ 33 § 344) ist das auslautende *u* als *e* geblieben: *ſone, ſrede, ſede, lede* (aber

---

1) Völlig isoliert steht ein Dativ *vnkreſte* einmal in der Rechtsdarstellung.

nur in der Bedeutung „Mitglied" *eyn lede des rades*, sonst *let* als Körperteil):

Sg.	N. A.	*ſone*	*vhe*
	G.	*ſones*	*vhes*
	D.	*ſone*	*vhe.*
Pl.	N. A.	*ſone*	
	G.	*ſone*	
	D.	*ſonen.*	

ſrede wird im Schb. gewöhnlich schwach flektiert. Die langsilbigen Maskulina sind vollständig mit der *a*-Klasse zusammengefallen. Die auf —*heit* ausgehenden sind Feminina.

Sg.	N. A.	*ſriheit*	Pl.	*ſriheiden*
	G.	**ſriheit*		*ſriheiden.*
	D.	*ſriheit*		*ſriheiden.*

hand hat sich den *i*-Stämmen angeschlossen. Wie bei diesen heißt der Dativ *hant* und *hande*. Über *tu hantz* vgl. § 155. Der alte Gen. Plur. hat sich in gewissen Verbindungen *mangerhande, allerhande, welkerhande lude, drier hande recht* usw. erhalten.

Konsonantische Deklination.

n-Stämme.

§ 157.

		Maskulina	Neutra	Feminina.
Sg.	N.	*garde*	*herte*	*kerke*
	G.	*garden*	*herten*	*kerken*
	D.	*garden*	*herten*	*kerken*
	A.	*garden*	*herte*	*kerke*
Pl.	N. A.	*garden*	*herten*	*kerken*
	G.	*garden*	*herten*	*kerken*
	D.	*garden*	*herten*	*kerken.*

Zur Überlieferung ist zu bemerken, daß damit zu rechnen ist, daß natürlich hie und da auch Formen vorkommen, wo der Nasalstrich fehlt. Daß diese Klasse aus den verschiedenen anderen Deklinationen bereichert wird, war schon an den betreffenden Stellen gezeigt.

§ 158. Zu den Maskulina gehören *altariſte, bode, hertoge, here (herre), havere, ſchade, vorſte* usw. Ursprüngliche *ian*-Stämme sind z. B. *ſchenke wille, vedder*. Ein Akkusativ *vedder* neben *vedderen* ist wohl im Anschluß an die übrigen Verwandtschaftsnamen entstanden. *menſche* kommt als Mask. und Neutr. vor. Doch ist letzterer

Gebrauch selten. — In der Anrede im Eingang des Briefes findet sich auch *gunnern* (§ 143). — Vgl. übrigens Fid. II 181 die Genitive *ſchadens vnd vnwillens*. Die Urkunde stammt jedoch aus der kurfürstlichen Kanzlei (s. S. 39).

§ 159. Die geringe Zahl der schwachen Neutra ist vermehrt durch einige Übertritte aus andern Klassen. Zu *erve* (Grundbesitz [Erbe] neben *hus* und *bude*) kommt nur ein schwacher Plural *erven vnde buden* vor. Über *werken* s. § 147.

§ 160. Feminine *n*-Stämme sind z. B. *tunge, weke, ſruwe* (meist schriftsprachlich *ſrouwe*), *ſtrate; wedewe*. Ursprünglich stark flektierte *brugge*. Vermischung der ô- und *n*-Stämme § 149 ff. Zur Form *des middeweken* und *middewekes* § 155.

Sonstige ursprünglich konsonantische
Stämme.

§ 161. *vader* hat neben der noch sehr seltenen analogischen Neubildung *vaders* den alten Genitiv *vader* bewahrt. In der Urkundensprache findet er sich z. B. noch 1478. Auch von *bruder* begegnet ein endungsloser Genitiv, so Fid. I 114 und 1352 ein schwacher Akk. Plur. *brudern* (R. A. X 248). Gewöhnlich aber hat *bruder* den Plur. wie *borger*. *muder* und *dochter* bilden den Singular endungslos. Im Plural stehen (wie für *bruder* auch im Dativ Sg.) Formen mit und ohne *e* nebeneinander: *brudere, bruder, bruderen, brudern*. Umlaut im Plural ist für *vader* bezeugt Fid. I 149 *veder*. — *ſuſter (ſweſter)* hat den Dat. Sg. *ſuſter* und *ſuſtere*. 1401 (Fid. I 224) findet sich der schwach gebildete Dativ Sg. *ſuſtern*. Der Plural geht auf —*n* (—*en*) aus. Ein Gen. Plur. *geſwiſtern* Schwestern steht 1514 im K. Schb. *von wegen Gertrut vnd annen ohrer geſwiſternn*.

§ 162. *ſrunt* und *vient* flektieren ganz wie *a*-Stämme. Über *ſrundes* in der Anrede s. § 143. Einige Male findet sich noch im Stb., nie in späteren Urkunden, der Nom. Plur. *ſrund, ſrunt* z. B. Fid. I 1, Fid. I 194. Jedoch in den Eidesformeln sind konsonantische Formen z. T. noch länger erhalten, im K. Stb. 1443: *dorch ſrunt noch dorch maghe*. Vgl. auch den Gen. *ſrund* in der Bedeutung *ſruntſchap* Fid. I 188.

§ 163. *man* geht im Singular wie die *a*-Stämme: *man, mannes, manne, man*. Im Nom. Akk. Plur. stehen *man* und *manne* neben einander, z. B. 1322 in der gleichen Urkunde *ratmanne* und *ratman*. Später im 15. Jahrhundert trägt die längere Form den Sieg davon. Ein Genitiv *man* findet sich in der Rechtsdarstellung Fid. I S. 161 *twier man rede, drier man ede.* — In welchem Umfange der Nom. Akk. Pl. *ratmannen* gebraucht wird, ist wegen der in den Unterschriften bei diesem Wort üblichen Kürzungen nicht zu bestimmen. — In *ymant, nymant* ist der Dental fest, so daß kein Zusammenhang mit dem Simplex mehr gefühlt wird.

§ 164. Andere Reste der konsonantischen Flexion fehlen so gut wie ganz. Nur zu *nacht* ist im Stb. einige Male ein Plural *nacht* belegbar in den Formeln *ouer virteyn nacht, tu allen virteyn nachten,* während die Zeitbestimmung *des nachtes* (vgl. § 155) einen anderen Ursprung hat. Von „Zahn" findet sich zum N. Akk. Sg. *thene vmme thene* Fid. I 1 ein Akk. Plural: *dorch dy thenen gebrand werden.* — Fid. I 139 (Rechtsdarst.) kommt der Akkusativ *eynen fynen genot* vor, aber sonst ist das Wort schwach: *genoten,* Fid. I 171, 119 u. ö. — *buk* ist völlig in die *a*-Flexion übergegangen § 145 ff. Zu *dufent* vgl. § 198.

Flexion der Eigennamen.

§ 165. Im allgemeinen ist als Regel aufzustellen, daß Namen, die im Nominativ auf *e* ausgehen, schwach, alle übrigen stark flektiert werden, z. B.:

Gen.: *Grobens* (Nom. *Groben*), *Gotzkens (Gotzken), Molners (Molner), Mertens (Merten)* aber *von Brafchen wegen (Brafche).*

Dat.: *Wardenberge (Wardenberg), Thomas Friberge, Jacob Kol-
berge* aber *Cafpar Zceißen (Zceiße), Jacob Pritzen, (Pritze),
Goris Langen, Pawel Lemcken, Cafpar Schulten* usw.

Gelegentlich kommen Abweichungen vor und zwar dann zu gunsten der Endung—*n*, z. B. Dat. *Petir* und *Petirn, Cafparn dem knechte, Hans* und *Hanfen Brackowen* neben *Brackowe* (Nom. *Brackow*). Fast ausnahmslos heißt es *Coln an der Sprewen* (Nom. *Sprewe*), dagegen aber auch *by der Sprewe.*

Chriftus behält die lateinische Flexion bei. Doch begegnet auch der Gen. *Crifts.*

Die weiblichen Vornamen gehen nur nach der *n*-Flexion. Aber die Flexion der weiblichen Eigennamen ist von der der fem. *n*-Stämme insofern unterschieden, als die Namen auch im Akkus. auf —*en* ausgehen. Vereinzelt ist ein im Nom. auf Konsonant endigender Stamm stark flektiert oder unflektiert wie im K. Schb. *von wegen Gertrut vnd annen ohrer geſwiſternn*, wo aber die Flexion von *Gertrut* nur in der Verbindung zweier Substantiva unterblieben sein mag. Das Regelmäßige zeigt Fid. I 232 1409 *an Gertruden vnd Annen.*

Für die Frauennamen ist ferner als Regel aufzustellen, daß der Name der verheirateten Frau aus dem des Mannes durch die Endung *—inne* gebildet wird: *Die Michel Engelinne, Thomas Blanckenfeldinne* usw. (Die Flexion s. § 151.) — Der Name des unverheirateten Mädchens ist der Genitiv des Vatersnamens: *Anne Hoigerdes, Barbara Molners.* Flektiert wird natürlich hier nur der Vorname: *Griten, Barbaren, Katharinen* usw. — Bei Standes- oder Gewerbebezeichnungen wird die weibliche Form durch Anfügung von *—ſche* gebildet: *Die Schumakerſche, die Borgerſche, Priorſche.*

2. Pronomina.

§ 166.   P e r s o n a l p r o n o m i n a.

1. Ungeschlechtige Pronomina.

		1. Person	2. Person	Reflexivum.
Sg.	N.	*ik*	*du*	
	G.	—	—	*ſiner*
	D.	*my*	*dy*	*ſik*
	A.	*my*	*dy*	*ſik.*
Pl.	N.	*wy*	*gy*	—
	G.	*unſer*	—	—
	D.	*uns*	*jw (juwe)*	*ſik*
	A.	*uns*	*jw (juwe)*	*ſik.*

Der Genitiv ist nur für das Reflexivum im Sg. sowie für die 1. Pers. im Plur. belegt.

Über die lautliche Entwicklung von *wy* s. § 36. Zur Schreibung *gy* § 132 *jw* § 31.

Dat. Akk. Plur. *juwe* neben *jw* kommen nur im 14. Jahrhundert (besonders im Stb.) vor.

ſik wechselt früh mit *ſich.*

Das reciproke Verhältnis wird durch *ſik vnderlang* (= mnl. *onderlanghe*) im Stb. von verschiedenen älteren Schreibern angegeben. In späterer Zeit nur *eynander.*

§ 167.   Geschlechtiges Pronomen.

Sg. N.	*he*	*it*	*ſy*
G.	*is, ſiner*	*is*	—
D.	*em, en*	*em, en*	*or*
A.	*en, em*	*it*	*ſy*
Pl. N.		*ſy*	
G.		*ore, orer*	
D.		*en, em*	
A.		*ſy.*	

Zur Entwicklung von *he* vgl. § 36. *hy* gehört dem Berlinischen nicht an. Es kommt einige Male beim ersten Stadtbuchschreiber, sonst sehr selten vor.

Neben *it* steht nebentonig in der Enklise *et*, das noch weiter zu —*t* reduziert werden kann: *gy werdent.*

Wie *it* im Nebenton zu *et*, so kann *is* zu *es* werden. Der Genitiv ist selten. Daher ist *is* im Maskulinum nur wenig (nur in der Rechtsdarstellung, z. B. Fid. I 89, habe ich *is* bemerkt) zu belegen. Ein Genitiv *ſin* kommt nicht vor. *ſiner (von ſyner wegen* 1394, ferner Fid. I 139, 140 u. ö.) verdrängt allmählich *is*. In welcher Weise es eindringt, wie *is* weicht, ist wegen des seltenen Vorkommens des Genitivs von *he* nicht genauer anzugeben.

Eine außergewöhnliche Form des Genitivs kommt 1402 Fid. I 223 im Stb. vor: *ſynes : Wenne den dyſeluen Peter Steindorp nach godes wille vorgeit des dodis vnd ſynes nicht meir is, ſo .*   Für *ſiner* im Neutrum, wo *is* häufig zu finden ist, kenne ich keinen Beleg.

Über den Wechsel von *em* und *en* im Dat. und Akk. Sg. und im Dat. Plur. vgl. § 185. *em* wechselt n i e mit *om* (§ 21 und S. 166 Anm. 1). *ym* und *yr* finden sich nur unter hd. Einfluß.

ſy ist nie zu *ſe* abgeschwächt.

Der Gen. des Fem. ist wohl wie der des Plurals als **ore *orer* anzusetzen. Die lautgesetzliche Entwicklung *or* (d. h. *ōr* § 21) ist, soviel ich sehe, im Gen. Plur. nur noch durch das Possessivum belegt. Die im 15. Jahrhundert allein gültige Form *orer* ist nach *unſer*, **juwer* gebildet. Daneben kennt das Stb. noch *ore* (Fid. I 235, Fid. I 222 *wen ore eyn ſterſſit* u. ö.), das sich zu *or* verhält wie *deme* zu *dem*. Über sekundär aus *orer* entstandenes *orre* vgl. § 72.

§ 168. P o s s e s s i v a.

Die Possessiva lauten: *min, din, ſin, or (ore), vnſe, juwe, or.* Sie flektieren wie *eyn* § 198.

	Maskulinum	Neutrum	Femininum.
Sg. N.	*min*	*min*	*mine, min*
G.	*mines*	*mines*	*miner*
D.	*minem, —en, —eme*	*minem, —en, —eme*	*miner*
A.	*minen*	*min*	*mine, min.*
Pl. N.		*mine*	
G.		*miner*	
D.		*minen*	
A.		*mine.*	

Zum Verhältnis von Dativ und Akkusativ vgl. § 185.

Der Genitiv *is* kommt als Possessivum nie vor.

Zu *ſin* lautet der Dativ auch *ſime* (§ 84).

or wird stets flektiert und ist nicht mehr als Genitiv aufzufassen. Die lautliche Entwickelung § 21. *ere* kommt nur 1322 vor. Neben *or* steht zuweilen *ore (ore vader)* auch im Nom. des Mask. und Neutr.

Die Possessiva können auch substantivisch gebraucht werden: *dy vnſen, dy juwen* usw.

Demonstrativa.

	Maskulinum	Neutrum	Femininum
§ 169.			
Sg. N.	*dy (die)*	*dat*	*dy (die)*
G.	*des*	*des*	*der*
D.	*deme, dem, den*	*deme, dem, den*	*der*
A.	*den*	*dat*	*dy (die)*
Pl. N. A.		*dy (die)*	
G.		*der*	
D.		*den.*	

Der Instrumentalis des Neutr. ist erhalten in *deſtu, deſte* vor dem Komparativ *bat: deſtu bat.*

Die lautliche Entwicklung von *dy* § 36. Für *dy* steht abgeschwächt *de* nur ausnahmsweise und nur bei späteren Gerichtsunterschreibern.

Über das Verhältnis von Dat. und Akk. sowie die verschiedenen Formen im Dat. vgl. § 185. Die Langform *deme* hält sich rein orthographisch, während der ganzen Epoche, z. B. noch 1491 als eine durchaus übliche Schreibform (s. ebenda).

dat wird im Nebenton zu *det* § 4. Dies wird weiter geschwächt zu —*it*, —*t: vpil huß. vort Irſte* § 117, § 4.

§ 170. Dieses Pronomen wird gebraucht:

1. als Demonstrativum *van allen den dy . . ., vmme deß willen dat . . .,*

2. als Artikel: Dieser fehlt nur in gewissen formelhaften Verbindungen: *tu hope, in craſſt, tu gewin, tu verluſt, van rechte, met witſchape* usw.

3. als Relativum: Das Relativum bezieht sich a) auf den gesamten Inhalt des vorhergehenden Satzes: *Dat em in vorgangen tydenn Valentin Wins vmme dry gude ſate Czerweſter bier to ſenden geſchreuenn hebbe, Dem he alſo nach ſynem ſchriuen ſcholde gedan hebben.* b) auf ein Wort des vorhergehenden Satzes: *ſyn gebot, dat vns ſyne wiſſagen geleret hebben.* c) auf ein Pronomen: *alle dy yenen, dy . . ., wy der inninghe wynneth, dy geſſt . . .* (In dieser Art von Sätzen. tritt Anakoluth nicht selten ein: *wy briue an Kake henget , begrippet men, man richten als eynen velſcher.* Oft wird statt mit dem Relativum mit *he* fortgefahren.) Ferner *wes ſy darbouen kouſten, des ſint ſy vorvallen.* Andere Korrelativa sind *welk (welk man dy .), allent dat; ymant dy.*

Das Relativum kann durch hinzugefügtes *dar* verstärkt werden. Statt des Rel. mit einer Präposition steht auch *dar* mit der Präposition: *ſulker ſchulde, dar in ſy vorplicht ſint.*

Umschreibung des Relativs mit Hilfe von Possessivpronomen *den ſin,* die mnd. sonst nicht unbekannt ist, kommt berlinisch noch nicht vor.

dy wiederholt im Satzzusammenhang das herausgehobene Subjekt: *dy ſelue rad alſo ghekoren vnde beſtedighet, dy ſal . . .* Soll dagegen der Inhalt des vorhergehenden Satzes oder eine adverbiale Bestimmung aufgenommen werden, so wird gern *ſo* gebraucht: *vmme vormydinghe ſulker byſterheit vnd errunge So ys In deſſen buke . .*

Die unflektierte Partikel *de* (vgl. E. A. Kock, Die niederdeutschen Relativpronomina, Lunds Universitets Årsskrift 39. 1904 S. 1 ff.) kommt nicht vor.

ſo ist als Relativum nicht zu belegen.

Statt eines Relativsatzes kann auch ein durch *vnd* angeknüpfter Satz, dessen Subjekt ausgelassen ist, stehen. Zuweilen steht der Relativsatz auch ganz ohne Andeutung einer Anknüpfung.

§ 171.

	Maskulina.	Neutra.	Feminina.
Sg. N.	*deſſe (diſſe, duſſe)*	*dit*	*deſſe*
G.	*deſſes*	*deſſes*	*deſſer*
D.	*deſſem, —eme, —en*	*deſſem, —eme, —en*	*deſſer*
A.	*deſſen*	*dit*	*deſſe*

Pl. N. A.		*deſſe*
G.		*deſſer*
D.		*deſſen.*

Die schriftsprachliche Form ist *deſſe*. Daneben steht *diſſe* und, wie mir scheint, besonders bei den Schreibern, die auch sonst Formen der Volkssprache durchschimmern lassen, *duſſe*. Im heutigen Platt kommt das zusammengesetzte Pronomen kaum vor. (Allerdings gibt Seelmann in Prenden Nd. Jb. 34 S. 28 *dizər* an. Mir ist aus andern Gegenden nur das einfache Demonstrativ bekannt. Vgl. auch Arch. d. Brandenburgia XI S. 66.) Eine Erklärung für das über das ganze nd. Gebiet verbreitete *ü* in *düſſe* s. bei Holthausen, Soester Mundart § 401 Anm. 2. Auch die Schreibung mit *ſſ* ist nicht nur auf Berlin beschränkt. Das ausnahmslose *ſſ* auch in einer Zeit, in der *ſſ* sonst nicht beliebig mit *ſ* vertauscht wird, zwingt, hierin nicht müßige Schreibung, sondern Wiedergabe eines Lautwertes zu sehen, der dann wohl allein wie bei den entsprechenden hd. Formen zu erklären ist, d. h. aus einer neben den überlieferten as. Formen nur zu erschließenden Nebenform entwickelt, die die beiden *s* der Innenflexion aus dem Genitiv auf die andern Kasus verbreitet hat, während in den as. bewahrten Formen, die mit einfachem *s* siegreich waren.

Das Verhältnis von Dativ und Akkusativ s. § 185.

§ 172. Während *dy ſelve* auf ein schon genanntes Substantiv bezüglich ist *(dy ſelue gude eninghe*, d. h. die, von der eben schon die Rede war, *dy ſelue rad alſo ghekoren vnde beſtedighet, dy ſal* der Rat, von dem oben gesprochen war) und gleichbedeutend mit „der genannte", heißt *deſſe* „der vorliegende", bestimmt ein Substantiv, das vorher nicht genannt war, aber im Bereich des Schreibers ist: *in deſſen mynen open briue, in deſſen buke, hyr vp deſſen huze* d. h. im Rathause. *Dit* leitet auch ein = „Folgendes": *Dit ſind di gebreke vnd ſaken, dar ſik Allebertus Ratenow in vorſumet het* (folgt deren Aufzählung).

§ 173. *jene* kommt alleinstehend ohne Artikel oder adjektivisch gebraucht nur in der Rechtsdarstellung im Stb. vor, sonst nur substantivisch mit vorausgehendem Artikel. Der anlautende Konsonant ist meist, *g*, *y*, seltener *i* (§ 132): *dy gene* und sehr häufig (durchgängig im K. Schb.) mit *nn*: *dy genne (dy yenne)*, Akk. Sg. *den gennen*, Gen. Pl. *der gennen*, Dat. Pl. *den gennen*.

§ 174. *ſelf*, *ſulf* wird, dem Beziehungswort nachgestellt, in der Bedeutung „selbst" stark und schwach flektiert. Jedoch überwiegt die schwache Flexion ganz bedeutend, so daß das *n* der übrigen Kasus auch in den Nom. Sg. dringen konnte, *he ſulven, God ſelven*. Doch fehlen daneben Beispiele für die Verallgemeinerung des starken Genitivs *ſelves* nicht vollständig. Mit dem bestimmten Artikel gebraucht, steht es schwach, dagegen stark nach dem Possessivum: *fynes felues liue*. Über die Bedeutung vgl. § 172.

Hierzu gehört das substantivisch, selten adjektivisch, gebrauchte *dy felvige, fulvige, felfftige, fulfftige* (§ 112).

§ 175. Gleichbedeutend mit *dy felue* ist *fulk*, m. und n., fem. *fulke* und *fulkeyn* „das erwähnte, vorher besprochene": *fulk bir, fulke fate, fulke vorgefchreuen gudere, fulker gnanten fummen*. Alleinstehend wird meist *fulkeyn* gebraucht, dazu im substantivischen Gebrauch das Neutrum *fulkeynt* und *eyn fulket*. Aber adjektivisch *fulkeyn fat*. Zum Wechsel mit *folge, folche* s. S. 98 und § 45, § 127.

Anm.: *fulk* ist auch Korrelativ zu *welk*. In dieser Bedeutung wechselt es mit *fodan: alle fodan betalinge*, substantivisch: *eyn fodan*, dazu das Neutrum *eyn fodant* und ohne Artikel *fodant: dat he enfodant dem rade vmbilligde; fodant fulborde ouk dy rad* (aber im adjektivischen Gebrauch *fodan: eyn fodan Jurament*).

Interrogativa.

§ 176.	Maskulinum.	Neutrum.
	wy	*wat*
	wes	*wes*
	weme, wem, wen	*weme, wem, wen*
	wen	*wat.*

wy steht auch für das Femininum und im Plural. Ausnahmsweise auch mit dem Verb im Plural: *wi di negeften fyn na der fibbetal* Fid. I 113. Zur lautlichen Entwicklung vgl. § 36.

Ein Dativ Plur. ist unter Einwirkung des korrelativen *den* gelegentlich gebildet: *wem odder wenn fy denne dat vorgenante gud verkopen, deme odder den wil wy dat . lien* 1439.

Wenn der Dativ *wene* im K. Stb. (*wu vnde van wene men dat fchal nemen*) nicht bloße Verschreibung ist, so muß er aus dem § 185 geschilderten Verhältnis zwischen Dativ und Akkusativ und dem rein orthographischen Gebrauch von *weme*, dessen *e* nun auch an *wen* angefügt werden konnte, erklärt werden.

§ 177. *welk* flektiert wie ein starkes Adjektiv und wird meist adjektivisch gebraucht. Der abhängige Satz wird durch *dy, dat, fo* eingeleitet oder ohne direkten Anschluß durch das Personalpronomen resp. das betreffende Substantiv (§ 170): *Welk wyman bringet wyn wentte tu Berlin, di ., In welkem Jare fie den willen wedder affkopen, fo fcholen fie dat dem Rade vppfeggen*. Die entsprechende substantivische Konstruktion ist *wy dy*. Zum Wechsel mit *welge, welche* s. S. 98 und § 127.

Selten dient *welk* zu relativischer Anknüpfung: *welker dry ſchock halwen.*

Korrelativ zu *welk* ist *ſulk*, s. auch § 175.

Wie *welk* kann *wat* gebraucht werden: *in welkem Jare oder in wath tydt des Jares* 1480.

§ 178. *weder* „welcher von zweien" ist nicht bewahrt. Hierfür treten die übrigen Pronomina als Ersatz ein. Die doppelte Verneinung wird ausgedrückt durch *noch* *noch, nochte* *noch* oder auch *nicht* *noch.* Das erste *noch* usw. kann fehlen: *he noch ſyne ſrund; dem rade nochte dem ſchriuer.*

§ 179. *Wy, wat* und *welk* kommen auch in der Bedeutung von Indefiniten vor: *wat ik ſwygen ſchal, dat wil ik ſwygen; wo ich dat mit welker anſprake yegen ſie hadde* (1374). Völlig gleich im Gebrauch werden *wes* und *wat* in den Eidesformeln im K. Stb. gebraucht: *ik wil melden, wat Ik derſare, wat weder deme rade ys und ſwyghen, wes Ik derſare, dat Ik ſwyghen ſchal. wes* und *wat* mit dem Genitiv heißt „irgend etwas": *oſſt dy ſtad wat rechtes daran hebben; dartho alle hinderſtellige Rente, oſſt der wes were nagebleuen.* Neben *wes* braucht der Genetiv nicht immer durch ein Substantiv ausgedrückt zu werden: *wes ſy darbouen kouſten, des ſint ſy vorvallen.* — Verallgemeinerndes *ſwe (ſwy), ſwat* ist nur in der Rechtsdarstellung, nie an irgend einer Stelle sonst, zu beobachten. Dagegen ist von *wat* ein anderes verallgemeinerndes Kompositum gebildet: *watterleye,* „was auch immer", von *welk: welkore (welk ore) Welkore in derſeluen bosheit der valſcheit wert begrepen . . di entberet des werkes eyn jare; waterleye it is; watterleyge kopenſchap dar vp ſy.*

Indefinita.

§ 180. Außer den in § 179 genannten kommen zur Wiedergabe von „irgend ein" die folgenden Wörter in Betracht:

eyn. Die Flexion von *eyn* § 198.

ennich, flektiert *ennige* und *enge,* substantivisch und adjektivisch gebraucht: *ennige ſaken, wy vorkopen der ennich.* Eine Beschränkung des Wortes auf bestimmte Sätze scheint mir nicht mehr vorzuliegen. Dazu das Kompositum *ennigerleye, engerleye.*

ander (§ 199) adjektivisch und substantivisch: In Gegenüberstellungen *dy eyne . . . dy ander, eyn deyl . . . dy ander.* Aber nie wird entsprechend einem as. *odar* *. odar* etwa *dy ander . . dy ander* gebraucht.

icht. Sehr selten.

etlike adjektivisch und substantivisch: *etliken vnſes rades, met andern etligen uthlendeſchen gheſellen.* Natürlich tritt für *k* in *-like* auch *ch* oder *y* ein. § 127.

somelike begegnet nur im 14. Jahrhundert. Es steht korrelativ zu *etlike: Etlike hus met men vor vnd hinder, ſomelike vor vnd vp dy ſyde. Etlike borger geuen rudentyns, somelike wortlyns.* Fid. 1 Stb. S. 32. Aber auch sonst: *somelike tyd* 1379, wie später nur *etlike tyd* gebraucht wird.

ymand § 102, 111, 163. Gen. *ymandes*, Dat. *ymande.*

man (men, me) § 4.

§ 181. Nhd. „kein" heißt im 14. Jahrhundert ganz überwiegend *ghen, gheyn, engheyn*; 1322 *ghen*, dagegen im Stb. *engheyn.* Selten ist die wohl nicht einheimische Form *neyn, nin.* (Hauptsächlich, aber nicht ausschließlich, in der Rechtsdarstellung). Vereinzelt begegnet sie auch noch im 15. Jahrhundert. Um diese Zeit ist die gewöhnliche Form *keyn* (S. 231), nur im K. Stb. (1443) *enkeyn: vnde weten enkeyne wyze.* Hier steht außerdem oft noch *en* neben dem Verb: *ſo enſchal enkeyne van deſſen vorgheſchreuen buden vor deme Rade vorlathen werden; dy engeſt enkeynen tinß.*

nicht. med nichte = nichts: *ſuſt geſt dy med nichte, dy ſy vorkoft het.* Abhängig von *mer: nichtes mer.* Verstärkung von *nicht* ist *nichtes nicht* in der Bedeutung „nichts". Auch das einfache *nicht* kann in diesem Sinne stehen, besonders wenn ein Genitiv davon abhängt: *Ik wil des nicht lathen*, will davon nichts unterlassen.

nymand zur Form s. § 102, 111, 163. 1322 steht dafür *gheman* (zu *ghen* s. o.) in der doppelten Verneinung *gheman nie* „niemand je".

Anm.: Selten steht *en* neben *nicht: dy engeuen dem Rade nicht.* Nur in der Rechtsdarstellung wird es gern gebraucht, sehr wenig in den übrigen Teilen des Stadtbuches. Selbst das K. Stb. hat *en* an dieser Stelle nicht. Dagegen braucht der Schreiber desselben *en*, um vorausgegangenes *nicht* wieder aufzunehmen. *Van deſſen nempt men nicht, dy Botter in den koruen thu markte draghen . . Ok en nempt men van den kruthocſchen. en* in der Bedeutung „ohne daß" mit dem Konjunktiv findet sich öfter: 1322 *hen hebbe erſt gheſuoren.*

§ 182. „Jeder" wird ausgedrückt durch *yderman, eyn yderman* flektiert wie *man* § 163. Selten adjektivisch: *eynem ydermanne Borger tu Colen, wy kalk tu kope nemet.* Zur lautlichen Entwicklung vgl. § 102.

Jewelik, iowelik, gewelik, giwelik § 102, 132, adjektivisch: *in eyner Jeweliken ſtat.*

iſlik, eyn iſlike. Völlig gleich gebraucht mit *gewelik: vp eyne(r) iſlike(n)* oder *gewelike(n) ſit* jedesmal.

itzlik war in der Funktion, identisch mit *iſlik: dy nyen buden, der vir is, geſſt eyne itczlike viij gr.* Die gelegentliche Doppelschreibung *tcz* läßt erkennen, daß dem Ursprung des Wortes gemäß $t + s$ gesprochen wurde, daß also neben *iſlik* auch *itslik* existierte.

eyn yglicher.

allermenniglich.

ydermenniglich. Vgl. zu diesen beiden § 183.

Verallgemeinerndes „jeder der“ wird durch *wy   dy* gegeben, neben einem Substantiv *welk man   dy* § 179. Ferner sind zu nennen *eyn iſliken dy; dy   dy (Dy buten der ſtad kelre ſchenket [win], dy   .; dy gulde winnet, dy   .).*

<h3 align="center">Allgemeine Bemerkungen zu den Pronomina.</h3>

§ 183. Das Pronomen richtet sich zuweilen nicht nach dem grammatischen Geschlecht oder der Zahl, sondern folgt dem Sinne: *dy rad hebben geſulbordet* (K. Stb.). Ähnlich steht z. B. in einer Urkunde 1480 nach *dy rad   ſy,* ebenso nach *ſtad* im Sinne von „Bürgerschaft“. Auch nach *ydermenniglich, allermenniglich* wird z. B. 1480, 1487 der Plural gebraucht. Vgl. ferner Fid. I S. 185 *dar entſink he dat kint vnd belach ſy.*

§ 184. Nach *eyn* steht nicht attributive Konstruktion (mhd. *ein sîn lantman* Paul, Mhd. Grm.[7] § 202), sondern der abhängige Genitiv: *eyn unſer medebeſworen, juwer borger eyn.* Nur in der Rechtsdarstellung kommt auch die attributive Konstruktion vor: *eynen ſynen genot* Fid. I 139.

§ 185. Hier ist auch die Stelle über das Verhältnis von Dativ und Akkusativ zu sprechen. Wie es scheint, haben besonders zwei Faktoren gewirkt, um die heutigen Verhältnisse[1] zu zeitigen, 1. Über-

---

1) Die heutigen Verhältnisse sind die, daß im persönlichen Pronomen der ursprüngliche Dativ, im Artikel und Possessivum der Akkusativ vorhanden ist. Die Verteilung von „uns“ und „euch“ ist natürlich die hochdeutsche in Berlin.

Die Beispiele für eine Vermischung von Dativ und Akkusativ stehen

gang des auslautenden *m* > *n* und 2. die Entwicklung in der Stellung nach Präpositionen. Der erstgenannte Punkt würde noch deutlicher zu fassen sein, wenn nicht durch die Anwendung des Nasalstriches in einer Anzahl von Fällen die Entscheidung unmöglich wäre. Er tritt aber ganz klar hervor in einer Schreibung *vor deſſen petro* 1417, wo doch sicher der Dativ beabsichtigt war, *ſy ſtan kegen den likhuſe* (Fid. I S. 26), wo *den* Dativ sein muß, wohl auch in *in deſſen mynen open briue, in deſſen buke, tins von den prame* usw., wo vielleicht die Form des Substantivs über die beabsichtigte Konstruktion aufklärt. Dazu sind auch Verbindungen zu vergleichen wie K. Stb.: *unſen gnedigen heren, ſyme lande, Beiden Steden ghetruwe .. weſen.* Hier kann nichts anderes vorliegen als der aus den verschiedensten Perioden bekannte Übergang des auslautenden *m* > *n*. Vgl. § 83. Wenn dieser Lautwandel möglich war, kann der Dativ nicht mehr, wie sehr häufig geschrieben wird, *deme* gelautet haben, sondern hieß *dem*, und *deme* muß als archaistisch-orthographische Form angesehen werden. Daß dies aber tatsächlich nur orthographische und nicht im lebendigen Sprachgefühl bestehende Formen waren, scheinen die Pluralformen *deme* zu beweisen, die vereinzelt auftauchen, *tu deme Kalandshern* = Dat. Plur. Stb. Fid. I S. 236, *deme alle* Dat. Plur. 1417[1]), in denen für lautgesetzliches *den* die Form eintritt, die die Orthographie für *den* < *dem* < *deme* im Singular festgehalten hatte. Eine umgekehrte Schreibung liegt wohl auch vor, wenn im Schb. bei einem Eingang X *habet pacem ad* der übrige Text deutsch mit *dem* fortgeführt wird. Stärker noch setzen sich im anaphorischen Pronomen die Formen auf —*n* im Dativ Sg. durch. Im Singular stehen *en* und *em* nebeneinander und im Plural, wo nur *en* (§ 83) entstehen konnte, wird der orthographische Wechsel des Singulars nachgeahmt, da in beiden Fällen *en* gesprochen wurde, so daß sich im Dat. Plur. mindestens so oft *em* wie *en* findet, z. B. schon 1322 *em* im Plural. Damit ist in diesen Formen das Verhältnis zwischen Dativ und Akkusativ erschüttert.

---

naturgemäß aus den Stadtbüchern mit ihrem bunten Inhalt reicher zur Verfügung als aus den Urkunden mit ihren z. T. festen Formen. Sie fehlen aber auch hier nicht, und ein Teil der im folgenden erwähnten Fälle ist auch der Korrespondenz und den Urkunden entnommen.

1) Vgl. aber andrerseits auch im Hd. solche „Singularartikel vor Pluraldativen" PBB. XX 336, 560 und Z. f. d. A. 35 Anz. S. 138, 345.

Zu dieser lautlichen Entwickelung tritt der erwähnte andere Punkt, die Stellung hinter Präpositionen. Denn es ist auffallend, daß gerade nach Präpositionen die alten Verhältnisse besonders oft zerrüttet scheinen. Hierzu mögen die Präpositionen mit verschiedenfacher Rektion je nach der durch sie ausgedrückten Beziehung beigetragen haben, und von hier aus verbreitet sich, begünstigt außerdem durch die oben geschilderten Verhältnisse, das Schwanken weiter auf diejenigen, die ursprünglich nur den Dativ oder nur den Akkusativ regieren. Denn es scheint fast, als ob das feine Gefühl für diese Unterscheidungen verloren gewesen wäre. Zumal eine Unterscheidung von Dativ und Akkusativ, je nachdem Ruhe oder Bewegung in Frage kommt, ist eher in dem Sinne zu konstatieren, daß gerade bei Ruhe oft der Akkusativ, bei Bewegung der Dativ gebraucht wird. Es heißt z. B. 1454 *wolden ſy ſich hen ouer in Juwer Stad ſugen aber alſe he derſaren het ſchole dy ſulue Junge met Jw in Juwe ſtad ſyn. — He hadde ſy in eyner dicke geſuret* Stb. *Dy eid ſteyt geſchreuen in dat buck, dar* . . . K. Stb. *Alle dy yenne dy win ſchenken in deſſe Stat Colen, dy ſcholen Irſten vor deme rade komen* K. Stb., oder: Er ist *vp den kerkhoſ derſlan,* (Stb.) *he lede ſynen hering vp der ſtraten oder up eyns borgers hoſ* (Stb.), wo Dativ und Akkusativ im selben Satz neben einander stehen. Ähnlich: *dat ſy etliche guder vp en beyden als vp ore erſſnhemen gebracht hebbe* 1478. *up dy ſcharne* und *up den ſcharnen* steht ganz gleichwertig.— *by der langhen Bruggen, by dy arke* K. Stb., *by den born, by dem bilde* Fid. I S. 26, *by dat radhus* S. 27. *by dy beide ſribergen* Schb. *by* durch: *by deſſen boden* „durch diesen Boten und" *deſſem boden.* Wo *by* die Beziehung der Bewegung („zu", in dieser Bedeutung ist „bei" auch jetzt noch in Berlin üblich) ausdrückt, steht oft der Dativ *war he bi em queme* Stb. — Neben **an** findet sich meist der Akkusativ: *an deſſe ſyde dy irſte bude dy geſt   — Sy komen vor dem rade* K. Stb. *gheſvoren vor dy ratmanne* 1322. In temporaler Bedeutung: *vor den brande,* aber auch im Schb. (Peter Lussow) mit Akkusativ. *achter* (dafür öfter *hinder*) steht mit dem Akkusativ auf die Frage wo: *achter dy ſchule* doch auch *hinder deme orde* Stb. *Jegen (kegen, gegen* usw.) wird mit Dativ und Akkusativ gebraucht. 1374 steht im gleichen Schreiben *Jegen em, iegen ſy.* Beides sind Mask. im Plural. *kegen den rad und der gantzen ſtad* Stb.

Daß der Wechsel nicht auf diese Präpositionen beschränkt bleibt, mögen einige weitere Beispiele veranschaulichen: *vmme Juwer Er-*
famecheit vordinen 1454, *vmme Juwe Erfamecheit vordinen* 1476. *fchul-*
dich van det huß, met vulle fryheit Stb. *na dat Stedeghelt gan* K. Stb.
met fo dane vorgefcreuen rechticheit Stb.

Diesen Verhältnissen entspricht es, wenn ein hd. Gerichtsschreiber 1522 den Namen „*Natheheide*" (Nasseheide) irrtümlich in „*nach der Heidt*" umsetzt. Das war nur möglich, wenn eine Sprachform „*na de heide*" üblich war.

Neben den hier erwähnten Fällen erscheint aber oft genug die ursprüngliche grammatische Beziehung noch völlig unangetastet.

Die Vertauschung von Dativ und Akkusativ im Artikel, die tatsächlich wohl, wenn man die Resultate ins Auge faßt, der Beginn der Verdrängung des einen Kasus sein muß, scheint also einzusetzen mit dem lautlichen Prozeß des Zusammenfalls von Dativ und Akkusativ in den auf —*n* und —*m* ausgehenden Formen, begünstigt durch die in ihren Wirkungen oben angedeutete Abnahme des Unterscheidungsgefühls für die Dativ- und Akkusativbeziehungen. Endlich mag dazu die schon im As. fast ganz entwickelte Einförmigkeit des Dativs und Akkusativs im ungeschlechtigen Personalpronomen beigetragen haben, sowie die Ersetzung des Pronomens durch *dar* nach Präpositionen, das für alle Kasus gleichmäßig stehen kann. Die Beispiele aus dem 14. Jahrhundert beweisen, wie früh die Verdrängung einsetzte.

Es scheint, wie oben ausgeführt ist, als ob der Wechsel von Dativ und Akkusativ (soweit nicht auslautendes $m > n$ in Frage kommt) ganz besonders hinter Präpositionen erkennbar ist, seltener da, wo der Kasus von einem Verb abhängt, aber vgl. wie *fy gelouen an*
den leuendigen Gode Stb., so auch *fy twungen den manne* Stb. oder Fid. I 217 in derselben Urkunde: *dy dat gud von fyner wegen vorfteit*
und *deme gefinde des houes flietclike tuvorftande.* Der letzte Fall ist zweifellos; in dem ersten könnte es sich vielleicht auch um die Anfügung eines *e* handeln, wie sie im Nom. und Akk. öfter vorkommt, vgl. *jare, he koufte ein perde* im Stb.

Man wird aber nicht annehmen können, daß die Verdrängung des Dativs, außer wo lautgesetzlich $m > n$ geworden war, in der nd. Schreibperiode schon einen sehr weiten Umfang erreicht hatte. Wäre tatsächlich der Dativ allein in der Schreibung noch bewahrt geblieben, so wäre die Verwirrung sicher sehr viel größer, die umgekehrten Schreibungen sehr viel zahlreicher als sie sind. Und vor allem wäre dann nicht zu begreifen, wie es möglich ist, daß die ersten hd. schreibenden Nd. in dieser Beziehung erstaunlich wenig Verstöße machen.

Freilich für die V o l k s sprache der unteren Kreise muß man, wie mir scheint, aus der Umsetzung 1522 *nach der Heidt* < *na de heide* für *natheheide* beim Artikel ein gewisses Übergewicht des Akkusativs über den Dativ annehmen, wenn der Hochdeutsche ohne weiteres ein *natheheide* seinem Dativ gleichsetzen konnte. Diese Tatsachen werden sich in der Weise vereinigen lassen, daß man für die Sprache der unteren Kreise ein ungestörtes Vorschreiten der Bewegung annimmt, für die Gebildeten, die die historische Tradition an sich schon stets länger festhalten, kommt neben der Schreibüberlieferung seit Anfang des 16. Jahrhunderts, dem ja das Beispiel erst entnommen ist, die Kenntnis des Hochdeutschen hinzu, das Dativ und Akkusativ auseinanderhält, die das bei unsern Schreibern noch nicht ganz verlorene Unterscheidungsvermögen stützt, befestigt und vor vollständigem Untergang bewahrt.

Völlige Verwirrung herrscht nur bei einem nicht mehr rein nd. schreibenden Gerichtsunterschreiber aus dem zweiten Jahrzehnt des 16. Jahrhunderts, dem es auch sonst schwer wird, sich mit dem eindringenden Hd. abzufinden: *balßer in das patdengaſſe; freden awer benker der pachſcheper; ouer die Valentin krugerynne der Stelmekerinne uber aller ohre gut; hat einem freden.*

Deklination der Adjektiva.

§ 186.   1. S t a r k e   F l e x i o n.

		Maskulinum	Neutrum	Femininum.
Sg.	N.	*olt (older)*	*olt*	*olt*
	G.	*oldes*	*oldes*	*older*
	D.	*oldem, —eme, —en*	*oldem, —eme, —en*	*older*
	A.	*olden*	*olt*	*olde*
Pl.	N.		*olde, olt*	
	G.		*older*	
	D.		*olden*	
	A.		*olde.*	

2. Schwache Flexion.

Sg.	N.	*olde*	*olde*	*olde*
	G.	*olden*	*olden*	*olden*
	D.	*olden*	*olden*	*olden*
	A.	*olden*	*olde*	*olde*
Pl.	N.		*olden*	
	G.		*olden*	
	D.		*olden*	
	A.		*olden.*	

In der starken Flexion ist der Nom. Sg. Fem. allerdings nur schlecht belegt (z. B. *eyn gantz gewer* Fid. I 61) und hauptsächlich nach *welk* und ähnlichen Wörtern angesetzt.

Die *ia*-Stämme unterscheiden sich von den *a*-Stämmen dadurch, daß der unflektierte Nominativ auf *e* ausgeht: *nige, rike, dure, getruwe.*

Die flektierte Form *older* ist im Nom. Sg. Mask. sehr selten, da an den Stellen. wo die starke Flexion am meisten gebraucht wird (§ 187), nach *eyn, keyn* im Nominativ sowie dem Substantiv nachgestellt, stets die unflektierte Form steht. Sie kann also nur verwendet werden, wenn ein Pronomen *eyn* oder *keyn* nicht vorausgeht bei folgendem Substantiv, ferner in der Anrede, der Adresse des Briefes (§ 187). Dem Substantiv nachgestellt findet sie sich nur in *ſeliger* = verstorben: *Valentin Wins ſeliger* 1476. Als erstarrte Formel steht *ſeliger* auch neben andern Kasus: *ſines ſones ſeliger* 1485 (falls es nicht für *ſeliger gedechtniſſe* steht).

Der Wechsel *oldem: olden*, ergibt sich aus dem Übergang *m > n* § 83 und § 185.

§ 187. **Der Unterschied zwischen starker und schwacher Flexion** ist im ganzen bewahrt. Die schwache Flexion steht nach dem bestimmten Artikel, dem Demonstrativum, und dem persönlichen Pron., nach dem Possessivum und unbestimmten Artikel im Gen. Dat. Akk. (s. aber S. 328) und nach *al: by der langhen bruggen, unſer liuen ſrouwen kerke, ik vorbenumede, met eynem ſrien richthoſe.* Wie nach *eyn* verhält sich das Adjektiv nach *keyn*.

Die starke Form steht sobald kein Artikel oder Pronomen voransteht, jedoch im Nom. auch nach *eyn, keyn*, und im nachgestellten Adjektiv *vul ghebrandes tigels; eyn half vat, eyn arm kremer, eyn rike kremer; in iegenwordicheit des radis olt vnd nye; wy Borgermeiſter olt vnd nye.* Nur sehr wenige Male kommt an diesen Stellen die schwache Form vor, z. B. Fid. II 86 1381[1]). Die Fälle *tu groten ſchaden, met ſchonen gewande* widersprechen den Angaben über den Gebrauch der starken Form nicht. Hier ist *m > n* geworden (§ 185). In „*olden Berlin*" ist natürlich *to deme* zu ergänzen.

---

1) Vgl. auch im K. Stb. *vul ghebranden* neben *vul ghebrandes tigels.*

Starke und schwache Form stehen vermischt in der Anrede: *Erſame wolwiſen boſundern gunſtlige ſrunde* 1464 ähnlich 1470, 1485, 1499 u. ö. Häufiger noch werden alle Attribute in schwacher Form gegeben: *Erſamen wyſen bſundern guden ſrunde* 1476. Ähnlich 1478 1479 usw. Vgl. im Singular *Live her richter.*

Vereinzelt kommen nach *eyn* auch im Nominativ schon Formen auf —*n* vor, eine Konstruktion, die in neuniederdeutschen Dialekten durchgedrungen ist: *dat eyn beſundern rat gheſettet rnd ghekoren ſal· werden* K. Stb. *Ein Erßamen Rath het* . 1520. Vgl. auch im Stb. *Eyn iſliken wyman.*

Einige Male steht hinter dem Pronomen die starke Form z. B. *tu eyner vul-komener bekenntniſſe, deſſer geſchinder ding* Stb., *in der rechter hand* Stb. *vor deſſe Erbar lude* 1417, *Sulke loze geſellen, vp ore rechte naturliche erſſnhemen* 1478, *ſyne nakomende beſitter* 1481, *mine rechte Eruen* 1447, *vp ſyne tobehorende huſen* 1481 und neben einem schwach flektierten Partizip: *dy genanten erlike lude.* Die Fälle aber sind außer im Nom. Akk. Plur. selten und etwa mit den fränkischen Verhältnissen nicht zu vergleichen oder in Beziehung zu bringen. Verhältnismäßig am häufigsten, aber doch auch immer nur in einem solchen Umfange, daß die Konstruktion als außergewöhnlich auffällt, ist starke Flexion des Adjektivs hinter Possessiven zu bemerken.

§ 188. Genau wie bei den Adjektiva ist die Verteilung der starken und schwachen Form im Part. Präs., das als $i̯a$-Stamm in der unflektierten Form auf *e* ausgeht, und im Part. Prät.: *to wynach-ten negſtkomende, vor uns in ſittendem rade, dy ſuluen geſellen vor-genant, by den obgnanten Reden.*

Steigerung der Adjektiva.

§ 189. Das Komparativsuffix ist —*(e)r*, das Superlativsuffix —*(e)ſte*: *groter, dat grotſte, groſte, durer* (*dure* < *durre* § 72), *enger, dat lutkeſte, beſte, bequemeſte, nederſte.*

Umlaut wird für *a* durch die Schreibung bezeugt: *lenger, ſterker, enger, lengeſte*, für die übrigen Vokale durch die heutigen Dialekte.

Zu *na* gehören als Komparativ und Superlativ *neger, negeſte* > *nechſte* § 136. Daneben kommt einige Male eine Neubildung *nere* und *nare* vor, die wohl hauptsächlich adverbial gebraucht wird. Nicht selten ist *nest* als Adverb.

Wie *e* in der Endung vor *r* öfter *i* geschrieben wird, so findet sich auch für das Komparativsuffix mehrmals die Schreibung —*ir.*

§ 190. Unregelmäßige Steigerung.

	Komparativ	Superlativ
(gut)	*beter*	*beste*
(vele § 192)	*mer*	*meyſte*
(luttik) *(weynig)*	*minre, min*	

min wird als Adjektiv und als Adverb gebraucht: *Iſſet myn wen*

Ohne adjektivischen Positiv sind folgende Bildungen zu verzeichnen:

	irſte
hinder	*hinderſte*
over	*overſte*
neder	*nederſte*
vnder	*vnderſte*
vorder	*vorderſte.*

§ 191. Der Superlativ wird stark flektiert, sobald er dem Substantiv nachgestellt ist oder als Adverb gebraucht wird. In allen andern Fällen ist schwache Flexion üblich. Auch bei substantivischem Gebrauch: *dy ouerſten.*

Der flektierte Komparativ ist nur in wenigen Fällen belegt. Ohne vorangehenden Artikel scheint er stark gebraucht zu sein. Häufig ist in Urkunden: *to merer ſicherheit. met mereme rechte* Fid. I 168 (Rechtsdarstellung). Zweideutig sind die oft vorkommenden Formeln *wil ik in geliken oder grotern vordinen; in geliken vnd andern vnd grotern.* Nach dem Artikel wird er schwach gebeugt: *up der nedern Sprewe, van der nedern Sprewen.* Der Nominativ *dy neder Sprewe* kann für *nedere* stehen, da gerade *e* nach *r* wie nach *n* in dritter Silbe oft synkopiert wird und ganz besonders gern im attributiv gebrauchten Nominativ.

Anhang: Adverbien.
I. Adjektiv-Adverbien.

§ 192. Den as. Adverbien auf *o* entsprechen im Berlinischen solche auf *e: drade, lange, vaſte, ſere.* Doch ist hier Vermischung mit den Adjektiven zu bemerken, die dadurch eintreten konnte, daß eine Anzahl Adjektive (*ja*-Stämme) ebenfalls auf *e* ausgehen, wie *rike.* Der Übereinstimmung in dieser Gruppe analog können andere Adjektiv-Adverbien ohne *e* gebraucht werden. Im Anschluß an die ursprünglichen Adv. ohne *e* greift dies um sich. Neben *gerne, ſware* auch *gern, ſwar; hart an Sunte Niclas Chore.* Rein bewahrt in ihrer adverbialen Bedeutung sind nur die durch Kasusformen von Adjektiven gebildeten, unter denen die auf *—liken* besonders häufig sind: *eyndrechticliken, ſchriſſtliken, nemeliken, klerliken; ſwerliken* neben *ſware, ſwar.* Doch auch hier finden sich schon Ausgleichungen z. B. *dat is em witliken.* Ein Dativ ist auch *irſten* (zuerst) neben *irſt*, ein Genitiv *jerlikes* neben *jerliken* (jährlich), Akkusative: *vele, genuch, luttik, lutgut.* Adverb zu *gut* ist *wol* (aber *gutliken* gütlich).

Anm.: Synkope des *i* in *—liken* (*redelken* < *redeliken*) § 25, § 60.

vele wird noch überwiegend substantivisch mit abhängigem Genitiv gebraucht. Aber z. B. schon im K. Stb. u. ö. ist auch adjektivischer Gebrauch nicht ganz selten: *met velen andern zaken, vth velen Regiſtren.*

§ 193. Komparative von Adverbien werden durch *—er (—ir)*, Superlative durch *—est (—ist)* gebildet. Diese sind die unflektierten Neutra der adjektivischen Superlative: *groter, geringliker; lengeſt, negeſt, truwelikeſt, best.*

Über *nare, nere, nest* zu *na* vgl § 189.

§ 194. Abweichende Bildungen sind:

(wol)	*bat*	*beſt*
(ovel)	*wers*	
(weynig)	*min (minre)* § 190	
(vele)	*mer*	*meyſt*
	er	*irſt (irſten)*
vort	*vorder*	*vorderſt*
	sint, seder später.	

II. Sonstige Adverbien.

§ 195. a. **Adverbien des Ortes:** z. B. *war, dar, hir, hen, na, under* unten, *hinder* hinten, *vor* vorn, *darkegen ouer* gegenüber, *nergent* nirgend, *darſeluens, henover,* die zahlreichen Zusammensetzungen mit *hir* und *dar.*

b. **Adverbien der Zeit:** z. B. *wan wen, danne dan denne den, nu, noch, dicke, don dunne, nochtens, vor* (vorher), *(alle)wekeling* wöchentlich. *giſteren, ny, irſt, etwan, vort (nu henvort, denne ſo vort), ummer, nummer, bether, darna, hernamals.* Mit Präposition und einem Nomen gebildet: *to tyde, im korten, van older, tuhantz* sogleich, *vnderdes.*

c. **Adverbien der Art und Weise:** z. B. *ſus ſo, alſo alſe alſus (dus* nur im Stb., *aldus), al, gantz, gar, inſament, nauwe.* Zusammensetzungen mit *wiſe: knechteswis.*

§ 196. Adverbial gebraucht werden auch einige Formeln, die ursprünglich **Kasus von Substantiven** sind. Ganz besonders kommen Genitive in Betracht. Vgl. § 155. *dankes vnd ane dank, des Jares,* so daß dies *s* als adverbiales Suffix empfunden und übertragen werden konnte: *des Middewekes. vake* wird kaum mehr als Substantiv gefühlt: *ſo vake des not is.* Zu *vele* s. § 192 Anm.

4. Zahlwörter.

Kardinalzahlen.

§ 197. *Eyn, twe, dry, vir, viſ, ſes* (§ 10), *ſoven* (§ 10), *achte, negen, teyn* (§ 13), *elf, twelf, drutteyn (dritteyn* § 22), *virteyn, veſſteyn* (§ 25); *twintich, twintig* (§ 16), *druttich (drittich* § 22), *virtich, ſes vnd virtich, veſſtich, ſeſtich, ſoventich, achtich (achtentich* § 82), *negentich, hundert, duſent.* 120 ist im Stb. (Fid. I 34) einmal ausgedrückt: *vor den Berlin ſint xx huuen vnd hundert.* Vgl. *Uor dat straloſche dör ſint jj¹⁄₂ cauel vnd twe hundertt* ebenda.

anderthalſ 1½, *druddehalſ* 2½, *virdehalſ* 3½ usw., z. B. *veſſtehaluen penning.*

Zahlbegriffe können auch durch Abzählen gebildet werden: *virtein punt ane vir ſchilling penninge, ſes ſchilling penninge ane dri ſcherſ.*

§ 198. Die drei ersten Zahlen werden auch bei adjektivischem Gebrauch flektiert. Unterschied der Geschlechter zeigt sich nur bei *eyn*:

S t a r k e   F l e x i o n.

	Maskulinum	Neutrum	Femininum
N.	*eyn (eyner)*	*eyn*	*eyne, eyn*
G.	*eynes*	*eynes*	*eyner*
D.	*eynem, —eme, —en, eyme*	*eynem, —eme, —en eyme*	*eyner*
A.	*eynen*	*eyn*	*eyne, eyn.*

Der flektierte Nom. m. *eyner* steht nur in der Bedeutung „jemand, irgend einer" falls kein Genitiv davon abhängt *eyner vnder den, eyner met namen carlo vois*, aber *dat fal vnfer eyn deme anderen tuvorne feggen; dywyle orer eyn leuet; juwer borger eyn.* An dieser Stelle ist *eyner* kaum je zu belegen.

Im Fem. N. A. wird neben *eyne* auch häufig noch *eyn* gebraucht.

Starke Form kommt im Nom. gelegentlich auch nach dem Artikel vor: *dy eyn tun*, aber gewöhnlich *dy eyne garde*. Schw. Form auch in *aleyne*. Zum Dat. *—m* und *—n* vgl. § 185.

N. A. *twe*

G. *twier (twiger)*

D. *twen.*

Die bestimmte Zweizahl ist *beyde*:

N. A. *beyde*

G. *beyder*

D. *beyden.*

dry flektiert

N. A. *dry*

G. *drier (dryer)*

D. *drin (dryn).*

Zuweilen findet sich ein durch Anlehnung an *twen* entstandener Dativ *dren.*

Die übrigen Einer werden nur bei substantivischem Gebrauch flektiert. Belegt sind

N. A. *vire, vive, feffe*

D. *viven, feffen.*

Der het dy Schulte feffe; beneden feffe; der fint vire fri; den vorgenanten vyuen.

hundert und *dufent* sind Substantive, von denen ein Genitiv abhängt: *eyn hundert dakfteyns.* Dat. *dem hundert* und *hunderde.*

Plur. *twe hundert.* Nom. *dat duſent,* Dat. *deme duſent* und *duſende.*

Das Zählmaß *eyn ſeſtich* bleibt unverändert wie alle neutralen Maßbezeichnungen. *von einen haluen ſestich, met anderthalf ſeſtich, von twen ſeſtich.* Auch von *ſeſtich* in dieser Bedeutung hängt der Genitiv ab.

Ordinalzahlen.

§ 199. *Dy irſte, ander, drudde* (§ 22), *virde, veſſte, ſeſte, ſovende, achte* und *achtende* (§ 82) *negende, teynde, elſſte* und *elſſtende* (§ 82), *twelſſte* und *twelſſtende* (§ 82), *drutteynde* usw. *twintegeſte.* Die folgenden werden durch die Endung *—eſte (—iſte, —ſte)* gebildet *hundertſte.*

dy ander bleibt im Nominativ stets ohne Endung, sonst ist es schwach. Doch ist dies kaum ein Rest der ursprünglichen Flexion, sondern *e* ist nach *r* gefallen (§ 191).

Andere Zahlarten.

§ 200. **Zahladverbia:** *Eynes, eyns* einmal, *twie (twyge), drie.* Die übrigen entstehen durch Zusammensetzung mit *werſ: vir werſ, viſ werſ,* bei Ordinalzahlen mit *male: tu virden male, ſeſten male.*

Anm. Die Bildung auf *stunt (dry ſtunt vorhalet ſich eyn iſlike vor-ſpreke)* steht nur in der Rechtsdarstellung und auch dort ganz vereinzelt.

Erstens: *tu dem irſten* (d. i. Male), *am irſten,* letztens *tu dem leſten.*

Die Distributiva werden ersetzt durch *yo, ye, y,* das vor der Zahl steht: *yo achte vor eynen penning.*

Bruchzahlen: *Eyn gancz, half (half* heißt auch zur Hälfte: *begherde he dat korne halff thu beholdene), eyn verndel* (§ 35) mit abhängigem Genitiv, *virdel, virt.* Die übrigen Bruchzahlen werden mit Hilfe der Ordinalia gebildet: *den drudden ſteyn* usw.

Durchaus gebräuchlich sind auch *ſelvedrudde, ſelveveſſte* usw.

B. Konjugation.

§ 201. Das Verb besitzt ein Genus, das Aktiv. Das Passiv wird durch Umschreibung mit *werden* gebildet: *ſy wart berovet, he wart geſant, he wart gerichtet.* Im Perfektum und Plusquamperfektum wird *ſyn* zur Umschreibung gewählt. *Alſe he gekoren was to eme kemerer und em was bevolen cyn flotel* ., oder im Perfekt: *fy fint gefendet. Warumme di getuchtiget fyn. Dar unfe ftad fere vmme bededinget is und noch alle dage … bededinget wert.* Aber auch Umschreibungen mit den zusammengesetzten Zeiten von *werden: wy fint berichtet worden* sind schon in alter Zeit gebräuchlich. — Ferner sind zwei Tempora, Präsens und Präteritum, bewahrt. Alle übrigen werden durch Umschreibung mit *hebben* und *fyn* gebildet, wobei *hebben* bei intransitiven Verben viel stärker vertreten ist als im Hd.: *he het gegan*, gelegentlich auch *he het* (meist aber *is*) *gewefl.* In der Umgangssprache ist dies vielleicht noch weiter gegangen. Wenigstens hat der heutige entsprechende Dialektbezirk *hebben* in sehr weiter Ausdehnung. Vgl. z. B. Nd. Jb. 33 S. 25, § 90,6. Arch. d. Brandenburgia XI, S. 66. Diese Umschreibungen sind schon im Stb. völlig ausgebildet. Mit ihrer Hilfe ist es möglich, die Zeitfolge darzustellen: *Do he vornam, dat fy ouer em geklagt hadden. Dar hadde he fyn fwert ouer or utgerucket, don fchrey fy fwinde fere.* Doch scheint die Anwendung noch nicht obligatorisch zu sein. — Das Futurum wird mit *werden* gebildet: *fy werden maken* oder *makende.* In Bedingungssätzen wird *willen* gern gebraucht: *he wolde dy achte pund genomen hebben, hadden fy em di Radmanne willen geuen.*

Vom Präsens und Präteritum sind der Indikativ und der Konjunktiv (Optativ) erhalten. Vom Präsens allein der Imperativ.

Die drei Verbalnomina sind Infinitiv und Participium Praesentis (über die Vermischung beider § 112, 204) und Praeteriti.

§ 202. Der **g r a m m a t i s c h e W e c h s e l** ist durch Zusammenfall von inlautendem *f* und *b*, ferner durch Übergang des *th > d* für diese Laute (hd. [*f* und *b*], *d* und *t*) nicht mehr erkennbar. Dagegen ist er bewahrt für

1. *s* und *r* : *kifen : gekoren, verlifen : verloren, wefen, was : weren.*

2. für *h* und *g*, wobei zu bemerken ist, daß *h* zwischen Vokalen (jedoch seltener nach *î*, wo es aber auch durch *g* ersetzt wird, s. u.) meist ausgefallen ist: *tin (tien) ziehen getogen, flan geflagen, tihen (tigen) zeihen getegen.* Dieser Wechsel auch wie nfrk. bei den Verba mit ursprünglichem *hw: sin < sehan (got. faihvan) wy fegen; lihen, lien, gelegen.* Aber as. *forsewan, farliwan. g* ist bei den Verben mit Stammvokal *î* (nicht bei *sin = sîon*) auch im Infinitiv und Präsens häufig, *ligen*, wo es entweder aus den Formen mit *g* übernommen ist oder wahrscheinlicher, wie in *frige* usw., dem vorhergehenden *î* seinen

Ursprung dankt. — *h* und *ng: van gevangen* und mit analogischer Neubildung *gevan.*

Anm.: Durch die Auslautsverhärtung war ein neuer Wechsel geschaffen, der die 1. und 3. Person Sg. Prät. vom Präsens und, wenn nicht schon an sich grammatischer Wechsel vorlag, vom Präteritum schied. Lautlich bedeutend muß dieser Wechsel bei Verben mit stammauslautendem *—nd—* gewesen sein, wo auslautendes *—nt* inlautendem *—ng—* gegenübersteht: *bant : bungen.* Ob hier schon mnd. Ausgleich nach einer von beiden Seiten eingetreten war, ist nicht zu erkennen. Für die Gegenwart ergibt sich in dieser Klasse Ausgleich nach dem Plural in dem Xd. Jb. 34, S. 23, § 72 d überlieferten Prät. Sg. 1. Pers. *bunk* band, ebenso nmrk. (Teuchert § 302).

Flexion der starken Verben.

a. Endungen.

§ 203.   Präsens:

	Indikativ	Konjunktiv
Sg. 1.	*nēme*	*nēme*
2.	*nēmeſt*	*nēmeſt*
3.	*nēmet, nempt*	*nēme*
Pl. 1. 2. 3.	*nēmen*	*nēmen.*

	Imperativ	Infinitiv
	nem (§ 21)	*nēmen*

nēmet Im substantivischen Gebrauch im Nom. auch *nēment.*

G. (**nēmenes) nēmendes*

D. *nēmene, nēmende, nēment.*

Partizip

nēmende (nēmene, nēmen)

Präteritum:

	Indikativ	Konjunktiv
Sg. 1.	*năm*	*nême*
2.	*nêmeſt* (s. § 204)	—
3.	*năm*	*nême*
Pl. 1. 2. 3.	*nêmen.*	*nêmen.*

Partizip

genōmen.

§ 204. Wie weit in der 2. und 3. Pers. Sg. Präs. Umlaut vorhanden war, ist nach der Überlieferung schwer zu sagen, da derselbe für *o* und *n* nie bezeichnet wird und die Ausgleichsbestrebungen gerade hier sehr stark wirksam sind (§ 20). Fast immer hat *laten: he let, vorlet* Umlaut. Ebenso *flan, flagen: fleget > fleit.* Dagegen muß *holdet, holt* auf Ausgleich beruhen, ebenso *he draget,* so daß man für einen Teil der Verben jedenfalls analogische Verdrängung des Umlauts annehmen wird, zumal in den 5 ersten Reihen und beim schwachen Verb Singular und Plural im Präsens gleichen Vokal hatten.

(Heute findet sich nach Siewert Nd. Jb. 33, S. 25 in Besten „meist kein Umlaut".)

Präs. Ind. 2. Pers. Sg. kommt sehr selten vor. Doch dürften neben den Formen auf —*eft* auch synkopierte auf —*ft* bestanden haben, wie *fprechft, komft* im Stb. zeigen. Bei Nachstellung des Pronoms assimiliert sich der dentale Anlaut desselben dem Auslaut des Verbs: *byftu, fchaltu, heftu.*

Präs. Ind. 3. Pers. Sg. Über die Synkopierung des *e* bei stammauslautendem Dental s. § 55. Über die konsonantischen Veränderungen beim Zusammenstoßen des Stammkonsonanten und des *t* der Endung § 63, 116, 128. Der Wechsel von auslautendem *đ, d* und *t* der Endung im As. müßte sich im Berlinischen in *d* und *t* wiederspiegeln. Doch erweitert *t* sein Gebiet durch die Auslautsverhärtung. *d* kommt besonders im 14. Jahrhundert öfter vor, *t* ist aber von Anfang an häufiger, und später ist *d* so gut wie ganz verdrängt. — Selten ist der Vokal der Endung *i* (unter hd. Einfluß ? S. 230 f.).

Präs. Ind. und Konj. Plur. *n* wird vor folgendem Pronomen *wy, gy* oft abgeworfen. § 82 b 1.

Infinitiv und Part. Präs. Durch gegenseitige Vermischung (vgl. Behaghel, Grundriß I^2 § 157. Literaturblatt 1882 Sp. 413 f.) sind Formen mit *d* in die flektierten Kasus des Infinitivs, Formen ohne *d* in das Partizip gedrungen, z. B. Partizip *tufchen hir vnd winachten negftkomen* statt *negftkomende.* Infinitiv: *Dem tygeler geft men tu striken vnd tu arbeidende och tu bernnene, in vnd vt deme ouene tu bringene* . . . Auffallend ist der überaus häufige Gebrauch von *to dunde* auch da, wo der Infinitiv sonst ohne Dental steht. Im Schb. wird sehr oft nebeneinander *to dunde vnd to laten* geschrieben. Im ganzen ist die Form mit Dental im flektierten Infinitiv häufiger als beim Partizip die diesem ursprünglich fremde Form. Das Partizip flektiert wie ein Adjektiv § 188. Als *ja*-Stamm hat es die unflektierte Form auf *e.* Es dient auch zur Bildung von Umschreibungen im Präsens: *Byftu der Borgerfchapp Begherende ?* (Frage des Bürgermeisters bei der Erteilung des Bürgerrechts). Hier soll vielleicht in feierlicher Formel das Verb durch diese Konstruktion stärker hervorgehoben werden. Den Ausdruck der dauernden Gleichzeitigkeit bezeichnet diese Form wohl in: *X het einen freden to dem gelde, dat Y het ftande by* . . ; *he hebbe einen vader wonende met jw to Czerweft.* Doch liegt diese Beziehung nicht immer darin: *Alfo dat ik em helpende fy tu fyme rechte; des wy vns brukende fint.*

Das Participium Präs. dient ferner zur Bildung des Futurums: *fy wert makende (maken).*

Prät. Ind. 2. Pers. Sg. nur in zwei Belegen (und auch diese nur in der Rechtsdarstellung vorhanden) *du fprekeft, du logeft.* Da *logeft* sowohl *ô* (< *au* Vokal des Sing.) wie *ō* (< *u* Vokal des Plur.) haben kann, so bleibt nur

/prekeſt, wo freilich die Quantität des *e, ê < â* oder *c̄ < ā < ä* nicht durchaus feststeht, aber doch mit ziemlicher Gewißheit angenommen werden kann, da bei sekundärer Angleichung an den Singular das Resultat wohl nicht *ē,* sondern *ā* gewesen wäre. Danach ist */prikeſt* und demgemäß *du nêmeſt* und *lögeſt* anzusetzen.

Prät. Konj. 2. Sg. ist nicht belegt, aber sicher als *nêmeſt* zu erschließen.

Zum Stamm ist hier zu bemerken, daß Spuren des Übertritts des Pluralvokals in die 1. und 2. Sg. im Prät. Ind. noch nicht vorhanden sind. S. § 202 A.

Partizip Prät.: Im Gegensatz zu den meisten mnd. Dialekten hat das Partizip stets die Vorsilbe *ge—,* sobald keine andere Vorsilbe vorhanden ist: *vorkoſſt* aber *gekoſſt* und sogar *geſulbordet, geholden, geſeten, gebroken* usw. Nur *worden* in den zusammengesetzten Zeiten bleibt ohne *ge—.* Aber sonst weiter gehend als das Hd. hat das Berlinische schon während unserer gesamten Periode *ge—* auch auf *gekomen, geſunden, gebracht, gebleven* übertragen. Einige „*komen*" im Stb. sind daher vielleicht hd. Einfluß zuzuschreiben. Vgl. § 53. Synkopierung im Partizip § 55,4. Zur Einschiebung von *d* vgl. § 82.

Anm.: Auch das verallgemeinernde *ge—* ist in älterer Zeit einige Male belegt. Etwas häufiger ist *ge—* neben einem Infinitiv, der mit Praeterito-Praesentia verbunden ist: *So he dy ... by vnns nicht gehebben mochte* 1499, *men kunde geweten* Stb., *alſe di koſte hoch gelopen mach.* Stb. *weret dat ſy nicht gethyn kunden.*

b. Stammbildung.

1. Ursprünglich ablautende Verben.

§ 205. I. Ablautsreihe: *î, ê* geschrieben *ey, ē, ê: /chrive /chreyſ* (d. i. */chrêſ*) */chreven, geſchreven.*

Hierher gehören z. B. *bliven* (Part. *gebleven* 1476, 1480. 3. Pers. Sg. Präs. *he blivet* oder *blifſt*), *fliten* (befleißigen), *driven, gripen, krigen, riden, /chinen, /chryen, /niden, /wigen* (intransitiv und transitiv: *wad ik /wygen /chal in deme rade, dat wil ik /wygen* K. Stb.), *vorniden.*

Mit grammatischem Wechsel: *lihen* P. Prät. *gelegen* § 202, *tihen, tien* Part. *getegen.*

§ 206. II. Ablautsreihe: *ia* geschrieben *i, ô, ō, ö: bide* (d. i. *biode) bot, boden, geboden.* Für das *o* im Partizip wird in dem letzten Drittel des 15. Jahrhunderts *a* geschrieben § 7.

Nicht ganz klar liegen die Verhältnisse im Singular des Präsens, wo mnd. (Lübben S. 78) *ē* = berlin. *ia* und *u* d. i. *ū < iu < eu* vorkommen. Die Beispiele sind in Berlin selten. Wir haben */chit, vlit, bidet, vorliſet, tit* zieht, aber auch (in der Rechtsdarstellung) *he /chut* schießt, *vlut, vorluſt.* Vgl. auch § 33.

tit und *bidet* sind häufig und ausnahmslos so, die übrigen Wörter nur wenig belegt und alle auch mit *i*-Formen. Da überdies die wenigen *u*-Bildungen alle der Rechtsdarstellung angehören, werden für Berlin höchst wahrscheinlich die *i*-Formen anzusetzen sein. Zu dem sonst bemerkbaren Drang nach Ausgleich der Singular- und Pluralformen im Präsens stimmen jedenfalls die *i (iə)*-Formen besser, die auch das Übergewicht haben in der Überlieferung.

In diese Reihe gehören: *biden, vorbiden, embiden, geniten, ſchiten, vordriten, ſliten* fließen.

Mit grammatischem Wechsel *s : r : kiſen, kos, koren, gekoren; vorliſen. h : g* meist mit Ausfall des intervokalischen *h : tin, toch, togen, getogen; vortin.*

Eine andere Entwicklung hatte der Präsensvokal vor *w* genommen, die sich in *bruwen* (brauen) wiederspiegelt.

Von den Verben mit ursprünglichem *û* im Präsens ist *sluten* belegt.

ſik bruken ist schwach: *gebruket.*

§ 207. III. **A b l a u t s r e i h e**: Sie zerfällt in zwei Gruppen, (a ursprüngliches *e* vor Nasalverbindung im Infinitiv und Präsens *i* werden mußte, vor Liquidaverbindung im Infinitiv und Präs. Plur. blieb.

a) *ĭ, ă, ŭ, ŭ, binden, bant, bunden, gebunden.*
Über den Wechsel *nt : ŋy* vgl. § 81.
Dieser Klasse gehören an: *dringen, dwingen (twingen), vinden, ſinnen, vorſinnen, ſik vnderwinden, winnen, gewinnen* (erwerben, aber auch schon in der Bedeutung „im Spiel siegen": *Met weme he ſpelede, dy wile he wan di muſten em betalen, vorlos he ſo gaſ he dy ſlucht* Stb).

Zu *beginnen* kommt zwar auch *began,* aber gewöhnlich *begunde* Part. *begunt* vor.

b) Vor *r*-Verbindung mußte *i* im Sg. des Präsens lautgesetzlich zu *e* werden (§ 20). Damit war hier Übereinstimmung zwischen Singular und Plural: *ik werde, wy werden.* Die Verben auf *l +* Konsonant schließen sich an diese an, zumal auch in den andern Klassen der Vokal des Singulars im Präsens gleich dem des Plurals ist: *ik ſchrive, wy ſchriven, binde, binden, neme, nemen, geve, geven, drage, dragen.* Zweifelhaft könnte dies nur für II sein. § 206.

Die zweite Gruppe trennt sich wieder in zwei Reihen: vor *l +* Konsonant mußte im Prät. Plur. und im Part. Prät. *u* bleiben, vor *r*-Verbindung mußte *u > o* werden § 44. Daher ergibt sich folgende Vokalverteilung: 1. *ě, ǎ, ū, ŭ,* 2. *ě, ǎ, ǒ, ō. helpen, halp, hul·pen, gehulpen; ſterven, ſtarſ, ſtorven, geſtorven.*

Zu dieser Gruppe gehören: *gelden, ſchelden ; werpen, werven, werden.*

Zu *werden* ist zu bemerken, daß neben *wart* schon früh *worde* mit Pluralvokal steht. Schon im Stb., K. Stb. finden sich beide Formen, während sonst bei keinem Verb eine Spur von Ausgleich zwischen Singular und Plural bemerkbar ist. Es ist wohl hier bei stammauslautendem Dental an eine Anlehnung an die schwachen Verben zu denken. Wie zu *antwerden* der Singular *antwerde* gehört, so wird zu *worden* der Singular *worde* gebildet. Daß gerade dieses Verb seinen eigenen Weg ging, erklärt sich aus der Häufigkeit desselben. (Vgl. einen ähnlichen Fall § 209.)

bevelen, das nur einfachen Konsonanten hat (§ 139), stellt sich, da freies *ŭ > ō* werden mußte, durch sein Partizip zur IV. Reihe. Prät. Plur. ist nicht belegt (aber z. B. in Mecklenburg mit einem Prät. Plur. der IV. Reihe *bevélen* Nerger § 96, ebenso mnl. Franck § 141, 143).

§ 208. IV. A b l a u t s r e i h e: *ē, ǎ, ê, ō, nemen, nam, nemen, genomen.* Für *ō* wird im letzten Drittel des 15. Jahrhunderts *a* geschrieben (§ 7). Der Vokal des Konjunktivs ist in dieser und der folgenden Reihe im Präteritum auch in den Indikativ gedrungen, jedoch nur im Plural. Ob ein solches Vordringen des Konjunktivvokals auch in den übrigen Reihen (II, III, VI) stattgefunden hat, ist aus dem Mnd. allein nicht anzugeben, da die Umlautsbezeichnungen fehlen. Aber die für Prenden (Nd. Jb. 34, S. 23) angeführte Singularform *buⱬk* (band) weist auf einen Plural *buⱬgen* ohne Umlaut, und das gleiche Verhalten zeigt auch das Nmrk. (Teuchert § 297, 302, 317). Wenn dagegen der Konjunktivvokal in V durchdringt, so steht hier das Part. Prät. mit *e* daneben, das das eindringende *ê* im Präteritum begünstigt. Nach dem Muster von V kann dann *ê* auch in IV durchgeführt werden, da IV und V mit Ausnahme des Part. Prät. völlig übereinstimmen.

Im Singular des Präsens ist *e* lautgesetzlich aus *i* in offener Silbe entstanden (§ 11, 21).

Verba dieser Klasse sind: *breken, ſpreken, ſtelen.* Von *geberen* kommt nur das Part. Prät. vor, sonst steht dafür *telen.* Hierher gehört auch *komen.*

Dem as. *kuman* entsprechen die Infinitiv- und Partizipformen *komen, gekomen*, während vor ursprünglichem *a, â* der Labial erhalten ist. Daher geht dies Verb: *komen, quam, quêmen, gekomen.*

Anm.: Ganz ungewöhnlich ist *ſpraken* Fid. II 84, das vielleicht neben *ſpreken* in derselben Urkunde nur als Schreibfehler anzusehen ist.

§ 209. V. Ablautsreihe: *ē, ā̆, ê, ē̆, geue, gaſ, geven, gegeven*.

Über die Bildung des Prät. Plur. und des Präs. Sg. vgl. § 208.

Hierher gehören: *treden, betreden, eten*.

Bei Gemination mußte natürlich im Präsens und Infinitiv *ĭ*
bleiben: *bĭdden, bāt, bêden, gebēden*. Ebenso *sitten, vorſitten, beſitten,
liggen*.

Zu *weſen* ist ein schwaches Partizip gebildet, anfänglich *geweſet*, später
mit Synkope *geweſt*. Präs. Indikativ und Konj. von *weſen* fehlt. *weſen*
und *ſin* stehen im Gebrauch nebeneinander: *doet ſin vnde machtloß weſen*. Dooh
ist *ſin* stets häufiger, und besonders in der zweiten Hälfte des 15. Jahrhunderts
ist *weſen* kaum mehr zu belegen. Es hält sich dann höchstens noch in formelhaften Wendungen wie der oben zitierten, die die Nichtigkeit eines abgelaufenen
Vertrages bezeichnet und aus einer Urkunde noch von 1480 stammt. Aber auch
in solchen Redensarten ist es nur bei zweigliedriger Form derselben wie
oben zu finden, wo das erste „sein“ durch *ſin*, das zweite durch *weſen* wiedergegeben wird.

Grammatischen Wechsel *h : g* hat auch *sin* sehen (§ 202).
Die Verbindung —*eha*— wurde zu *iə* (geschrieben *i*) § 33. Daher
gehört *ſin* hierher trotz abweichender Form im Präsens und Infinitiv
und mit Ausgleich des grammatischen Wechsels im Partizip *ſin, ſach,
ſegen, geſin*. Der Singular des Präsens sollte *ē* haben, ist aber nach
dem Plural ausgerichtet. Es heißt stets *he ſit*. Genau wie *ſin* (nur ist
Prät. Plur. nicht belegt) geht *geſchin*. Zu der in der Rechtsdarstellung
einmal gebrauchten Form *geſchut* vgl. § 33.

§ 210. VI. Ablautsreihe: *ā, uo* (oder *ue* [§ 50], geschrieben
u), *uo* (oder *ue*, geschrieben *u*), *ā. grave, gruſ, gruven, gegraven*.

Folgende Verben dieser Klasse sind belegt: *dragen, vordragen, be-
graven, varen, ervaren, laden, entladen, waſſen, waſchen*.

Mit grammatischem Wechsel: *slan (slahen), sluch, slugen, geſlagen*.

Mit *j*-Umlaut im Präsens: *heven; sweren, ſwur, geſworen*. In
späterer Zeit wird *geſwaren* geschrieben. Daß dies *a* aber nur tonlanges *ō* wiedergibt und nicht *a*, beweist die bis in die Mitte des 15. Jahrhunderts gebräuchliche Schreibung *geſworen*. Über das Fehlen der
Gemination bei *ſweren* § 73.

Zu *ſchaſſen* im Stb. vgl. S. 96.

Das zu nicht belegtem **standen* gehörige Präteritum *stunt, stunden*
ergänzt das Verb *stan*, dem das Präteritum fehlt. (§ 222.) Ob *u*
Diphthong bedeutet, oder ob dieser vor Doppelkonsonanz gekürzt
ist, ist nicht zu ersehen.

2. Ursprünglich reduplizierende Verben.

§ 211. Der Vokal des Präteritums ist bei allen *iə (i)*.

a) *raden, rit, geraden. laten* (Präs. *he let*).

b) *heyten, hit, geheyten. vor/cheyden, ent/cheyden.*

c) *vallen, vil, gevallen. halden* muß durch Übergang des *a > o* vor *l* + Konsonant *holden* ergeben: *holden, hilt, geholden.* Präsens *he holdet* oder gewöhnlich *holt.*

Mit grammatischem Wechsel *van (vahen), vink, gevangen* und Neubildung *gevan.* Nur im Stb. kommt wenige Male auch *venk* und *vel* vor. Sonst steht überall *i*, z. B. auch Fid. I S. 185. (Vgl. § 30 und 32.) Zum Präteritum und Partizip wird ein neuer Infinitiv und ein Präsens *vangen* gebildet, andrerseits findet sich zu *van* (vgl. *stan, gan*) das Präsens *he veyt.* Zu *hangen* kennt auch das Stb. nur Formen mit *i: hink.* Ebenso nur *gink, gingen* von nicht bewahrtem **gangen*, die als Präteritum zu *gan* benutzt werden. Nur einmal 1476 *gegangen*, sonst heißt es stets *gegan.* Imperativ: *gank.*

d) Mit ursprünglichem *ww: houwen, hi/, gehouwen.*

e) */toten, /tit, ge/toten. lopen.*

f) *rupen, rip, gerupen.*

Flexion der schwachen Verben.

§ 212.

Präsens.

	Indikativ	Konjunktiv
Sg. 1.	*make*	*make*
2.	*make/t*	*make/t*
3.	*maket*	*make*
Pl. 1. 2. 3.	*maken*	*maken.*

	Imperativ	Infinitiv
	make	*maken*
	maket	substantivisch im Nominativ

maken und *makent.*

Gen. *(*makenes), makendes*
Dat. *makene, makende, makent.*

Partizip.
makende (makene, maken).

Präteritum.

	Indikativ	Konjunktiv
Sg. 1.	*makede*	*makede*
2.	*makedeſt*	*makedeſt*
3.	*makede*	*makede*
Pl. 1. 2. 3.	*makeden*	*makeden.*

Partizip.
gemaket.

Wegen der Endungen vgl. § 204. Über die Synkopierung im Präs.
3. Person und im Präteritum und die hierdurch hervorgerufenen konsonantischen Veränderungen § 55, 63, 116, 128.

§ 213. Ein Unterschied zwischen den Verben der *ōn*-Klasse und
denen der *jan*-Klasse besteht außer durch den Umlaut nicht mehr. Doch
sondern sich aus der *jan*-Klasse die sogenannten rückumlautenden
Verben aus. Bei ihnen ist aber Ausgleich nach dem Präsens die Regel.
Belegbar sind nur die folgenden mit Rückumlaut:

ſenden	*ſande* und *ſende*	*geſendet, geſant*
wenden		*gewendet, gewandt, gewandet*
brennen	(Im Stb. *brantte*)	*gebrant*
setten	*ſette*	*geſettet, geſet, geſat*
bekennen	*bekande, derkenden*	*bekant.*

Neben *ſette* steht in der Rechtsdarstellung *ſatte*. *genant* ist entlehnt.

Dagegen heißt es *ſchenken, ſchenkede; leggen, lede, gelecht* später
gelet § 216, auch vereinzelt im Stb. *legde*, aber nie as. *lagda* entsprechend *lagde; ſtellen, ſtellede*. Dem as. *giſpand* (entwöhnt) entspricht berl. *geſpenet*.

Im Partizip stehen die Formen mit *e* oder *a*, soweit beide Formen
vorhanden sind, im prädikativen Gebrauch unflektiert nebeneinander:
gekoren vnde geſat, aber *vngeſettet, geſament vnde geſettet; geſettet* ist
häufiger als *geſat*. Im attributiven Gebrauch kann ich nur *geſat*
nachweisen *(met geſatten wine)*. Von *gebrant* und *bekant* ist in allen
Stellungen nur die *a*-Form belegt.

§ 214. Bei den Verben auf —*ww* sind nur die —*ouw*-Formen
überliefert *drouwen, drouwet, drouwede*. (Vgl. zu *ſtroin* in Prenden
§ 100).

§ 215. Abweichende Präterita haben:

ſuken   *ſuchte*   *geſucht*
werken   *gewracht, gewrocht*
denken   *dachte*
bringen   *brachte (brochte) gebracht*
dunken   *duchte*

As. (Holthausen § 462 Anm. 2) hat *kopon, ſarkopon* auch ein Part. Prät. ohne Vokal in der Endung: *ſerkoft*. Im Berlinischen sind die Formen mit *ſ : koſſte, verkoſſte, gekoſſt, verkoſſt* so üblich, daß man, zumal das As. dem nicht widerspricht, in ihnen die lautgesetzlichen ererbten Formen sehen wird, in *kopede, kopte* nur analogische Neubildungen. (Vgl. auch § 55.)

§ 216. Der dritten schwachen Klasse gehörten as. nur noch drei Verben an: *hebbian, seggian, libbian*. Von diesen hat das letztgenannte durch Ausbreitung der Formen ohne Gemination und Verdrängung der geminierten Formen sich an die große Menge der sonstigen schwachen Verben angeschlossen und flektiert gleichmäßig *leve, leveſt, levet, leven* (*ĭ > ē* konnte nur in offener Silbe eintreten).

ſeggen geht vollständig wie *leggen*. *ſeggen* bewahrt die Gemination (stets ist *gg* geschrieben) und das durch dieselbe geschützte *ē*. Die 3. Pers. Sg. Präs. und das Part. Prät. heißen im 14. Jahrhundert *he ſecht < segid* mit Synkope des Endungsvokals und *geſecht*, im 15. Jahrhundert nur *ſet* und *geſet*. Ebenso zu *leggen : lecht, gelecht* und *let, gelet)*. Das Präteritum heißt stets nur *ſede* bezw. *lede* mit dem Lautübergang *ege > ei > e* (§ 134). Im Anschluß an dieses sind dann wohl auch *ſet, geſet* zum Siege gekommen. Die Formen im heutigen Dialekt des Gebietes sind Fortsetzungen der kontrahierten. Aus dem gegenwärtig gesprochenen *jeſēət* ergibt sich, daß auch die Schreibung *geſeet, geſehet*, die in der zweiten Hälfte des 15. Jahrhunderts und im Schb. begegnet, nicht müßig ist, sondern daß wohl im Anschluß an die übrigen schwachen Verben mit dem Partizip auf —*et* sich Zweisilbigkeit eingestellt hat.

hebben, das häufig gebrauchte Hilfsverb ist seinen eigenen Weg gegangen: Präs. Ind. Sg. 1. *hebbe*, 2. *heſt*, 3. *het* Plur. *hebben*. Konj. *hebbe* usw. Inf. *hebben*, Part. *hebbende*. Prät. Ind. *hadde*. Konj. *hadde*, Part. *gehat*.

Präterito-Präsentia.

§ 217. Zur I. Ablautsreihe gehört *weyt*. Präs. Ind. Sg. 1. 3. *weyt* (d. i. *wêt*), 2. *du weiſt* in den vom Berliner Schreiber nur übernommenen Eingangsworten zum Stb.; 1475 in einem Briefe *wetzt*, d. i. entweder *weſt* (§ 120) oder Neubildung nach *wet* (in Besten *weist* Nd. Jb. 33, S. 25, § 91). Pl. *wēten*, Inf. *wēten* (oder *wêten?*). Imp. *wete*, *wetet*. Prät. Ind.: Im Stb. *wiſte*, jedoch im 15. Jahrhundert nur *wuſte*. Ebenso liegen die Verhältnisse im Konjunktiv.

II. Reihe: Nur Präs. Ind. Plur. *dogen* ist belegt.

III. Reihe: *kan* kann, bin imstande: *kan men merken, dat ſy it geuen konen, ſo nempt men van eynen ydermanne ij pen. — Vnd ſprak, he kunde met vns nicht tu rechte komen. — Oſte eyn wynman ſynen wyn nicht kunde geſchenken.*.. Präs. Ind. Sg. 1. 3. *kan*, Plur. *kōnen*. Prät. Ind. Sg. 1. 3. *kunde*. Pl. *kunden*. Konj. *kunden*, selten *konden*.

Abweichend von der überlieferten as. Form *kunnun*, die mnd. *kunnen* ergeben mußte, existiert im Berlinischen im Präs. Ind. Plur. nur *kōnen* mit e i n e m *n* und infolge dessen Tondehnung. (Lübben § 61 gibt *konen* als Nebenform zu *kunnen* an). Zur Entstehung mögen *mach, mogen* und besonders *ſchal, ſcholen* mit einfachem Konsonanten und dadurch tonlangem *o* gewirkt haben. Wie neben *ſchullen ſcholen*, so konnte neben *kunnen konen* stehen, das schließlich die lautgesetzliche Form ganz verdrängte.

gunnen ist vollständig zu den schwachen Verben übergegangen.

derf, darf, bedarf, habe nötig, brauche (auch in abgeschwächter Bedeutung), habe die Möglichkeit, kann. Präs. Ind. Sg. 1. 3. *derf*. Zum Vokal § 4. Pl. *dorven*. Inf. *dorven*. Prät. Ind. Sg. *dorſte*. Ebenso *bedorven* bedürfen.

der zu **dorren* kann ich nur in der Rechtsdarstellung noch belegen (Fid. I 106).

IV. Reihe: *ſchal* soll (auch die gerüchtweise Überlieferung bezeichnend). Präs. Ind. Sg. 1. 3. *ſchal*, 2. *ſchalt*. Plur. *ſchōlen, ſchullen, ſchuln*. Konj. Sg. 1. 3. *ſchōle*, 2. *ſcholeſt*. Pl. *ſcholen*. Inf. *ſchōlen, ſchullen, ſchuln*. Prät. Ind. *ſcholde, ſchulde*. Konj. *ſcholde*.

Über das Verhältnis von *ſcal : ſchal : ſol* s. § 121 Anm. Über den Vokal § 38 und besonders § 46 Anm. 1.

V. Reihe: *mach* kann, mag, bin im stande. *mach* dient auch zur Umschreibung im Potentialis. Präs. Ind. Sg. 1. 3. *mach*. Plur.

mȫgen. Konj. *mȫge.* Inf. *mȫgen.* Prät. Ind. *muchte, mochte.* Konj. *muchte, mochte.* Ebenso *vormogen* mit dem Partizip *vormucht.*

mochte ist erst in der zweiten Hälfte des 15. Jahrhunderts als Nebenform zu *muchte* belegt. In *muchte* könnte *u* vor Doppelkonsonanz entstanden sein, falls *cht* diese Wirkung ausüben konnte. Sonst ist an Anschluß an *ſchulde, kunde, muſte* zu denken, auch an Einfluß des *u* von *mugun* vor der Tondehnung.

VI. R e i h e. *mut* muß, bin verpflichtet, gezwungen, aber auch in abgeschwächter Bedeutung. Präs. Ind. Sg. 1. 3. *mut*, Pl. *muten*, Inf. *muten*, Prät. *muſte.*

§ 218. Im Konjunktiv Präs. ist bei den umlautsfähigen Vokalen Umlaut anzusetzen, wohl auch im Ind. Präs. Plur. Die heutigen dialektischen Formen gehen auf umgelautete zurück (*kiŋ, kēŋ* können, *zeln* sollen, *mę̄n* mögen, *miǝten* müssen in Besten. Entsprechend lauten die Verben im ganzen Gebiet). Auch im Prät. Ind. steht jetzt Umlaut.

§ 219. Neben der Konstruktion *he ſcholde gedan hebben* beginnt im 15. Jahrhundert auch die Form *dy he het muten betalen* einzudringen.

Athematische Verben.

§ 220. *ſin:* Präs. Ind. Sg. 1. *bin*, 2. *biſt*, 3. *is (iſt)*. Plur. *ſin (ſint)*. Konj. Sg. 1. 3. *ſy*. Plur. *ſin*, Inf. *ſin*, flektiert *to ſinde*. Imp. Pl. *ſid*.

Über das Verhältnis von *is* und *iſt, ſin* und *ſint* vgl. § 113, Wechsel von *ſin* und *weſen* § 209.

§ 221. *dun.* Präs. Ind. Sg. 2 *deyſt*, 3. *deyt*. Pl. *dun*. Konj. *du*. Inf. *dun*, flektiert: *to dunde*. Prät. Ind. Sg. 1. 3. *dede*, Plur. *deden*. Konj. *dede*. Part. *gedan*.

Zu *dun* kommt einige Male eine nur schriftsprachliche Form *don* vor. Nicht berlinisch ist vereinzeltes *he dut* in der Rechtsdarstellung.

§ 222. *gan* und *ſtan.* Präs. Ind. Sg. 2. *geyſt*, 3. *geyt*, bezw. *ſteyſt*, *ſteyt*, Plur. *gan, ſtan*. Inf. *gan ſtan*. Part. *gande, ſtande*. Als Präteritum zu *gan* dient das zum reduplizierenden Verb **gangen* (§ 211) gehörige *gink*. Von diesem Verb stammt auch der Imperativ *gank*. Zu *ſtan* wird das Präteritum des Verbs der VI. Ablautsreihe **standen: stunt, stunden* benutzt.

Über *deyſt, geyſt, ſteyſt* vgl. § 13.

§ 223. *willen.* Präs. Ind. Sg. 1. 3. *wil*, 2. *wilt*. Plur. *willen*. Konj. *wille*. Inf. *willen*. Prät. Ind. *wolde*, Konj. *wolde*.

Die Fid. II 84 f. 1379 belegte Form *welden* kommt an andrer Stelle nirgend vor.

Anhang.

Übersicht über die Stadt- und Gerichtsschreiber von Berlin-Köln bis zur Mitte des 16. Jahrhunderts.

	Stadtschreiber		Gerichtsschreiber
	Berlin	Köln	
1288. 89	Johannes Barbey (Barboie) notarius Fid. II 6. 7.		
1295	Wedego cartularius Fid. II 9.		
	*		
1346	Dominus Johannes, ein Geistlicher vertritt in äußeren Angelegenheiten zugleich auch Köln. (Fid. IV 30. 31. 32).		
	*		
1385. 86	Heinrich Schowenfliet, Altarist und Priester, vertritt in äußeren Angelegenheiten zugleich auch Köln. (B. Ub. S. 208. 209 [Fid. II 90]). Vielleicht ist er identisch mit demjenigen, der die Anlage des Stadtbuches besorgte, das Ende des 14. Jhd. entstand. Ein zweiter Schreiber ist möglicherweise 1390—1402 tätig gewesen.		
1402—25	Andreas Mölner, ein Geistlicher, der wohl aus Berlin stammt; wenigstens hat er hier Verwandte. Vgl. Fid. I 230. 235. II 143. Er ist es, der		1406 Jakob Tugow, der 1419 (Fid. II 141) Dekan des Kalands ist. Gleichzeitig 1409 ist Syndikus in geistlichen Sachen der

Stadtschreiber		Gerichtsschreiber
Berlin	Köln	
1418 (R. B III 357) bestohlen wird an *cleydern buchern vnd andir gerete.*		Bruder Peter Lugow Fid. I 251.[1]
1425—49 (1454)	*A* Zusammenhängende Eintragungen von ihm - 1449. (Doch scheint seine Schrift 1454 noch einmal zu begegnen).	1424 oder 1425 Nikolaus Wolter —1436 oder 37, s. über ihn unter den Berliner Stadtschreibern.	
1436 oder 1437—55?	Nikolaus Wolter, 1453 bei Neuanlegung des Berliner Bürgerbuchs gibt er an, er sei 17 Jahre im Dienste Berlins, vorher 13 Jahre Schulmeister und Stadtschreiber in Köln gewesen. Das würde für seinen Amtsantritt in Berlin 1436 oder wenn, wie anzunehmen, Anfangs- und Schlußjahr gerechnet werden, 1437 ergeben. Für seinen Amtsantritt in Köln danach 1424 oder 1425 „Nicolaus Wolter de Berlin" findet sich in der Leipziger Matrikel 1423. Wolter ist Geistlicher. 1440 besitzt er den Nikolausaltar in der Petrikirche in Köln. Anfänglich war er wohl	1443 Nikolaus Mölner legt zu Anfang des Jahres 1443 das Kölner Stadtbuch an, in dem er sich selbst als Altaristen und derzeitigen Schreiber nennt. 1436 ist „Nicolaus Molitoris de Berlin" in Leipzig immatrikuliert. Noch im Jahre 1443 verläßt er den Dienst, wie es scheint, um seine Studien fortzusetzen; denn möglicherweise ist er mit jenem „Nicolaus Mölner de Berlin" zu identifizieren, der Aug. 1443 in Rostock eingeschrieben wird. 1444 ibid. „promotus in baccalarium Nicolaus molner presbyter". Dieser Nikol. Mölner wird 1469 Kanonikus der Erasmuskirche	

---

1) Unter den Gerichtsschreibern führe ich nur die Hauptschreiber auf und übergehe die vielfach tätigen Unterschreiber alle. Auch die Unterschreiber im Stadtgericht, soweit sie nicht später zu Oberschreibern heraufrücken, sind nicht namentlich angeführt.

	Stadtschreiber		Gerichtschreiber
	Berlin	Köln	
	(als Unterschreiber?) neben *A* tätig und tritt, seit dieser sich 1449 mehr zurückzieht, an die erste Stelle. 1453 wird das Bürgerbuch angelegt *sub proconsulibus peter Garnekoper et Augustin volker Et sub notario civitatis Nicolas Wolter.* (Welche Rolle *A* damals spielte, dessen Handschrift ich nach längerer Pause 1454 noch einmal zu erkennen glaube, ist nicht ersichtlich.)	im Schloß zu Köln (G. St. A. Urkd. Berlin Köln 68). Da die Domherren und Geistlichen der Schloßkirche sehr vielfach in der kurfürstlichen Kanzlei tätig sind (Gorlin, Havelberg, Klitzing, Th. Krull), so wäre es möglich, daß auch der einstige Kölner Stadtschreiber (falls diese beiden identisch sind) später in der landesherrlichen Kanzlei zu suchen ist.	
ca. 1455—60	*B*	ca. 1444—60 *H*	(1458 wird Andreas Hasselmann aus Stendal Syndikus der Stadt Berlin in geistl. und weltl. Angelegenheiten. Studiert 1424 in Leipzig. Dr. des geistl. Rechts. Eine Zeit lang Kanzler Friedrichs des Jüngeren.)
1460—61	2 versch. Schreiber.	ca. 1460 *J*	
1461—64	*C*		
1461—67	*D* zeitweise neben *C*	u. 1465—nach 1476 *K*	
1467—85	*E*	1481 u. 85 nachzuweisen: *L*	
1483—85	*F* zeitweise neben *E*		
1485 bis z. Schluß des Jahres 1503	*G.* *E* und *G* sind Schreiber, deren Tätigkeit wie im inneren Betrieb, so in der Korrespondenz stark hervortritt. *E* ist vielfach auch für die Bürgerschaft tä-	1497 nachzuweisen bis 1504 Peter Zickow. 1504 scheidet er aus dem Kölner Dienst aus, wird 1506 in Frankfurt immatrikuliert (,,Petrus Zciko de	— 1505 Peter Lussow, der bei Beginn der Überlieferung durch das Schöffenbuch ‚Schöffenschreiber' in Berlin ist (S. 103). In der Leipziger Matri-

	Stadtschreiber		Gerichtsschreiber
	Berlin	Köln	
	tig. *G* ist noch ein durchaus niederdeutscher Schreiber, der letzte niederdeutsche Stadtschreiber, doch hat er schon einige hochdeutsche Ein- flüsse erlitten. Die meisten S. 96 ff. erwähnten Formen, besonders auch die stilistischen Wen- dungen, gehören ihm an.	Berlin"). Scheint später nach Berlin zurückgekehrt z. sein, wie aus mehreren Ver- trägen (1509. 1512) im Schb. hervorgeht, ohne aber eine Schrei- berstelle im Stadt- dienst mehr zu be- kleiden. 1514 (G. St. A. R 784 S. 291) wird er gegen Urfehde- leistung aus dem kur- fürstlichen Gefängnis entlassen *dar Inne er Jeins vngehorJams hal- ben geJatzt iJt.*	kel findet sich Winter 1495 bis Winter 1497 ,,Petrus Lossaw de Brickccinaw (Brick- zna Britzna" = Treu- enbrietzen ?). Haben wir in diesem unsern Schreiber zu suchen ? Seine Sprache weicht von dem Berlinischen nicht ab.
1504—12	Johannes Ne- ther, niederdeut- scher (berlinischer ?) Herkunft, unter dem in der Berliner Kanz- lei die hochdeutsche Schriftsprache be- ginnt.	ca. 1504 bis 1527 Karl Mölner aus Berlin-Köln gebürtig, wie wohl aus seinem im Schb. bewahr- ten Testament zu entnehmen ist. Alta- rist im Besitze eines Altars in der Petri- kirche in Köln. Stu- diert in Leipzig 1489. (Die früheste Ein- tragung von seiner Hand ist 1495 datiert, die folgende von 1498 ist sicher erst mit einer anderen 1519 nachgetragen, wie Schrift und Tinte	1505—06 *a.* 1507 *β.* Nieder- deutscher Schreiber, der versucht, hoch- deutsch zu schreiben. 1508—09 *γ.* Nieder- deutscher Schreiber. 1509—11 *δ.* Erster hochdeutsch. Schrei- ber u. hochdeutscher Abstammung. Tätig auch zur Zeit des Hostienschändungs- prozesses.
1512—16	Thomas Tham. Über die irrige Notiz in der series consu- lum vgl. S. 175 Anm. Eine Notiz des Schb. 1518 bezieht	beweisen. Da nun Mölner sonst erst 1504 zu beobachten ist, so ist wohl auch die Eintragung von 1495 nicht gleichzei-	1511—21 *ε.* Ost- mitteldeutscher Her- kunft. (Thüringisch- obersächsich.)

	Stadtschreiber		Gerichtsschreiber
	Berlin	Köln	
	sich auf seinen Nach-laß.	tig, sondern nachge-tragen.)	
1516—39	Georg Bret-schneider erhält das Bürgerrecht in Berlin 1533. (Über sein Verhältnis zum Kurfürsten belehrt eine Eintragung in e. Register des G. St. A. daß er, *feiner be-/trickung, dar Inn Ine vn/er gnedig/ter Herr gehabt au/f ein alt Orpheid durch den Mar/chalck der Zceit ledig vnd loßgegeben, die er auch getan vnd ge/worn, wie /ie in allen Iren puncten In-nehelt* . . . (1519).		1521-22(25)ζ 1523-27 η, Schreiber hoch-deutscher Herkunft. Ihm folgt entweder der mitteldeutsche Michael (seit 1526) oder ϑ (seit 1525).
		Mölners Nachfol-ger ist der 1525 nach-weisbare Schreiber ϑ oder Michael (seit 1526).	
			Syndikus bis 1540 Ignacius Koppen aus Danzig, danach Simon Mellmann aus Lenzen.
1535—47	Lor. Zachisch (Tschachisch), (Kü-ster, A. u. N. Berlin II 464 liest den Namen Zachefisch. In einem Vertrag mit dem Jo-hanniterorden, zu d. er als Vertreter von Berlin u. Köln abge-ordnet ist, wird er 1539 *Laurencz Zcar-huß* genannt). Sei-ne Sprache enthält mitteldeutsche Spu-ren.	1540—69 Hiero-nymus Heinz. Üb. Einflüsse der kaiser-lichen Kanzleispra-che s. S. 200. Im Jahre 1569 wird er, wie sein Nachfolger Georg Otto in der Kölner Bürgermatri-kel berichtet, *wegenn /einer nachle/figkeit vnd au/fgebla/enen /toltzheit, das ein Rath auch au/f Ire vil/altiges vermanen, anhalten, bitten vnd bedrangun-gen weder mit lieb oder leidt Ire Hauß-rechnungen, deren er von viel Jaren vnge-*	
1541 ? bis 1569	Joh. Schmidt aus Straußberg. Un-ter ihm ist sein spä-terer Nachf. Bur-chardt Baurath als Unterschreiber tätig.		

Stadtschreiber		Gerichtsschreiber
Berlin	Köln	

fertigt bey fich Hinterlegt, nicht gefertigt bekommen, feines amptes entfetzet, an fein ftadt Georgen Otto (seit 1565 Unterstadtschreiber) *wiedervmb beftalt vnd Bartholomeus Brandemburg zum Vnterftadtfchreiber angenommen worden.* 1570 wird Heinz vom Kurfürsten verurteilt.